G. Rudolf W. Eich
(Reihenherausgeber)

Leitlinien Psychosomatische Medizin und Psychotherapie

W. Tress W. Wöller N. Hartkamp
M. Langenbach J. Ott

Persönlichkeitsstörungen
Leitlinie und Quellentext

Leitlinien Psychosomatische Medizin und Psychotherapie

Reihenherausgeber: G. Rudolf, W. Eich

W. Tress   W. Wöller   N. Hartkamp
M. Langenbach   J. Ott

Persönlichkeitsstörungen
Leitlinie und Quellentext

Leitlinien-Entwicklung der Fachvertreter
für Psychosomatische Medizin und Psychotherapie

in Abstimmung mit den AWMF-Fachgesellschaften
- Allgemeine Ärztliche Gesellschaft
  für Psychotherapie (AÄGP)
- Deutsche Gesellschaft
  für Psychotherapeutische Medizin (DGPM)
- Deutsche Gesellschaft
  für Psychoanalyse, Psychotherapie,
  Psychosomatik und Tiefenpsychologie (DGPT)
- Deutsches Kollegium
  für Psychosomatische Medizin (DKPM)

Mit 5 Abbildungen und 21 Tabellen

Die Deutsche Bibliothek – CIP-Einheitsaufnahme
Ein Titeldatensatz für diese Publikation ist bei Der Deutschen Bibliothek erhältlich

Besonderer Hinweis: Die Medizin unterliegt einem fortwährenden Entwicklungsprozess, sodass alle Angaben, insbesondere zu diagnostischen und therapeutischen Verfahren, immer nur dem Wissensstand zum Zeitpunkt der Drucklegung des Buches entsprechen können. Hinsichtlich der angegebenen Empfehlungen zur Therapie und der Auswahl sowie Dosierung von Medikamenten wurde die größtmögliche Sorgfalt beachtet. Gleichwohl werden die Benutzer aufgefordert, die Beipackzettel und Fachinformationen der Hersteller zur Kontrolle heranzuziehen und im Zweifelsfall einen Spezialisten zu konsultieren. Fragliche Unstimmigkeiten sollten bitte im allgemeinen Interesse dem Verlag mitgeteilt werden. Der Benutzer selbst bleibt verantwortlich für jede diagnostische oder therapeutische Applikation, Medikation und Dosierung.

In diesem Buch sind eingetragene Warenzeichen (geschützte Warennamen) nicht besonders kenntlich gemacht. Es kann also aus dem Fehlen eines entsprechenden Hinweises nicht geschlossen werden, dass es sich um einen freien Warennamen handelt.

Das Werk mit allen seinen Teilen ist urheberrechtlich geschützt. Jede Verwertung außerhalb der Bestimmungen des Urheberrechtsgesetzes ist ohne schriftliche Zustimmung des Verlages unzulässig und strafbar. Kein Teil des Werkes darf in irgendeiner Form ohne schriftliche Genehmigung des Verlages reproduziert werden. Das gilt insbesondere für Vervielfältigungen, Übersetzungen, Mikroverfilmungen und die Einspeicherung, Nutzung und Verwertung in elektronischen Systemen, dem Intranet und dem Internet.

© 2002 by Schattauer GmbH, Hölderlinstraße 3, D-70174 Stuttgart, Germany
E-Mail: info@schattauer.de
Internet: http://www.schattauer.de
Printed in Germany

Lektorat: Volker Drüke, Essen
Umschlagabbildung: Hieronymus Bosch: Die Versuchung des Antonius. Lissabon: Museu Nacional de Arte Antiga
Umschlaggestaltung: Bernd Burkart
Satz: Typomedia GmbH, Ostfildern
Druck und Einband: fgb – freiburger graphische betriebe GmbH & Co. KG, Freiburg
Gedruckt auf chlor- und säurefrei gebleichtem Papier.

ISBN 3-7945-2142-0

Reihenvorwort

Seit 1993 fordert die Arbeitsgemeinschaft der Wissenschaftlichen Medizinischen Fachgesellschaften (AWMF) ihre Mitgliedgesellschaften dazu auf, Leitlinien für ihr jeweiliges Fachgebiet zu entwickeln. Seitdem wurden mehrere Hundert solcher Leitlinien entworfen und im Internet auf der AWMF-Seite veröffentlicht (http://www.uni-duesseldorf.de/WWW/AWMF/ll/index.html). Ziel der Leitlinien ist es, die medizinische Versorgung zu optimieren: Der Patient soll diejenige Behandlung erhalten, die sich nach dem wissenschaftlich fundierten Kenntnisstand als die zweckmäßigste und aussichtsreichste erwiesen hat, und er soll von Maßnahmen verschont bleiben, die als unwirksam oder nachteilig erkannt wurden. Stand anfangs in Anlehnung an die evidenzbasierte Medizin die empirische Fundierung der Handlungsempfehlung bei der Erstellung der Leitlinien im Vordergrund, so werden heute neben den wissenschaftlichen Experten auch die praktizierenden Ärzte und die Patienten selbst einbezogen. Leitlinien sollen gleichermaßen das wissenschaftliche Fundament und Praxisrealität berücksichtigen.
Welche Bedeutung haben Leitlinien für die psychosomatische und psychotherapeutische Medizin? In diesen Fachbereichen geht es nicht allein um die Regeln des praktischen Handelns, sondern um ein vertieftes Verständnis von Störungen und ihrer Versorgung. Auf der Grundlage der Fachliteratur und unter besonderer Berücksichtigung empirischer Arbeiten werden derzeit Synopsen des aktuellen Wissens erstellt, die in dieser Buchreihe veröffentlicht werden. Die hier deutlich werdenden Kenntnisse – aber auch die Wissenslücken – markieren zugleich die künftigen Forschungsziele. Da finanzielle Mittel nicht zur Verfügung stehen, sind wir wie so oft darauf angewiesen, dass erfahrene Kliniker und Praktiker, insbesondere wissenschaftlich engagierte Oberärztinnen und -ärzte die Aufgabe übernehmen, aus einigen hundert bis einigen tausend Forschungsarbeiten den aktuellen Stand des Wissens zu extrahieren. Die daraus entwickelten und formulierten Entwürfe werden in mehreren Konsensuskonferenzen und Delphi-Verfahren diskutiert und sollen schließlich die Zustimmung all derer finden, die in der Sache kompetent sind. Daraus ergibt sich, dass die Leitlinienentwicklung notwendigerweise Prozesscharakter hat und niemals abgeschlossen ist.
Von einer hochqualitativen Leitlinie ist zu erwarten, dass sie bei ihrer Anwendung in der Praxis die Versorgungsqualität verbessert. Sie soll dazu anregen, das eigene

diagnostische und therapeutische Tun vor dem Hintergrund des gesicherten Wissens zu reflektieren und zu modifizieren. In diesem Sinne liefert sie einen wichtigen Beitrag zur Qualitätssicherung.

G. Rudolf, W. Eich

Vorwort

Wir alle kennen Menschen, die uns in unterschiedlicher Weise merkwürdig, schwierig oder sonderbar vorkommen. Oft haben wir die Erfahrung machen müssen, uns mit solchen Menschen in immer wieder die gleichen fruchtlosen und heillosen Konflikte zu verstricken. Und mancher von uns muss auch erleben, selbst als schwierig angesehen zu werden, muss erfahren, wie es ist, wenn man darunter leidet, nicht aus seiner Haut heraus zu können, wie es ist, sich mit den Menschen, mit denen man lebt, immer wieder zu verstricken, ohne recht zu wissen, wie und warum dies geschieht. Meist empfindet die Umwelt neben der im Bewertungsmaßstab neutralen Qualität der Merkwürdigkeit noch andere, oft pejorative Qualitäten, wie die des Störenden und Minderwertigen.

Die hier angesprochene Gruppe „merkwürdiger" oder „schwieriger" Menschen wurde von der deutschen Psychopathologie in ihrer Blütezeit zu Beginn des 20. Jahrhunderts und später wieder in den 50er Jahren unter den Stichwörtern Psychopathie und Abnormität beschrieben. Dabei waren sich die klassischen Autoren des beschreibenden Charakters ihrer um das Typische bemühten Ansätze bewusst und verfolgten in der Regel nicht den Anspruch, Krankheitseinheiten zu beschreiben. Einer derartigen falsifikationsgefährdeten Versuchung enthalten sich auch die zeitgenössischen Klassifikationssysteme, wenn sie dem Konzept definierter Krankheiten zugunsten der Rede von den Störungen entsagen. So behandeln auch wir in den hier vorgestellten Quellentexten und Leitlinien typische Persönlichkeitsstörungen, allerdings dann doch von Krankheitswert, wie sie in der ICD-10 und dem DSM-IV vorgegeben sind.

Die Leitlinien verbinden sich mit dem Anspruch, auf der Grundlage der besten verfügbaren wissenschaftlichen Evidenz eine medizinische und psychotherapeutische Behandlung dieser Störungen zu beschreiben, die als „good clinical practice", als angemessene ärztliche und psychotherapeutische Vorgehensweise gelten kann, von der nur im begründeten Ausnahmefall abgewichen werden soll.

Dabei ist es kein Zufall, dass der interpersonellen Sicht der Persönlichkeitsstörungen ein besonderer Stellenwert zukommt, hat sich diese Sicht doch zunehmend bewährt, um phänomenologisch-psychiatrische, dimensionale und tiefenpsychologische Ansätze zum Verständnis von Persönlichkeit und ihren Störungen im Sinne einer „gemeinsamen Sprache" (Langenbach 1993) aufeinander zu beziehen. Psychisches wird dabei in den sozialen Beziehungen verortet. So kommen sämtliche Ebenen der Deskription (Verhalten, Denken, Affekte, Motiva-

Vorwort

tionen und soziale Folgen) in den Kontext gestörter zwischenmenschlicher Beziehungen, entweder als Ursache oder als Folge. Es bedarf kaum der Erwähnung, dass eine solche Position auch für alle Befunde der biologischen und genetischen Forschung zu Störungen der Persönlichkeit offen ist. Aus der interpersonellen Perspektive kann es aber am ehesten gelingen, die zu den einzelnen Störungstypen gehörenden charakteristischen maladaptiven Beziehungsmuster, einschließlich ihrer innerseelischen Prozess-Strecken, deutlich zu machen. Hieraus lohnt dann allemal der Versuch, wohl begründbare und dann medizinisch notwendige psychotherapeutische Interventionsstrategien abzuleiten, um die Circuli vitiosi der persönlichkeitsgestörten kranken Menschen auf neue, offenere Wege zu lenken.

Die Behandlung von Persönlichkeitsstörungen, so ein zentrales Fazit der hier vorgestellten Leitlinien, ist ein schmerzlicher, ein krisenhafter und oft langwieriger, aber ein möglicher und notwendiger Prozess. Es handelt sich dabei um Heilung von Krankheit im Sinne des SGB V. Auf ihn haben die Betroffenen Anspruch.

Mein ausdrücklicher Dank gilt in erster Linie den Mitautoren, die sich in mühevoller und selbstloser Verpflichtung für die Sache neben allen anderen Aufgaben der kreativen Zusammenschau immenser Literaturrecherchen unterzogen, den Quellentext entworfen und erste Fassungen der Leitlinien erarbeitet haben. Mein Dank geht ebenfalls an die Experten unserer Konsensuskonferenz. Es waren dies Frau Dr. K. Bell sowie die Herren Prof. Dr. F. W. Deneke, Dr. B. Dulz, Prof. P. L. Janssen, Dr. J. Kind, PD Dr. F. Pfäfflin, PD Dr. H. G. Seidler, Prof. Dr. H. Weiß. Ihre Kritik, ihre konstruktiven Vorschläge und ihre wohlwollende Begleitung der Endfassung haben die jetzt vorliegenden Leitlinien ermöglicht, wobei alle noch verbliebene Fehlerhaftigkeit ausschließlich zulasten der Autoren geht.

Unser Dank gilt darüber hinaus den Herausgebern dieser Reihe, Herrn Prof. Dr. G. Rudolf und Herrn Prof. Dr. W. Eich, sowie den Mitarbeitern des Schattauer Verlags, die uns in jeder notwendigen Weise kritisierten, förderten und unterstützten.

Im Namen der Autoren **Wolfgang Tress**
Düsseldorf, im November 2001

Anschriften der Fachgesellschaften

**Allgemeine Ärztliche Gesellschaft
für Psychotherapie e.V. (AÄGP)**
Geschäftsstelle:
Monika Pult
Postfach 22 12 80
41435 Neuss
E-Mail: hpult@t-online.de
Internet: www.aaegp.de

**Deutsche Gesellschaft
für Psychoanalyse, Psychotherapie,
Psychosomatik und Tiefenpsychologie
e.V. (DGPT)**
Geschäftsstelle:
Johannisbollwerk 20
20459 Hamburg
E-Mail: psa@dgpt.de
Internet: www.dgpt.de

**Deutsche Gesellschaft
für Psychotherapeutische Medizin e.V.
(DGPM)**
Geschäftsstelle:
Beurhausstraße 75
44137 Dortmund
E-Mail: pm@dgpm.de
Internet: www.dgmp.de

**Deutsches Kollegium
für Psychosomatische Medizin
(DKPM)**
Geschäftsstelle:
Priv.-Doz. Dr. C. E. Scheidt
Universitätsklinik Freiburg
Abt. für Psychosomatik und
Psychotherapeutische Medizin
Hauptstr. 8
79104 Freiburg
Internet: www.dkpm.de

Anschriften
der Reihenherausgeber

Prof. Dr. med. Gerd Rudolf
Facharzt für Psychiatrie und
Neurologie
Facharzt für Psychotherapeutische
Medizin, Psychoanalyse
Ärztlicher Direktor
der Psychosomatischen Klinik

Universitätsklinikum Heidelberg
Thibautstr. 2
69115 Heidelberg

Prof. Dr. med. Wolfgang Eich
Facharzt für Innere Medizin
Facharzt für Psychotherapeutische
Medizin, Psychoanalyse
Leiter der Sektion Klinische
Psychosomatik

Medizinische Universitätsklinik
Heidelberg
Abteilung Innere Medizin II
Bergheimer Str. 58
69115 Heidelberg

Anschriften der Autoren

**Prof. Dr. med. Dr. phil.
Wolfgang Tress**
Leitender Fachvertreter und
Ärztlicher Direktor
der Klinik für Psychosomatische
Medizin und Psychotherapie
der Heinrich-Heine-Universität
Düsseldorf

Bergische Landstr. 2
40629 Düsseldorf

Priv.-Doz. Dr. med. Wolfgang Wöller
Ärztlicher Direktor
der Klinik Wersbach,
Klinik für Psychotherapeutische
und Psychosomatische Medizin,
Leichlingen-Witzhelden

Wersbach 20
42799 Leichlingen-Witzhelden

Dr. med. Norbert Hartkamp
Oberarzt an der Klinik
für Psychosomatische Medizin und
Psychotherapie der Heinrich-Heine-
Universität, Düsseldorf

Bergische Landstr. 2
40629 Düsseldorf

Dr. med. Michael Langenbach
Institut und Poliklinik
für Psychosomatik und
Psychotherapie der Universität
zu Köln

Joseph-Stelzmann-Str. 9
50931 Köln

Prof. Dr. med., Dr. rer. pol. Jürgen Ott
Oberarzt an der Klinik
für Psychosomatische Medizin und
Psychotherapie der Heinrich-Heine-
Universität Düsseldorf

Bergische Landstr. 2
40629 Düsseldorf

Inhalt

Leitlinie Persönlichkeitsstörungen

Leitlinie Persönlichkeitsstörungen 3
Allgemeiner Teil 3
Spezieller Teil 7
    Paranoide Persönlichkeitsstörung (F60.0) 7
    Schizoide Persönlichkeitsstörung (F60.1) 9
    Dissoziale Persönlichkeitsstörung (F60.2) 11
    Borderline-Persönlichkeitsstörung (F60.31)
    (Emotional instabile Persönlichkeitsstörung, Borderline-Typus) 13
    Histrionische Persönlichkeitsstörung (F60.4) 17
    Anankastische (Zwanghafte) Persönlichkeitsstörung (F60.5) 19
    Ängstliche (Vermeidende) Persönlichkeitsstörung (F60.6) 21
    Abhängige (Asthenische) Persönlichkeitsstörung (F60.7) 23
    Narzisstische Persönlichkeitsstörung (ICD-10: F60.8) 25
    Anhang: Klassifikation der Evidenzstufen 28

Quellentext zur Leitlinie Persönlichkeitsstörungen

Allgemeiner Teil 31

1 Diagnostik von Persönlichkeitsstörungen 33
M. Langenbach, W. Wöller, N. Hartkamp, J. Ott, W. Tress

1.1   Definition 33
1.2   Historisches 34
1.3   Allgemeines zur Diagnostik von Persönlichkeitsstörungen 41
    1.3.1 Klinische Diagnostik von Persönlichkeitsstörungen 41
    1.3.2 Instrumente zur Erfassung von Persönlichkeitsstörungen 44

Inhalt

2	**Therapie von Persönlichkeitsstörungen**	**47**
	W. Wöller, M. Langenbach, J. Ott, N. Hartkamp, W. Tress	
2.1	Die Bedeutung der Therapie von Persönlichkeitsstörungen	47
2.2	Behandlungskonzepte bei Persönlichkeitsstörungen	48
	2.2.1 Allgemeines	48
	2.2.2 Psychodynamische Ansätze	49
	2.2.3 Verhaltenstherapeutische und kognitiv-behaviorale Ansätze	52
	2.2.4 Gesprächstherapeutische Ansätze	52
	2.2.5 Interpersonelle Ansätze	53
	2.2.6 Traumazentrierte Ansätze	53
	2.2.7 Integrative Ansätze	54
	2.2.8 Psychopharmakotherapie	54
2.3	Therapiestudien bei Persönlichkeitsstörungen	55
	2.3.1 Problematik der Konzeptualisierung und Bewertung empirischer Therapiestudien	55
	2.3.2 Effizienz von Psychotherapie bei Persönlichkeitsstörungen	56
	2.3.3 Unkontrollierte Studien	57
	2.3.4 Kontrollierte Studien	59
	2.3.5 Kosten-Effektivitätsstudien	60
	2.3.6 Psychotherapieprozess-Forschung	60
	2.3.7 Wirksamkeit von Psychopharmakotherapie bei Persönlichkeitsstörungen	61
2.4	Zusammenfassende Bemerkungen zur Therapie bei Persönlichkeitsstörungen	62

Quellentext zur Leitlinie Persönlichkeitsstörungen

Spezieller Teil ... 69

3	**Paranoide Persönlichkeitsstörung**	**71**
	W. Wöller, N. Hartkamp, M. Langenbach, J. Ott	
3.1	Klinische Deskription	71
3.2	Differenzialdiagnose	73
3.3	Epidemiologie	74
3.4	Komorbidität	75

3.5	Ätiologie und Pathogenese	75
3.6	Psychodynamik	76
3.7	Therapeutische Verfahren	79
	3.7.1 Psychodynamisch orientierte Verfahren	79
	3.7.2 Verhaltenstherapeutische Ansätze	81
	3.7.3 Psychopharmakotherapie	82
4	**Schizoide Persönlichkeitsstörung (ICD-10: F60.1)**	**83**
	W. Wöller, M. Langenbach, J. Ott, N. Hartkamp	
4.1	Klinische Deskription	83
4.2	Differenzialdiagnose	84
4.3	Epidemiologie	86
4.4	Komorbidität	86
4.5	Ätiopathogenese	86
4.6	Psychodynamik	87
4.7	Therapeutische Verfahren	89
	4.7.1 Psychodynamische Verfahren	89
	4.7.2 Verhaltenstherapeutische Ansätze	90
	4.7.3 Pharmakotherapeutische Ansätze	91
5	**Dissoziale Persönlichkeitsstörung (ICD-10: F60.2)**	**93**
	N. Hartkamp, J. Ott, W. Wöller, M. Langenbach	
5.1	Die Datenbasis	93
5.2	Definition und Klassifikation	94
	5.2.1 Historische Vorbemerkungen	94
	5.2.2 Definition des Störungsbildes	98
5.3	Prävalenz und Epidemiologie	102
5.4	Komorbidität	106
5.5	Diagnostik	109
	5.5.1 Diagnostische Instrumente	109
	5.5.2 Diagnostik in spezifischen Populationen	109
	5.5.3 Differenzialdiagnostik	110
5.6	Ätiologie und Pathogenese	111
	5.6.1 Genetische und hereditäre ätiologische Faktoren	111
	5.6.2 Neurochemische ätiologische Faktoren	113
	5.6.3 Familiäre Faktoren	114
	5.6.4 Kognitive Faktoren	115
	5.6.5 Psychodynamische Faktoren	115

5.7	Therapie der Dissozialen bzw. Antisozialen Persönlichkeitsstörung	119
	5.7.1 Pharmakotherapie	119
	5.7.2 Psychotherapie	120

6 Borderline-Persönlichkeitsstörung (F60.31) (Emotional instabile Persönlichkeitsstörung, Borderline-Typus) 123
N. Hartkamp, W. Wöller, J. Ott, M. Langenbach

6.1	Klinische Deskription	123
6.2	Definition und Klassifikation	123
6.3	Geschichtliche Anmerkungen	125
6.4	Prävalenz und Epidemiologie	128
	6.4.1 Der natürliche Verlauf der Borderline-Persönlichkeitsstörung	130
6.5	Komorbidität	131
	6.5.1 Komorbidität mit affektiven Störungen	132
	6.5.2 Komorbidität mit anderen DSM-Achse-I-Störungen	140
	6.5.3 Komorbidität mit anderen Persönlichkeitsstörungen	141
6.6	Diagnostik	141
	6.6.1 Differenzialdiagnostische Abgrenzung von schizophrenen Psychosen	146
6.7	Ätiologie und Pathogenese	147
6.8	Therapie der Borderline-Persönlichkeitsstörung	157
	6.8.1 Pharmakotherapie	157
	6.8.2 Psychotherapie	159

7 Histrionische Persönlichkeitsstörung 169
J. Ott, M. Langenbach, N. Hartkamp, W. Wöller

7.1	Klinische Deskription	169
7.2	Prävalenz und Epidemiologie	170
7.3	Komorbidität und Differenzialdiagnose	171
7.4	Ätiologie und Pathogenese	171
7.5	Therapie der Histrionischen Persönlichkeitsstörung	175
	7.5.1 Allgemeines	175
	7.5.2 Psychoanalytisch-psychodynamische Behandlungsverfahren	175
	7.5.3 Interpersonelle Verfahren	177

		7.5.4 Kognitiv-verhaltenstherapeutische Vorgehensweisen 178

       7.5.5 Integrative Psychotherapie 179

8 Anankastische (Zwanghafte) Persönlichkeitsstörung (F60.5) 181
M. Langenbach, N. Hartkamp, W. Wöller, J. Ott

8.1 Klinische Deskription 181
8.2 Differenzialdiagnose 182
8.3 Epidemiologie und Komorbidität 183
8.4 Ätiologie und Pathogenese 184
8.5 Psychodynamik 186
8.6 Therapeutische Verfahren 189
      8.6.1 Psychodynamisch orientierte Verfahren 189
      8.6.2 Kognitiv-behaviorale Verfahren 191
      8.6.3 Pharmakotherapie 192

9 Ängstliche (Vermeidende) Persönlichkeitsstörung (F60.6) 195
M. Langenbach, J. Ott, N. Hartkamp, W. Wöller

9.1 Klinische Deskription 195
9.2 Differenzialdiagnose 196
9.3 Epidemiologie und Komorbidität 198
9.4 Ätiologie und Pathogenese 199
9.5 Psychodynamik 199
9.6 Therapeutische Verfahren 201
      9.6.1 Psychodynamisch orientierte Verfahren 201
      9.6.2 Kognitiv-behaviorale Verfahren 202
      9.6.3 Pharmakotherapeutische Verfahren 203

10 Abhängige (Asthenische) Persönlichkeitsstörung (F60.7) 205
M. Langenbach, N. Hartkamp, J. Ott, W. Wöller

10.1 Klinische Deskription 205
10.2 Differenzialdiagnose 206
10.3 Epidemiologie und Komorbidität 207
10.4 Ätiologie und Pathogenese 208
10.5 Psychodynamik 209
10.6 Therapeutische Verfahren 210

	10.6.1 Psychodynamisch orientierte Verfahren	211
	10.6.2 Kognitiv-behaviorale Verfahren	211
	10.6.3 Pharmakotherapeutische Verfahren	212

11 Narzisstische Persönlichkeitsstörung ... 213
N. Hartkamp, W. Wöller, M. Langenbach, J. Ott

11.1	Die Datenbasis	213
11.2	Klinische Deskription	213
11.3	Definition und Klassifikation	214
	11.3.1 Geschichtliche Anmerkungen	216
11.4	Prävalenz und Epidemiologie	218
11.5	Komorbidität	220
	11.5.1 Komorbidität mit Suizidalität	221
11.6	Diagnostik	222
11.7	Ätiologie und Pathogenese	224
	11.7.1 Klinisch abgeleitete Hypothesen	224
	11.7.2 Empirische Befunde	227
11.8	Therapie der Narzisstischen Persönlichkeitsstörung	228
	11.8.1 Pharmakotherapie	228
	11.8.2 Psychotherapie	228

Literatur ... 235

Leitlinie
Persönlichkeitsstörungen

Leitlinie Persönlichkeitsstörungen

Die Leitlinie wurde entwickelt im Auftrag der Leitenden Fachvertreter für Psychosomatische Medizin und Psychotherapie in der Bundesrepublik Deutschland in Abstimmung mit den AWMF-Fachgesellschaften
- Deutsche Gesellschaft für Psychotherapeutische Medizin (DGPM)
- Deutsche Gesellschaft für Psychotherapie, Psychoanalyse, Psychosomatik und Tiefenpsychologie (DGPT)
- Deutsches Kollegium für Psychosomatische Medizin (DKPM)
- Allgemeine Ärztliche Gesellschaft für Psychotherapie (AÄGP)

Sie stützt sich auf eine den Zeitraum von 1980 bis 2000 umfassende Literaturrecherche mithilfe der Datenbanken Medline, PsycLit und PSYNDEX, welcher die Begriffe „Persönlichkeitsstörung" und „personality disorder" bzw. deren Untertypen zugrunde lagen, auf Monografien und dieses Thema betreffende Abschnitte ausgewählter Lehrbücher, auf eine Experten-Konsensuskonferenz im Juni 1998 sowie auf eine Delphi-Befragung weiterer Experten im Jahre 1999. Die ausführliche Dokumentation der Datenbasis dieser Leitlinie findet sich im separat zugänglichen Quellentext. Therapeutische Empfehlungen wurden mit der Angabe ihrer Evidenzstufe (E) versehen (s. Anhang).

Allgemeiner Teil

Definition

- Persönlichkeitsstörungen als diagnostisches Konstrukt zur psychopathologischen Klassifikation tief verwurzelter Verhaltensmuster
- starre Reaktionen auf unterschiedliche persönlich-soziale Lebensbedingungen

Leitlinie Persönlichkeitsstörungen

- Auffälligkeiten im Wahrnehmen, Denken, Fühlen und in der Beziehungsgestaltung
- meist langjährig stabile Verhaltensmuster, die sich auf vielfältige Bereiche des Verhaltens und psychischer Funktionen beziehen
- Beginn in Kindheit oder Adoleszenz; Andauern bis ins Erwachsenenalter
- subjektives Leiden des Betroffenen und/oder seiner Umwelt
- durch keine andere psychische oder hirnorganische Störung bedingt

Epidemiologie
- 5–10% der allgemeinen Bevölkerung und mehr als 50% der wegen psychischer Störungen behandelten Patienten sind betroffen.
- Die verschiedenen Ausprägungen der Persönlichkeitsstörungen sind als dimensional überlappende Störungsmuster zu verstehen, die sich idealtypisch bestimmten Hauptformen zuordnen lassen, aber nicht diskret voneinander abgegrenzt sind.

Komorbidität
Oft treten bei Persönlichkeitsstörungen akute symptomatische psychopathologische Bilder auf, insbesondere affektive Störungen. Hier kann zwar von der Systematik der diagnostisch-klassifikatorischen Systeme her von Komorbidität gesprochen werden, es liegt jedoch von der Dynamik her meist eine Dekompensation der Charakterstruktur vor.

Ätiopathogenese
- bio-psychosoziales Modell:
    - genetische und früh erworbene Prädispositionen
    - spezifische belastende Lebensumstände
    - psychische Entwicklungsdynamik
- Bedeutsame Belastungen, die zur Entwicklung einer Persönlichkeitsstörung beitragen können, wenn sie nicht durch protektive Kofaktoren kompensiert werden können, sind chronische negative Beziehungserfahrungen oder akute bzw. kumulative traumatische Erlebnisse:
    - fehlende tragfähige Beziehung zu den Eltern mit mangelnder Balance des Autonomie- und Bindungsgefüges
    - früher Verlust einer Hauptbezugsperson
    - Armut
    - psychische Störungen der Eltern
    - lang dauernde Familienstreitigkeiten
    - geringer Altersabstand zu Geschwistern (unter 18 Monate)
    - schwere Erziehungsdefizite
    - aggressive und sexualisierte Traumatisierungen

Leitlinie Persönlichkeitsstörungen

Diagnose
- ausführliche biografische Anamnese
- Erheben des aktuellen psychopathologischen Befundes
- allgemeinmedizinisch-neurologische Untersuchung zum Ausschluss einer hirnorganischen Störung
- psychodynamische Diagnostik und Sozialanamnese mit Beachtung der interpersonellen Defizite und ihrer sozialen Folgen
- Fragebögen haben in der klinischen Diagnostik nachrangige Bedeutung; im Einzelfall psychologische Test- und Leistungsdiagnostik, ferner SKID-II als Kombination von Fragebogen und standardisiertem Interview

Prävention
- noch erheblicher Forschungsbedarf
- Frühzeitige Erkennung und Behandlung von Persönlichkeitsstörungen trägt zur Prävention der Weitergabe pathologischer Muster und Haltungen an die nächste Generation bei.
- Präventionsprogramme, die am Erziehungsverhalten von wichtigen Bezugspersonen und Kindern ansetzen und eine frühzeitige Korrektur der typischen belastenden Beziehungsmuster und Bindungsstörungen anstreben.

Psychodynamik
Die Psychodynamik bei Persönlichkeitsstörungen wird im speziellen Teil dieser Leitlinie getrennt für jede spezifische Persönlichkeitsstörung dargestellt. Bei der Darstellung wurde jeweils als intrapsychische Perspektive die Selbstregulierung und als interpersonelle Perspektive die Beziehungsregulierung ausgewählt, da Persönlichkeitsstörungen, intrapsychisch betrachtet, vorrangig als Selbstpathologie verstehbar sind und sich – weit mehr als andere psychische Störungen – mit Problemen der interpersonellen Kommunikation manifestieren.

Therapeutisches Vorgehen
- langfristig angelegte und spezifische psychotherapeutische Maßnahmen (E:III[1])
- klare, konzeptgeleitete Strukturierung des individuellen Gesamtbehandlungsplans (E:III)
- Bearbeitung aktueller pathologischer interpersoneller Muster ist die Grundlage der Behandlung (E:III)
- Verfahren:
  - *psychodynamische Verfahren*, z.B. psychoanalytisch-interaktionelle Psychotherapie (E:III), tiefenpsychologisch fundierte Psychotherapie (E:III),

---

[1] s. Anhang

supportiv-expressive Psychotherapie (E:II-1), in Einzelfällen analytische Psychotherapie (E:III)
- *verhaltenstherapeutische Verfahren*, z.B. Sozialtraining (E:II-1), Angstexposition (E:II-1), Selbstsicherheitstraining (E:II-1)
- *kognitiv-behaviorale Verfahren*, z.B. kognitive Umstrukturierung (E:III-1), Dialektisch-Behaviorale Psychotherapie (E:II-1)

- Herstellung und Gestaltung eines tragfähigen therapeutischen Arbeitsbündnisses ist zentral (E:III).
- Psychopharmakotherapie nur symptomorientiert, kein Ersatz für Psychotherapie. Die Persönlichkeitsstörung selbst ist pharmakologisch nicht behandelbar (E:III).
- im Bedarfsfall störungsspezifische Behandlung der komorbiden Symptomatik, z.B. bei Essstörungen, Angststörungen, dissoziativen Symptombildungen, Zwangsstörungen
- Entscheidung für eine ambulante oder stationäre Behandlung hängt von der Schwere der Störung ab (E:III). Bei schweren Persönlichkeitsstörungen ist die längerfristige oder in Intervallen angelegte stationäre oder teilstationäre Psychotherapie die Behandlungsform der Wahl, da maladaptive Interaktionsmuster am besten in der Patientengemeinschaft zur Darstellung kommen und der Reflexion und Einflussnahme zugänglich gemacht werden können. Dies ist Grundlage der ambulanten Weiterbehandlung (E:III).
- Stationäre Psychotherapie dient außerdem der Krisenintervention bei selbst- und fremdgefährdenden Verhaltensweisen (E:III).
- In schweren Fällen sind höherfrequente und längerfristige ambulante Behandlungen als Einzel- und/oder als Gruppenmaßnahme günstig (E:III).
- Vor einer systematischen Psychotherapie sind, wo notwendig, sozialtherapeutische Maßnahmen oder suchtspezifische Behandlungen einzuleiten (E:III). Auch unter Behandlungsauflagen im Maßregelvollzug ist eine psychotherapeutische Behandlung aussichtsreich; hier gelten die gleichen Therapiegrundsätze (E:III).

Spezieller Teil

Paranoide Persönlichkeitsstörung (F60.0)

Definition
Ein die Persönlichkeit beherrschendes, nicht gerechtfertigtes Misstrauen gegenüber anderen Menschen und die Neigung, ihnen bösartige Motive zu unterstellen.

Differenzialdiagnose

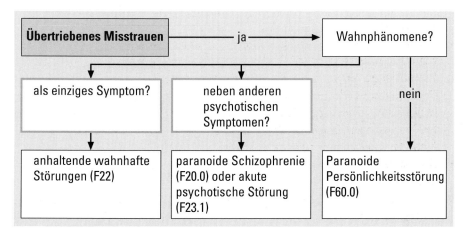

Differenzialdiagnose der Paranoiden Persönlichkeitsstörung: Leitsymptom „Übertriebenes Misstrauen" **Abb. 1**

Epidemiologie
Prävalenz: zwischen 0,4% und 1,8% der Gesamtbevölkerung

Komorbidität
keine erhöhte Komorbidität mit paranoider Schizophrenie

Psychodynamik
- affektives Erleben beherrscht von Angst, Wut und Enttäuschung
- Störung der Steuerung im aggressiven Bereich
- subjektiver Leidensdruck kann gering sein; nicht auf die Störung selbst, sondern auf schädigende Einflüsse der Außenwelt bezogen

Leitlinie Persönlichkeitsstörungen

- Einsichtsfähigkeit in psychodynamische Zusammenhänge krankheitsbedingt eingeschränkt
- Psychotherapiemotivation meist schwer herstellbar

Selbstregulation	Regulation der Beziehungsebene
defizitäre Selbststruktur mit bedrohter Selbst-Objekt-Differenzierung ↓ intensive unbewusste Verschmelzungswünsche bedrohen Selbstkohärenz und Selbstwertgefühl ↓ Abwehr der Verschmelzungswünsche mittels Idealisierung und Entwertung, Projektion, Introjektion und projektiver Identifizierung ↓ kompensatorische Stabilisierung von Selbstkohärenz und Selbstwertgefühl	internalisierte pathogene Erwartung, angegriffen und gedemütigt zu werden bei gleichzeitigem Wunsch, geliebt und geachtet zu werden ↓ misstrauisches und kontrollierendes, feindselig-rechthaberisches Verhalten ↓ andere ziehen sich zurück ↓ Patient verstärkt sein Misstrauen

Erleben des Patienten (der Patientin)	Erleben der Beziehungspartner
• Der/die Patient(in) erlebt sich so, dass er/sie sich angesichts der feindlichen Absichten anderer schützt • Der/die Patient(in) erlebt andere so, dass sie ihn/sie schädigen wollen	• Beziehungspartner erleben den/die Patienten/-in so, dass er/sie sie grundlos beschuldigt • Beziehungspartner erleben sich so, dass sie sich missverstanden zurückziehen

Therapeutisches Vorgehen

- siehe Allgemeiner Teil
- größtmögliche Offenheit zum Abbau des Misstrauens (E:III)
- keine zu frühe Konfrontation mit den paranoiden Überzeugungen, sondern Annehmen („Containing") der Affekte von Angst, Wut und Enttäuschung (E:III)
- Beachtung der Nähe- und Verschmelzungsängste des Patienten (E:III)
- kein Streit mit dem Patienten um unterschiedliche Auffassungen, aber auch nicht die Auffassung des Patienten gegen die eigene Überzeugung teilen (E:III)
- stützende und selbstwertstabilisierende Interventionen haben lange Zeit Vorrang vor Konfrontationen (E:III)
- Stärkung der Steuerung im aggressiven Bereich (E:III)

- Stärkung der Fähigkeit zur Selbst-Objekt-Differenzierung (E:III)
- bei problematischer Therapiemotivation strikte Konzentration auf die Therapieziele des Patienten, keine Fokussierung auf den paranoiden kognitiven Stil (E:III)
- Steigerung der sozialen Fertigkeiten und der Problemlösungsfähigkeiten (E:III)

Schizoide Persönlichkeitsstörung (F60.1)

Definition

Neigung zur sozialen Isolierung und zum Einzelgängertum; keine oder kaum enge Beziehungen außer aus dem Kreis der Verwandten ersten Grades; in interpersonellen Beziehungen kühl, emotional distanziert und unnahbar wirkend

Differenzialdiagnose

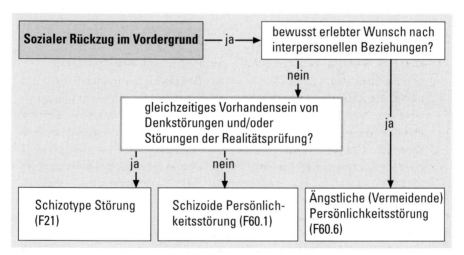

Abb. 2 Differenzialdiagnose der Schizoiden Persönlichkeitsstörung: Leitsymptom „Sozialer Rückzug"

Epidemiologie
Prävalenz: zwischen 0,5% und 0,9% der Gesamtbevölkerung

Komorbidität
keine erhöhte Komorbität mit schizophrener Psychose

Leitlinie Persönlichkeitsstörungen

Psychodynamik
affektives Erleben geprägt von Gefühlen der Leere
Bindungsmuster geprägt von großer Ambivalenz oder Distanz

Selbstregulation	Regulation der Beziehungsebene
defizitäre Selbststruktur mit bedrohter Selbst-Objekt-Differenzierung ↓ intensive unbewusste Verschmelzungswünsche bedrohen Selbstkohärenz und Selbstwertgefühl ↓ Abwehr der Verschmelzungswünsche mittels Idealisierung und Entwertung, Projektion, Introjektion und projektiver Identifizierung ↓ kompensatorische Stabilisierung von Selbstkohärenz und Selbstwertgefühl	internalisierte pathogene Erwartung, verletzt und gedemütigt zu werden bei gleichzeitigem Wunsch, geliebt und geachtet zu werden ↓ soziale Isolierung, Entwertung von Beziehungen ↓ andere ziehen sich zurück ↓ Patient verstärkt sein Rückzugsverhalten

Erleben des Patienten (der Patientin)	Erleben der Beziehungspartner
• Der/die Patient(in) erlebt sich so, dass er/sie keine bewussten Beziehungswünsche gegenüber anderen Menschen hat • Der/die Patient(in) erlebt andere so, dass Kontakte mit ihnen unwichtig sind	• Beziehungspartner erleben den/die Patienten/-in so, dass er/sie ihre Beziehungsangebote zurückweist und sich zurückzieht • Beziehungspartner erleben sich so, dass sie das Interesse an einer Beziehung zu dem Patienten (der Patientin) verlieren

Therapeutisches Vorgehen
- siehe Allgemeiner Teil
- Berücksichtigung der Distanzbedürfnisse und Näheängste in der Therapie sowie der diesen zugrunde liegenden Verletzungsängste (E:III), Respektierung der Autonomiebedürfnisse des Patienten (E:III)
- Stärkung der Selbst-Objekt-Differenzierung (E:III)
- Stärkung der Affektdifferenzierung (E:III)
- Stärkung der sozialen Fertigkeiten (E:III)

Dissoziale Persönlichkeitsstörung (F60.2)

Definition

- Persönlichkeitsstörung mit deutlicher und überdauernder Verantwortungslosigkeit und Missachtung sozialer Normen, Regeln und Verpflichtungen
- sehr geringe Frustrationstoleranz und niedrige Schwelle für aggressives, auch gewalttätiges Verhalten
- Andauernde Reizbarkeit kann ein zusätzliches Merkmal sein.
- Eine Störung des Sozialverhaltens in der Kindheit und Jugend kann vorgelegen haben.

Diagnose
klinisch; im Einzelfall Psychopathy Checklist (PCL), psychologische Test- und Leistungsdiagnostik

Differenzialdiagnose
- Syndrom des malignen Narzissmus
- Narzisstische Persönlichkeitsstörung mit antisozialen Verhaltensweisen
- andere Persönlichkeitsstörungen mit antisozialen Zügen
- antisoziale Züge bei neurotischen Charakterstörungen
- antisoziale Verhaltensweisen bei einer Symptomneurose
- dissoziale Reaktionsweisen

Epidemiologie
Prävalenz: in westlichen Gesellschaften ca. 1,5% bis 3,7% der Allgemeinbevölkerung, in anderen Kulturkreisen z.T. deutlich geringer

Komorbidität
vorwiegend mit Narzisstischer, Borderline- und Histrionischer Persönlichkeitsstörung, mit Suchterkrankungen und mit somatoformen Störungen

Psychodynamik
- Das Selbsterleben wird bestimmt von Größenvorstellungen, in denen die eigene Person als rücksichtslos aggressiv kontrollierend erscheint.
- Es besteht eine schwerste Über-Ich-Pathologie, mit weitgehendem Fehlen bindender Normen und Werte.
- Es besteht ein oral-aggressiver Kernkonflikt (mit dominierenden Vorstellungen von Gier und Missgunst), mit aggressiver Tönung der Vorstellungen von sich selbst und anderen.

Leitlinie Persönlichkeitsstörungen

- Die charakteristische Abwehr besteht in interaktioneller Manipulation und Ausbeutung.
- Die Ich-syntone Aggressivität kann als Sadismus oder als chronische Suizidalität in Erscheinung treten.

Selbstregulation	Regulation der Beziehungsebene
schwerste Verlust- und Mangelerfahrungen und frühkindliche Traumatisierungen wurden als existenzielle Bedrohung erlebt ↓ innere Werte gelten nur insoweit, als sie es erlauben, andere aggressiv zu kontrollieren ↓ aggressive Aufladung der Selbstrepräsentanz kann zu Suizidalität führen, wenn Kontrollverlust erlebt wird	keine innere Beziehung zu anderen eingehen, intensives Streben nach Kontrolle des anderen ↓ Drang, Macht über alle Beziehungen zu anderen auszuüben und sie zu zerstören

Erleben des Patienten (der Patientin)	Erleben der Beziehungspartner
- Der/die Patient(in) erlebt sich so, dass er/sie seine Autonomie entschlossen verteidigen muss, ohne auf die Bedürfnisse anderer Rücksicht zu nehmen - Der/die Patient(in) erlebt andere so, dass sie ihn/sie in unberechenbarer, z.T. physisch gewalttätiger Weise bedrohen	- Beziehungspartner erleben den/die Patienten/-in so, dass er/sie sie ausbeutet, angreift, kontrolliert und gleichzeitig ignoriert - Beziehungspartner erleben sich so, dass sie sich angstvoll zurückziehen

Therapeutisches Vorgehen

- siehe Allgemeiner Teil
- Stationäre Behandlung kann zu Verschlechterungen führen und ist nur angezeigt, wenn ein stabiles, nicht-korrumpierbares Setting gewährleistet werden kann (E:III).
- Stets kommt der Frage der Sicherheit des Behandlungssettings eine hohe Priorität zu. Es kann als klinische Maxime gelten, dass die Störungsschwere im umgekehrten Verhältnis zum psychotherapeutischen Behandlungsaufwand und im direkten Verhältnis zum Aufwand für Sicherheit und Supervision stehen sollte (E:III).

- Insgesamt ist der Nutzen psychotherapeutischer Maßnahmen fraglich (E:III).
- Nach klinischen Erfahrungen sollte die erste Aufgabe des Therapeuten darin bestehen, die unmittelbare soziale Umgebung des Patienten vor den Auswirkungen dissozialen Verhaltens zu schützen. Die zweite Aufgabe besteht darin, realistische Bedingungen dafür herzustellen, dass eine Therapie erfolgreich sein kann; hierzu gehört auch, einen sekundären Krankheitsgewinn auszuschalten, der etwa darin besteht, dass rechtliche Konsequenzen strafbaren Handelns nicht erfolgen, oder darin, dass passiv-parasitäre Beziehungen zu Eltern oder sozialen Unterstützungssystemen aufrechterhalten werden (E:III).
- Von besonderer Relevanz bei der Behandlung von Patienten mit Antisozialer Persönlichkeitsstörung ist die Umgehensweise mit den emotionalen Reaktionen des Therapeuten (Gegenübertragung). Problematische Gegenübertragungsreaktionen können sein:
    - moralische Verurteilung des Patienten
    - Illusion eines Arbeitsbündnisses, wenn tatsächlich keines gegeben ist
    - Angst vor Angriff oder Schädigung mit dem Versuch einer überstrengen Kontrolle des Patienten
    - Verleugnung der Schuld des Patienten
    - Verlust der professionellen Identität
    - Hassgefühle und Zerstörungswünsche gegenüber dem Patienten
- Familientherapeutische Interventionen sind nur bei sehr kritischer Indikationsstellung angezeigt, da damit gerechnet werden muss, dass die dissozial gestörte Persönlichkeit Informationen, die sie im Zuge der Therapie erhält, zum Schaden der Familienangehörigen einsetzt (E:III).

Borderline-Persönlichkeitsstörung (F60.31) (Emotional instabile Persönlichkeitsstörung, Borderline-Typus)

Definition

- überdauerndes Muster von emotionaler Instabilität und Impulsivität
- inkonstante und krisenhafte Beziehungen
- ausgeprägte Angst vor dem Verlassenwerden
- impulsive – häufig auch selbstschädigende – Verhaltensweisen
- instabile und wechselhafte Stimmung
- multiple und wechselnde psychogene Beschwerden
- Identitätsunsicherheit
- dissoziative und paranoide Symptome unter Stress

Diagnose

klinisch; im Einzelfall Borderline-Persönlichkeits-Inventar, SKID-II

Differenzialdiagnose
- Prodromi psychotischer Störungen
- dissoziative Störungen
- rezidivierende affektive und bipolare Störungen
- Posttraumatische Belastungsstörungen und andere Persönlichkeitsstörungen
- Persönlichkeitsstörungen:
  - feindselige Zurückgezogenheit im Vordergrund, fehlende Fähigkeit zu aktiv liebevoller Annäherung ⇒ V.a. Paranoide PS
  - grandioses Selbstbild ist vorhanden, fehlende Fähigkeit zu aktiv liebevoller Annäherung und zu vertrauensvollem Sich-Einlassen ⇒ V.a. Narzisstische PS
  - Wut und Attackieren des Beziehungspartners fehlen, Fähigkeit zum Annehmen einer liebevollen Beziehung ist vorhanden ⇒ V.a. Histrionische PS

Epidemiologie
Prävalenz: ca. 1,5% bis 2,0% der Allgemeinbevölkerung

Komorbidität
vorwiegend mit affektiven Störungen und Essstörungen, weiterhin mit Abhängigkeitserkrankungen, Angststörungen, dissoziativen Störungen, posttraumatischen Symptombildern und anderen Persönlichkeitsstörungen

Psychodynamik
- Die Impulsivität und Instabilität der Borderline-Persönlichkeit, die Neigung zu Streitigkeiten und Konflikten mit anderen sowie die Neigung zu selbstschädigenden Handlungen dienen dem Ziel, als gut, sicher und versorgend erlebte Aspekte emotional bedeutsamer Beziehungspersonen zu bewahren, die durch andere Aspekte der gleichen Personen infrage gestellt werden, welche alternierend als gefährlich, versagend und hasserfüllt wahrgenommen werden.
- Die Instabilität kann dabei die Form kurzwelliger Stimmungsauslenkungen, vor allem wütender, ärgerlicher, dysphorischer, verzweifelter, ängstlicher, aber auch euphorischer Art annehmen und sich in tief greifenden emotionalen Krisen oder Selbstbeschädigungen zeigen.
- Die Impulsivität wurzelt in einem konstitutionell oder traumatisch bedingten Übermaß an Aggression und Angst.
- Typischerweise gelingt es nicht, von emotional bedeutsamen anderen Menschen eine konstante innere Vorstellung aufrechtzuerhalten; ebenso besteht eine Identitätsstörung mit Unsicherheit bezüglich des eigenen Selbstkonzepts.
- Sind emotional bedeutsame andere nur in regressiven Zuständen und bei eigener Bedürftigkeit verfügbar, so führt dies zur charakteristischen (Borderline-) Verlassenheitsdepression.
- Abwehr: Spaltung, primitive Idealisierung, Entwertung, Verleugnung

Leitlinie Persönlichkeitsstörungen

Selbstregulation
„chaotische" Lebenserfahrung in der Primärfamilie, traumatisches Verlassenwerden, sexuelle Traumatisierung und Gewalterfahrung
↓
Spaltung von „guten" und „schlechten" Selbst- und Objektrepräsentanzen
↓
pathologische Spaltung führt zu mangelhafter Impuls- und Angsttoleranz
↓
Selbstbeschädigung, um dissoziative Zustände zu beenden

Regulation der Beziehungsebene
gegensätzliche, miteinander nicht kompatible Aspekte der Beziehungserfahrung mit emotional bedeutsamen anderen können nicht integriert werden
↓
kleinste Anzeichen des Verlassenwerdens reaktivieren traumatische Ängste
↓
Tendenz zu manipulativer Beziehungsgestaltung

Erleben des Patienten (der Patientin)
- Der/die Patient(in) erlebt sich so, dass er/sie auf der Suche nach verlässlicher, Schutz und Sicherheit gewährleistender Bindung ist
- Der/die Patient(in) erlebt andere so, dass sie ihn/sie in unberechenbar zudringlicher Weise oder durch unvorhersehbares Sich-Abwenden schädigen wollen

Erleben der Beziehungspartner
- Beziehungspartner erleben den/die Patienten/-in so, dass er/sie sie grundlos angreift, beschuldigt und kontrollieren will
- Beziehungspartner erleben sich so, dass sie sich unterwerfen und zurückziehen

Therapeutisches Vorgehen

- siehe Allgemeiner Teil
- Bei der stationären Behandlung von Borderline-Patienten ist grundsätzlich die Gefahr nicht-therapeutischer Regression zu beachten. Diese zeigt sich oftmals in wütendem und negativistischem Verhalten angesichts der in stationärer Behandlung gültigen Regeln und in einem kindhaften, z.T. in psychotisch anmutender Weise vorgetragenen Anspruch auf Befriedigung der jeweiligen Wünsche. Eine generell bessere Wirksamkeit von verhaltenstherapeutischen gegenüber psychodynamischen Vorgehensweisen im stationären Setting ist nicht belegt.
- Klinische Erfahrungen belegen die Nützlichkeit von tagesklinischen und nachtklinischen teilstationären Behandlungen sowie von Übergangswohneinrichtungen (E:III).
- Aufgrund der erheblichen Regressionsneigung von Borderline-Patienten ist generell akzeptiert, dass Psychoanalyse im engeren Sinne für diese Patienten in

Leitlinie Persönlichkeitsstörungen

der Regel kontraindiziert ist. Davon unberührt bleibt, dass in Einzelfällen eine psychoanalytische Therapie erfolgreich durchgeführt werden kann (E:III).

- Vorrangiges Behandlungsziel muss es sein, einen Behandlungsabbruch zu vermeiden (E:III).
- Im Falle einer traumatischen Ätiologie der Borderline-Persönlichkeitsstörung ist eine spezifische Traumatherapie zu erwägen (E:III).
- Im Vordergrund stehendes parasuizidales Verhalten kann mit Dialektisch-Behavioraler Therapie wirksam behandelt werden (E:IIa).
- Eine komorbide depressive Störung bzw. ein Substanzmissbrauch müssen diagnostiziert und behandelt werden. Katamnestische Studien legen nahe, dass besonders die Behandlung eines komorbiden Substanzmissbrauchs den Verlauf einer Borderline-Persönlichkeitsstörung nachhaltig verbessern kann (E:III).
- In der Behandlung von Borderline-Persönlichkeitsstörungen soll eine klare Strukturierung des Settings (im Sinne von Transparenz für den Patienten) gegeben sein, wobei es aber gleichzeitig notwendig sein kann, das Setting flexibel der u.U. rasch wechselnden aktuellen Befindlichkeit des Patienten anzupassen, wodurch eine haltende Funktion gewährleistet werden soll. Die klare Strukturierung unterstützt den Borderline-Patienten, dessen Innenwelt chaotisch ist, dabei, das Behandlungsbündnis aufrechtzuerhalten. Die Strukturierung umfasst klare Vereinbarungen, z.B. über Sitzungszeiten, die Beendigung von Sitzungen oder über Ausfallregelungen (E:III).
- Der Patient soll als verantwortlich handelnder, erwachsener Patient angesehen werden (therapeutische Haltung von „Respekt" und „Akzeptanz"), dessen Zusammenarbeit bei der Umsetzung eines Behandlungsplans gesucht wird (Gesichtspunkt der Regressionsbegrenzung) (E:III).
- Der Therapeut sollte eine aktiv die Beziehung herstellende Haltung einnehmen (therapeutische Haltung von „Präsenz"). Passives Abwarten oder Schweigen des Psychotherapeuten werden von Borderline-Patienten rasch als Zeichen mangelnder Aufmerksamkeit und Zuwendung aufgefasst. Die Bearbeitung der Gegenübertragung ist ein wichtiges Element der therapeutischen Intervention in der Einzelpsychotherapie. Hier ist es besonders wichtig, dass der Therapeut in der Lage ist, in nicht-komplementärer Weise auf maladaptive Beziehungsangebote zu reagieren, um so pathogenetisch relevante Annahmen des Patienten zu diskonfirmieren (E:III).
- Ein frühzeitiges und konsequentes Ansprechen selbstdestruktiver Verhaltensweisen ist notwendig, da häufig wegen störungsbedingter Einschränkungen der Antizipationsfähigkeit die Konsequenzen solcher Verhaltensweisen nicht hinlänglich übersehen werden können. Nicht auf Selbsttötung zielende Selbstverletzungen müssen von tatsächlich suizidalen Absichten unterschieden und differenziert gehandhabt werden (E:III).
- Die Wahrnehmung der Gegenübertragungsgefühle und auch ihre Formulierung sind in der Behandlung von Borderline-Störungen von zentraler Bedeu-

tung, da die dominierenden Objektbeziehungen in der Übertragung aktualisiert werden und dort zur Bearbeitung gelangen können. Die Formulierung von Gegenübertragungsgefühlen muss sich auf das „Hier-und-Jetzt" der therapeutischen Beziehung ausrichten und kann beispielsweise im Sinne des psychoanalytisch-interaktionellen Prinzips der selektiv-expressiven, authentischen „Antwort" erfolgen. Der Therapeut muss für den Borderline-Patienten fassbar und authentisch sein, um seine Entwicklung zu einem kohärenten Selbst und zur Objektkonstanz fördern zu können. Eine sich vorrangig auf die (Re-)Konstruktion der Vergangenheit ausrichtende therapeutische Haltung kann demgegenüber – als emotionale Distanzierung und Flucht vor dem aktuellen Geschehen – Ausdruck eines Gegenübertragungswiderstands sein (E:III).

Histrionische Persönlichkeitsstörung (F60.4)

Definition

- tief greifendes Muster übermäßiger Emotionalität und gesteigerten Verlangens nach Aufmerksamkeit, Außenreizen, Akzeptanz und Bewunderung
- Die Interaktionen sind durch Selbstdramatisierung sowie oft durch ein unangemessen sexuell verführerisches und provokant-manipulatives Verhalten charakterisiert.

Differenzialdiagnose

- Die differenzialdiagnostische Abgrenzung muss neben einigen Formen der Persönlichkeitsstörung (Dissoziale, Borderline-, Abhängige, Narzisstische) vor allem die somatoformen (insbesondere Konversions-)Störungen berücksichtigen:
    - bei Vorliegen von schwerer Identitätsstörung und psychotisch anmutenden Episoden ⇒ V.a. Borderline-Persönlichkeitsstörung
    - bei devianten Verhaltensmustern ⇒ V.a. Dissoziale Persönlichkeitsstörung
    - weniger theatralische Interaktionsmuster und mehr Passivität ⇒ V.a. Abhängige Persönlichkeitsstörung
- Die interaktionellen Merkmale der Histrionischen Persönlichkeitsstörung lassen sich auch bei Patienten mit Ängsten, Phobien und Dysthymie finden.

Epidemiologie

Prävalenz: zwischen 2% und 3% der Gesamtbevölkerung; innerhalb psychiatrischer Populationen zwischen 6% bis 45%

Komorbidität

hohe Komorbidität mit anderen Persönlichkeitsstörungen (Dissoziale, Borderline-, Narzisstische und Abhängige Persönlichkeitsstörung)

Leitlinie Persönlichkeitsstörungen

Psychodynamik

Selbstregulation	Regulation der Beziehungsebene
defizitäre Selbst-Struktur	internalisierte Erwartung, vernachlässigt, missachtet, zurückgewiesen zu werden, verbunden mit dem Wunsch, von einem starken Objekt versorgt, geschätzt und geliebt zu werden
↓	↓
Selbstbezogenheit und Selbstdramatisierung bei Vernachlässigung von Kompetenzen	Erzwingen von Aufmerksamkeit und Beachtung, um gut zu erscheinen und von allen geliebt zu werden
↓	↓
spezifische Verwendung von Emotionen, Verdrängung und Verleugnung	fasziniert und/oder Entwertung und Rückzug
↓	↓
kompensatorische Stabilisierung von Selbstkohärenz und Selbstwertgefühl	gekränkter Rückzug und Intensivierung der Inszenierung extremer Rollenstereotype

Erleben des Patienten (der Patientin)	Erleben der Beziehungspartner
• Der/die Patient(in) erlebt sich so, dass er/sie sich Aufmerksamkeit, Fürsorge und Liebe durch ständigen Einsatz der körperlichen Erscheinung und verführerisch-unterhaltsamer Fähigkeiten erzwingen muss • Der/die Patient(in) erlebt andere so, dass sie ihn/sie vernachlässigen und missachten	• Beziehungspartner erleben den/die Patienten/-in so, dass er/sie sie verführt, provoziert und manipuliert sowie versteckt entwertet • Beziehungspartner erleben sich so, dass sie fasziniert sind und sich dann ärgerlich zurückziehen

Therapeutisches Vorgehen
- siehe Allgemeiner Teil
- Balance zwischen Akzeptanz der Bedürftigkeit und der Förderung eigener Kompetenz (E:III)
- konstruktiver und differenzierter Umgang mit den Affekten statt Emotionalisierung, Dramatisierung und Katastrophisierung (E:III)
- Identifizierung und Klarifizierung von Bedürfnissen, Gefühlen und Gedanken, um die Verzerrungen und Diskrepanzen zwischen Phantasie und Realität zu er-

kennen und den Patienten bei der Entwicklung und Erprobung angemessener Verhaltensmuster zur Erreichung realistischer Bedürfnisse zu unterstützen (E:III)

Anankastische (Zwanghafte) Persönlichkeitsstörung (F60.5)

Definition

- die Persönlichkeit beherrschende Gefühle starken Zweifels und verstärkter Vorsicht mit einer Vorliebe für Details, Regeln, Listen, Ordnung, Organisation oder Schemata; Perfektionismus, der Aufgabenerfüllung erschwert bzw. unmöglich macht, und übertriebene Gewissenhaftigkeit, Skrupel und Vorliebe für Produktivität auf Kosten von Genussfähigkeit und zwischenmenschlichen Beziehungen
- Pedanterie und übertriebene Anpassung an soziale Konventionen; Rigidität und Sturheit sowie übertriebenes Bestehen darauf, dass andere sich völlig der Art und Weise unterwerfen, in der der Betreffende seine Aufgaben verrichtet, bzw. übertriebene Zurückhaltung, Aufgaben an andere zu delegieren
- Auftreten von beharrlichen und unerwünschten Gedanken oder Impulsen

Differenzialdiagnose

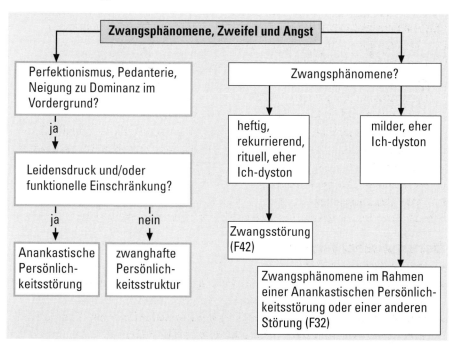

Differenzialdiagnose der Anankastischen (Zwanghaften) Persönlichkeitsstörung: Leitsymptome „Zwangsphänomene, Zweifel, Angst"   Abb. 3

Leitlinie Persönlichkeitsstörungen

Epidemiologie
Prävalenz: zwischen 1,7% und 6,4% der Gesamtbevölkerung

Komorbidität
geringe Komorbidität mit Zwangsstörung, mittlere Komorbidität mit affektiven und Angststörungen

Psychodynamik

Selbstregulation	Regulation der Beziehungsebene
erhebliche Selbstzweifel und starke Selbstkontrolle ↓ Störung der Selbstwertregulation ↓ mittels Abwehrmechanismen (Reaktionsbildung, Affektisolierung) ↓ Stabilisierung des Selbstwertgefühls	unerfüllte Abhängigkeitswünsche mit pathogener Erwartung, dass diese nicht von anderen erfüllt werden können ↓ unterdrückte Wut/Ärger kontrollierendes Verhalten, Affektisolierung ↓ andere entziehen sich Kontrolle ↓ Patient verstärkt kontrollierendes Verhalten

Erleben des Patienten (der Patientin)	Erleben der Beziehungspartner
• Der/die Patient(in) erlebt sich so, dass er/sie Ordnung und Orientierung angesichts der Unverbindlichkeit und Unzuverlässigkeit der Außenwelt mit möglichst perfekter Kontrolle schaffen muss • Der/die Patient(in) erlebt andere so, dass sie unzuverlässig, kritisierend und ablehnend sind	• Beziehungspartner erleben den/die Patienten/-in so, dass er/sie sie in Machtkämpfe verwickelt, eigensinnig, dominant und rechthaberisch ist • Beziehungspartner erleben sich so, dass sie sich der Kontrolle und der Dominanz des Patienten (der Patientin) entziehen wollen

Therapeutisches Vorgehen
- siehe Allgemeiner Teil
- verstärktes Ansprechen von Affekten und innerer Welt des Patienten mit Schaffung einer respektvollen und kreativen Atmosphäre („Spielraum") (E:III)
- Die direkte oder indirekte Mitteilung aggressiver Affekte verlangt eine aufmerksame, positiv konnotierende und vorwurfsfreie Beachtung und Aufnahme (E:III).
- Affektklarifikation und -interpretation unter Berücksichtigung der biografischen Genese (E:IIb)

Leitlinie Persönlichkeitsstörungen

- Bearbeitung zentraler rigider Kognitionen (E:III)
- Bezug auf das „Hier-und-Jetzt" der therapeutischen Beziehung einschließlich der wirksamen Übertragung (E:III)
- Achten auf interpersonell wirksame Affekte wie unterdrückte Wut (E:III)
- Thematisierung von und flexibler Umgang mit kontrollierendem Verhalten (E:III)

Ängstliche (Vermeidende) Persönlichkeitsstörung (F60.6)

Definition

- die Persönlichkeit beherrschende andauernde intensive Gefühle von Anspannung und Besorgtheit
- Vorstellung, sozial minderwertig, unattraktiv oder anderen unterlegen zu sein
- übertriebene Erwartung, von anderen kritisiert oder zurückgewiesen zu werden
- Unwille, sich mit anderen Personen einzulassen, wenn der Betreffende sich nicht sicher ist, von ihnen gemocht zu werden
- Einschränkungen im Lebensstil durch das Bedürfnis nach Sicherheit und Vermeiden sozialer oder beruflicher Aktivitäten, die zwischenmenschlichen Kontakt voraussetzen, aus Furcht vor Kritik, Missbilligung oder Zurückweisung

Differenzialdiagnose

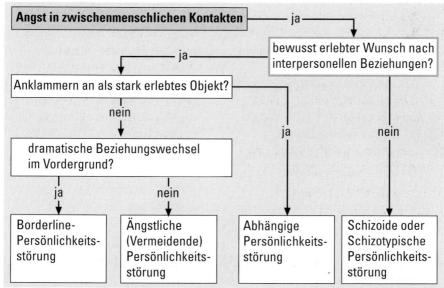

Abb. 4 Differenzialdiagnose der Ängstlichen (Vermeidenden) Persönlichkeitsstörung: Leitsymptom „Angst in zwischenmenschlichen Kontakten"

Leitlinie Persönlichkeitsstörungen

Epidemiologie
Prävalenz: zwischen 0,4% und 1,3% der Gesamtbevölkerung

Komorbidität
mittlere Komorbidität mit phobischen Störungen und Angststörungen

Psychodynamik
- unbewusste Überzeugung, als Person im eigenen Selbst nicht eigenständig und unvollkommen zu sein
- meist unvollkommene Separation vom kindlichen Primärobjekt

Selbstregulation	Regulation der Beziehungsebene
unsicheres Selbstbild und Wunsch nach Zuwendung und Fürsorge	Erwartung, abgelehnt zu werden
↓	↓
selbstentwertendes Introjekt	anlehnendes, unterwürfiges Verhalten
↓	↓
Störung der Selbstwertregulation	verstärkte Anstrengungen, Zuwendung und Fürsorge zu bekommen
↓	
mittels Identifikation mit dem Aggressor gewonnenes labiles Selbstbild	
↓	
Vermeidungsverhalten	

Erleben des Patienten (der Patientin)	Erleben der Beziehungspartner
• Der/die Patient(in) erlebt sich so, dass er/sie minderwertig und unattraktiv ist und Bestätigung von anderen sucht • Der/die Patient(in) erlebt andere so, dass sie ihn/sie zurückweisen, übersehen oder kritisieren	• Beziehungspartner erleben den/die Patienten/-in so, dass er/sie sich ihnen bis zur Unterwürfigkeit anpasst oder ihnen aus dem Weg geht • Beziehungspartner erleben sich so, dass sie den/die Patienten/in ihrerseits vermeiden oder ihn/sie instrumentalisieren

Therapeutisches Vorgehen
- siehe Allgemeiner Teil
- Ansprechen von Affekten des Patienten mit Klarifizierung der auslösenden Situationen (E:III)

- empathische Rückmeldungen unter Berücksichtigung der biografischen Genese (E:III)
- oft wegen des starken Wunsches nach Zuwendung und Fürsorge überwiegend supportive Initialphase erforderlich (E:III)
- Vermeidung einer überfürsorglichen Haltung (E:III)
- Bearbeitung interpersoneller Konflikte unter Berücksichtigung der biografischen Genese (E:IIb)
- Training sozialer Fertigkeiten (E:IIa)

Abhängige (Asthenische) Persönlichkeitsstörung (F60.7)

Definition

- die Persönlichkeit beherrschende Tendenz, andere die meisten wichtigen Lebensentscheidungen für sich treffen zu lassen; Unterordnung der eigenen Bedürfnisse unter die von anderen und übertriebene Gefügigkeit ihren Wünschen gegenüber
- Unwille, auch angemessene Forderungen an andere zu stellen, von denen Abhängigkeit besteht; im Falle von Alleinsein Gefühle von Unwohlsein oder Hilflosigkeit, aus übertriebener Angst, nicht für sich selbst sorgen zu können
- Neigung zur Furcht, von einer anderen Person, zu der eine enge Beziehung besteht, verlassen zu werden und für sich selbst sorgen zu müssen
- eingeschränkte Fähigkeit, Alltagsentscheidungen ohne erhebliches Maß an Rat und Versicherung von anderen zu treffen

Differenzialdiagnose

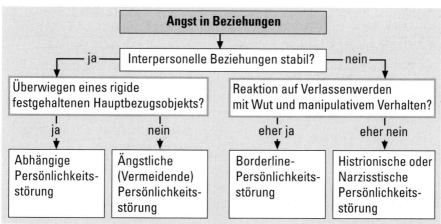

Differenzialdiagnose der Abhängigen (Asthenischen) Persönlichkeitsstörung: Leitsymptom „Interpersonelle Beziehungen" **Abb. 5**

Leitlinie Persönlichkeitsstörungen

Epidemiologie
Prävalenz: zwischen 1,6% und 6,7% der Gesamtbevölkerung

Komorbidität
hohe Komorbidität mit Essstörungen, geringere mit Depression, Angststörungen und Somatisierungsstörungen; geringe Komorbidität mit Genussmittelabhängigkeit und Sucht; hohe Komorbidität mit anderen Persönlichkeitsstörungen (Schizoide, Ängstlich-vermeidende, Borderline- und Histrionische PS) und schizotyper Störung

Psychodynamik
- unbewusste Überzeugung, als Person völlig unselbstständig und abhängig von der Fürsorge anderer zu sein
- meist als Folge unvollkommener Separation vom frühkindlichen Primärobjekt

Selbstregulation	Regulation der Beziehungsebene
selbstentwertendes, selbstunsicheres Introjekt	Unterwürfigkeit zur Realisierung der Abhängigkeitsbedürfnisse
↓	↓
Störung der Selbstwertregulation	Suche nach dem idealen Objekt
↓	↓
mittels Abwehrmechanismen (Idealisierung, Identifikation mit dem Aggressor)	andere ziehen sich (überfordert) zurück
↓	↓
kompensatorische Stabilisierung des Selbstwertgefühls	Patient verstärkt seine Abhängigkeitstendenzen

Erleben des Patienten (der Patientin)	Erleben der Beziehungspartner
• Der/die Patient(in) erlebt sich so, dass er/sie allein hilflos und unfähig ist, für sich selbst zu sorgen • Der/die Patient(in) erlebt andere so, dass sie Schutz bieten und Verantwortung für wichtige Entscheidungen übernehmen	• Beziehungspartner erleben den/die Patienten/-in so, dass er/sie sich auf sie verlässt und sich ihnen unterordnet • Beziehungspartner erleben sich so, dass sie Kontrolle und Verantwortung nehmen oder sich zurückziehen

Therapeutisches Vorgehen
- siehe Allgemeiner Teil
- Ansprechen von Affekten des Patienten unter Berücksichtigung auslösender Situationen (E:III)
- empathische Rückmeldungen mit Reflexion der Abhängigkeitsbedürfnisse unter Berücksichtigung der biografischen Genese (E:III)
- Übergang von einem mehr aktiven Stil des Therapeuten zu einem gemeinsamen Infragestellen dysfunktionaler Kognitionen (E:III)
- oft wegen des starken Wunsches nach Zuwendung und Fürsorge überwiegend supportive Initialphase erforderlich (E:III)
- Vermeidung einer überfürsorglichen oder Unterwürfigkeit fördernden Haltung (E:III)
- frühzeitiges Hinweisen auf Begrenztheit und Ende der Therapie (E:III)

Narzisstische Persönlichkeitsstörung (ICD-10: F60.8)
Definition
- tief greifendes Muster von Großartigkeit (in Phantasien oder Verhalten), Bedürfnis nach Bewunderung und Mangel an Empathie
- Die Betreffenden haben ein grandioses Gefühl der eigenen Wichtigkeit, glauben von sich, „besonders" und einzigartig zu sein, und legen ein Anspruchsdenken an den Tag, d.h. übertriebene Erwartungen an eine besonders bevorzugte Behandlung oder automatisches Eingehen auf die eigenen Erwartungen.
- In zwischenmenschlichen Beziehungen sind die Betreffenden ausbeutend, zeigen einen Mangel an Empathie sowie arrogante, überhebliche Verhaltensweisen oder Haltungen.

Diagnose
- klinisch; im Einzelfall Narzissmus-Inventar
- Diagnosestellung u.U. erst nach einem längeren psychotherapeutischen Behandlungsprozess möglich

Differenzialdiagnose
- psychotische Störungen (wahnhafte Störungen mit Größenideen)
- affektive Störungen (Manie, Hypomanie, Depression)
- narzisstische Charakterprägungen ohne Krankheitswert
- andere Persönlichkeitsstörungen:
  - steht Empathiemangel im Vordergrund und dominiert feindselige Zurückgezogenheit ⇒ V.a. Dissoziale PS
  - die Fähigkeit zu vertrauensvollem Sich-Einlassen ist vorhanden ⇒ V.a. Histrionische PS

- die Fähigkeit zu aktiv-liebevoller Annäherung ist vorhanden ⇒ V.a. Borderline-PS
- Selbst-Kontrolle und Sich-Verschließen sind bestimmend ⇒ V.a. Anankastische PS

Epidemiologie
Prävalenz: unter 1% der Allgemeinbevölkerung

Komorbidität
vorwiegend mit Histrionischer, Dissozialer und Borderline-Persönlichkeitsstörung, z.T. mit Vermeidender Persönlichkeitsstörung und Paranoider Persönlichkeitsstörung; gelegentlich Ich-syntone Suizidalität

Psychodynamik
- Die Grandiosität der narzisstisch gestörten Persönlichkeit, die Vorstellung, alles Gute in sich zu tragen, nichts zu benötigen, dient als Schutz gegenüber Gefühlen der Nichtigkeit, der Abhängigkeit und des Neides. Die Abwehr von Gefühlen der Nichtigkeit ist dabei als zentral anzusehen.
- Die Grandiosität kann dabei die Form einer durch Ansprüchlichkeit getönten, chronifiziert wütenden Grundgestimmtheit annehmen, die sich als Ärger, Zorn und Ressentiment anderen gegenüber zeigt.
- Emotional bedeutsame andere Menschen werden in ihrer Eigenständigkeit nicht wahrgenommen, sondern lediglich im Hinblick auf den Nutzen für die Selbstwertregulation eingeschätzt.
- charakteristische Abwehr: Idealisierung und Entwertung
- Die emotionalen Bindungen der narzisstischen Persönlichkeit sind dementsprechend eher funktionaler Art; in Beziehungen erleben narzisstisch gestörte Persönlichkeiten ein Schwanken zwischen Kleinheits- und Nichtigkeitsgefühlen einerseits und Gefühlen der Grandiosität andererseits.
- Die typischen Konflikte sind um das Erleben selbstgenügsamer Autarkie versus abhängiger Nichtigkeit zentriert.

Selbstregulation	Regulation der Beziehungsebene
mangelnde oder inadäquate (z.B. nicht-kontingente, situationsunabhängige) elterliche Zuwendung ↓ Verbindung aus impliziter Verachtung und explizit gezeigter Enttäuschung über jegliches Anzeichen mangelnder Perfektion ↓ Aggression, Ambivalenzkonflikte ↓ primitive Abwehrmechanismen ↓ pathologisches grandioses Selbst Schwanken zwischen Grandiosität und Selbstentwertung bei geringer Kränkungstoleranz	persistierende Wünsche nach Sicherheit und Bewunderung ↓ Bewunderung für andere, solange sie als „außerordentlich" erlebt werden; Verachtung für andere, die als nicht-perfekt erlebt werden ↓ interaktionelle Kränkungsneigung

Erleben des Patienten (der Patientin)	Erleben der Beziehungspartner
• Der/die Patient(in) erlebt sich so, dass er/sie auf der Suche nach Liebe, Unterstützung und anerkennender Bewunderung ist • Der/die Patient(in) erlebt andere so, dass sie ihn/sie kritisieren und kontrollieren	• Beziehungspartner erleben den/die Patienten/-in so, dass er/sie sie rücksichtslos entwertet, angreift und kontrollieren will • Beziehungspartner erleben sich so, dass sie sich unterwerfen oder wütend abwenden

Therapeutisches Vorgehen

- siehe Allgemeiner Teil
- Bei guter Ich-Stärke ist analytische oder analytisch orientierte Psychotherapie indiziert und aussichtsreich (E:III), bei stärker ausgeprägten Ich-Funktionseinschränkungen müssen regressive Neigungen begrenzt werden (z.B. durch psychoanalytisch-interaktionelle Therapie) (E:III). In multimodaler behavioraler Therapie können verschiedene Zielbereiche der narzisstischen Beziehungsstörung bearbeitet werden (E:III).
- Eine Kurzzeitpsychotherapie bei Narzisstischen Persönlichkeitsstörungen muss sich im Regelfall darauf beschränken, eine verbesserte Anpassung des Patienten zu erzielen, ohne strukturelle Änderungen bewirken zu können (E:III).

Leitlinie Persönlichkeitsstörungen

- Im Regelfall kann die Behandlung Narzisstischer Persönlichkeitsstörungen ambulant erfolgen; eine stationäre Behandlung ist bei suizidalen Krisen, chronischer Suizidalität, depressiver Dekompensation oder bei Vorliegen komorbider Störungen, die eine stationäre Behandlung erfordern, indiziert (E:III).

Anhang: Klassifikation der Evidenzstufen
(nach Rudolf u. Eich 1999)

- E:I bedeutet Evidenz aufgrund mindestens einer adäquat randomisierten kontrollierten Studie.
- E:II-1 bedeutet Evidenz aufgrund einer kontrollierten, nicht randomisierten Studie mit adäquatem Design.
- E:II-2 bedeutet Evidenz aufgrund von Kohortenstudie oder Fall-Kontrollstudie mit adäquatem Design, nach Möglichkeit von mehreren Forschungszentren oder Forschungsgruppen durchgeführt.
- E:II-3 bedeutet Evidenz aufgrund von Vergleichsstudien, die Populationen in verschiedenen Zeitabschnitten oder an verschiedenen Orten mit oder ohne Intervention vergleichen.
- E:III bedeutet Meinungen von respektierten Experten, gemäß klinischer Erfahrung, beschreibender Studien oder Berichten von Expertengremien.

Redaktionsgruppe:
W. Tress, Düsseldorf (Moderator); W. Wöller, Düsseldorf (Schriftführer); N. Hartkamp, Düsseldorf; M. Langenbach, Köln; J. Ott, Düsseldorf

Experten der Konsensuskonferenz:
K. Bell, Köln; F. W. Deneke, Hamburg; B. Dulz, Hamburg; P. L. Janssen, Dortmund; J. Kind, Göttingen; F. Pfäfflin, Ulm; H. G. Seidler, Heidelberg; H. Weiß, Würzburg/Stuttgart

Experten der Delphi-Befragung:
W. Berner, Hamburg; U. Büchner, Berlin; M. Franz, Düsseldorf; J. Frommer, Magdeburg; M. Geyer, Leipzig; J. Küchenhoff, Basel; L. Reddemann, Bielefeld; T. Redecker, Oerlinghausen; G. Rudolf, Heidelberg; W. Ruff, Bad Berleburg; U. Sachsse, Göttingen; H. Willenberg, Mainz

Eine Aktualisierung ist für 2002 geplant.

Die „Leitlinien" der Wissenschaftlichen Medizinischen Fachgesellschaften sind Empfehlungen für ärztliches Handeln in charakteristischen Situationen. Sie berücksichtigen ausschließlich ärztlich-wissenschaftliche und keine wirtschaftlichen Aspekte. Die „Leitlinien" sind für Ärzte unverbindlich und haben weder haftungsbegründende noch haftungsbefreiende Wirkung.

Quellentext zur Leitlinie Persönlichkeitsstörungen

Allgemeiner Teil

1 Diagnostik von Persönlichkeitsstörungen

M. Langenbach, W. Wöller, N. Hartkamp, J. Ott, W. Tress

1.1 Definition

Mit dem diagnostischen Konstrukt „Persönlichkeitsstörungen" werden nach ICD-10 (World Health Organization [WHO] 1992) und DSM-IV (American Psychiatric Association [APA] 1994) verschiedene idealtypisch differenzierte und tief verwurzelte Verhaltensmuster bezeichnet, die sich in starren Reaktionen auf unterschiedliche persönliche und soziale Lebenslagen zeigen. Diese Verhaltensmuster sind durch charakteristische Eigenheiten im Wahrnehmen, Denken, Fühlen und in der Beziehungsgestaltung gekennzeichnet. Sie sind meist über längere Zeiträume stabil und beziehen sich auf vielfältige Bereiche des Verhaltens und psychischer Funktionen. Häufig weist das betreffende Individuum Leidensdruck und eine gestörte soziale Funktions- und Leistungsfähigkeit auf. Persönlichkeitsstörungen beginnen meist in der Kindheit oder der Adoleszenz und dauern bis in das Erwachsenenalter an. Sie sind nicht durch andere psychische Störungen oder durch hirnorganische Beeinträchtigungen bedingt.

Es handelt sich also um unflexible Charakterzüge und Verhaltensmuster eines Individuums, die sich in seinem Verhaltensrepertoire in ganz unterschiedlichen Umständen und Situationen realisieren und zu subjektivem Leiden der Betroffenen und/oder ihrer Umwelt führen. In der historischen Entwicklung und in der gegenwärtigen Forschungsdiskussion hat es zahlreiche Kontroversen um die Abgrenzung des Konzeptes der Persönlichkeitsstörungen von den anderen psychischen Störungen und vom „Normalen" gegeben. Nahezu unumstritten ist dagegen die Brauchbarkeit dieser Klassifikationskategorie für die klinische Praxis. Tölle (1986) sowie Merikangas und Weissman (1986) rechnen damit, dass 10% der Allgemeinbevölkerung und mehr als 50% der psychotherapeutisch behandelten Bevölkerung an einer nach DSM-III-R klassifizierbaren Persönlichkeitsstörung leiden. Schepank et al. (1984) berichten für die damalige Bundesrepublik eine Prävalenz in der Allgemeinbevölkerung von etwa 5,5% (allerdings leidet diese Untersuchung unter der Verwendung des groben Klassifikationsschemas von ICD-8). Genauere, auf ICD-10 bzw. DSM-III-R oder DSM-IV bezogene und aktuellere Prävalenzen sind für die Epidemiologie der einzelnen Persönlichkeitsstörungen bestimmt worden. Eine bemerkenswerte Zunahme der Persönlichkeitsstörungen scheint nicht nachweisbar zu sein (Häfner 1991; Fiedler 1995).

1.2 Historisches

Die Auseinandersetzung um Status, Differenzierung und Klassifizierung der Persönlichkeitsstörungen reicht wesentlich weiter zurück als der Begriff „Persönlichkeitsstörung" selbst, der sich erst im Gefolge der deutschen Übersetzung des anglo-amerikanischen Ausdrucks „personality disorder" bei uns einbürgerte. Auch der zugrunde liegende Begriff der Persönlichkeit wird bis heute sowohl alltagssprachlich als auch in Klinik und Forschung durchaus unterschiedlich verstanden (Saß u. Houben 1997). Das psychiatrische Konzept der Psychopathie oder der abnormen Persönlichkeit stammt aus der Blütezeit der deutschen Psychiatrie um die Jahrhundertwende (Saß 1987; Berrios 1993).

Die Idee der Persönlichkeitsstörungen durchzieht die gesamte bekannte abendländische Medizingeschichte seit Hippokrates (460–377 v. Chr.) (Frances u. Widiger 1986). Sein Konzept der vier verschiedenen, mit dominierenden Körpersäften korrespondierenden Charaktere beschreibt vier unterschiedliche Grundhaltungen: vom allzu optimistischen und extravertierten Sanguiniker (Blut) über den pessimistischen Melancholiker (Schwarzgalle) und den reizbar-feindseligen Choleriker (Galle) hin zum apathischen Phlegmatiker (kalter Schleim). Interessanterweise bildet die Annahme von korrespondierenden Körpersäften nicht nur den frühen Versuch einer ätiologischen Zuordnung, sondern auch einen Hinweis auf ein dimensionales Modell mit einem Übermaß und Mangel an bestimmten Säften, die in jedem Menschen vorkommen. Aristoteles (384–322 v. Chr.) und Theophrast (um 372–287 v. Chr.) versuchten, Charakterzüge und Physiognomie miteinander in Beziehung zu setzen und zu klassifizieren. Insbesondere Theophrasts Buch über die „Ethischen Charaktere" mit einer an Einzelfällen entwickelten Schilderung etwa 30 verschiedener menschlicher Typen und ihrer Schwächen hatte eine durchgreifende und lang dauernde Wirkung über das Altertum hinaus. Noch die französischen Moralisten La Rochefoucault (1613–1680) und La Bruyère (1645–1696) ließen sich im 17. Jahrhundert von Theophrast beeinflussen. La Bruyère übertrug Theophrasts Buch unter Hinzufügung eigener zeitgenössischer Charakterstudien 1688 ins Französische (La Bruyère 1962). Aus heutiger Sicht ist

Diagnostik von Persönlichkeitsstörungen

es besonders interessant, dass bereits der Titel von La Bruyères Buch mit seiner engen Bezogenheit von Charakter und Sitten auf die Wichtigkeit des historischen und kulturellen Kontextes für die Ausbildung, Konzeptualisierung und Beschreibung verschiedener Persönlichkeitstypen verweist.

Im 18. Jahrhundert ergab sich infolge einer zunehmenden Überfüllung der Zuchthäuser für einige westeuropäische Staatsverwaltungen das Problem, was mit jenen schwer einzuordnenden Personengruppen geschehen sollte, die anscheinend weder Verbrecher noch eindeutig „Irre" waren. Hier begann, ausgehend von kritischen Medizinern, ein erster Strang des sozial rehabilitativen und karitativen Denkens, der zunächst einmal in die Etablierung des Systems der so genannten Irrenanstalten einmündete (Fiedler 1995).

Mit der zunehmenden Verwissenschaftlichung im 19. Jahrhundert und damit einhergehender Zergliederungs- und Klassifikationsbestrebungen wurden die seit I. L. A. Koch (1891–3) so genannten „Psychopathen" deutlich von den echten Geisteskranken abgegrenzt und in der Regel moralisch verurteilt. Pinel entwickelte das Konzept einer „manie sans délire", um Individuen zu beschreiben, die zu unerklärlichen Wut- und Gewaltausbrüchen neigten, aber keine wahnhaften Realitätsverkennungen zeigten (Pinel 1806). Pinel vermutete als Ursache dieser Störung zum einen Erziehungsmängel, zum anderen eine „perverse, zügellose Veranlagung". Diese Verursachungshypothese eines gemeinsamen Einflusses von Erziehung, Lebensumständen und intrapsychischer Entwicklungsgeschichte sowie einer genetisch bedingten und lebensgeschichtlich erworbenen Disposition, in bestimmten Situationen mit einem bestimmten Verhaltensmuster zu reagieren, durchzieht seither die Geschichte ätiologischer Konzepte zu den Persönlichkeitsstörungen (Saß u. Houben 1997).

J. F. Fries sprach von „ethisch Verwilderten und Verkümmerten" (Fries 1820). Der englische Arzt J. C. Prichard führte die Bezeichnung „moral insanity" ein, nachdem bereits Rush von „moral alienation" gesprochen hatte (Rush 1812), und definierte sie in Anlehnung an Pinel als „krankhafte Verkehrung natürlicher Gefühle, Affekte, Neigungen, des Naturells, der Gewohnheiten, der moralischen Werthaltungen und der natürlichen Impulse ohne eine bemerkenswerte Krankheit oder Intelligenzdefekte" (Prichard 1835). I. L. A. Koch sprach als Erster von den „psychopathischen Minderwertigkeiten" als einem psychiatrischen Zwischengebiet, zu dem „Dispositionen", „Belastungen" und „Degenerationen" gehörten (Koch 1891–3). Er unterschied angeborene, erworbene und „gemischte" Psychopathie. Birnbaum legte in einer weniger wertenden als deskriptiv-ordnenden Monografie von 1909 einen Band über psychopathische Persönlichkeiten vor, in dem er die „gestörten Maßbeziehungen zwischen den Persönlichkeitselementen" betonte (Birnbaum 1909) und auf die Diskrepanz zwischen persönlichem Anspruchs- und Leistungsniveau hinwies (Petrilowitsch 1972).

Emil Kraepelin zweifelte lange bezüglich einer angemessenen Klassifikation dieses psychiatrischen Zwischengebietes und fügte erst in der achten Auflage seines

Lehrbuches der Psychiatrie ein langes Kapitel über die psychopathischen Persönlichkeiten hinzu. Hier unterschied er sieben verschiedene Typen (die „Erregbaren", „Haltlosen", „Triebmenschen", „Verschrobenen", „Lügner und Schwindler", „Gesellschaftsfeinde" und die „Streitsüchtigen"), die allesamt Ärger oder Leid in anderen Personen hervorrufen, selbst aber nicht oder nur geringfügig leiden (Kraepelin 1915). Später kritisierte Karl Jaspers Kraepelins Beschreibungen als zwar plastisch, aber begriffslos. Jaspers selbst unterschied bereits in der ersten Auflage seiner „Allgemeinen Psychopathologie" von 1913 zwei verschiedene Hauptgruppen, die abnormen Persönlichkeiten als „nur eine vom Durchschnitt abweichende Veranlagung" und die „eigentlich kranken Persönlichkeiten, die durch Veränderung einer früheren Anlage infolge eines hinzukommenden Prozesses entstanden sind" (Jaspers 1913). Zur ersten Gruppe rechnete er nach „charakterologischen Kategorien" abnorm erregte, phlegmatische, heitere und depressive sowie abnorm willensschwache Menschen und trat damit auch in die Nachfolge der alten Temperamentenlehre des Hippokrates. Außerdem reihte er hier die „moral insanity", die psychasthenische und die hysterische Persönlichkeit ein. Zur zweiten Gruppe zählt Jaspers die „prozesshaften" Persönlichkeitsveränderungen mit Zerfallserscheinungen im Gefolge einer Psychose oder einer organischen Hirnkrankheit wie Epilepsie oder Huntington-Chorea, die heute diesen Erkrankungen als Krankheitsresiduen zugeordnet werden.

Ernst Kretschmer (1921) entwickelte wenige Jahre später einen konstitutionsätiologischen Ansatz, der Körperbau und Charakter miteinander in Verbindung brachte. So proklamierte er einen Zusammenhang zwischen leptosomem Körperbau, schizothymem Temperament und schizoider Erkrankung bzw. pyknischem Körperbau, zyklothymem Temperament und zykloider Erkrankung sowie athletischem Körperbau, viskösem Temperament und epileptoider Erkrankung.

Kurt Schneider entwarf im Anschluss an Kraepelin und Jaspers eine Typologie abnormer Persönlichkeiten, die er als Extremvariationen seelischen Wesens, die nicht auf Krankheiten zurückzuführen sind, beschreibt. Als „psychopathisch" bezeichnete Schneider die abnormen Persönlichkeiten, „die unter ihrer Abnormität leiden oder unter deren Abnormität die Gesellschaft leidet" (Schneider 1950). Sein Ansatz geht über den Kraepelins hinaus, indem er zum einen die Personen einschließt, die unter sich selbst leiden, und sich zum anderen bemüht, eine durchgängig phänomenologisch präzise Sprache zu verwenden, die sich wertender Begriffe enthält. Im Einzelnen zählt Schneider die hyperthymischen, depressiven, selbstunsicheren, fanatischen, geltungsbedürftigen, stimmungslabilen, explosiblen, gemütlosen, willenlosen und asthenischen Psychopathen auf. Schneider weist auf den grundsätzlich vieldimensionalen und typologischen Charakter seiner Einteilung hin und warnte vor einer Tendenz, die beschriebenen Typen als diagnostische Einheiten misszuverstehen. Diese Vorsicht ist Ausdruck seines Verständnisses von Persönlichkeit als Ganzes des nichtleiblichen Fühlens, Strebens und Wollens. Sein Ansatz hat die weitere klassifikatorische

Entwicklung bis hin zu den neueren Auflagen von DSM und ICD maßgeblich beeinflusst.

Basierend auf Sigmund Freud, haben psychoanalytisch denkende Psychiater versucht, die bis weit in die 50er Jahre des vergangenen Jahrhunderts hinein vorwiegend als funktionelle oder degenerative Mängel bezeichneten Normabweichungen des Verhaltens unter die Rubrik der Neurosen mit einzuordnen, jedenfalls aber den Begriff der Psychopathie zu eliminieren (Meyer 1972). Die ältere psychoanalytische Diskussion hatte sich hauptsächlich um die Frage gedreht, wie Neurose und Charakter unterschieden werden könnten und wie sie zusammenhingen. Freud selbst hatte unter Charakter eine Art Integral vielfältiger zwischenmenschlicher Aufgaben und Haltungen verstanden und damit vor allem auf die interpersonell-alloplastischen Reaktionsmöglichkeiten des Ich abgehoben (Freud 1924). Später legte er auch einen Vorschlag zu einer möglichen Charaktertypologie vor und unterschied drei grundlegende Typen (den „erotischen", „zwanghaften" und „narzisstischen") als Brückenglieder zwischen dem Normalen und Pathologischen (Freud 1931), schloss aber die Existenz weiterer Charaktertypen nicht aus. Karl Abraham (1925) betrachtete Charakter als „Gesamtheit der triebhaften Reaktionen des Einzelnen auf das Gemeinschaftsleben" und betonte die interpersonelle Verwobenheit der Charaktereigenschaften. Insbesondere die Diskussionen im Anschluss an die Objektbeziehungstheorie und unter den Theoretikern des Narzissmus schürten die psychoanalytische Beschäftigung mit Charakterstörungen (als dem in der psychoanalytischen Diskussion älteren Begriff) oder Persönlichkeitsstörungen (als dem sich allmählich auch in psychoanalytischen Schulen durchsetzenden Begriff) erneut. Insbesondere Kohuts (1971) Vorstellungen über die Differenzierung des primären Narzissmus mit möglichen Fehlentwicklungen und Kernbergs (1984) Untersuchungen über den Einfluss früher Objektbeziehungen und ihrer Störungen auf die Persönlichkeitsentwicklung lösten fruchtbare Diskussionen und Forschungsaktivitäten aus.

Einen dimensionalen Ansatz in der Forschung über Persönlichkeit und ihre Störung haben im 20. Jahrhundert insbesondere verschiedene Psychologen verfolgt. Forscher wie Guilford (1959), Cattell (1966) und Eysenck (1967) vertreten eine Richtung, die gewöhnlich als „Trait-Ansatz" bezeichnet wird und auf Allport (1937) zurückgeht. Diese Persönlichkeitstheoretiker nahmen an, dass die Persönlichkeit aus bestimmten Grundeinheiten aufgebaut wird, die sich aus Messergebnissen von Verhaltenstests ableiten lassen. Diese „traits", die zu bestimmten Verhaltensweisen prädisponieren, werden definiert als Merkmale, die der Persönlichkeit Kontinuität und Konsistenz verleihen. Unter Anwendung psychologischer Messungen durch ausgefeilte Tests und Einsatz angemessener statistischer Verfahren, besonders der Faktorenanalyse, glaubten diese Theoretiker, die über alle Individuen hinweg wirksamen Assoziationsmuster zwischen den Merkmalen auf die kleinstmögliche Menge an Faktoren reduzieren zu können, die als Kern der Persönlichkeit erachtet wurden. Die Anzahl solcher als robust verstandener Persönlichkeitsfaktoren schwankt je nach Autor und Verfahren. So unterscheidet Eysenck drei Faktoren (Introversion-Extraversion, Neurotizismus und Psychotizismus-Impulskontrolle), Guilford hingegen 10–13 und Cattell 16.

Unter der Vorstellung, dass Persönlichkeitsstörungen extreme Ausprägungen normaler Persönlichkeitseigenschaften sind, wurden verschiedene Versuche der multidimensionalen Skalierung von Persönlichkeitsdimensionen unternommen (Widiger 1992; Widiger et al. 1987; Millon 1987a; Saß et al. 1996a). In den letzten Jahren wurde das so genannte Fünf-Faktoren-Modell („Big Five") der Persönlichkeit (Costa u. Widiger 1990; Ostendorf 1990) mit den Faktoren Extraversion, Verträglichkeit, Gewissenhaftigkeit, Neurotizismus und Offenheit für Erfahrung entwickelt, das sich aber in der klinischen Arbeit und in den psychiatrischen Klassifikationssystemen, obwohl empirisch gut belegt und theoretisch interessant, bisher nicht durchsetzen konnte, wohl aus historischen und praktischen Gründen (Tress et al. 1997).

Diese Versuche einer dimensionalen Einteilung von Persönlichkeitscharakteristika blieben, da zu umfangreich und unhandlich, bisher ohne weitreichende Wirkung auf die heute ausschlaggebenden Klassifikationssysteme (ICD-10 und DSM-IV). Dort hat sich die Typologie nach klinischen Gesichtspunkten, im Wesentlichen also auf Kurt Schneider basierend, durchgesetzt. Denn für die wichtigsten klinischen Zwecke, die Differenzialindikation einer angemessenen Therapie und die Beurteilung der Prognose, scheint eine Einteilung nach Typen oder Clustern, die auf Erfahrung an typischen klinischen Einzelfällen gründet, auszureichen.

Seit der zweiten Hälfte des letzten Jahrhunderts mehren sich Versuche, integrative Modelle zu entwickeln, um verschiedene Ansätze zum Verständnis von Persönlichkeit und ihrer Störungen aufeinander zu beziehen, insbesondere die phänomenologisch-psychiatrischen, die dimensionalen und die psychoanalytischen Ansätze. Besonders fruchtbar, um verschiedene Forschungsansätze in eine „gemeinsame Sprache" zu übersetzen (Langenbach 1993), erwies sich das interpersonelle Modell der Persönlichkeit. Die interpersonelle Perspektive ist auch deshalb interessant, weil sie zur Verbesserung von Zuverlässigkeit und Validität der Diagnose von Persönlichkeitsstörungen in bestimmten Forschungsdesigns beigetragen hat (Morey 1985). Auch qualitative Psychodiagnostik- und Psychotherapieforscher haben sich bemüht, unter vorrangiger Einbeziehung zwischenmenschlicher Verhaltensweisen und Muster neue individuumgestützte Persönlichkeitstypologien zu entwerfen (Frommer 1994).

Betrachtet man die Definitionen der Persönlichkeitsstörungen in ICD-10 und DSM-IV von einem interpersonellen Standpunkt aus, so können sie auf allen Deskriptionsebenen (wie Verhaltensweisen, Denkprozesse, Affekte, Motivationen und soziale Folgen) in Verbindung mit gestörten interpersonellen Beziehungen gesetzt werden, entweder als Ursache oder Folge. Grundsätzlich sind bei gestörten Persönlichkeiten erhebliche Beeinträchtigungen in den fundamentalen menschlichen Motiven nach Bindung an andere und gleichzeitiger Differenzierung von anderen festzustellen (Henry 1994). Eine sich daraus entwickelnde „gestörte Persönlichkeit" ist in der Pathologie ihres interpersonellen Verhaltens Endprodukt einer Vielzahl von Einflüssen, vermittelt über Lernen, Wahrnehmung, Motivation, Zielsetzungen, Introjekte usw.

Auf H. S. Sullivan (1953) aufbauend, versuchten einige Forscher normale und abnorme Persönlichkeiten interpersonell zu definieren. So entwickelte Leary (1957) ein zirkumplexes Modell von Persönlichkeit und unterschied normal von abnormal anhand von Verhaltensintensität und ihrer quantitativen Abweichung von normaler Mäßigung und Flexibilität.

Den qualitativen Unterschied zwischen der gestörten und der normalen Persönlichkeit betont demgegenüber Lorna S. Benjamin (1993). Für den Abnormen ist die heikle Balance von gleichzeitigem Streben nach Bindung und Differenzierung verloren gegangen, während eine normale Person im Wesentlichen eine moderate selbstständige und freundliche Position gegenüber dem anderen bezieht, zugleich aber mäßigen Verwicklungen auch nicht abgeneigt ist.

Wie alle interpersonellen Theorien der Persönlichkeit setzt auch die von L. S. Benjamin voraus, dass frühe interpersonelle Interaktionsmuster die Persönlichkeit (mit) formen, sodass die Struktur des Selbst, einmal geformt, relativ stabil bleibt und sich in zyklischen Rückkopplungsschleifen unter Kommunikation mit signifikanten anderen perpetuiert. Benjamin legt in ihrer Strukturalen Analyse Sozialen Verhaltens (SASB) (Benjamin 1974; Tress 1993) ein zirkumplexes, auf zwei fundamentalen Dimensionen basierendes Modell der Persönlichkeit zugrunde: Affiliation (Liebe – Hass) und Interdependenz (Kontrolle bzw. Unterwerfung – Autonomie). SASB ist eine Weiterentwicklung der Anstrengungen um eine empirisch gut bestätigte interpersonelle Theorie von Murray (1938), Leary (1957) und Earl Schaefer (1965) und erlaubt es, die einzelnen nach DSM-IV bzw. ICD-10 klassifizierten Persönlichkeitsstörungen in ihrer zwischenmenschlichen Pathologie zu beschreiben, in ihrer psychosozialen Ätiopathogenese mit bestimmten frühen interpersonellen Erfahrungen zu korrelieren und dementsprechend spezifische therapeutische Interventionen zu entwickeln (Benjamin 1993; 1995; Tress et al. 1997; Langenbach et al. 1999).

Idealerweise erhält ein heranwachsendes Kind von seinen Eltern die erwähnte wohldosierte Mischung aus Bestätigung, aktiver Liebe und Schutz. Durch Identifikation mit diesen Verhaltensweisen wird das Kind befähigt, diese Verhaltensweisen auch anderen gegenüber an den Tag zu legen. Die Internalisierung des elterlichen Verhaltens führt zu bestimmten Verhaltenserwartungen, die das Kind (und später der Erwachsene) an andere heranträgt, als eine Art Filter, der bestimmte Grunderwartungen und -reaktionen bezüglich anderer prägt. Durch Introjektion der elterlichen Einstellungs- und Verhaltensmuster von Liebe, Respekt und Anleitung resultiert eine Introjektstruktur mit einer „gesunden" Mischung aus Selbstakzeptanz, Selbstliebe, Selbstschutz und -erziehung. Erfährt das Kind eine andere als diese ideale Mischung elterlicher Verhaltensweisen, resultiert in analoger Weise und über die gleichen psychologischen Mechanismen vermittelt eine pathologische Entwicklung. Wird das Kind z.B. mit hinreichend feindseliger Kontrolle behandelt (z.B. mit ständigen Vorwürfen und Beschuldigungen), so wird es möglicherweise selbst ständig kritisch anderen gegenüber werden (Identifikation), überempfindlich auf als Vorwurf empfundene Kritik durch andere reagieren (Internalisierung) und hochgradig zur Selbstverurteilung neigen (Introjektion). Es könnte sich also ein Individuum entwickeln, das grundsätzlich feindselig, paranoid, unsicher und chronisch deprimiert ist. Die Konsequenz wäre eine Störung der normalen Befähigung zu freundlicher Bindung und Autonomie in Gegenseitigkeit. Die Diagnose der gestörten Persönlichkeit korrespondiert mit interpersonellem Verhalten und Introjekten, die durch eine Kombination starrer Erwartungen und Verhaltensmuster mit Vorwürfen und Beleidigtsein, Angriffen und feindseligen Rückzügen sowie Übersehen anderer und Sich-Abschotten gekennzeichnet sind. Diese Gruppe von Clustern wird von Benjamin (1993) auch als „disrupted attachment group" (DAG) bezeichnet, also als Gruppe der unterbrochenen Bindungen. Dennoch zeigen auch gestörte Persönlichkeiten gelegentlich Verhalten der Bindungsgruppe, jedoch ist dieses Verhalten nicht charakteristisch. Gestörte Persönlichkeiten reagieren typischerweise mit einem DAG-Verhalten, sie schenken dem Kontext ihrer Interaktionen keine Aufmerksamkeit oder interpretieren ihn falsch und neigen zu raschem, unvorhersehbarem Wechsel ihrer interpersonellen Einstellung, z.B. von Freundlichkeit zu Feindseligkeit oder von Unterwürfigkeit zu Loslösung. Darüber hinaus besteht oft eine Tendenz zu „kontaminierten", komplexen Verhaltensweisen – z. B. zu einem Verhalten, das oberflächlich freundlich scheint, jedoch feindselig gemeint ist (ein süßliches Lächeln, um Missbilligung zu zeigen), oder zu einem Verhalten, das Autonomie anzubieten scheint, aber kontrollierend intendiert ist („Sei spontan"). Inkongruente Botschaften sind schon lange als Marker gestörten Verhaltens bekannt (Watzlawick et al. 1967; Duke u. Nowicki 1982; Kiesler 1986).

Zusammenfassend kann man ein normales interpersonelles Verhalten als gebunden-bezogen, maßvoll, flexibel, stabil und kongruent beschreiben, wohingegen gestörte interpersonelle Muster durch unterbrochene Bindung-Bezogenheit, Extreme von Interdependenz (Unterwürfigkeit, völlige Loslösung), Rigidität, Instabilität und komplexe Widersprüchlichkeit gekennzeichnet sind.

Normale und gestörte Persönlichkeiten unterscheiden sich voneinander, resultieren aber beide aus identischen, nämlich normalpsychologischen Prozessen. Die grundlegende Motivation, Bindung und Bezogenheit, ist bei allen Individuen anzutreffen, auch wenn das offensichtliche Verhalten häufig das Gegenteil zu bezeugen scheint. Auch die Grundwünsche nach Bestätigung, Liebe und Schutz sowie die Grundbefürchtungen in Bezug auf Vorwürfe, Angriffe und das Verlassenwerden sind identisch. Der Hauptunterschied zwischen normal und gestört, der Locus der Pathologie sozusagen, betrifft dann den Kontext der frühkindlichen und adoleszenten Entwicklung. Erlebnisse in einem emotional ungesunden Umfeld führen zu internalisierten Objektrepräsentanzen und Introjektstrukturen, die von der normalen Grundposition abweichen. Die internalisierten Bilder schaffen Erwartungen vom Verhalten anderer, die dann die Wahrnehmung anderer verfälschen. Weil die spezifischen Wünsche und Befürchtungen so rigide fixiert sind und die Wahrnehmung anderer stereotypisch von den engen Vorgaben der internalisierten Eltern-Imagines konfiguriert wird, ist das resultierende bindungssuchende Verhalten der gestörten Persönlichkeit pathologisch. So neigen z.B. Kinder, die körperlich missbraucht wurden, als Adoleszenten oder Erwachsene zu Selbstverletzungen, insbesondere in Situationen, die ängstigen oder Verlassenheitsgefühle wecken. Wir erklären dieses Verhalten damit, dass sich für den Selbstverletzer durch Identifikation mit dem früheren Missbraucher die Angst reduziert, weil diese Identifikation ein Gefühl der Bindung an ein internalisiertes Bild der Vergangenheit erlaubt.

Inwieweit neuere Klassifikationstheorien, die versuchen, die dimensionale Sichtweise und die kontinuierlichen Übergänge verschiedener Persönlichkeitsstörungen in die Klassifikation einzubeziehen (z.B. Tyrer u. Johnson 1996), für die zukünftigen Versionen der ICD- und DSM-Klassifikationen durchsetzen werden, ist derzeit nicht abzusehen.

1.3 Allgemeines zur Diagnostik von Persönlichkeitsstörungen

1.3.1 Klinische Diagnostik von Persönlichkeitsstörungen

Obwohl eine dimensionale Erfassung von Merkmalen einer Persönlichkeitsstörung im Vergleich zur kategorialen Diagnostik theoretisch überzeugender und auch hinsichtlich ihrer Reliabilität und Validität überlegen wäre (Fydrich et al. 1996), wird im Rahmen der klinischen Diagnostik nach wie vor auf die kategoriale Diagnostik zurückgegriffen. Gemäß kategorialer Diagnose wird einem Individuum die Diagnose einer Persönlichkeitsstörung zugeordnet oder nicht. Als kategoriale Klassifikationssysteme stehen heute insbesondere die ICD-10- (Dilling et al. 2000a) und die DSM-IV-Klassifikation (American Psychiatric Association 1994) zur Verfügung. Die Kategorien der speziellen Persönlichkeitsstörungen stimmen im Wesentlichen überein, wobei die Terminologien geringfügig voneinander abweichen (s. Tab. 1-1). Der „Borderline-Persönlichkeitsstörung" in der DSM-IV-Klassifikation entspricht in der ICD-10 die „Emotional instabile

Tab. 1.1 Spezifische Persönlichkeitsstörungen (PS) in der Terminologie der ICD-10 und des DSM-IV

ICD-10	DSM-IV
Paranoide PS	Paranoide PS
Schizoide PS	Schizoide PS
–	Schizotypische PS
Dissoziale PS	Antisoziale PS
Emotional instabile PS	Borderline-PS
Histrionische PS	Histrionische PS
Anankastische PS	Zwanghafte PS
Ängstliche (Vermeidende) PS	Selbstunsichere PS
Abhängige PS	Abhängige PS
–	Narzisstische PS
–	Passiv-aggressive PS

Persönlichkeitsstörung", der „Antisozialen Persönlichkeitsstörung" die „Dissoziale Persönlichkeitsstörung", der „Selbstunsicheren Persönlichkeitsstörung" die „Ängstliche (Vermeidende) Persönlichkeitsstörung" und der „Zwanghaften Persönlichkeitsstörung" die „Anankastische Persönlichkeitsstörung". Wichtige Ausnahmen bilden die in der DSM-IV-Klassifikation aufgeführten speziellen Persönlichkeitsstörungen „Schizotypische Persönlichkeitsstörung", „Passiv-aggressive Persönlichkeitsstörung" und „Narzisstische Persönlichkeitsstörung", die in der ICD-10-Klassifikation fehlen. Während der „Schizotypischen Persönlichkeitsstörung" in der ICD-10-Klassifikation die bei den schizophrenen Störungen angesiedelte „Schizotype Störung" (F21) entspricht, sind die beiden anderen Persönlichkeitsstörungen, sofern sie klinisch diagnostiziert werden, unter „Sonstige näher bezeichnete Persönlichkeitsstörungen" (F60.8) zu verschlüsseln. Obwohl der „Narzisstischen Persönlichkeitsstörung" in der ICD-10-Klassifikation keine spezielle Kategorie zugewiesen ist, wurde sie wegen ihrer besonderen klinischen Bedeutung im speziellen Teil dieses Quellentextes mit einem eigenen Kapitel berücksichtigt.

Problematischer ist die Tatsache, dass die Diagnosekriterien beider Klassifikationssysteme zwar nicht gravierend voneinander abweichen, aber doch deutlich

Diagnostik von Persönlichkeitsstörungen

andere Akzente setzen. Aus diesem Grund sind alle empirischen Befunde, die auf der Basis einer DSM-Diagnostik gewonnen wurden, nur unter Vorbehalt auf die entsprechenden ICD-Kategorien zu beziehen. Während die DSM-IV klare Zuordnungsregeln zu den einzelnen diagnostischen Kategorien vorgibt, beschränkt sich die ICD-10 auf klinische Deskriptionen. Für Forschungszwecke stehen die Forschungskriterien der ICD-10 (Dilling et al. 2000b) zur Verfügung.

In der DSM-IV-Klassifikation lassen sich die kategorialen Diagnosen in drei Hauptgruppen (Cluster) ordnen:

- Dem Cluster A werden die Paranoide, die Schizoide und die Schizotypische Persönlichkeitsstörung zugeordnet („odd-eccentric").
- Zu Cluster B zählen die Histrionische, die Narzisstische, die Antisoziale und die Borderline-Persönlichkeitsstörung („dramatic-erratic").
- Cluster C umfasst die Selbstunsichere, Abhängige, Zwanghafte und die Passiv-aggressive Persönlichkeitsstörung („anxious-fearful").

Die Cluster-Zusammenfassung der Persönlichkeitsstörungen konnte in der Untersuchung von Stuart et al. (1998) im Wesentlichen bestätigt werden. Die Autoren fanden ein hohes gleichzeitiges Vorkommen von DSM-III-R-diagnostizierten Cluster-A-Persönlichkeitsstörungen, von Cluster-C-Persönlichkeitsstörungen und von Narzisstischer, Borderline- und Histrionischer Persönlichkeitsstörung.

Ein bedeutsames methodisches Problem stellt das Auftreten multipler Diagnosen einer Persönlichkeitsstörung bei demselben Patienten dar (Bronisch 1992). Loranger et al. (1994) fanden bei einer Stichprobe stationär behandelter psychiatrischer Patienten bis zu sieben verschiedene Persönlichkeitsstörungen pro Patient, Bronisch und Mombour (1994) in einer Poliklinikpopulation bis zu fünf Diagnosen pro Patient. Komorbiditätskonzepte werden dieser Problematik nach überwiegender Auffassung nicht gerecht. Vielmehr ist das Auftreten multipler Diagnosen Audruck der „Breite der Psychopathologie" (Dolan et al. 1995). Tyrer und Johnson (1996) schlagen vor, den Schweregrad in Abhängigkeit von der Anzahl der bei einem Patienten diagnostizierten Persönlichkeitsstörungen zu definieren.

Besondere Aufmerksamkeit verdient das Problem der Stabilität von Diagnosen bei Persönlichkeitsstörungen. Langzeituntersuchungen können die in der Definition geforderte Langzeitstabilität oft nicht bestätigen (McDavid u. Pilkonis 1996; Perry 1993). So fanden Gunderson et al. (1975) bei Patienten mit Borderline-Persönlichkeitsstörung nur eine Stabilität von 40% über einen Zeitraum von zwei Jahren. Hingegen behielten in der Studie von Pope et al. (1983) 67% der als Borderline-Persönlichkeitsstörung diagnostizierten Patienten ihre Diagnose über einen Zeitraum von sieben Jahren. Bei Barasch et al. (1985) waren es 54% nach drei Jahren, bei Kullgren und Armelius (1990) 57% nach fünf Jahren und bei Links (1990) 60% nach zwei Jahren. Paris et al. (1987) konnten nach 15 Jahren bei 75% der von ihnen nachuntersuchten Patienten mit Borderline-Persönlichkeitsstörung die Kriterien dieser Persönlichkeitsstörung nicht mehr bestätigen.

Die Diagnose einer Persönlichkeitsstörung und ihre spezifische Klassifikation erfordern im Regelfall eine ausführliche biografische Anamnese unter Einschluss psychodynamischer Aspekte und der Sozialanamnese. Gerade die Vorteile einer wenig strukturierten Gesprächssituation mit der Möglichkeit der Entfaltung eines komplexen Übertragungs- und Gegenübertragungsgeflechts erlauben als Grundlage einer Beziehungsdiagnose einen gezielten und weitreichenden Einblick in Symptompräsentation, Krankheitserleben und -verarbeitung sowie symptomverursachende oder -aufrechterhaltende Faktoren. Oft kann auch das Erheben einer Fremdanamnese erforderlich werden.

Nach psychodynamischem Verständnis ist für die Therapieplanung neben der ausführlichen biografischen Anamnese, dem Erheben des psychischen aktuellen Befundes, der allgemeinmedizinischen und neurologischen Untersuchung zum Auschluss hirnorganischer Störungen zusätzlich eine psychodynamische Diagnostik wichtig, die Aufschluss über das strukturelle Organisationsniveau des Patienten gibt und auf deren Basis Probleme der Arbeitsbeziehung abgeschätzt werden können (Gabbard 1994). Zur Erfasssung der psychodynamischen Diagnose hat Kernberg (1996b) ein alternatives, auf der psychoanalytischen Struktur- und Objektbeziehungstheorie beruhendes klassifikatorisches Modell vorgelegt, das schwere Persönlichkeitsstörungen durch eine so genannte „Borderline-Persönlichkeitsorganisation" in Abgrenzung zu einer „neurotischen" und einer „psychotischen Persönlichkeitsorganisation" definiert. Eine Borderline-Persönlichkeitsorganisation im Sinne Kernbergs ist durch Identitätsdiffusion und das Vorherrschen unreifer Abwehrmechanismen mit Störungen basaler Ich-Funktionen bei intakter Realitätsprüfung gekennzeichnet.

1.3.2 Instrumente zur Erfassung von Persönlichkeitsstörungen

Für die diagnostische Erfassung von Persönlichkeitsstörungen stehen strukturierte klinische Interviews, Checklisten und Fragebögen zur Verfügung. Während mithilfe dieser Instrumente befriedigende Reliabilitäten bei der Diagnose von Persönlichkeitsstörungen erzielt werden konnten, sind Fragen der Validität noch weitgehend ungeklärt. Insbesondere die Vergleichbarkeit der Instrumente und die Stabilität der Diagnose über einen längeren Zeitraum sind noch unbefriedigend (Bronisch 1999).

Strukturierte klinische Interviews

Unter den strukturierten klinischen Interviews ist an erster Stelle das an der Persönlichkeits-Achse II der DSM-IV-Klassifikation orientierte Structured Clinical Interview for DSM-IV Personality Disorders (SCID-II) zu nennen (Spitzer u. Williams 1986; in der deutschen Fassung von Wittchen et al. 1997). Es handelt sich um ein hinsichtlich Reliabilität und Validität gut untersuchtes halbstrukturiertes Interview zur Diagnostik von Persönlichkeitsstörungen. Das SKID-II ist ein zweistufiges Verfahren, bestehend aus einem Fragebogen, dessen Items die Kriterien des DSM-IV repräsentieren und der als Screening für die Merkmale der erfassten Persönlichkeitsstörungen dient. Im nachfolgenden Interview brauchen dann nur noch diejenigen Fragen gestellt zu werden, bei denen sich im Fragebogen Hinweise auf eine Persönlichkeitsstörung ergeben hatten. Durch dieses zweistufige Verfahren lässt sich die Durchführungszeit auf ca. 30 Minuten verringern. Die Kombination aus Fragebogen und nachfolgendem Interview kann aufgrund der hohen Sensibilität des Fragebogens und der hohen Spezifität der Interviewfragen als gleichermaßen exakt und zeitökonomisch angesehen werden. Neben der kategorialen Auswertung bietet SKID-II zudem die Möglichkeit einer dimensionalen Auswertung. Die Erfahrungen mit dem an DSM-III-R orientierten SKID-II (Wittchen et al. 1993) zeigten, dass die Interrater-Realiabilität für dimensionale Diagnosen der kategorialen Diagnostik überlegen waren (Fydrich et al. 1996; Renneberg et al. 1992).

Loranger et al. (1987; 1994) legten mit der International Personality Disorder Examination (IPDE) ein halbstrukturiertes klinisches Interview vor, welches sowohl mit dem DSM-III-R als auch mit der ICD-10 in vollem Umfang kompatibel ist. Die Interrater-Reliabilität dieses Instruments wurde an 716 stationär psychiatrisch behandelten Patienten untersucht und kann auch angesichts des Umstands, dass die Anwendbarkeitsstudie international und in mehreren Sprachen erfolgte, als sehr befriedigend gelten. Sie betrug 0,80 bei den anhand der DSM-III-R identifizierten und 0,76 bei den anhand der ICD-10-Kriterien identifizierten Borderline-Persönlichkeitsstörungen. Im Unterschied zu anderen Verfahren, wie beispielsweise dem SCID, können mit der IPDE auch „wahrscheinliche" Fälle identifiziert werden. Hier betrug die Reliabilität 0,76 bzw. 0,78. Die zeitliche Stabilität der mit der IPDE gewonnenen Diagnosen wurde durch Nachuntersuchung einer Teilstichprobe nach sechs Monaten überprüft und erwies sich als zufriedenstellend. Als problematisch erwies sich lediglich die Länge des Interviews, das durchschnittlich 140 Minuten in Anspruch nimmt.

Als weitere standardisierte und z.T. stark strukturierte Interviews im Anschluss an DSM-III bzw. -IV und ICD-10 stehen mit der Standardized Psychiatric Examination (SPE) (Wing et al. 1977), dem Composite International Diagnostic Interview (CIDI) (Robins et al. 1988) und dem Structured Interview for Personality Disorders (SIDP) (Zimmerman u. Coryell 1990) Instrumente zur Verfügung, die insbesondere für Forschungsdesigns den Vorteil der Standardisierung und erleichterten Operationalisierbarkeit haben.

Checklisten

Ebenfalls zur Diagnostik von Persönlichkeitsstörungen vor dem Hintergrund der ICD-10-Klassifikation sind die International Diagnostic Checklists (IDCL) (Hiller et al. 1993) geeignet. Hierbei handelt es sich um einen Set von Flussdiagrammen, welche ein strukturiertes diagnostisches Vorgehen entlang der ICD-10-Kriterien erleichtert. Eine spezielle Form dieser Checklisten liegt als IDCL-P (Bronisch et al. 1992) für die Diagnose von Persönlichkeitsstörungen vor. In ersten Studien (Hiller et al. 1990a; 1990b) wurde eine gute klinische Praktikabilität und eine zufriedenstellende bis sehr gute Reliabilität der IDCL ermittelt. Die vergleichende Untersuchung der Diagnostik mittels der IDCL-P und der International Personality Disorder Examination (IPDE) bei 40 stationär psychiatrisch behandelten Patienten ergab eine zufriedenstellende Übereinstimmung hinsichtlich des Vorhandenseins oder Nichtvorhandenseins einer Persönlichkeitsstörung; die Übereinstimmung bei den einzelnen Persönlichkeitsstörungen schwankte zwischen unzureichenden und zufriedenstellenden Werten. Die Übereinstimmung (gewichtetes Kappa) zwischen der IDCL-P und der Borderline-Persönlichkeitsstörung gemäß DSM-III-R betrug 0,55, die Übereinstimmung zwischen der IDCL-P und der „Impulsiven Persönlichkeitsstörung" nach ICD-10 betrug 0,54. Die Höhe der Übereinstimmung liegt damit in der Größenordnung der Übereinstimmung, die in verschiedenen Studien zwischen der IPDE und dem SCID-II gefunden wurde.

An zeitökonomisch einsetzbaren Merkmal-Checklisten für Persönlichkeitsstörungen sind die für DSM-IV und ICD-10 geeignete Internationale Diagnosen-Checkliste für Persönlichkeitsstörungen (IDCL-P) (Bronisch 1992) und die Aachener Merkmalsliste für Persönlichkeitsstörungen (AMPS) (Saß u. Mende 1990) in Gebrauch.

Fragebögen

Im Allgemeinen haben Fragebögen bei der Erfassung von Persönlichkeitsstörungen eine hohe Sensititivität, aber nur eine geringe Spezifität, da durch sie häufig falsche positive Diagnosen einer Persönlichkeitsstörung gestellt werden (Bronisch et al. 1992). Sie eignen sich daher vorwiegend als Screening-Instrumente.

Ein wichtiger, die verschiedenen Persönlichkeitsstörungen differenzierender und klinisch und in der Forschung häufig verwendeter Selbstbeurteilungs-Persönlichkeitsfragebogen ist der Personality Diagnostic Questionnaire (PDQ) (Hyler et al. 1983; 1988; 1990a; 1990b). Es handelt sich um einen Fragebogen, der vom jeweiligen Probanden verlangt, 152 Items als wahr (vorliegend) oder falsch (abwesend) anzukreuzen. Die Instruktionen sind so formuliert, dass eigene Gefühle, Gedanken oder Handlungen der letzten Jahre vom Probanden betrachtet werden sollen. Der Fragebogen enthält außerdem je eine Skala für Behinderung und soziale Erwünschtheit sowie eine „Lügenskala". Er erfordert eine Ausfüllzeit von etwa einer halben Stunde. Alle elf DSM-III-Achse-II-Persönlichkeitsstörungen können so erfasst werden. Ein weiterer, weit verbreiteter und in Forschungsdesigns häufig eingesetzter Selbstbeurteilungsfragebogen ist das Millon Clinical Multiaxial Inventory (MCMI) (Millon 1982).

2 Therapie von Persönlichkeitsstörungen

W. Wöller, M. Langenbach, J. Ott, N. Hartkamp, W. Tress

2.1 Die Bedeutung der Therapie von Persönlichkeitsstörungen

Es liegen inzwischen genügend empirische Hinweise vor, dass das Vorhandensein einer Persönlichkeitsstörung den Behandlungsverlauf der meisten Störungsbilder in nennenswerter Weise beeinflusst. Studien, die sich mit dem Einfluss einer gleichzeitig vorhandenen Persönlichkeitsstörung auf den Behandlungsverlauf symptomatisch definierter Störungsbilder befassen, zeigen nahezu übereinstimmend, dass die Wirksamkeit der zur Anwendung kommenden Therapieverfahren geringer ist, wenn gleichzeitig eine Persönlichkeitsstörung diagnostiziert wurde (Reich u. Green 1991; Shea et al. 1992). So fanden sich bei Patienten mit depressiven Erkrankungen ganz überwiegend schlechtere Behandlungsergebnisse, wenn eine Persönlichkeitsstörung vorlag (Sullivan et al. 1994; Shea et al. 1992; Burns u. Nolen-Hoeksema 1992; Diguer et al. 1993). Zum gleichen Ergebnis kamen Thompson et al. (1988) und Fiorot et al. (1990), die über Therapiestudien bei älteren depressiven Patienten berichten, die mit Verhaltenstherapie, dynamischer Therapie oder eklektischer Therapie behandelt wurden. Lediglich Simons et al. (1986) fanden keine Unterschiede zwischen depressiven Patienten mit und ohne Persönlichkeitsstörungen hinsichtlich ihres Behandlungserfolges nach kognitiv-behavioraler Therapie. Häufig zählt eine begleitende Persönlichkeitsstörung zu den Ausschlusskriterien bei Therapiestudien an depressiven Patienten.
Einen ähnlichen Zusammenhang fanden Chambless et al. (1992) für Patienten, die wegen Agoraphobie mit kognitiv-behavioraler Therapie behandelt wurden; auch hier erzielten Patienten mit begleitender Persönlichkeitsstörung schlechtere Ergebnisse als Patienten ohne Vorliegen einer Persönlichkeitsstörung. Auch bei

Zwangsstörungen scheint das Behandlungsergebnis meist schlechter zu sein, wenn gleichzeitig eine Persönlichkeitsstörung vorliegt (Hermesh et al. 1987; Minichiello 1987; Jenike 1990). Mavissakalian und Hamann (1987) fanden, dass Patienten mit einer Paranoiden Persönlichkeitsstörung zu einem vorzeitigen Behandlungsabbruch neigen.

Tyrer et al. (1993) berichten über den Einfluss einer vorliegenden Persönlichkeitsstörung auf den Behandlungsverlauf bei 181 ambulanten Patienten mit den Diagnosen einer generalisierten Angststörung, Panikstörung oder Dysthymie. Die Patienten waren zufällig entweder einer rein medikamentösen Behandlung, kognitiv-behavioraler Therapie oder einem Selbsthilfeprogramm zugewiesen worden. Insgesamt betrachtet, hatten Patienten mit Persönlichkeitsstörungen tendenziell die schlechteren Behandlungsergebnisse. Keine Unterschiede fanden sich zwischen Patienten mit und ohne Persönlichkeitsstörung in der rein medikamentös behandelten Untergruppe, jedoch schnitten bei den mit psychologischer Therapie und mit einem Selbsthilfeprogramm behandelten persönlichkeitsgestörten Patienten tendenziell her schlechter ab. In einer Untersuchung an 100 psychiatrischen Notfallpatienten fanden Tyrer et al. (1994) wiederum die schlechteren Behandlungsergebnisse bei Patienten mit vorliegender Persönlichkeitsstörung.

Auch bei somatischen Therapieverfahren scheint das Vorhandensein einer Persönlichkeitsstörung für die Behandlungsprognose von Bedeutung zu sein. So konnte gezeigt werden, dass Patienten mit einer Depression und komorbider Persönlichkeitsstörung schlechter auf Heilkrampftherapie ansprechen (Sareen et al. 2000).

Die Untersuchungsbefunde belegen die Notwendigkeit der Entwicklung, Anwendung und Untersuchung geeigneter Behandlungskonzepte für Patienten mit Persönlichkeitsstörungen.

2.2 Behandlungskonzepte bei Persönlichkeitsstörungen

2.2.1 Allgemeines

Patienten mit Persönlichkeitsstörungen galten lange Zeit als psychotherapeutisch nicht behandelbar. Erst die bahnbrechenden Arbeiten von Reich (1933), Kohut (1971), Kernberg (1967) und Masterson (1978) zur Narzisstischen Persönlichkeitsstörung und zur Borderline-Persönlichkeitsstörung eröffneten erstmalig theoretisch fundierte Möglichkeiten der therapeutischen Beeinflussung persönlichkeitsgestörter Patienten. Inzwischen liegen umfangreiche klinische Erfahrungen und auf die Besonderheiten dieser Patientengruppe zentrierte Behandlungsansätze psychodynamischer, interpersoneller, verhaltenstherapeutischer sowie kognitiv-behavioraler Provenienz vor.

Bei der Konzeptualisierung psychotherapeutischer Interventionen hat es sich als sinnvoll erwiesen, zwischen Krisenintervention und Langzeittherapie zu unterscheiden. Als Folge der maladaptiven Persönlichkeitszüge und unter belastenden Lebenssituationen kann es zu Suizidhandlungen, autodestruktiven Verhaltensweisen, Angstzuständen, dissoziativen Zuständen sowie zu aggressiven Impulsdurchbrüchen kommen, die der Krisenintervention bedürfen (Bronisch 2000; Bronisch et al. 2000). Demgegenüber erfordern die maladaptiven Verhaltensmuster langfristige Therapieprozesse und eine konzeptgeleitete Strukturierung des individuellen Gesamtbehandlungsplans.

Für die Therapieplanung sind neben allgemeinen Richtlinien für die Behandlung von Persönlichkeitsstörungen die Besonderheiten der spezifischen Persönlichkeitsstörung(en) und – angesichts der hohen Komorbidität auf der Symptomebene – die jeweilige komorbide Symptomatik zu berücksichtigen. Besonders bei komorbiden Angststörungen, depressiven Symptomen, Ess-Störungen, dissoziativen Symptomen, Symptomen einer Posttraumatischen Belastungsstörung und Substanzmittelabusus sind störungsspezifische Interventionen erforderlich.

Die hohe Bedeutung, aber auch die Schwierigkeiten bei der Herstellung eines tragfähigen therapeutischen Arbeitsbündnisses wird von nahezu allen Autoren hervorgehoben. Gerade in Anbetracht der im Gefolge maladaptiver interpersoneller Interaktionsmuster auftretenden negativen Affekte im Therapeuten wird die Notwendigkeit der Herstellung positiver getönter interpersoneller Interaktionen und die Kontrolle der eigenen Emotionen (Gegenübertragung) betont (Dawson 1996a; 1996b; Book 1997; Adler 1990). Die Anfangsphase der Behandlung kann durch langwieriges Verhandeln der Rahmenbedingungen geprägt sein (Group for Advancement of Psychiatry 1987) und oft den Charakter einer Probephase haben (Gunderson 1984; Masterson 1976; 1981), also Verhandlungen bezüglich der Verfügbarkeit des Therapeuten, Stundenlänge und -häufigkeit, Honorar, Gebrauch von Alkohol oder Drogen und der Art des Umgangs mit selbstdestruktivem Verhalten beinhalten (Adler 1990). Die Endphase ist oftmals durch eine abrupte Beendigung der Behandlung geprägt (Gunderson 1984).

2.2.2 Psychodynamische Ansätze

Psychodynamische Ansätze fokussieren auf die besonderen Probleme der Beziehungsgestaltung, die nahezu allen Persönlichkeitsstörungen inhärente Störung des Selbstwertgefühls und die Probleme der Steuerung und Integration von Affekten und Handlungsimpulsen. Ziele psychodynamischer Therapieverfahren umfassen folgende Aspekte:

- eine Verbesserung der Beziehungsfähigkeit durch verbesserte Selbst- und Fremdwahrnehmung
- eine Verbesserung der Selbststeuerung
- den Aufbau reiferer Abwehrmechanismen mit den Mitteln der therapeutischen Beziehung

Gegenüber traditionellen psychoanalytischen Behandlungsformen stehen zuverlässige Präsenz, die Beachtung des Sicherheitsgefühls des Patienten, die Notwendigkeit einer haltenden Umgebung („holding environment", Modell 1976) und die Arbeit an den so genannten „Ich-Funktionsstörungen" stärker im Vordergrund. Eine wichtige Rolle kommt der Beachtung der Gegenübertragung und Problemen des therapeutischen Arbeitsbündnisses zu (Rudolf 1996; Kernberg 1995; 1997). Verschiedene Autoren haben sich bemüht, das Standardverfahren der Psychoanalyse den besonderen Bedingungen von Patienten mit Persönlichkeitsstörungen entsprechend zu modifizieren. Kernberg (1978) entwickelte eine Form der psychodynamisch orientierten Psychotherapie für Patienten mit Borderline-Persönlichkeitsorganisation, die in manualisierter Form vorliegt (Kernberg 1993) und als „Transference Focused Psychotherapy" (TFP, „übertragungsfokussierte Psychotherapie") neu konzipiert wurde (Clarkin et al. 2001; Buchheim et al. 1999a; 1999b). Das Manual eignet sich zur Behandlung von Patienten mit Persönlichkeitsstörungen, die im deskriptiven Sinne als „Borderline-Persönlichkeitsstörung" nach DSM-IV (APA 1994) bzw. als „Emotional instabile Persönlichkeitsstörung" nach der ICD-10 diagnostiziert werden; es ist darüber hinaus jedoch auch für die Psychotherapie von Patienten konzipiert, die nach der psychodynamischen Klassifikation von Kernberg (1984; 1996b) die Kriterien der so genannten „Borderline-Persönlichkeitsorganisation" (wie Identitätsdiffusion und unreife Abwehrmechanismen) erfüllen. Mit diesem Konzept können also neben Patienten mit einer Borderline-Persönlichkeitsstörung auch solche mit den deskriptiven Diagnosen einer Schizoiden, Paranoiden, Histrionischen, Abhängigen, Narzisstischen oder Antisozialen Persönlichkeitsstörung behandelt werden (Clarkin et al. 2001). Zentrale Interventionsformen sind Konfrontation, Klärung und Deutung maladaptiver Abwehrmechanismen. Der Ansatz zielt auf die aktuellen Interaktionen, besonders die Übertragungsbeziehung mit dem Therapeuten.

Für die Behandlung Narzisstischer Persönlichkeitsstörungen hat Kohut (Kohut 1971; Kohut u. Wolf 1978) die Notwendigkeit hervorgehoben, sich dem Patienten spiegelnd und bestätigend als „Selbstobjekt" zur Verfügung zu stellen. Im deutschen Sprachraum wurde als modifizierte Behandlungstechnik die „Psychoanalytisch-interaktionelle Psychotherapie" entwickelt, deren Grundprinzip nicht der deutende Umgang, sondern das „selektiv-authentische" Antworten des Therapeuten ist (Heigl-Evers u. Heigl 1987; Heigl-Evers u. Ott 1998).

Unterschiedliche Auffassungen bestehen hinsichtlich des Stellenwertes supportiver Therapieansätze (Rockland 1992; Wöller et al. 1996; 2001), insbesondere bei

Patienten mit Borderline-Persönlichkeitsstörung. Während einige Autoren (z.B. Buie u. Adler 1982) ein supportives Vorgehen bei Borderline-Patienten befürworten, kommen für Kernberg (1996b) supportive Formen der Psychotherapie nur dann in Betracht, wenn Motivation, Introspektionsfähigkeit und Psychogeneseverständnis in so hohem Maße geschwächt sind, dass eine andere Form der Psychotherapie nicht durchführbar ist.

Auch hinsichtlich des Therapiesettings wurden Modifikationen gegenüber dem psychoanalytischen Standardverfahren vorgeschlagen. Schon Alexander und French (1946) hatten die Beobachtung gemacht, dass persönlichkeitsgestörte Patienten häufig mehr von einer intermittierenden Behandlung als von einer kontinuierlichen Langzeittherapie profitieren. Auch in neuerer Zeit werden intermittierende Behandlungen bevorzugt, um der Chronizität der Persönlichkeitspathologie gerecht zu werden (McGlashan 1993; Paris 1994). Diese Modelle sehen vor, dass die Behandlung zu beenden ist, wenn ein Teil der interpersonellen Probleme bewältigbar erscheint, und wieder aufgenommen werden sollte, wenn maladaptive Verhaltensweisen erneut zunehmen.

Im Einzelfall ist die Entscheidung, ob ein modifiziertes oder ein nicht-modifiziertes psychodynamisches Verfahren zu bevorzugen ist, von der Schwere der Persönlichkeitsstörung und von der psychoanalytischen Strukturdiagnostik abhängig, insbesondere von der Frage, ob eine „neurotische" oder eine „Borderline-Persönlichkeitsorganisation" vorliegt. So kann bei ausreichender Ich-Stärke und weitgehend intakten Ich-Funktionen auch eine psychoanalytische Behandlung im klassischen Sinne indiziert sein (Kernberg 1984; Wurmser 1987). Besonders in der neokleinianischen Tradition der Psychoanalyse (Steiner 1993/98; Weiß 2000) wird über erfolgreiche Behandlungen von Patienten mit Borderline-Persönlichkeitsstörung unter Anwendung des klassischen Behandlungssettings berichtet.

Eine weitere Möglichkeit des therapeutischen Vorgehens besteht in der Nutzung stationärer psychotherapeutischer Verfahren, wenn ambulante Behandlungen wegen der Schwere der Störung nicht ausreichend sind. Stationäre psychotherapeutische Behandlungskonzepte (Arfsten u. Hoffmann 1978; Janssen 1985; 1987; 2000; Schepank u. Tress 1988; Becker u. Senf 1988; Dulz et al. 2000; Tress et al. 2000) kombinieren in der Regel einzel- und gruppentherapeutische Behandlungen sowie meist auch nonverbale Therapieverfahren wie Körpertherapie, Musiktherapie, Gestaltungstherapie und Beschäftigungstherapie. In neuerer Zeit werden auch teilstationäre Behandlungsansätze mit Erfolg angewendet (Heigl-Evers et al. 1986; Karterud et al. 1992; Piper et al. 1996; Küchenhoff 1998; Bateman u. Fonagy 1999).

Im Hinblick auf die Dauer der Behandlung empfehlen die meisten Kliniker eine Langzeittherapie als Behandlung der Wahl (z.B. Kohut 1971; Kernberg 1996b), zumal verschiedene Studien gezeigt haben, dass Persönlichkeitsprobleme längere Psychotherapiedauern benötigen (Hogland et al. 1992; Howard et al. 1986; Kopta et al. 1994). Gleichwohl wurden Konzepte psychodynamischer Kurzpsychotherapie auch für Patienten mit Persönlichkeitsstörungen entwickelt (Horowitz et al. 1984; Hogland 1993; Magnavita 1997; Binder 1979; Winston et al. 1991; 1994; Strupp u. Binder 1984). Faktisch werden zahlreiche persönlichkeitsgestörte Patienten bei begrenztem Therapieziel mit kurzzeittherapeutischen Verfahren behandelt, wobei primär eine Beeinflussung der Achse-I-Symptomatik, nicht aber eine Modifikation der zugrunde liegenden Persönlichkeitsstörung angestrebt wird (Stadter 1996).

2.2.3 Verhaltenstherapeutische und kognitiv-behaviorale Ansätze

Verhaltenstherapeutische Behandlungsansätze bei Persönlichkeitsstörungen umfassen Sozialtraining, systematische Desensibilisierung und Expositionsbehandlungen (Marzillier et al. 1976; Stravynski et al. 1982; 1994; Cappe u. Alden 1986; Alden 1989; Alden u. Capreol 1993). Sie wurden insbesondere bei Persönlichkeitsstörungen des Clusters C, vor allem bei der Ängstlich-vermeidenden Persönlichkeitsstörung angewandt.

Kognitive Therapieansätze bei Persönlichkeitsstörungen orientieren sich in vielerlei Hinsicht an dem Ansatz der kognitiven Therapie von Depressionen, wie ihn A. Beck (1964) entwickelt hat. Für die Behandlung der Persönlichkeitsstörungen kommt als weiterer Schwerpunkt die Modifikation grundlegender Überzeugungen über die eigene Person, über signifikante Bezugspersonen und die Welt hinzu. Kognitive Therapieansätze bemühen sich um die Nutzung spezieller Strategien zur Veränderung dysfunktionaler Überzeugungen und kompensatorischer Verhaltensstrategien (Nordahl u. Stiles 1997; Pretzer 1996; Turkat 1996; Beck 1998).

Ein Behandlungskonzept für Patienten mit Borderline-Persönlichkeitsstörung auf kognitiv-behavioraler Grundlage, in dessen Zentrum die Stärkung der interpersonellen Kompetenz und die Reduktion parasuizidalen Verhaltens steht, wurde von Linehan (1987) entwickelt (vgl. Comtois et al. 2000).

2.2.4 Gesprächstherapeutische Ansätze

Ein Konzept klientenzentrierter Gesprächspsychotherapie nach Rogers (1951) für Patienten mit Borderline-Persönlichkeitsstörung haben Eckert und Biermann-Ratjen (2000) vorgelegt.

Ein weiteres therapeutisches Modell auf gesprächspsychotherapeutischer Grundlage, das Persönlichkeitsstörungen als Beziehungs- oder Interaktionsstörungen beschreibt, stellt Sachsse (1997) vor.

2.2.5 Interpersonelle Ansätze

Wegen der zentralen Rolle maladaptiver interpersoneller Verhaltensweisen wurden Therapieformen konzipiert, die auf interpersonellen Persönlichkeitstheorien basieren. Benjamin (1996; 1997) entwickelte, ausgehend von dem Konzept der „Strukturellen Analyse Sozialer Beziehungen" (SASB), als interpersonellen Behandlungsansatz für Persönlichkeitsstörungen die Rekonstruktive Lerntherapie („Reconstructive Learning Therapy", RLT). Der Ansatz geht davon aus, dass Persönlichkeitsstörungen durch die unbewusste Bindung an frühe Bezugspersonen (IPIRs = Important Persons and their Internalized Representations) aufrechterhalten werden. In der Therapie werden Erwartungen, Wünsche und Ängste identifiziert, die sich auf diese frühen Beziehungsmuster beziehen, und die Patienten werden angeleitet, sich bewusst gegen die Beibehaltung fehlangepasster Erlebens- und Verhaltensmuster zu entscheiden und neue, zweckmäßigere Muster zu erlernen. Die Rekonstruktive Lerntherapie lässt sich in Therapien verschiedener Therapieschulen einfügen; der therapeutische Schritt der inneren Abgrenzung von den IPIRs kann mithilfe therapeutischer Techniken aus verschiedenen Therapieschulen erfolgen.

Ein anderer Ansatz mit interpersonellem Fokus ist das „Relationship Management Time-Limited Group Treatment" (RMG) für Borderline-Patienten (Dawson 1988).

2.2.6 Traumazentrierte Ansätze

Angesichts der Häufigkeit sexueller und aggressiver Traumatisierungen in der Vorgeschichte von Patienten mit Persönlichkeitsstörungen, namentlich bei Patienten mit Borderline-Persönlichkeitsstörung (Zanarini et al. 1989a; Ogata et al. 1990; Paris u. Zweig-Frank 1992; Egle et al. 1997), kommen zunehmend traumaorientierte Therapieansätze auf tiefenpsychologischer Grundlage zum Einsatz, insbesondere solche, die sich imaginativer Techniken bedienen (Parson 1997; 1998; Reddemann u. Sachsse 1997; 1998; Reddemann et al. 2001; Flatten et al. 2001). Traumaorientierte Therapieansätze unterscheiden Phasen der Stabilisierung, der Traumakonfrontation und der Reintegration. Nach übereinstimmender Auffassung der Experten ist eine ausreichende Stabilisierung die Voraussetzung für ein traumaaufdeckendes Vorgehen. Akuter Symptomdruck und anhaltender Täterkontakt gelten als Kontraindikationen für den Einsatz traumakonfrontativer Verfahren (Reddemann u. Sachsse 2000). Imaginative Techniken können sowohl im Rahmen der Stabilisierung als auch bei der Traumaexposition zur Anwendung kommen. Hierzu liegen zwar erfolgversprechende klinische Erfahrungen, aber bisher keine systematischen Studienergebnisse vor. Als ergänzendes Verfahren steht bei entsprechend qualifizierter Ausbildung und sorgfältiger Indikationsstellung das „Eye Movement Desensitization and Reprocessing" (EMDR) (Shapiro 1995) zur Verfügung, das nach bisher vorliegenden empirischen Untersuchungen zur Reduktion traumainduzierter Symptomatik beitragen kann (Hofmann 1996; 2000).

2.2.7 Integrative Ansätze

Fiedler (2000) stellt ein Modell vor, in dem der Versuch gemacht wird, zu einer schulenübergreifenden Integration von Therapiekonzepten zu gelangen. Hier werden einsichtsorientierte, bewältigungsorientierte und interpersonelle Therapieangebote auf die besonderen Anforderungen einzelner Persönlichkeitsstörungen abgestimmt.

2.2.8 Psychopharmakotherapie

Der Einsatz von Psychopharmaka in der Behandlung persönlichkeitsgestörter Patienten ergibt sich aus Hinweisen, dass einige Aspekte der Persönlichkeitsstörung durch Störungen des Neurotransmitter-Stoffwechsels vermittelt werden. Vor allem bei der Regulation der Kognition, der Wahrnehmung, der Affektivität und der Impulssteuerung scheinen Neurotransmitter-Vorgänge eine wesentliche Rolle zu spielen. Die Pharmakotherapie von Persönlichkeitsstörungen zielt somit auf die Beeinflussung der diesen Funktionen zugrunde liegenden neurobiologischen Vulnerabilität. In vielen Fällen schafft sie erst die Voraussetzungen dafür, dass psychotherapeutische Verfahren wirksam werden können. Ebenso erweist sich die Psychopharmakotherapie oft als unverzichtbar, um Symptome akuter Dekompensationen zu beeinflussen. Jedoch ist sie stets als Ergänzung der Psychotherapie und nie als deren Ersatz anzusehen (Haas 1997; Soloff 1998).
Grundlage der Psychopharmakotherapie von Persönlichkeitsstörungen ist die Beobachtung, dass in der Neurobiologie der Persönlichkeitsdimensionen die Grenzen von symptomatischen Störungen und Persönlichkeitsstörungen verwischt werden, was bedeutet, dass eng verwandte Symptome aus Achse I und Achse II Gemeinsamkeiten hinsichtlich ihrer Neurotransmitter-Physiologie aufweisen. So ist eine Störung des serotonergen Systems anzunehmen, wenn das pathologische Verhalten primär im Bereich von Impulsivität und Aggressivität liegt; eine Störung des dopaminergen Gleichgewichts ist zu vermuten, wenn die Bereiche Kognition und Wahrnehmung betroffen sind; und eine Instabilität im cholinergen und katecholinergen System ist anzunehmen, wenn eine affektive Instabilität im Vordergund steht – gleichgültig, ob dies im Rahmen einer Achse-I- oder Achse-II-Störung diagnostiziert wird (Siever u. Davis 1991). Insofern bleibt eine Pharmakotherapie der Persönlichkeitsstörungen stets eine symptomspezifische Behand-

lung und weitgehend unbeeinflusst von der diagnostisch-klassifikatorischen Einordung der jeweiligen Persönlichkeitsstörung. Entsprechend leiten sich die Zielsymptome für die Pharmakotherapie von Persönlichkeitsstörungen ab aus den klinischen Manifestationen der kognitiv-perzeptuellen, affektiven und impulsiv-behavioralen Dysregulationen.

2.3 Therapiestudien bei Persönlichkeitsstörungen

2.3.1 Problematik der Konzeptualisierung und Bewertung empirischer Therapiestudien

Die Konzeptualisierung von Therapiestudien und die Bewertung von Therapieergebnissen ist bei Persönlichkeitsstörungen mit einer Vielzahl von methodischen Schwierigkeiten konfrontiert (Gunderson et al. 1989; Shea 1996; Buchheim et al. 1999; Bateman u. Fonagy 2000). Drei Aspekte verdienen besondere Beachtung.

- Die hohe Komorbidität aller Persönlichkeitsstörungen untereinander und mit einer Vielzahl anderer Störungsbilder („Achse-I-Symptomatik") erweist sich bei der Planung von Studiendesigns als ein schwerwiegendes Problem. Die nahezu unüberschaubare Anzahl möglicher Kombinationen erschwert die Zusammenstellung homogener Patientenpopulationen. Nicht selten ist die durch die Komorbidität gegebene Symptomatik der primäre Behandlungsanlass, und der daraus resultierende Leidensdruck erzwingt eine Fokussierung auf die komorbide Symptomatik, während die Persönlichkeitsstörung selbst zum nachrangigen Therapieziel wird. Bei der Bewertung der Ergebnisse von Therapiestudien bei Persönlichkeitsstörungen bleibt oft unklar, ob die Besserung der komorbiden Symptomatik oder diejenige der Persönlichkeitsstörung zur Grundlage der Beurteilung gemacht wurde.
- Die charakteristische Schwierigkeit persönlichkeitsgestörter Patienten, ein tragfähiges therapeutisches Arbeitsbündnis aufrechtzuerhalten, erfordert eine erhebliche Individualisierung und Flexibilisierung der Behandlungsplanungen, die mit der für Forschungszwecke notwendigen Forderung nach Standardisierung der Untersuchungsbedingungen nur schwer vereinbar sind. Im ungünstigen Fall manifestieren sich die Probleme der therapeutischen Allianzbildung in einer erhöhten Neigung, begonnene Therapien abzubrechen, Therapeuten sowie Einrichtungen zu wechseln oder auch mehrere therapeutische Einrichtungen gleichzeitig in Anspruch zu nehmen – was die Untersuchungsbedingungen zusätzlich unübersichtlich macht.

- Wenn Persönlichkeitsstörungen definitionsgemäß als langzeitstabile Verhaltensmuster aufgefasst werden, kann eine Erfolgsbewertung therapeutischer Interventionen nur mittels langfristiger Katamnesen erfolgen. Kurzzeitstudien können dann allenfalls über die Beeinflussung einer komorbiden Symptomatik Auskunft geben. Gerade bei Langzeittherapien ist es jedoch nahezu unmöglich, adäquate Kontrollbedingungen herzustellen. Wartelisten oder unbehandelte Kontrollgruppen sind aus ethischen Gründen meist nicht vertretbar. Zudem erweist sich die unbefriedigende Zeitstabilität der vorliegenden Instrumente (s. Kap. 1.3.1) als hinderlich.

2.3.2 Effizienz von Psychotherapie bei Persönlichkeitsstörungen

Insgesamt finden sich nur wenige kontrollierte Therapiestudien zur Behandlung von Persönlichkeitsstörungen, aber eine etwas größere Anzahl unkontrollierter Studien und eine Vielzahl von Fallberichten.

Die Effizienz von Psychotherapie bei Persönlichkeitsstörungen untersuchten Perry et al. (1999) auf der Basis von 15 Outcome-Studien mit Daten über Prä-Post-Messungen oder auf der Basis von Katamnesedaten. In der Übersicht sind auch drei Studien enthalten, bei denen die Diagnose einer Persönlichkeitsstörung als Begleitdiagnose bei spezifischen Achse-I-Störungen gestellt wurde, z.B. bei Substanzmissbrauch (Woody et al. 1985), bei schwerer Depression (Diguer et al. 1993; Hardy et al. 1995) und bei Bulimie (Fahy et al. 1993). Im Einzelnen finden sich darunter drei randomisierte kontrollierte Behandlungsstudien (Alden 1989; Winston et al. 1994; Linehan et al. 1994), drei randomisierte Vergleiche unterschiedlicher Behandlungsformen (Liberman u. Eckman 1981; Monroe-Blum u. Marziali 1995; Hardy et al. 1995) und neun unkontrollierte Beobachtungsstudien (Woody et al. 1985; Karterud et al. 1992; Diguer et al. 1993; Fahy et al. 1993; Hogland 1993; Rosenthal et al. 1999; Monsen et al. 1989; Budman et al. 1996; Stevenson u. Meares 1992) mit psychodynamisch-interpersonellen, kognitiv-behavioralen, gemischten und supportiven Behandlungsansätzen. Die Behandlungsdauer war in hohem Maße variabel mit einem Median von 28 Wochen und 40 Therapiesitzungen. Eine Katamneseuntersuchung war in den Studien durchgeführt worden.

Alle Studien berichteten über eine signifikante Besserung der Persönlichkeitsstörung. Die mittlere Prä-Post-Effektstärke lag bei 1,11 für Selbstbeobachtungsmaße und bei 1,29 für Fremdbeobachtungsmaße. Die Autoren schließen daraus, dass Psychotherapie eine effektive Form der Behandlung für Patienten mit Persönlichkeitsstörungen ist. Allerdings merken die Autoren kritisch an, dass begleitende Psychopharmakotherapien in den Studien meist nicht detailliert genug dargestellt sind. Nicht enthalten sind in der Übersicht von Perry et al. (1999) die unkontrollierten Studien von Wallerstein (1986), Tucker et al. (1987), Stone (1989a; 1989b),

Horowitz et al. (1984), Henry et al. (1990), Turkat (1996), Piper et al. (1996) und von Krawitz (1997) sowie die neueren kontrollierten Studien von Bateman und Fonagy (1999) und von Eckert et al. (2000).

2.3.3 Unkontrollierte Studien

Unter den unkontrollierten Studien zur Überprüfung psychodynamischer Langzeittherapien kommt der Menninger-Studie (Wallerstein 1986) insofern eine herausragende Bedeutung zu, als sie den Erfolg mehrjähriger Behandlungen von persönlichkeitsgestörten Patienten durch erfahrene Therapeuten dokumentieren konnte. Von den 42 Patienten der Studie hätten nach heutigen Diagnosegewohnheiten 18 die DSM-Kriterien einer Borderline-Persönlichkeitsstörung erfüllt. Die Patienten wurden mit Psychoanalyse, expressiver Psychotherapie oder supportiver Psychotherapie in einem intensiven stationär-ambulanten Therapieprogramm behandelt. Alle Therapieformen wurden modifiziert, wobei mehr supportive Techniken eingesetzt wurden als ursprünglich geplant. Unter den 27 Patienten mit vollständigen Katamnesedaten ergab sich bei elf ein guter und bei sieben ein partieller Behandlungserfolg; es blieben gleichwohl bei den meisten Patienten auch nach langjähriger Behandlung noch chronische Funktionsstörungen. Patienten mit größerer Ich-Stärke und guten interpersonellen Beziehungen schienen eher auf Psychoanalyse anzusprechen, solche mit geringer Ich-Stärke eher auf supportive Therapie, die nötigenfalls mit Hospitalisierungen kombiniert worden war. Von den 18 Borderline-Patienten zeigten sechs einen günstigen und zwölf einen weniger günstigen Behandlungserfolg.

Eine 20-jährige Katamnese überblickte Stone (1989a), der nach stationärer Langzeittherapie von Patienten mit Borderline-Persönlichkeitsstörungen bei 66% eine befriedigende soziale Integration fand. Allerdings ist bei derart langen Katamnesen der Effekt einer therapeutischen Maßnahme aufgrund intervenierender Ereignisse und zusätzlicher Therapien schwer einzuschätzen; eher bilden solche Studien – wie auch die Langzeitstudie von McGlashan (1986) – den Langzeitverlauf einer Störung ab.

Waldinger und Gunderson (1984) untersuchten 78 Patienten mit Borderline-Persönlichkeitsstörung, die durch eine gute soziale Anpassung gekennzeichnet waren und am ehesten eine Borderline-Persönlichkeitsorganisation nach Kernberg aufwiesen. Die Patienten wurden über mehrere Jahre mit einer Sitzungsdichte von drei Stunden in der Woche teils klassisch-psychoanalytisch im Liegen, teils mit analytisch orientierter Psychotherapie im Sitzen behandelt. Die Autoren fanden ebenfalls signifikante Besserungen in allen Merkmalsbereichen nach Psychoanalyse bzw. psychoanalytischer Psychotherapie.

Stevenson und Meares (1992) behandelten ein Jahr lang 48 Patienten mit Borderline-Persönlichkeitsstörung nach DSM-III mit psychodynamischer Therapie mit einer Frequenz von zwei Sitzungen pro Woche; signifikante Besserungen fanden sich in zahlreichen Funktionsbereichen – Symptomatik, selbstschädigende Verhaltensweisen, Medikamentenkonsum – bei den 30 Patienten, die die Therapie beendeten. Bei 30% der Patienten ließen sich die Diagnosekriterien der Borderline-Persönlichkeitsstörung nach DSM-III nicht mehr nachweisen.

Tucker et al. (1987) berichten über 40 stationäre Patienten, die ein Jahr lang auf einer Borderline-Station mit intensiver Einzel-, Gruppen- und Milieutherapie behandelt wurden; bei einer Zwei-Jahres-Nachuntersuchung fanden sich eine Reduktion der Suizidversuche und eine Besserung im sozialen Funktionsniveau.

Monsen et al. (1989) sahen nach intensiver ambulanter psychoanalytischer Psychotherapie bei 76% der von ihnen behandelten Patienten mit verschiedenen Persönlichkeitsstörungen deutliche positive Persönlichkeitsveränderungen.

Karterud et al. (1992) dokumentierten in einer unkontrollierten Studie signifikante Behandlungserfolge bei Patienten mit Borderline-Persönlichkeitsstörung und Schizotypischer Persönlichkeitsstörung, die über sechs Monate tagesklinisch mit einem psychodynamischen Therapiekonzept behandelt wurden. In einer unkontrollierten prospektiven Studie an 31 Patienten mit Persönlichkeitsstörungen (überwiegend dem DSM-Cluster C zugehörig), die mit einem psychodynamischen tagesklinischen Behandlungskonzept behandelt wurden, fand Krawitz (1997) signifikante Besserungen, die auch nach zwei Jahren stabil waren.

Zur Wirksamkeit psychodynamischer Kurzzeittherapien liegen mehrere unkontrollierte Studien bei verschiedenen Persönlichkeitsstörungen vor (Horowitz et al. 1984; Henry et al. 1990; Hogland 1993). Horowitz et al. (1984) konnten zeigen, dass psychodynamische Kurztherapien bei Persönlichkeitsstörungen wirksam sein können. Henry et al. (1990) berichten über deutliche Verbesserungen des globalen Adaptationsniveaus nach 25 Sitzungen einer psychodynamisch orientierten Therapie. Hogland (1993) verglich die Reaktion auf psychodynamische Kurztherapie von 15 persönlichkeitsgestörten Patienten – darunter Patienten mit Histrionischer, Narzisstischer, Vermeidender, Abhängiger und Borderline-Persönlichkeitsstörung – mit 30 Personen ohne Persönlichkeitsstörung. Die Länge der Behandlung korrelierte nicht mit dem Behandlungserfolg; es gab jedoch einen Zusammenhang zwischen der Länge der Behandlung und dem Behandlungserfolg bei den persönlichkeitsgestörten Patienten. Der Erwerb von Einsicht und die Veränderung nach zwei bis vier Jahren waren bei den persönlichkeitsgestörten Patienten deutlich abhängig von der Behandlungsdauer.

Gruppentherapeutische Ansätze wurden vereinzelt bei Patienten mit Persönlichkeitsstörungen untersucht. Die Effekte einer 18-monatigen Gruppentherapie untersuchten Budman et al. (1996) bei 49 ambulanten persönlichkeitsgestörten Patienten. Nur etwa die Hälfte dieser Patienten beendete die Therapie; bei ihnen konnten beträchtliche Veränderungen hinsichtlich ihres Selbstwertgefühls und ihrer Symptomatik erreicht werden. Piper et al. (1996) konnten den Effekt eines tagesklinischen gruppentherapeutischen Therapieprogramms für Patienten mit Persönlichkeitsstörungen demonstrieren.

Zur Wirksamkeit kognitiv-behavioraler Therapieansätze liegen insgesamt nur wenige Studien vor. In einer unkontrollierten Untersuchung berichtet Turkat (1996) über 35 Patienten mit verschiedenen Persönlichkeitsstörungen, die mit einer kognitiv-behavioralen Therapie behandelt wurden. Von 16 Patienten, über die Erfolgsdaten vorliegen, zeigten nur vier ein gutes Behandlungsergebnis. Verschiedentlich wurde auf hohe Drop-out-Raten hingewiesen (Persons et al. 1988). Am häufigsten wurden erfolgreiche Behandlungen in Einzelfallstudien oder in unkontrollierten klinischen Berichten dargestellt; diese Studien kommen übereinstimmend zu dem Ergebnis, dass die Kognitive Psychotherapie ein viel versprechender Ansatz bei Persönlichkeitsstörungen ist (Pretzer u. Beck 1996).

2.3.4 Kontrollierte Studien

Eine kontrollierte Studie zur Wirksamkeit psychodynamischer Kurztherapie führten Winston et al. (1991; 1994) bei 81 Patienten mit Persönlichkeitsstörungen durch. Die Persönlichkeitsstörungen umfassten Anankastische, Vermeidende, Abhängige, Passiv-aggressive, Histrionische und gemischte Persönlichkeitsstörungen; ausgeschlossen waren Schizoide, Schizotypische, Narzisstische, Paranoide und Borderline-Störungen. Als Kontrollgruppe wurden Patienten einer Warteliste untersucht. Die Therapie umfasste 40 Sitzungen mit einer Behandlungsfrequenz von einer Wochenstunde. Die Autoren fanden, dass die Patienten der Behandlungsgruppe im Vergleich zu den Patienten der Warteliste deutliche Verbesserungen hinsichtlich ihrer Zielbeschwerden, ihrer allgemeinen Symptomatik und ihres sozialen Funktionsniveaus aufwiesen. Die Autoren schlossen daraus, dass Patienten des Clusters C (nach DSM-III-R) und einige Patienten des Clusters B erfolgreich mit psychodynamischer Kurztherapie behandelt werden können.

Zur Wirksamkeit verhaltenstherapeutischer Behandlungsformen liegen kontrollierte Studien vor, und zwar von Marzillier et al. (1976), Stravynski et al. (1982; 1994), Cappe und Alden (1986), Alden (1989) sowie Alden und Capreol (1993). Sie wurden insbesondere bei Persönlichkeitsstörungen des Clusters C, vor allem bei der Ängstlich-vermeidenden Persönlichkeitsstörung angewandt.

Eine kontrollierte Untersuchung zur kognitiv-behavioralen Therapie bei Patienten mit Borderline-Persönlichkeitsstörung legten Linehan et al. (1991) vor, in der sie die Effekte der von Linehan entwickelten und manualisierten „Dialektisch-Behavioralen Therapie für Borderline-Patienten" (DBT) auf Suizidalität und selbstschädigendes Verhalten gegen den Erfolg traditioneller Behandlungsansätze prüften. Die Behandlung wurde wöchentlich für die Dauer eines Jahres durchgeführt und umfasste Einzel- und Gruppenmaßnahmen. Eine Ein-Jahres-Katamneseuntersuchung (Linehan et al. 1993) ergab für die Behandlungsgruppe im Vergleich zur Kontrollgruppe eine geringere Anzahl an Suizidversuchen und weniger Klinikaufenthalte im zurückliegenden Jahr.

Bateman und Fonagy (1999) untersuchten in einer randomisierten, kontrollierten Studie 44 Patienten mit der DSM-III-R-Diagnose einer Borderline-Persönlichkeitsstörung. Die Patienten wurden entweder einem psychodynamisch orientierten tagesklinischen Behandlungsprogramm mit Einzel- und Gruppentherapie oder einem Standard-Therapieprogramm zugewiesen. Es kam bei beiden Therapiegruppen zu einer signifikanten Verringerung der Suizidversuche und der selbstverletzenden Handlungen; in der Therapiegruppe kam es im Vergleich zur Kontrollgruppe zusätzlich zu einer Reduktion der Hospitalisationen.

Eckert et al. (2000) berichten über eine Katamnesestudie zu symptomatischen Langzeitveränderungen von 14 Borderline-Patienten vor und vier Jahre nach der Teilnahme an einer klientenzentrierten Gruppentherapie (zwei Wochenstunden, etwa 100 Sitzungen). Die Kontrollgruppe bestand aus 13 Patienten mit der Diagnose Schizophrenie und 16 Patienten mit der Diagnose Depression, deren Behandlung dem üblichen Standard entsprach. Bei allen Patienten verringerte sich die Borderline-typische Symptomatik, die stärkste Verbesserung fand sich in der Gruppe der Patienten mit Borderline-Persönlichkeitsstörung. Nur zwei der 14 Borderline-Patienten erfüllten noch die Kriterien der Borderline-Persönlichkeitsstörung nach Kernberg.

2.3.5 Kosten-Effektivitätsstudien

Stevenson und Meares (1999) haben eine Kosten-Effektivitätsstudie bei 30 Borderline-Patienten vorgelegt. Verglichen wurden die stationären Behandlungskosten für das Gesundheitssystem im Jahr vor der Behandlung mit den Kosten während des auf die Behandlung folgenden Jahres. Die Autoren fanden unter Berücksichtigung der Kosten der Therapie eine durchschnittliche Verringerung der Behandlungskosten von 8431 US-Dollar pro Patient.

2.3.6 Psychotherapieprozess-Forschung

Die Psychotherapieprozess-Forschung im Bereich der psychodynamischen Therapien von Persönlichkeitsstörungen steht noch am Anfang. Die Schwere der Persönlichkeitsstörung scheint einen Einfluss auf die Intensität der therapeutischen Aktivität in dem Sinne zu haben, dass die interventive Aktivität umso größer ist, je schwerer gestört der Patient ist (Kolden u. Klein 1996). Im Hinblick auf die Behandlungstechnik scheint nach der Untersuchung von Piper et al. (1993) eine Interdependenz zwischen der Häufigkeit von Übertragungsdeutungen und dem Niveau der Objektbeziehungen in Bezug auf den Behandlungserfolg zu bestehen:

Je höher das Niveau der Objektbeziehungen ist, desto wichtiger sind Übertragungsdeutungen für den Therapieerfolg. Andererseits scheint auch die Korrektheit der Übertragungsdeutung eine wichtige Rolle zu spielen. Winston et al. (1994) fanden, dass Patienten eher positiv auf die therapeutische Arbeit mit Übertragungsdeutungen reagierten, wenn sie relevante Bezugspersonen hatten; Patienten, die keine nahen Beziehungen hatten, reagierten hingegen auf Übertragungsdeutungen mit Verletzung, Ärger und Rückzug. In der Untersuchung von Gabbard (1994) hatten Übertragungsdeutungen bei Borderline-Patienten einen stärkeren Einfluss auf den Behandlungsverlauf als andere Interventionen, sowohl im positiven wie im negativen Sinne. Hogland (1996) identifizierte in den von ihm untersuchten Therapien mit persönlichkeitsgestörten Patienten nur in geringem Maße Übertragungsdeutungen; in den wenigen Fallen, bei denen sie ausgiebiger zur Anwendung kamen, zeigte sich ein negativer Zusammenhang mit dem Behandlungserfolg. In einer randomisierten klinischen Studie untersuchten Piper et al. (1999) die Wirksamkeit deutender und supportiver Formen von Kurzzeittherapie und die Wechselwirkung zwischen der Form der Behandlung, der Qualität der Objektbeziehungen und der Dimension der psychologischen Einsichtsfähigkeit („psychological mindedness"). Beide Therapieformen erwiesen sich als gleich wirksam; eine multivariate Analyse zeigte jedoch, dass Patienten mit reiferen Objektbeziehungen eher von dem deutenden Verfahren profitierten, während sich für die supportive Therapie ein solcher Zusammenhang nicht fand.

2.3.7 Wirksamkeit von Psychopharmakotherapie bei Persönlichkeitsstörungen

Die Literatur zur Wirksamkeit von Psychopharmakotherapien bei Persönlichkeitsstörungen soll hier nicht referiert werden, da sich eine Psychopharmakotherapie stets auf psychopathologische Zielsymptome, niemals auf eine Persönlichkeitsstörung selbst richtet (s. das Kap. „Psychopharmakotherapie", S. 54). Es sollen an dieser Stelle lediglich Behandlungsempfehlungen resümiert werden, die sich aus den vorliegenden Zusammenfassungen ergeben (Soloff 1998; Links 1998b; Gitlin 1993; Kapfhammer u. Hippius 1998):
- Bei im Vordergrund stehenden kognitiven und wahrnehmungsbezogenen Symptomen, die Phänomene der Derealisation und Depersonalisation, Illusionen sowie chronische charakterologische Merkmale wie Misstrauen und verschrobenes oder exzentrisches Denken umfassen, sind auf der Basis mehrerer randomisierter, kontrollierter Studien (vgl. Soloff 1998) niedrig dosierte Neuroleptika die Behandlung der Wahl. Wenn nach 4–6 Wochen keine Besserung eintritt, sollte die Dosis angehoben werden. Bei weiterem fehlenden Ansprechen kommen atypische Neuroleptika in Betracht, deren Wirksamkeit bisher nur durch offene Feldstudien und Fallstudien, nicht aber durch randomisierte

und plazebokontrollierte Studien gesichert ist. Schließlich sollte an die Möglichkeit gedacht werden, dass die Symptome auch im Rahmen einer affektiven Grunderkrankung auftreten können, was eine Therapie mit Monoaminoxidasehemmern (MAOH) oder selektiven Serotonin-Reuptake-Hemmern (SSRI) zusätzlich zu der niedrig dosierten neuroleptischen Behandlung begründen kann (Cowdry u. Gardner 1988). Es gibt gegenwärtig keine empirische Grundlage für eine neuroleptische Langzeitmedikation bei Patienten mit Persönlichkeitsstörungen.

- Bei affektiven Dysregulationen persönlichkeitsgestörter Patienten, besonders bei Patienten mit Symptomen affektiver Enthemmung in Form depressiver, ängstlicher, vor allem aber wütender Affektzuspitzungen, sollte mehreren randomisierten, kontrollierten Studien zufolge (s. Soloff 1998) zunächst mit SSRI-Antidepressiva behandelt werden, insbesondere wenn Wut der dominierende Affekt ist. Wenn die Verhaltenskontrolle gering ist, können niedrig dosierte Neuroleptika zusätzlich gegeben werden. Bei ungenügendem Ansprechen sind Monoaminoxidasehemmer zu erwägen (eine randomisierte, kontrollierte Studie) oder, falls auch diese keinen Effekt zeigen, so genannte Stimmungs-Stabilisatoren wie Lithium, Carbamazepin oder Valproat.
- Bei Störungen der Impulskontrolle stellt die Gabe von SSRI-Antidepressiva die Behandlungsform der ersten Wahl dar; dies ist durch mehrere randomisierte, kontrollierte Studien belegt (Soloff 1998). Zusätzlich kommen niedrig dosierte Neuroleptika in Betracht. Im Fall eines Nichtansprechens auf SSRI-Antidepressiva werden Monoaminoxidaseinhibitoren (MAO-Hemmer) empfohlen, ferner Carbamazepin oder Valproat oder, im Einzelfall, auch atypische Neuroleptika.

Eine beziehungsorientierte Pharmakotherapie sollte beim Patienten ein Verständnis für die Bedeutung der Rolle der Medikation im Gesamtbehandlungsplan anstreben und, wenn Psychotherapie und Pharmakotherapie nicht in derselben Hand liegen, stets die Beziehung zwischen dem Pharmakotherapeuten und dem Psychotherapeuten sowie die subjektive Bedeutung, die eine Medikation für den jeweiligen Patienten hat, reflektieren (Silk 1996).

2.4 Zusammenfassende Bemerkungen zur Therapie bei Persönlichkeitsstörungen

In den letzten Jahrzehnten wurden spezifische psychodynamische, verhaltenstherapeutische, kognitv-behaviorale und interpersonelle Behandlungskonzepte für Patienten mit Persönlichkeitsstörungen entwickelt. Alle Behandlungsformen wurden für die entsprechende Anwendung spezifischen therapietechnischen Modifikationen unterworfen. Strukturierte Behandlungskonzepte für Persönlichkeitsstörungen befinden sich noch in einem relativ frühen Entwicklungsstadium; dabei zeichnet sich eine deutliche Tendenz zur Manualisierung der Therapiekonzepte ab (Buchheim et al. 1999).

Alle Autoren weisen auf die Notwendigkeit individueller Behandlungsplanungen und realistischer Zielsetzungen hin, die sich nicht an den Idealvorstellungen des Therapeuten, sondern an den je spezifischen Erwartungen, motivationalen Gegebenheiten und persönlichkeitsstrukturellen Bedingungen des Patienten orientieren sollten. In den seltensten Fällen möchten persönlichkeitsgestörte Patienten, dass Aspekte ihrer Persönlichkeit selbst zum Gegenstand der Therapie gemacht werden (Budman u. Gurman 1988). Unrealistische Behandlungserwartungen aufseiten der Therapeuten führen im Allgemeinen zum vorzeitigen Therapieabbruch durch den Patienten (Waldinger u. Gunderson 1984).

Die empirische Literatur zur Behandlung von Persönlichkeitsstörungen ist indessen noch schmal. Noch vor wenigen Jahren gab es keine empirischen Belege dafür, dass Psychotherapie bei Persönlichkeitsstörungen überhaupt effektiv ist. Wir verfügen heute über eine begrenzte Anzahl unkontrollierter und einige wenige kontrollierte Studien, die den Schluss zulassen, dass Patienten mit Persönlichkeitsstörungen mit psychotherapeutischen Interventionen effektiv behandelt werden können (Shea 1993; Perry et al. 1999). Unkontrollierte Studien legen nahe, dass psychodynamische und interpersonelle Ansätze auch langfristig wirksam sind (Wallerstein 1986; Stone 1989a). Obwohl es insgesamt noch zu wenig vergleichende Therapiestudien gibt, scheinen nach den vorliegenden – meist unkontrollierten – Studien psychodynamische, verhaltenstherapeutische und kognitiv-behaviorale Behandlungsansätze erfolgversprechend zu sein (s. Tab. 2-1).

Pharmakotherapeutische Maßnahmen können ergänzend hilfreich sein, um, orientiert an der jeweiligen Zielsymptomatik, akute Dekompensationen zu behandeln oder die Vulnerabilität gegenüber Dysregulationen im Bereich der Kognitionen, der Wahrnehmung, der Affektivität und der Impulskontrolle zu verringern (Woo-Ming u. Siever 1998; Joseph 1997; Soloff 1997). Eine Beeinflussung der zugrunde liegenden Persönlichkeitsstörung ist durch eine Pharmakotherapie jedoch nicht möglich.

Einige kontrollierte Studien zeigen, dass bei begrenztem Behandlungsziel auch kurztherapeutische Ansätze bei Persönlichkeitsstörungen effektiv sein können (z.B. Alden 1989). Allerdings wird nicht immer sorgfältig unterschieden, ob die Symptome der Persönlichkeitsstörung selbst oder die der komorbiden Störungen als Kriterium zur Beurteilung des Behandlungserfolgs herangezogen wurden. Zu der wichtigen Frage der notwendigen psychotherapeutischen Behandlungsdauer liefern die vorliegenden Befunde keine eindeutigen Hinweise. Experten (z.B. Kernberg 1996b) haben aufgrund klinischer Evidenz immer wieder die Forderung nach Langzeittherapien für persönlichkeitsgestörte Patienten erhoben. Kontrollierte Studien, die die Überlegenheit eines langzeittherapeutischen Vorgehens gegenüber Kurzzeittherapien belegen, liegen bisher nicht vor. Zu bedenken sind jedoch die in dem Kapitel „Problematik der Konzeptualisierung und Bewertung empirischer Therapiestudien" (S. 55) genannten erheblichen methodischen Schwierigkeiten, die Forscher bei der Planung kontrollierter Langzeituntersuchungen vor z.T. unlösbare Probleme stellen: multiple Komorbidität, Probleme der therapeutischen Allianz sowie die Unmöglichkeit langzeitstabiler Kontrollbedingungen. Das Fehlen kontrollierter Langzeitstudien sollte auch vor dem Hintergrund der beträchtlichen forschungsmethodischen Schwierigkeiten diskutiert werden. Es berechtigt jedenfalls nicht zu der Schlussfolgerung, dass Kurzzeittherapien für die Behandlung von Persönlichkeitsstörungen ausreichend sind.

Tab. 2-1 Psychotherapie-Studien bei Persönlichkeitsstörungen

Autor	Diagnose	Design	Therapieform	Ergebnis
Stravynsky et al. 1982	Vermeidende Persönlichkeitsstörung	kontrolliert Kombination	Sozialtraining allein oder in Kombination mit kognitiver Verhaltenstherapie	Besserung im Vergleich zur Baseline-Periode
Waldinger u. Gunderson 1984	Borderline-Persönlichkeitsstörung	unkontrolliert	Psychoanalyse, psychoanalytische PT ambulant	deutliche Besserung in allen Merkmalsbereichen
Wallerstein 1986	überwiegend Borderline-Persönlichkeitsstörung	unkontrolliert	Psychoanalyse, expressive PT, supportive PT überwiegend ambulant	gutes Behandlungsergebnis bei fast der Hälfte der Patienten
Cappe u. Alden 1986	Vermeidende Persönlichkeitsstörung	kontrolliert	VT: Exposition, Sozialtraining, Desensibilisierung	besser als Warteliste hinsichtlich sozialer Fähigkeiten, Ängstlichkeit und Sozialkontakte, Vermeidungsverhalten, Zufriedenheit mit sozialen Aktivitäten, nicht jedoch hinsichtlich der Einsamkeitsgefühle
Tucker et al. 1987	Borderline-Persönlichkeitsstörung	unkontrolliert	Einzel-, Gruppen- und Milieutherapie stationär	mittlere Besserungen nach zwei Jahren

Tab. 2-1 (Fortsetzung)

Autor	Diagnose	Design	Therapieform	Ergebnis
Stone 1987	Borderline-Persönlichkeitsstörung	unkontrolliert	psychodynamisch stationär	nach 20 Jahren deutliche Besserung bei 66%
Alden 1989	Vermeidende Persönlichkeitsstörung	kontrolliert	VT: Exposition, Sozialtraining, Desensibilisierung	besser als Warteliste hinsichtlich Sozialkontakte und Vermeidungsverhalten, jedoch kein „normales" Niveau der Sozialbeziehungen und eher oberflächliche Beziehungen
Monsen et al. 1989	verschiedene Persönlichkeitsstörungen	unkontrolliert	psychodynamisch	76% bedeutsame Persönlichkeitsänderungen
Turkat 1990	verschiedene Persönlichkeitsstörungen	unkontrolliert	kognitiv-behavioral	bei vier von 16 Patienten guter Behandlungserfolg
Henry et al. 1990	verschiedene Persönlichkeitsstörungen	unkontrolliert	psychodynamisch	deutliche Verbesserungen im allgemeinen Funktionsniveau

Therapie von Persönlichkeitsstörungen

Tab. 2-1 (Fortsetzung)

Autor	Diagnose	Design	Therapieform	Ergebnis
Linehan et al. 1991	Borderline-Persönlichkeitsstörung	kontrolliert	Dialektisch-Behaviorale Therapie (DBT) vs. übliche Behandlung: VT, Sozialtraining als Einzel- und Gruppenmaßnahme	weniger Suizidversuche, weniger Klinikaufenthalte und weniger Therapieabbrecher nach einem Jahr im Vergleich zur Kontrollgruppe
Alden u. Capreol 1993	Vermeidende Persönlichkeitsstörung	kontrolliert	Expositon, Sozialtraining, kognitive Techniken	eher ängstlich-misstrauische Patienten profitierten mehr von Expositionstraining, jedoch nicht vom Sozialtraining; selbst unsichere Patienten profitierten von beidem
Stevenson u. Meares 1992	Borderline-Persönlichkeitsstörung	kontrolliert Vergleich ein Jahr vor und ein Jahr nach der Therapie	psychodynamisch, auf selbstpsychologischer Grundlage	signifikante Besserungen bei Katamnese ein Jahr später, 30% der Patienten erfüllen die Diagnose der Borderline-Persönlichkeitsstörung nicht mehr
Karterud et al. 1992	verschiedene Persönlichkeitsstörungen	unkontrolliert	tagesklinische Behandlung über sechs Monate, dynamische Psychotherapie	gute Besserung für Cluster-C-Patienten, mäßige Besserung bei Borderline-Persönlichkeitsstörung, sehr mäßige Besserung bei Schizotypischer Persönlichkeitsstörung

Tab. 2-1 (Fortsetzung)

Autor	Diagnose	Design	Therapieform	Ergebnis
Piper et al. 1993	Borderline-Persönlichkeitsstörung und affektive Störung	kontrolliert	tagesklinische Behandlung über vier Monate	interpersonelle Kompetenz, Symptome, Selbstwertgefühl und Lebenszufriedenheit waren nach acht Monaten gegenüber der Kontrollgruppe signifikant gebessert
Monroe-Blum u. Marziali 1995	Borderline-Persönlichkeitsstörung	randomisiert-kontrolliert	interpersonelle Gruppentherapie im Vergleich zu dynamischer Einzelpsychotherapie	signifikante Besserungen an allen Outcome-Variablen in der Gesamtstichprobe, jedoch keine Unterschiede zwischen den Gruppen
Bateman u. Fonagy 1999	Borderline-Persönlichkeitsstörung	kontrolliert	tagesklinische Behandlung	nach 18 Monaten gegenüber der Kontrollgruppe signifikant weniger selbstverletzendes und parasuizidales Verhalten

Quellentext zur Leitlinie Persönlichkeitsstörungen

Spezieller Teil

3 Paranoide Persönlichkeitsstörung

W. Wöller, N. Hartkamp, M. Langenbach, J. Ott

3.1 Klinische Deskription

Die Paranoide Persönlichkeitsstörung ist charakterisiert durch ein die Persönlichkeit beherrschendes, nicht gerechtfertigtes Misstrauen gegenüber anderen Menschen und die Neigung, ihnen bösartige Motive zu unterstellen. Personen mit Paranoider Persönlichkeitsstörung nehmen vielfältige Angriffe auf ihre Person oder ihr Ansehen wahr, die für andere Menschen nicht erkennbar sind. Neutrale oder auch freundliche Haltungen anderer werden als feindselig oder kränkend interpretiert; harmlosen Bemerkungen oder Vorkommnissen werden versteckte bedrohliche oder abwertende Bedeutungen zugeschrieben (Millon 1969; Akhtar 1990). Das Misstrauen bezieht sich häufig auf die Treue des Lebenspartners. Der spezifisch paranoide kognitive Denkstil (Shapiro 1965) ist gekennzeichnet durch eine unaufhörliche Suche nach verborgenen Bedeutungen. Die Folge ist eine überstarke Aufmerksamkeit, die mit andauernder psychischer Anspannung verbunden ist. Personen mit Paranoider Persönlichkeitsstörung sind überempfindlich gegenüber Kritik und neigen aufgrund ihres übersteigerten Bedürfnisses nach Autonomie dazu, in eine oppositionelle Haltung zu geraten und aggressiv zu reagieren. Die oft unvermittelt auftretenden aggressiven Ausbrüche sind als Reaktion auf die wahrgenommene Feindseligkeit der Umwelt zu verstehen. Nicht selten kommt es auch zu depressiven Dekompensationen als Reaktion auf die subjektiv wahrgenommenen Anfeindungen und Schikanen.

Die ICD-10 listet die folgenden Kriterien der Paranoiden Persönlichkeitsstörung auf:
- übertriebene Empfindlichkeit bei Rückschlägen und Zurücksetzung
- Neigung zu ständigem Groll wegen der Weigerung, Beleidigungen, Verletzungen oder Missachtungen zu verzeihen

- Misstrauen oder starke Neigung, Erlebtes zu verdrehen, indem neutrale oder freundliche Handlungen anderer als feindlich oder verächtlich missdeutet werden
- streitsüchtiges und beharrliches, situationsunangemessenes Bestehen auf eigenen Rechten
- häufiges ungerechtfertigtes Misstrauen gegenüber der sexuellen Treue des Ehe- oder Sexualpartners
- Tendenz zu stark überhöhtem Selbstwertgefühl, das sich in ständiger Selbstbezogenheit zeigt
- Inanspruchnahme durch ungerechtfertigte Gedanken an Verschwörungen als Erklärungen für Ereignisse in der näheren Umgebung und in aller Welt
- ungewöhnliche Wahrnehmungserlebnisse mit Körpergefühlsstörungen oder anderen Illusionen, Depersonalisations- und Derealisationserlebnisse
- Denken und Sprache: vage, umständlich, metaphorisch, gekünstelt, stereotyp oder anders seltsam, ohne ausgeprägte Zerfahrenheit
- gelegentliche vorübergehende quasipsychotische Episoden mit intensiven Illusionen, akustischen oder anderen Halluzinationen und wahnähnlichen Ideen; diese Episoden treten im Allgemeinen ohne äußere Veranlassung auf

Die Kriterien der ICD-10 für die Paranoide Persönlichkeitsstörung entsprechen ganz überwiegend den Kriterien der Diagnosesysteme DSM-III-R und DSM-IV, auf deren Basis die meisten der im Folgenden aufgeführten Studien durchgeführt wurden.

Aspekte der Paranoiden Persönlichkeitsstörung waren von der älteren deutschen Psychopathologie unter verschiedenen Begriffen beschrieben worden (vgl. Bone u. Oldham 1994; Fiedler 1994). Die wohl erste klinische Beschreibung stammt von Magnan (1893), der lang dauernde paranoide Entwicklungen auf eine konstitutionelle Degeneration mit idiosynkratischem Denken, Hypochondrie, übermäßiger Empfindlichkeit, Beziehungsideen und Misstrauen zurückführte. Kraepelin (1915) erwähnt in seiner Beschreibung der paranoiden Persönlichkeiten deren ausgeprägtes Misstrauen, ihre Neigung, sich von anderen Menschen ungerecht behandelt zu fühlen und sich selbst als Objekt von Feindseligkeit und Angriffen zu sehen. Paranoide Persönlichkeitszüge galten ihm als prädisponierende Faktoren für die Entwicklung von Wahnkrankheiten, besonders der Dementia praecox und der Paraphrenien des höheren Lebensalters. Kretschmer (1921) prägte für extrem misstrauische, empfindliche, rechthaberische und streitsüchtige Personen den Begriff der „expansiven Persönlichkeit". Kurt Schneider (1923) betonte bei der Beschreibung der „fanatischen Persönlichkeiten" den Aspekt der Überwertigkeit der Ideen und die Rücksichtslosigkeit ihrer Durchsetzung (Herbert u. Jacobson 1967). In neuerer Zeit wurde versucht, die Paranoide Persönlichkeitsstörung konzeptuell auf einem hypothetischen „Schizophrenie-Spektrum" zu positionieren (Siever u. Davis 1991). Einige Studien über paranoide Persönlichkeitszüge bei den Verwandten von Patienten mit Schizophrenie und affektiven Störungen (Webb u. Levinson 1993) legten nahe, Beziehungen zwischen Paranoider Persönlichkeitsstörung und Schizophrenie anzunehmen. In einer Untersuchung an 1018 Verwandten ersten Grades von 162 schizophrenen Patienten fanden Varma und Sharma (1993) ein erhöhtes Morbiditätsrisiko für Paranoide Persönlichkeitsstörung. In einer Zusammenfasung der Forschungsbefunde zur nosologischen Stellung der Paranoiden Persönlichkeitsstörung kommen jedoch Bernstein et al. (1993) zu der Schlussfolgerung, dass die Ergebnisse phänomenologischer und genetischer Studien die Validität der Diagnose „Paranoide Persönlichkeitsstörung" stützen und nicht dafür sprechen, sie einer breit definierten schizotypischen diagnostischen Kategorie zu subsumieren.

3.2 Differenzialdiagnose

Differenzialdiagnostisch ist die Paranoide Persönlichkeitsstörung von der Schizoiden Persönlichkeitsstörung (F60.1), von der paranoiden Schizophrenie (F20.0), der schizotypen Störung (F21), von anhaltenden wahnhaften Störungen (F22) und von vorübergehenden akuten psychotischen Störungen mit Symptomen einer Schizophrenie (F23.1) abzugrenzen. Mit der Schizoiden Persönlichkeitsstörung (F60.1) hat die Paranoide Persönlichkeitsstörung die Neigung zum sozialen Rückzug gemeinsam; allerdings steht dieser nicht im Vordergrund. Das oft ans Wahnhafte grenzende übersteigerte Misstrauen fehlt jedoch bei Personen mit Schizoider Persönlichkeitsstörung. Im Unterschied zu Personen mit dieser Persönlichkeitsstörung, die bewusst soziale Kontakte ablehnen, fühlen sich Personen mit Paranoider Persönlichkeitsstörung oft durch äußere feindliche Einwirkungen an sozialen Kontakten gehindert. Mit der paranoiden Schizophrenie (F20.0), der schizotypen Störung (F21), den anhaltenden wahnhaften Störungen (F22) und den vorübergehenden akuten psychotischen Störungen mit Symptomen einer Schizophrenie (F23.1) ist die Neigung zu übersteigertem Misstrauen gemeinsam. Die Abgrenzung gegenüber den Wahnerkrankungen, namentlich der paranoiden Schizophrenie (F20.0), den anhaltenden wahnhaften Störungen (F22) („Paranoia") und den vorübergehenden akuten psychotischen Störungen mit Symptomen einer Schizophrenie (F23.1), ergibt sich aus dem Fehlen systematischer Wahnformen bei der Paranoiden Persönlichkeitsstörung (s. Abb. 1, S. 7). Vor allem findet sich nicht das für die anhaltenden paranoiden Störungen charakteristische Symptom des über lange Zeit, mitunter lebenslang bestehenden Wahns als einzigem psychopathologisch auffälligen Merkmal.

3.3 Epidemiologie

Die neueren Lebenszeitprävalenzraten für die Paranoide Persönlichkeitsstörung variieren zwischen 0,4% und 1,8%. Reich et al. (1989) fanden eine Prävalenzrate von 0,8%, Zimmerman und Coryell (1990) nennen eine Rate von 0,4%, und die deutsche Studie von Maier et al. (1992) ergab eine Rate von 1,8%. Die verwendeten Instrumente sind teils strukturierte Interviews (Zimmerman u. Coryell 1990; Maier et al. 1992), teils Selbstbeurteilungsfragebögen. Die Interviews wurden mal direkt (Maier et al. 1992), mal telefonisch durchgeführt (Zimmerman u. Coryell 1990). Zimmerman und Coryell (1990) konnten zeigen, dass sich keine Unterschiede in den Häufigkeiten bestimmter Persönlichkeitsstörungen zwischen direkt und mittels Telefon eingeschätzter Diagnosen fanden. Bei klinisch behandelten Patienten wurde auf der Basis der DSM-III-R-Klassifikation bei 1,7 bis 2,6% die Diagnose einer Paranoiden Persönlichkeitsstörung gestellt (Kass et al. 1983). Die deutsche Studie zur behandelten Prävalenz von Persönlichkeitsstörungen in einer psychosomatischen Fachklinik (Fydrich et al. 1996) ergab eine Rate von 3,4%; die Studie von Loranger et al. (1994) fand bei ambulant und stationär behandelten psychiatrischen Patienten eine Rate von 2,4%. Innerhalb der Gesamtgruppe der Persönlichkeitsstörungen macht die Paranoide Persönlichkeitsstörung einen Anteil zwischen 4 und 5,2% aus und zählt, verglichen mit einer Gesamt-Prävalenzrate für Persönlichkeitsstörung von 10,3% (Maier et al. 1992), demnach zu den selteneren Persönlichkeitsstörungen (s. Tab. 3-1). In der Komorbiditätsstudie von Fydrich et al. (1996) machen die Paranoiden Persönlichkeitsstörungen 8,2% aller diagnostizierten Persönlichkeitsstörungen aus. Einige Autoren (Thompson-Pope

Tab. 3-1 Prävalenz der Paranoiden Persönlichkeitsstörung

Autor	Jahr	N	Methode	Prävalenz (in %)
Reich et al.	1989	235	PDQ	0,8
Zimmerman u. Coryell	1990	697	PDQ, SIDP	0,4
Maier et al.	1992	447	SCID	1,8

PDQ = Personality Diagnostic Questionnaire-Revised (Hyler et al. 1983; 1988; 1990a; 1990b)
SIDP = Structured Interview for DSM-III Personality Disorders (SIDP, Zimmerman u. Coryell 1990)
SCID = Structured Clinical Interview for DSM-III-R Personality Disorders (SCID-II, Spitzer u. Williams 1986)

u. Turkat 1993) vermuten, dass die wahre Prävalenz der Paranoiden Persönlichkeitsstörung eher unterschätzt wird, da anzunehmen ist, dass Personen mit Paranoider Persönlichkeitsstörung sich wegen ihres habituellen Misstrauens selten zu diagnostischen Zwecken zur Verfügung stellen. Die meisten klinischen Studien, die DSM-Kriterien anwandten, haben ein häufigeres Vorkommen der Paranoiden Persönlichkeitsstörung bei Männern gefunden (Alnaes u. Torgersen 1988a; 1988b; Reich 1987).

3.4 Komorbidität

Die Paranoide Persönlichkeitsstörung weist eine hohe Komorbidität mit anderen Persönlichkeitsstörungen auf (Weissman 1993). Die höchste Komorbidität besteht mit der Schizotypischen Persönlichkeitsstörung (meist über 40%) (Bernstein et al. 1993). Eine Komorbidität zwischen paranoider Schizophrenie oder wahnhafter Störung (ICD-10: F22.0) einerseits und der Paranoiden Persönlichkeitsstörung andererseits ist nicht belegt (Alnaes u. Torgersen 1988a; 1988b). Reich und Braginsky (1994) fanden bei 28 Patienten mit Panikstörung in 54% auch die Kriterien einer Paranoiden Persönlichkeitsstörung. Die Patienten mit Paranoider Persönlichkeitsstörung hatten einen früheren Krankheitsbeginn, einer längere Krankheitsdauer und eine ausgeprägtere Psychopathologie. Die Autoren vermuten, dass paranoide Züge die Folge chronischer Angsterkrankungen sein könnten. Bei gleichzeitigem Vorhandensein von Alkoholismus und einer Paranoiden Persönlichkeitsstörung ist mit einer besonders schweren symptomatischen Ausprägung des Alkoholismus zu rechnen (Morgenstern et al. 1997; Bernstein et al. 1993; Fiedler 1994).

3.5 Ätiologie und Pathogenese

Zur Ätiologie und Pathogenese von Personen mit Paranoider Persönlichkeitsstörung liegen keine empirisch gesicherten Daten vor. Es findet sich jedoch eine größere Anzahl von Mitteilungen, die auf klinischer Erfahrung und kasuistischen Beobachtungen beruhen und ein im Wesentlichen übereinstimmendes Bild ergeben. Neben dispositionellen Faktoren im Sinne einer übermäßigen Aggressionsneigung hatte Freud (1911) die Entwicklung einer Paranoiden Persönlichkeitsstörung vor allem auf latent homosexuelle Impulse und deren Abwehr durch Projektion zurückgeführt. Dieser „klassischen" Auffassung, die noch vereinzelt vertreten wurde (Meissner 1978), wurde später überwiegend widersprochen (Ovessy 1955; Walters 1955). In seinen späteren Schriften hatte Freud zusätzlich frühe existenzielle Bedrohungen für die Entstehung Paranoider Persönlichkeitsstörungen verantwortlich gemacht (Freud 1922; 1923). Während seine Herleitung paranoider

Phänomene aus abgewehrten homosexuellen Tendenzen heute überwiegend nicht für pathogenetisch relevant erachtet wird, wird äußeren Umwelteinflüssen in der frühen Kindheit eine große Bedeutung zugeschrieben. Erikson (1950) ging davon aus, dass paranoide Persönlichkeitszüge ihre Wurzeln in schweren Frustrationen der frühen Kindheit haben, die die Entwicklung des „Urvertrauens" beeinträchtigen; stattdessen entwickeln sich Pessimismus, Scham und Zweifel. Winnicott (1952) nahm an, dass die Unfähigkeit der Mutter, in unaufdringlicher Präsenz die Entwicklung des kindlichen Selbst zu fördern, aufseiten des Kindes zu Angst, Rückzug, Misstrauen, der Unfähigkeit zu spielen und zur Beschäftigung mit gewaltsamen Phantasien führt. Nach Cameron (1963) wurden Personen mit Paranoider Persönlichkeitsstörung real grausam behandelt und körperlich missbraucht. Jacobson (1977) machte die Beobachtung, dass paranoide Persönlichkeiten in Familien aufwuchsen, in denen offene Grausamkeiten, Streitigkeiten und eine sadomasochistische Atmosphäre dominierten. Einen Mangel an elterlicher Fürsorge und schwere Traumatisierungen in der Kindheit mit emotionaler Vernachlässigung und Zurückweisung der kindlichen Anlehnungsbedürfnisse beobachtete auch Rycroft (1991).

3.6 Psychodynamik

Als Folge einer unzureichenden Introjektion sicherheitgebender und konstant fürsorglicher primärer Bezugspersonen weisen Menschen mit Paranoider Persönlichkeitsstörung eine defizitäre und wenig integrierte Struktur auf. Für Kernberg (1970a) ist die Paranoide Persönlichkeitsstörung mit einer Borderline-Persönlichkeitsorganisaton oder mit einer „Low level"-Pathologie verbunden. Eine Folge des strukturellen Defizits ist ein mangelhaftes Selbstwertgefühl und eine geringgradige Integration des Über-Ichs. Auf das fragile Selbstwertgefühl und die Selbstzweifel von Personen mit Paranoider Persönlichkeitsstörung wurde häufig hingewiesen (Slater u. Roth 1977; Salzman 1974; Stanton 1978). Äußerlich betrachtet, wirken paranoide Persönlichkeiten fordernd, arrogant und misstrauisch – bei näherer Kenntnis erscheinen sie dagegen ängstlich, scheu und voller Selbstzweifel. Paranoide und narzisstische Persönlichkeitszüge können nach Kernberg (1970b) nebeneinander auftreten. Die geringe Über-Ich-Integration paranoider Personen zeigt sich in der Diskrepanz zwischen rigoros und bis zum Fanatismus vertretenen Moralvorstellungen einerseits und dem völligen Unverständnis für die Amoralität des eigenen Handelns andererseits (Cameron 1963; Akhtar 1990). Der zentrale Konflikt von Personen mit Paranoider Persönlichkeitsstörung ist bestimmt durch das Dilemma, dass einerseits archaische Verlustängste durch Phantasien der Verschmelzung mit einem mächtigen und schutzgebenden mütterlichen Objekt abgewehrt werden müssen und dass andererseits genau diese Abwehr mit der Gefahr der Auflösung der Selbst-Grenzen und des völligen Autonomieverlusts verbunden

Paranoide Persönlichkeitsstörung

ist (Blum 1981; Bursten 1973). Anhand zweier Kasuistiken zeigen Auchincloss und Weiss (1991), wie sich bei paranoiden Persönlichkeiten Phantasien magischer und konkreter Verbundenheit mit solchen mächtigen und schutzgebenden mütterlichen Objekten ausbilden. Diese Phantasien dienen dazu, die aus der fehlenden Objektkonstanz resultierenden Trennungsängste zu verringern. Die Betroffenen müssen diese Phantasien um jeden Preis aufrechterhalten, um eine unerträgliche Getrenntheit zwischen Selbst und Objekt zu vermeiden.

Die **Abwehr** steht ganz im Dienst des Selbst-Erhalts und des Schutzes vor Enttäuschung (Cameron 1963), sie ist unflexibel, also starr. Der dominierende Abwehrmechanismus ist die Projektion, mittels derer die Angriffe vonseiten eines entwertenden und verachtenden Introjekts auf die Objekte der Außenwelt gerichtet werden. Daneben finden sich die Abwehrmechanismen der projektiven Identifizierung, der Spaltung, der Idealisierung und Entwertung (Kernberg 1970a). Die Objektwahrnehmung ist eingeengt; die Selbst-Objekt-Differenzierung ist nur unscharf möglich. Der Abwehrmechanismus der Projektion, auf den Freud (1911; 1922) in seinen Arbeiten über die Paranoia (Fall „Schreber", vgl. auch Niederland 1974; Lidz 1975; London 1976) hingewiesen hatte, dient der Konfliktabwehr und der Stabilisierung des brüchigen Selbstwertgefühls. Die konstante Angst vor Verfolgung kann auch als ein verzweifelter Versuch verstanden werden, ein illusionäres konstantes Objekt zu etablieren, auch wenn Schädigung und feindselige Behandlung von ihm erwartet werden (Blum 1981). Durch die Externalisierung des verfolgenden, aber zugleich dringend gebrauchten Introjekts kann eine gewisse intrapsychische Druckentlastung erreicht werden; gleichzeitig wird die ursprüngliche traumatische Szene im Sinne der Traumawiederholung neu erschaffen. Die Überzeugung, stets Opfer äußerer Aggressoren oder Verfolger zu sein, reduziert die inneren Spannungen zwischen den Introjekten und sichert so das psychische Überleben (Rycroft 1991). Der ebenfalls zentrale Abwehrmechanismus der Spaltung trägt dazu bei, dass Gefühle von Liebe und Hass gegenüber derselben Person voneinander getrennt gehalten werden können, da sonst die unerträgliche Angst entstünde, die Liebe gegenüber dieser Person könne durch den Hass zerstört werden. Das Erleben anderer Menschen ist diskontinuierlich; Beständigkeit in Beziehungen kann niemals angenommen werden. In jeder Beziehung kann eine – äußerlich betrachtet – geringfügige Enttäuschung dazu führen, dass diese Person als abgrundtief schlecht und vertrauensunwert angesehen wird. Es existieren nebeneinander Selbstrepräsentationen eines einzigartigen und großartigen Selbst einerseits und eines schwachen und wertlosen Selbst andererseits. Die Ich-Funktionen der Realitätsprüfung und der Affektneutralisierung sind somit nachhaltig beeinträchtigt. Bei wenig differenzierter Affektwahrnehmung ist das affektive Erleben beherrscht von Angst, Wut und Enttäuschung. Die Selbst-Steuerung ist im aggressiven Bereich deutlich verringert. Andererseits können zahlreiche Ich-Funktionen überwiegend intakt sein, vor allem wird die genaue Beobachtungsgabe paranoider Persönlichkeiten hervorgehoben (Akhtar 1990). Auf die besondere Verletzlichkeit paranoider Individuen im Spannungsfeld eines bedrohten Autonomiestrebens und extremer Abhängigkeitsbedürfnisse hat Kapfhammer (2001) in einer umfassenden Übersichtsarbeit zu psychodynamischen Aspekten der Paranoia hingewiesen.

Blum (1980; 1981) hat unter Einbeziehung von konstitutionellen Faktoren und Triebaspekten und unter Berücksichtigung von strukturellen Konflikten, Ich-Defiziten, Aspekten der Separation und Individuation sowie ödipaler Ängste eine Synthese klassischer und zeitgenössischer Auffassungen zur Paranoiden Persönlichkeitsstörung versucht. Nach seiner Auffassung mag die der paranoiden Persönlichkeit eigene Feindseligkeit durchaus auch eine Abwehrleistung gegen homosexuelle Impulse sein, als solche ist sie jedoch von nachgeordneter Bedeutung; denn primär besteht eine präödipale Konfliktproblematik. Blum (1981) macht darauf aufmerksam, dass auf der Basis eines ungezähmten Narzissmus, einer intensiven Aggression und archaischer Abwehrmechanismen die Bewältigung ödipaler Aufgaben schwierig wird, sodass es zu masochistischen, negativen oder perversen Lösungen des Ödipuskomplexes kommen kann. In Übereinstimmung mit Freud (1919) und Bak (1946) geht Blum (1981) davon aus, dass paranoide Verfolgungsphantasien oft ursprüngliche masochistische Wünsche, (vom Vater) geschlagen zu werden, befriedigen können.

In ihren **interpersonellen Beziehungen** erleben sich Personen mit Paranoider Persönlichkeitsstörung immer wieder als Opfer feindseliger Handlungen anderer Menschen, die das Ziel haben, sie zu schädigen und zu demütigen. Entsprechend verstehen diese Personen ihre eigene misstrauische Haltung und ihre kontrollierenden Handlungen als notwendige Maßnahme zum Selbstschutz; sie erleben sich selbst oft als furchtsam und unterlegen. Beziehungspartner erleben die paranoiden Persönlichkeiten als arrogant, misstrauisch, anklagend, fordernd, emotional kalt, übermäßig selbstsicher und leicht erregbar; sie fühlen sich entweder grundlos beschuldigt oder gedrängt, Stellung gegen eine dritte, als schädigend wahrgenommene Person (oder Personen) zu beziehen, woraufhin sie sich typischerweise verärgert zurückziehen (Akhtar 1990).

Entsprechend stellt sich die Psychodynamik auf der interpersonellen Ebene in der Formulierung des zyklisch-maladaptiven Beziehungszirkels (Strupp u. Binder 1984; Tress 1993) wie folgt dar: Als Folge der beschriebenen elterlichen Verhaltensweisen entsteht die internalisierte pathogene Erwartung, angegriffen und gedemütigt zu werden – bei dem gleichzeitigen Wunsch, geliebt und geachtet zu werden. Im Einklang mit den pathogenen Erwartungen bilden sich die misstrauischen und kontrollierenden Persönlichkeitsmerkmale heraus. Gleichzeitig ist das Verhalten durch eine Identifikation mit den aggressiv-feindseligen und emotionsabwehrenden Eltern geprägt, die sich in einer Neigung zu Feindseligkeit gegenüber anderen Menschen und in einem erbitterten Streben nach Unabhängigkeit und Gerechtigkeit niederschlägt. Die Folgen der kritisierenden, rechthaberischen und anklagenden Verhaltensweisen sind typischerweise die soziale Ausgrenzung und der Rückzug der anderen, worauf die paranoide Persönlichkeit mit erneutem Rückzug und Misstrauen reagiert. Durch Introjektion der kontrollierenden und entwertenden elterlichen Beziehungsmuster entwickelt sich eine Introjektstruktur, die durch kontrollierenden und entwertenden Umgang mit sich selbst geprägt ist. Das **Krankheitserleben** von Personen mit Paranoider Persönlichkeitsstörung ist dadurch charakterisiert, dass ihr Leidensdruck durchweg nicht auf die Störung selbst, sondern auf die wahrgenommenen feindlichen Umstände in der Außenwelt bezogen ist, insbesondere die massiven Beeinträchtigungen und Schädigungen durch Mitmenschen. Personen mit Paranoider Persönlichkeitsstörung können in unterschiedlichem Maß in ihrer psychosozialen Integration und Anpassungsfähigkeit beeinträchtigt sein, je nachdem, ob das Misstrauen auf *einen* Lebensbereich beschränkt oder auf weitere Bereiche ausgedehnt ist. Es kommt vor, dass paranoid persönlichkeitsgestörte Menschen im Berufsleben durchaus erfolgreich sind, wodurch sie eine gewisse Selbstwertstabilisierung erreichen können (Akhtar 1990). Da der paranoide Prozess in hohem Maße Ich-synton mit der Persönlichkeit verknüpft ist, ist eine Motivation zur Psychotherapie in der Regel nicht gegeben (Meissner 1978). Allerdings wird auch über Patienten mit Paranoider Persönlichkeitsstörung berichtet, die einer psychoanalytischen Psychotherapie zugänglich waren (Rycroft 1991; Oldham u. Skodol 1994).

3.7 Therapeutische Verfahren

3.7.1 Psychodynamisch orientierte Verfahren

Kontrollierte Therapiestudien liegen für Personen mit Paranoider Persönlichkeitsstörung nicht vor. Ein Grund dafür dürfte in der äußerst geringen Psychotherapie-Motivation dieser Personen liegen, die verhindert, dass ein für die Durchführung einer Therapiestudie ausreichend großes Patientenkollektiv zustande kommt. Es gibt lediglich Hinweise dafür, dass sich das Vorliegen einer Paranoiden Persönlichkeitsstörung ungünstig auf die Behandlung von Achse-I-Störungen auswirkt. Chambless et al. (1992) konnten zeigen, dass bei einer Stichprobe von Patienten mit Agoraphobie diejenigen mit einer gleichzeitig bestehenden Paranoiden Persönlichkeitsstörung eine kognitiv-behaviorale Psychotherapie frühzeitiger abbrachen als Patienten ohne diese Persönlichkeitsstörung; 90% der Patienten mit dieser Diagnose beendeten die Therapie vorzeitig. Mavissakalian und Hamann (1987) fanden, dass Patienten mit einer Paranoiden Persönlichkeitsstörung besonders häufig psychotherapeutische Behandlungen abbrachen.
Tiefenpsychologische Behandlungsansätze betonen die folgenden therapeutischen Elemente:

- Zentral ist die Herstellung eines therapeutischen Arbeitsbündnisses. Entsprechend seiner Grundorientierung wird der Patient mit Paranoider Persönlichkeitsstörung den Therapeuten als schlechtes und verfolgendes Objekt wahrnehmen. Größtmögliche Offenheit (z.B. Einsicht in Aktenunterlagen) kann das Misstrauen reduzieren (Salzman 1974; Gabbard 1994).
- Der Therapeut solle sich als „Container" für Gefühle des Hasses, der Schlechtigkeit und der Schwäche zur Verfügung stellen und der Versuchung widerstehen, die auf ihn gerichteten Projektionen vorschnell von sich zu weisen oder zu deuten. Eine Rückbesinnung auf die Tatsache, dass ein extrem geringes Selbstwertgefühl in Verbindung mit massiver Kränkungswut die Ursache für die Projektionen ist, mag es erleichtern, sich empathisch in die Notwendigkeit des Patienten einzufühlen, mithilfe von Projektionen das psychische Überleben zu sichern (Gabbard 1994).
- Stützende und selbstwertstabilisierende Interventionen haben über lange Zeit Vorrang gegenüber einem konfrontierenden Vorgehen. Erst bei einer ausreichend stabilisierten Therapeut-Patient-Beziehung wird es möglich sein, die maladaptiven Erlebens- und Verhaltensmuster des Patienten zu identifizieren und ihn zu einer realistischeren Sicht von sich und anderen zu führen. Die therapeutische Haltung sollte respektvoll und akzeptierend sein, jedoch nicht allzu freundlich und warmherzig, da dies als verdeckte Feindseligkeit und Täuschung verarbeitet werden könnte (Millon 1981; Vaillant u. Perry 1985).
- Latent feindselige Äußerungen aufseiten des Therapeuten sind zu vermeiden. Besonders zu achten ist auf die Gefahr komplexer Botschaften, die trotz oberflächlicher Freundlichkeit aus der Sicht des Patienten subtile Angriffe, Vorwürfe oder Kränkungen enthalten können (Tress et al. 1997). Von ironischen oder auch nur humorvollen Bemerkungen wird ebenfalls abgeraten (s. Tab. 3-2). Man sollte sich mit dem Patienten nicht in einen Streit begeben, aber auch

Tab. 3-2 Behandlungsgrundsätze bei Paranoider Persönlichkeitsstörung aus psychodynamischer Sicht

- Aufbau eines therapeutischen Arbeitsbündnisses
- größtmögliche Offenheit zum Abbau des Misstrauens
- „Containing" der Projektionen des Patienten
- stützende und selbstwertstabilisierende Interventionen haben Vorrang vor Konfrontationen
- respektvoll-akzeptierende Haltung ohne übermäßige Freundlichkeit
- Identifikation maladaptiver Muster erst bei stabiler Therapeut-Patient-Beziehung
- keine latent feindseligen, vorwurfsvollen oder kränkenden Äußerungen

nicht gegen die eigene Überzeugung dessen Auffassung teilen (Quality Assurance Project 1990).

Gelegentlich ist mit feindseligen oder aggressiven Reaktionen zu rechnen, wenn der Patient sich angegriffen fühlt. Gabbard (1994) empfiehlt, die folgenden Grundsätze zu beachten:
- alles tun, damit der Patient sein Gesicht wahren kann
- dem Patienten umfangreiche Erläuterungen geben, damit er keinen Anlass zu weiterem Misstrauen entdeckt
- dem Patienten helfen, seine Selbstkontrolle zu wahren
- den Patienten ermutigen, seinen Ärger zu verbalisieren statt ihn gewaltsam auszuagieren

3.7.2 Verhaltenstherapeutische Ansätze

Turkat und Maisto (1985) berichten über Therapieerfolge bei Klienten mit Paranoiden Persönlichkeitsstörungen mithilfe von Interventionen, die darauf abzielten, die Angst vor den Bewertungen anderer zu reduzieren und die sozialen Fähigkeiten zu verbessern. Dem paranoiden kognitiven Stil schenkten sie nur wenig Beachtung.
Beck und Freeman (1995) formulieren ein Behandlungskonzept, zu dessen Zielen die Modifikation der Grundannahmen des Betroffenen gehört. Die extreme Wachsamkeit und Abwehrhaltung der paranoiden Person ist erforderlich, um ein Gefühl der Sicherheit zu wahren. Die Autoren schlagen daher vor, das Gefühl der Eigeneffizienz bezüglich Problemsituationen so weit zu entwickeln, dass der Betroffene von seiner Fähigkeit, entstehende Probleme bewältigen zu können, stärker überzeugt ist. In diesem Fall könnten Wachsamkeit und Abwehrhaltung weniger notwendig werden.
Die Autoren empfehlen, davon auszugehen, dass das paranoide Erleben selbst von den Betroffenen selten als das zu bearbeitende Problem betrachtet wird. Stattdessen sei es vorteilhaft, im Sinne eines problemlösenden Ansatzes auf die Therapieziele des Klienten hinzuarbeiten, z.B. auf seine Anspannung, seine Eheprobleme usw. Dann werde der Beitrag der paranoiden Verarbeitung zu den anderen Problemen bald ersichtlich; dies habe im günstigen Fall zur Folge, dass der Patient zur Mitarbeit am Problem seines Misstrauens anderen gegenüber bewegt werden könne, da dies ein wichtiger Schritt zur Erreichung seiner Ziele sei.
In der Anfangsphase der Therapie solle darauf geachtet werden, dass Selbstenthüllung, Anerkennung von Schwäche und Vertrauen in eine andere Person, wie sie üblicherweise in Psychotherapien erwartet werden, für paranoide Persönlichkeiten besonders schwer zu erbringen sind. Das Wohlbefinden der Klienten könne dadurch gesteigert werden, dass ihnen mehr Kontrolle als üblich über Inhalt der Sit-

zungen, Hausaufgaben und die Frequenz von Terminen gewährt wird. Eine geringere Sitzungsfrequenz, z.B. eine Sitzung in drei Wochen, wird oft besser toleriert (s. Tab. 3-3).

3.7.3 Psychopharmakotherapie

Die Paranoide Persönlichkeitsstörung selbst gilt als pharmakotherapeutisch nicht beeinflussbar. Nicht selten bedürfen depressive Dekompensationen als Reaktion auf die wahrgenommene Feindseligkeit der Umwelt jedoch einer symptomorientierten antidepressiven Psychopharmakotherapie. Bei gleichermaßen reaktiv zu verstehenden wiederkehrenden aggressiven Ausbrüchen können niederpotente Neuroleptika verordnet werden, sofern sie angesichts der Ich-syntonen Erlebnisverarbeitung von den Betroffenen akzeptiert werden. Ein Versuch mit Neuroleptika ist auch angezeigt, wenn die Überzeugungen offensichtlich wahnhaften Charakter annehmen (Quality Assurance Project 1990).

Tab. 3-3 Behandlungsempfehlungen für Patienten mit Paranoider Persönlichkeitsstörung aus kognitiv-verhaltenstherapeutischer Sicht (nach Turkat u. Maisto 1985; Beck u. Freeman 1995)

- Steigerung von Eigeneffizienz und Problemlösefähigkeit
- Steigerung der sozialen Fertigkeiten
- Abbau der Angst vor den Bewertungen anderer
- Konzentration auf die Therapieziele des Patienten; keine Fokussierung auf den paranoiden kognitiven Stil
- Gewährung einer Kontrolle über Inhalt und Frequenz von Sitzungen
- eher geringe Sitzungsdichte

4 Schizoide Persönlichkeitsstörung (ICD-10: F60.1)

W. Wöller, M. Langenbach, J. Ott, N. Hartkamp

4.1 Klinische Deskription

Personen mit Schizoider Persönlichkeitsstörung neigen zur sozialen Isolierung und zum Einzelgängertum, haben und wünschen keine oder kaum enge Beziehungen außerhalb des Kreises der Verwandten ersten Grades. Sie erweisen sich als gleichgültig gegenüber sozialen Regeln, aber auch gegenüber Lob und Kritik vonseiten anderer. Sie finden gar kein Vergnügen oder nur an wenigen Tätigkeiten; wenn überhaupt, suchen sie Unternehmungen aus, die sie allein machen können. In ihren interpersonellen Beziehungen wirken sie kühl, emotional distanziert und unnahbar; ihre emotionale Ausdrucksfähigkeit ist gering. In ihren formalen Rollen im Berufs- und Familienleben können sie durchaus kompetent erscheinen. Die im Folgenden aufgeführten ICD-10-Kriterien der Schizoiden Persönlichkeitsstörung entsprechen weitgehend den Kriterien der DSM-III-R und DSM-IV, auf deren Basis die meisten der hier aufgeführten Studien durchgeführt wurden:

- wenige oder überhaupt keine Tätigkeiten bereiten Vergnügen
- emotionale Kühle, Distanziertheit oder flache Affektivität
- geringe Fähigkeit, warme, zärtliche Gefühle oder auch Ärger anderen gegenüber zu zeigen
- anscheinende Gleichgültigkeit gegenüber Lob oder Kritik
- wenig Interesse an sexuellen Erfahrungen mit einer anderen Person (unter Berücksichtigung des Alters)
- übermäßige Vorliebe für einzelgängerische Beschäftigungen
- übermäßige Inanspruchnahme durch Phantasie und Introspektion
- Mangel an engen Freunden oder vertrauensvollen Beziehungen (oder höchstens zu einer Person) und fehlender Wunsch nach solchen Beziehungen

- deutlich mangelnde Sensibilität im Erkennen und Befolgen gesellschaftlicher Regeln

Personen mit Schizoider Persönlichkeitsstörung weisen oft beträchtliche Ähnlichkeiten mit residualen oder prodromalen Phasen der Schizophrenie (F20) auf; eine genetisch-familiäre Beziehung zur Schizophrenie konnte jedoch für die Schizoide Persönlichkeitsstörung nicht sicher gezeigt werden (Parnas et al. 1982). Fulton und Winokur (1993) fanden, dass Patienten mit Schizoider Persönlichkeitsstörung im Vergleich zu solchen mit Paranoider Persönlichkeitsstörung in einem jüngeren Alter erstmalig psychiatrisch hospitalisiert wurden und nach der Index-Aufnahme eine höhere Morbidität hatten (Kalus et al. 1995; Thompson-Pope u. Turkat 1993). Historisch betrachtet, gehen die Diagnosen „Schizoide Persönlichkeitsstörung" und die noch in der DSM-III-R als „Schizotypische Persönlichkeitsstörung" bezeichnete „schizotype Störung" (F21) auf die diagnostischen Kategorien des „schizoiden Charakters" Bleulers (1923) und der „Schizoidie" (Kretschmer 1921) zurück. Bleuler (1923) hatte ein Kontinuum zwischen schizoidem Charakter und latenter Schizophrenie angenommen; in ähnlicher Weise vermutete Kretschmer (1921) in seiner Konstitutionspsychologie ein Kontinuum zwischen „Schizothymen" (als Persönlichkeitsmerkmal), „Schizoiden" (im Sinne einer Persönlichkeitsstörung) und „Schizophrenen" (als Krankheitseinheit). Folgende Charakteristika der schizoiden Persönlichkeiten waren für Kretschmer (1921) ausschlaggebend:
(a) die Neigung zu sozialer Isolation und schroffer Ablehnung sozialer Kontakte
(b) die leichte Empfindsamkeit, Verletzbarkeit und Launenhaftigkeit

Die unter (a) genannten Merkmale haben später Eingang in die diagnostische Kategorie der „Schizoiden Persönlichkeitsstörung", die unter (b) aufgeführten in die Diagnose der „Schizotypischen Persönlichkeitsstörung" bzw. schizotypen Störung (F21) gefunden. Diese Aufspaltung hat zur Verbesserung der Reliabilität der Diagnosestellung beigetragen (Widiger et al. 1988) (s. Tab. 4-1). In der psychoanalytischen Tradition wurde meist von schizoiden Neurosen gesprochen (Riemann 1975).

4.2   Differenzialdiagnose

Differenzialdiagnostisch ist die Schizoide Persönlichkeitsstörung von der Paranoiden (F60.0) und der Ängstlichen (vermeidenden) Persönlichkeitsstörung (F60.6) abzugrenzen, ferner von der schizotypen Störung (F21) und gelegentlich auch von der schizophrenen Psychose (F22). Personen mit Schizoider Persönlichkeitsstörung unterscheiden sich von solchen mit Paranoider Persönlichkeitsstörung (F60.0) durch ihre weiter gehenden sozialen, interpersonellen und affektiven Defizite. Die

Unterscheidung von der Ängstlich-vermeidenden Persönlichkeitsstörung kann schwierig sein; es gibt einen breiten Überschneidungsbereich der sich wechselseitig ausschließenden Diagnosen. Obwohl beiden die soziale Isolierung gemeinsam ist, unterscheiden sie sich durch die Art ihrer interpersonellen Beziehungsgestaltung (s. Abb. 2, S. 9). Unterscheidendes Merkmal der Schizoiden Persönlichkeitsstörung (F60.1) ist ihr fehlendes Interesse an Beziehungen mit anderen Menschen und ihre Inkompetenz, solche Beziehungen herzustellen; Personen mit Ängstlich-vermeidender Persönlichkeitsstörung sind dagegen an Beziehungen interessiert und dazu im Grundsatz auch in der Lage. Sie scheuen vor Interaktionen mit anderen aber aus Furcht vor Kränkung und Ablehnung zurück (Millon 1969; Gunderson 1983; Livesley u. West 1986). Von psychoanalytischer Seite wurde die Unterscheidung allerdings heftig kritisiert, da sich bei genauerer Betrachtung hinter der oberflächlich imponierenden Gleichgültigkeit der schizoid Gestörten gegenüber menschlichen Kontakten regelmäßig eine tiefe Sehnsucht nach engen und nahen Beziehungen nachweisen lässt (Akhtar 1987). Auch in empirischer Hinsicht ist die Unterscheidung zweifelhaft, da in der Studie von Overholser (1989) schizoide und vermeidende Persönlichkeiten sich im Ausmaß ihrer Angst, Depressivität und ihrer psychotischen Tendenzen nicht unterschieden.

Die Unterscheidung zwischen schizoider und schizotyper Störung (F21) bezieht ihre Rechtfertigung weitgehend aus genetischen Studien (Kendler et al. 1981; Kety et al. 1971), die eine Verwandtschaft mit der Schizophrenie lediglich für die Schizotype, nicht aber für die Schizoide Persönlichkeitsstörung nahe legen. Fulton und Winokur (1993) fanden keine Hinweise darauf, dass Schizophrenien in Familien von Personen mit schizoider Persönlichkeit häufiger vorkommen.

Prävalenz der Schizoiden Persönlichkeitsstörung — Tab. 4-1

Autor	Jahr	N	Methode	Prävalenz (in %)
Reich et al.	1989	235	PDQ	0,8
Zimmerman u. Coryell	1990	697	PDQ, SIDP	0,9 0,7
Maier et al.	1992	447	SCID	0,5

PDQ = Personality Diagnostic Questionnaire-Revised (Hyler et al. 1983; 1988; 1990a; 1990b)
SIDP = Structured Interview for DSM-III Personality Disorders (SIDP, Zimmerman u. Coryell 1990)
SCID = Structured Clinical Interview for DSM-III-R Personality Disorders (SCID-II, Spitzer u. Williams 1986)

4.3 Epidemiologie

Die Prävalenzraten schwanken zwischen 0,48% und 0,9% (Zimmerman u. Coryell 1990; Reich et al. 1989; Maier et al. 1992). Insofern zählt auch die Schizoide Persönlichkeitsstörung zu den selteneren Persönlichkeitsstörungen, verglichen mit der Gesamt-Prävalenzrate der Persönlichkeitsstörung von 10,3% (Maier et al. 1992). In der Untersuchung von Fydrich et al. (1996) machten die Schizoiden Persönlichkeitsstörungen 3,8% aller diagnostizierten Persönlichkeitsstörungen aus. Die Diagnose wird selten neben anderen Persönlichkeitsdiagnosen gestellt (Weissman 1993). Patienten mit Schizoider Persönlichkeitsstörung finden sich kaum in Kliniken (Pfohl et al. 1986; Morey 1988a).

4.4 Komorbidität

Es gibt eine breite Überschneidung und Komorbidität mit anderen Persönlichkeitsstörungen, vor allem mit der Paranoiden, der Schizotypischen und der Ängstlich-vermeidenden Persönlichkeitsstörung (Morey 1988a).

4.5 Ätiopathogenese

Theorien zur Entstehung der Schizoiden Persönlichkeitsstörung reichen von neurobiologischen Annahmen (Störungen im Bereich der Formatio reticularis und/oder des limbischen Systems; Neurotransmitterstörung) (s. Millon u. Davis 1996) einerseits bis zu Störungen im Bereich des sozialen Lernens und defizitärer Beziehungserfahrungen in der Kindheit andererseits. Die Defizite bei der Identifizierung der Emotionen anderer wurden verschiedentlich hervorgehoben (Wolff u. Barlow 1979).

Psychoanalytische Autoren haben schwerwiegende emotionale Defizite und massive Enttäuschungen in der frühen Kindheit schizoider Persönlichkeiten herausgearbeitet (Balint 1979). Die Bedingungen im Elternhaus können durchaus formal geordnet, materiell zufriedenstellend und der Autonomieentwicklung förderlich gewesen sein; es fehlte den später Schizoiden jedoch emotionale Wärme und eine spielerisch-freundliche Atmosphäre seitens der primären Bezugspersonen (Benjamin 1993).

Zur **frühkindlichen Entwicklung** von Personen mit Schizoider Persönlichkeitsstörung liegen empirische Befunde von Lieberz (1992) vor, der bei 25 Personen mit dieser Persönlichkeitsstörung im Vergleich zu Patienten mit neurotischen Störungen und normalen Kontrollpersonen eine höhere Belastung mit frühkindlichen Risikofaktoren fand. Die besondere Risikobelastung bestand in einer durch Konflikte und Krankheiten belasteten Familienatmosphäre, in Alters- und Krankheitsrisiken der Mütter, in größeren Geschwisterzahlen und geringeren Altersabständen sowie in einem geringeren elterlichen Bildungsstand. Die Mütter schizoider Frauen waren extrem Ich-schwach, ängstlich und permissiv; während die Mütter schizoider Frauen vor allem Ich-schwach und abhängig erlebt wurden, sind die Mütter schizoider Männer eher als stark und unabhängig wahrgenommen worden (Lieberz 1991). Während in früheren Untersuchungen (Lieberz 1983; 1984) ein Zusammenhang zwischen einem geringeren Altersabstand von Geschwistern und einem höheren Risiko für die Entwicklung schwerer schizoider und depressiver neurotischer Strukturen nicht gefunden werden konnte, war in einer späteren Arbeit (Lieberz 1989) ein solcher Zusammenhang nachweisbar: Bei geringem Geschwisterabstand hatte das jüngere Geschwister ein höheres Risiko, eine schizoide Störung zu entwickeln. Die Befunde konnten als Bestätigung der so genannten Vernachlässigungs-Hypothese bei der Entstehung schizoider Störungen angesehen werden.

Hoek et al. (1996) untersuchten, ob frühe pränatale Exposition gegenüber Hunger das Risiko für eine Schizoide Persönlichkeitsstörung erhöht. Sie fanden, dass eine Kohorte 18-jähriger Männer, die in den Geburtsjahrgängen 1944–46 in einer Hungerregion ausgetragen worden waren, im Vergleich zu einer nicht exponierten Periode ein signifikant erhöhtes Risiko hatten, eine Schizoide Persönlichkeitsstörung zu entwickeln.

4.6 Psychodynamik

Die Psychodynamik von Patienten mit Schizoider Persönlichkeitsstörung ist durch eine schwerwiegende Störung der Selbstregulation gekennzeichnet. Die defizitäre und unzureichend integrierte Selbst-Struktur erlaubt keine ausreichende Selbst-Objekt-Differenzierung und verhindert die Entwicklung eines adäquaten Selbstwertgefühls (Akhtar 1987). Federn (1952) hat auf die hohe Durchlässigkeit der Selbst-Grenzen hingewiesen, was zur Folge hat, dass zwischenmenschliche Kontakte eine Bedrohung für die Kohärenz des Selbst darstellen können. Intensive Sehnsüchte nach Verschmelzung mit idealen anderen Menschen bedrohen die Selbst-Kohärenz und das Selbstwertgefühl und müssen daher mittels archaischer Abwehrmechanismen, vor allem Idealisierung und Entwertung, Projektion und Introjektion, abgewehrt werden. Eine Folge dieser Entwertung ist der soziale Rückzug. Freud (1913) konzeptualisierte den Narzissmus und das Rückzugsverhalten von Personen mit schizoider Persönlichkeit als Abzug der Libido von den Objekten bei gleichzeitig vorhandenen intensiven Wünschen, mit dem mütterlichen Objekt zu verschmelzen. Nach Fairbairn (1940) schützt sich der Schizoide vor seinen eigenen Liebeswünschen: Die ersehnten guten Objekte lösen intensive Abhängigkeits- und Verschmelzungswünsche aus und bergen die Gefahr der Desintegration. Das affektive Erleben ist häufiger gepägt von Gefühlen der Leere

(Clark 1996b), die ebenso die Abwehrfunktion haben, das Selbst zu schützen. Bezüglich ihres **Bindungsverhaltens** weisen Personen mit Schizoider Persönlichkeitsstörung unsicher-distanzierte Bindungsstile auf. West und Rose (1995) untersuchten das Bindungsverhalten bei schizoid-vermeidenden ambulanten psychiatrischen Patienten im Vergleich zu nicht schizoid-vermeidenden Patienten. Sie fanden, dass sich die Patienten der Untersuchungsgruppe von denen der Kontrollgruppe durch die Aspekte „Distanz in Beziehungen", „hohe Priorität von Autarkie" und „Bindungsbeziehungen sind eine Bedrohung für das Sicherheitsgefühl" unterschieden, nicht aber in ihrem Wunsch nach engen emotionalen Beziehungen. Entsprechend stellt der distanzierte Bindungsstil (West et al. 1994) mit sozialem Rückzug, Abschottungstendenzen und der aktiven Zurückweisung anderer eine Abwehrmaßnahme gegen potenziell bedrohliche nahe Beziehungen, aber auch gegen eigene destruktive Impulse dar, die das Sicherheitsgefühl bedrohen (Fairbairn 1940; Guntrip 1969; Elhardt 1990). Kernberg (1984) hat darauf hingewiesen, dass hinter dem offensichtlichen sozialen Rückzug eine tiefe Sehnsucht nach nahen und engen Beziehungen steht.

Die **interpersonellen Beziehungen** von Personen mit Schizoider Persönlichkeitsstörung sind durch das Fehlen von Beziehungswünschen und ein daraus resultierendes soziales Rückzugsverhalten charakterisiert. Dennoch kann eine sehr enge Beziehung zu einer (meist verwandten) Person bestehen. Potenzielle Beziehungspartner fühlen sich zurückgewiesen und ziehen sich ihrerseits zurück. Die interpersonelle Beziehungsdynamik lässt sich anhand des maladaptiven Zirkels wie folgt beschreiben: Schizoide Menschen entwickeln durch Internalisierung der elterlichen enttäuschenden Beziehungserfahrungen – bei tiefer liegenden Wünschen nach uneingeschränktem Verständnis, Angenommensein und Verschmelzung – die pathogene Erwartung, von anderen Menschen enttäuscht und zurückgewiesen zu werden, und entwickeln in Reaktion darauf – und in Identifikation mit den emotional nicht verfügbaren primären Bezugspersonen – eine Grundhaltung von Autarkie und unbezogener Autonomie. Charakteristisch ist, dass sie keine Beziehungswünsche oder -erwartungen an andere erkennen lassen. Entsprechend werden andere Menschen sich von ihnen zurückziehen. Die Introjektion der elterlichen Zurückweisung emotionaler Wünsche führt dazu, dass der Schizoide sich selbst nun solche Wünsche und die entsprechenden menschlichen Kontakte versagt.

Das **Krankheitserleben** von Personen mit Schizoider Persönlichkeitsstörung kann unterschiedlich sein. In vielen Fällen nehmen sie ihre Defizite nicht wahr und entwickeln somit keine Motivation zur Psychotherapie. In anderen Fällen gelangen sie über eine sekundäre Symptomatik zu einer Behandlungsmotivation. Personen mit Schizoider Persönlichkeitsstörung können depressiv werden, wenn sie beginnen, unter den Reaktionen anderer auf ihr Einzelgängertum zu leiden, oder wenn die Isolation dysfunktional wird; sie können auch Angstsymptome entwickeln, wenn sie zu sozialen Interaktionen gezwungen sind, denen sie nicht ausweichen können. In Fällen, wo die Defizite als solche wahrgenommen werden, kann der Leidensdruck hoch sein und eine Motivation zu einer Psychotherapie bestehen.

Vielfach verfügen schizoid strukturierte Persönlichkeiten bei affektiver Distanziertheit dennoch über eine gut ausgebildete Fähigkeit zur kognitiven Erfassung psychologischer Zusammenhänge.

4.7 Therapeutische Verfahren

4.7.1 Psychodynamische Verfahren

Kontrollierte Studien zur Psychotherapie von Personen mit Schizoider Persönlichkeitsstörung liegen nicht vor. Eine Befragung von 563 Psychiatern in Australien und Neuseeland (Quality Assurance Project 1990) ergab, dass eine psychoanalytische Langzeitbehandlung bei Patienten mit Schizoider Persönlichkeitsstörung von der Mehrzahl der Befragten durchaus für aussichtsreich gehalten wird, während bei Patienten mit Paranoider und Schizotypischer Persönlichkeitsstörung (schizotyper Störung) eher Krisenintervention empfohlen werden. In der Literatur finden sich weitgehend konsistente Empfehlungen für den therapeutischen Umgang mit Patienten mit Schizoider Persönlichkeitsstörung. Allerdings erfordert der Umgang mit den entsprechenden Patienten wichtige therapietechnische Modifikationen (vgl. Schaye 1991; Satow 1991; Templeton 1991):

- Entsprechend der allgemeinen Tendenz, nahe Beziehungen zu vermeiden, wird der Schizoide sich nur selten in eine psychotherapeutische Beziehung begeben. Der Entschluss zu einer Psychotherapie wird in der Regel nur bei entsprechend hohem Leidensdruck gefasst, der sich aus den nachteiligen Folgen des einzelgängerischen Lebensstils ergibt. Kommt eine Psychotherapie zustande, wird der Aufbau einer therapeutischen Arbeitsbeziehung eine der vorrangigen Aufgaben sein (Klein 1995). Der Therapeut muss damit rechnen, dass der schizoide Patient sich durch die therapeutische Beziehung ebenso bedroht fühlt und in gleicher Weise Verletzungen und Zurückweisungen fürchtet wie in jeder anderen Beziehung. In erster Linie sollte das Sicherheitsbedürfnis des Patienten beachtet werden (Silberstein 1995). Entsprechend ist das Distanzbedürfnis des Patienten zu respektieren: Die Therapietermine sollten eher kurz gehalten werden, und ihm sollte die Möglichkeit eingeräumt werden, Therapiestunden vorzeitig zu beenden. Teilweise ist es notwendig, die Zeitabstände zwischen den Therapiestunden zu erhöhen. Der Therapeut sollte weiterhin Verständnis haben, wenn diese Patienten sich auch im therapeutischen Kontakt als wunschlos und autark präsentieren und die angebotene Hilfe brüsk zurückweisen. Er sollte auf eindringende Fragen und weitreichende Deutungen verzichten (Appel 1974). Schweigen ist nicht primär als Widerstand zu deuten; vielfach ist es die einzige mögliche Kommunikationsform, das „private" oder „wahre Selbst" (Winnicott 1965) zu vermitteln (Khan 1960; 1983). Die emotionale Neuerfahrung, dass eine Beziehung möglich ist, ohne verletzend oder zerstörend zu sein, kann sich im günstigen Fall auf andere Beziehungen auswirken und zu weiteren Beziehungserfahrungen ermutigen.

- Entsteht eine tragfähige therapeutische Beziehung, so neigen Schizoide dazu, intensive Sehnsüchte und Abhängigkeitswünsche sowie die entsprechenden Ängste gegenüber ihrem Therapeuten zu entwickeln oder eine tief greifende Einheit und „Seelenverwandtschaft" mit ihm anzunehmen. Oft haben sie die illusionäre Vorstellung, der Therapeut könne sie wortlos verstehen, und sie reagieren zutiefst gekränkt und verletzt, wenn sie feststellen, dass dies nicht der Fall ist. Im Laufe der Therapie werden typischerweise bis dahin zurückgehaltene Omnipotenzphantasien deutlich (Grotstein 1977). In der Gegenübertragung des Therapeuten finden sich oft heftige emotionale Reaktionen bis hin zu Verwirrung, Dissoziationen und mörderischer Wut sowie Phantasien von Einverleibung und Ausstoßung (Appel 1974). Auf Aspekte der nonverbalen Kommunikation mit schizoiden Patienten hat Robbins (1988) hingewiesen.
- Das Ziel der Therapie wird darin gesehen, die Prozesse der Separation und Individuation anzuregen und auf diese Weise die Entwicklung eines authentischen Selbstgefühls zu fördern (Clark 1996a; 1996b). Auf der Verhaltensebene sollte die Entwicklung sozialer Fertigkeiten und des Affektausdrucks angestrebt werden. Dabei kann eine sinnvolle Beschränkung der Therapieziele darin bestehen, die grundsätzliche Abwehr von Beziehungen zu respektieren und Wege zu suchen, wie eine befriedigende Art, alleine zu leben, möglich ist (Stone 1989c).

4.7.2 Verhaltenstherapeutische Ansätze

Empirische Untersuchungen zur Wirksamkeit verhaltenstherapeutischer Ansätze bei Schizoider Persönlichkeitsstörung liegen nicht vor, dagegen konzeptuelle Überlegungen zum Einsatz kognitiver Therapiekonzepte. Diese werden in der Regel nur dann zur Anwendung kommen, wenn die Betroffenen durch die sekundären Auswirkungen der Persönlichkeitsstörung beeinträchtigt werden, z.B. durch Angstsymptome oder Depressionen als Folge unausweichlicher sozialer Interaktionen. Sie zielen darauf ab, die automatischen Gedanken, die die Störung kennzeichnen, zu modifizieren. In der Regel sind es nur wenige Gedanken, die zudem von den Betroffenen meist schwer zu identifizieren sind. In diesen automatischen Gedanken kommen die Gedankenarmut und apathische Sichtweise Schizoider zum Ausdruck; sie befassen sich typischerweise mit ihrer Vorliebe für Einsamkeit und ihrer Empfindung, ein abseits stehender Beobachter zu sein. Die Aufgabe der

Therapie besteht darin, die funktionalen und dysfunktionalen Aspekte der Isolation im Leben des Patienten zu untersuchen und ihm dort, wo er eine Veränderung seiner dysfunktionalen Strategien wünscht, behilflich zu sein. Gruppentherapeutische Arbeit kann hilfreich sein, um Hinweise über die Reaktionen anderer auf das eigene Verhalten zu erhalten. Ein weiteres Ziel besteht darin, den Patienten in der Identifikation von Emotionen anzuleiten, ihm ein Feedback bezüglich des emotionalen Zustandes anderer zu geben und soziale Fertigkeiten, z.B. in Rollenspielen, zu erlernen. Eine weitere Strategie kann darin bestehen, Übergeneralisierungen abzubauen, indem beispielsweise an die Stelle einer generellen Ablehnung aller Menschen eine genauere Kenntnis dessen tritt, was abgelehnt wird (vgl. Beck u. Freeman 1995).

4.7.3 Pharmakotherapeutische Ansätze

Pharmakotherapeutische Maßnahmen kommen bei Personen mit Schizoider Persönlichkeitsstörung nur dann in Betracht, wenn sekundäre Symptome auftreten, z.B. Angstsymptome oder depressive Symptome. In diesen Fällen ist symptomorientiert die Gabe von Anxiolytika oder Antidepressiva zu erwägen.

5 Dissoziale Persönlichkeitsstörung (ICD-10: F60.2)

N. Hartkamp, J. Ott, W. Wöller, M. Langenbach

5.1 Die Datenbasis

Der nachfolgende Quellentext stützt sich zum einen auf eine den Zeitraum von 1980 bis 1997 umfassende Literaturrecherche in den Datenbanken Medline, PsycLit und PSYNDEX, welcher die Begriffe „Antisoziale Persönlichkeitsstörung", „Dissoziale Persönlichkeitsstörung" und „antisocial personality disorder" zugrunde lagen, und zum anderen auf Monografien und auf dieses Thema bezogene Abschnitte ausgewählter Lehrbücher.

Trotz der z.T. heftigen Kritik, die sich gegen das Konzept der „Antisozialen Persönlichkeitsstörung" richtete (Blackburn [1988] meinte beispielsweise, das diagnostische Konzept der antisozialen Persönlichkeit sei wenig mehr als eine moralische Verurteilung, die sich als klinische Diagnose verkleidet), gilt, dass die Antisoziale Persönlichkeitsstörung als eine der Persönlichkeitsstörungen gelten kann, die das meiste Forschungsinteresse auf sich gezogen haben. So fanden Blashfield und McElroy (1987), dass 37% der Forschungsliteratur zu Persönlichkeitsstörungen aus dem Jahre 1975 sich mit der Antisozialen Persönlichkeitsstörung befassten, und auch 1985 machte dieser Anteil noch 25% aus.

5.2 Definition und Klassifikation

5.2.1 Historische Vorbemerkungen

Sozial auffällige und kriminelle Personen sind seit jeher auch Gegenstand psychiatrischer Beobachtung, Diagnostik und Behandlung gewesen. Mit Saß (1987) können im Wesentlichen drei große psychiatrische Traditionen – eine französische, eine deutschsprachige und eine angelsächsische – unterschieden werden, die zum gegenwärtigen Konzept der Dissozialität und der Antisozialen Persönlichkeitsstörung beigetragen haben. Dabei steht Pinels (1809) Beschreibung einer „manie sans délire" am Beginn der wissenschaftlichen Auseinandersetzung mit dieser Störungsgruppe. Als entscheidendes Merkmal wurde die Störung der affektiven Funktionen bei unbeeinträchtigten Verstandesfunktionen angesehen. Als ätiologisch bedeutsame Faktoren wurden entweder eine mangelhafte Erziehung oder eine „zügellose, perverse" Veranlagung angesehen. Im Weiteren wurde die Konzeption der dissozialen Persönlichkeit von der durch Morel (1857) geprägten Degenerationslehre geprägt, in welcher eine seelische Störung als durch schädliche Umgebungseinflüsse bedingt begriffen wurde, die durch Vererbung weitergegeben werden, bis die Generationsfolge schließlich zum Erliegen kommt. Das Gedankengut der Degenerationslehre und des damals populär werdenden Darwinismus wurden wenig später durch Lombroso (1884) zu der landläufigen Vorstellung vom „geborenen Kriminellen" verbunden – ein Gedankengut, das bis in die Gegenwart seine Wirkung entfaltet.

Im angloamerikanischen Sprachraum geht die Beschreibung dissozialer Persönlichkeiten auf den Engländer Prichard (1835) und den Amerikaner Rush (1812) zurück. Insbesondere hatte Rush das französische Konzept der „manie sans délire" aufgegriffen und in diesem Zusammenhang von einer „perversion of the moral faculties" und einer „moral alienation of mind" gesprochen, womit aber weniger die Gewissenlosigkeit als vielmehr die Störung der Gefühls- und Willenskräfte angesprochen waren. Weit über den englischen Sprachraum hinaus einflussreich wurde das Konzept der „moral insanity" von Prichard, welches die Vorstellungen von Psychopathie als amoralischem, gesellschaftsschädigendem Verhalten in der Folgezeit nachhaltig beeinflusste. Eine Hinwendung zu einer mehr soziologischen, auf das beobachtbare Verhalten ausgerichteten Sichtweise fand ihren Niederschlag in der Prägung des Begriffs der „sociopathy" durch Partridge (1930). Damit verbunden war, dass ätiologische Überlegungen, etwa hinsichtlich konstitutioneller Faktoren, aber auch hinsichtlich relevanter psychodynamischer Wirkmechanismen in den Hintergrund traten. Das Konzept der „sociopathy" erwies sich in der Folgezeit auch für die empirische Forschung als überaus nützlich: So führte Robins (1966; 1978) eine große Langzeitstudie mit 524 Probanden durch, die wegen kindlicher Auffälligkeiten klinisch untersucht und 30 Jahre später erneut beobachtet wurden. Im Vergleich mit einer Kontrollgruppe konnte in dieser Untersuchung die Frage, ob aus Problemkindern auch im Sinne der Dissozialität problematische Erwachsene werden, eindeutig bejaht werden. Die etwa um diese Zeit breiter einsetzende epidemiologische Forschung zur Frage der Dissozialität erbrachte mehrheitlich den Befund, dass das Ausmaß antisozialen und vor allem aggressiven Verhaltens in Kindheit und Jugend den besten Prädiktor für das Auftreten Antisozialer Persönlichkeitsstörungen im Erwachsenenalter darstellt. Den historischen Ausgangspunkt für die gegenwärtige Klassifikation Antisozialer Persönlichkeitsstörungen im angloamerikanischen Sprachraum bildeten die Beschreibungen der „psychopathy" durch Cleckley (1941), die zur Formulierung 16 diagnostischer Kriterien führte:

- oberflächlicher Charme und durchschnittliche bis überdurchschnittliche Intelligenz
- keine Wahnvorstellungen oder andere Anzeichen irrationalen Denkens
- weder Angst noch andere „neurotische" Symptome; auffallende Gelassenheit, Ruhe und Wortgewandtheit
- unzuverlässig, keinerlei Pflichtgefühl; weder in großen noch in kleinen Dingen Verantwortungsgefühl
- falsch und unaufrichtig
- kennt weder Reue noch Schamgefühl
- antisoziales Verhalten, das weder angemessen motiviert noch geplant ist und dessen Ursache eine unerklärliche Impulsivität zu sein scheint
- geringe Urteilskraft und unfähig, aus Erfahrung zu lernen
- pathologisch egozentrisch, vollkommen selbstzentriert; unfähig zu wirklicher Liebe und Bindung
- genereller Mangel an tiefen und dauerhaften Emotionen
- Fehlen jeglicher Einsicht; unfähig, sich selbst mit den Augen anderer zu sehen
- keine Anerkennung anderer für besonderes Bemühen, für Freundlichkeit und entgegengebrachtes Vertrauen
- launisches und anstößiges Verhalten; unter Alkoholeinfluss und manchmal sogar auch nüchtern: Pöbelhaftigkeit, Grobheit, schneller Stimmungswechsel, üble Streiche
- keine ernsthaften Suizidversuche
- ein unpersönliches, triviales und kaum integriertes Sexualleben
- unfähig, sein Leben zu planen oder seinem Leben irgendeine Ordnung zu geben, höchstens eine, die ihm hilft, seine Selbsttäuschung aufrechtzuerhalten

Cleckley war dabei der Auffassung, dass die antisoziale „Psychopathie" eine abortive Form einer Psychose sei, welche, ohne zu manifesten psychotischen Symptomen zu führen, dennoch die Persönlichkeit der Betroffenen grundlegend verändere. Anders als im angloamerikanischen Sprachraum war der Begriff der „Psychopathie" im deutschen Sprachraum zunächst gleichbedeutend mit seelischer Abnormität in einem unspezifischen Sinne. Erst mit Kochs (1889) Begriff der „psychopathischen Minderwertigkeiten" wurde das „Psychopathie"-Konzept für die Beschreibung der krankhaften Störungen des Charakters im engeren Sinne bedeutsam. Wenn dies auch, so Saß (1987), von Koch ursprünglich nicht so beabsichtigt war, so hat doch der von ihm gewählte Ausdruck der „Minderwertigkeit" erheblich zu den negativen Wertungen und zur moralischen Verurteilung der als psychopathisch beschriebenen Persönlichkeiten beigetragen. Bei Emil Kraepelin erscheint der Begriff der psychopathischen Persönlichkeit zum ersten Mal um 1903, als er im Wesentlichen zur Kennzeichnung dissozialer Verhaltensweisen eingeführt wurde. Von Birnbaum stammen die zwei Monografien „Über psychopathische Persönlichkeiten" (1909) und „Die psychopathischen Verbrecher" (1926), welche an die Auffassungen Kraepelins und an die französische Degenerationslehre anknüpften. Psychopathische Persönlichkeiten wiesen für ihn pathologische Abweichungen konstitutioneller Art auf, die ererbt oder erworben sein konnten, die in jedem Fall aber erblich weitergegeben würden. In seinem psychopathologischen Konzept kam den „Maßbeziehungen der Persönlichkeitsbestandteile zueinander" (Saß 1987, S. 11) und zu situativen Bedingungen ein besonderer Stellenwert zu; Birnbaum knüpfte damit an die französischen Vorstellungen eines Dysequilibriums und einer Disharmonie und an die einer abnormen Labilität des seelischen Gleichgewichts an.

Für die psychiatrischen Auffassungen im deutschen Sprachraum lange Zeit prägend wurde sodann die Monografie von Kurt Schneider (1923) über „Die psychopathischen Persönlichkeiten", in welcher zehn charakterologische Typen unterschieden wurden. Er definierte dazu zunächst „abnorme Persönlichkeiten" als Reaktionen oder Abweichungen von einer fiktiv unterstellten, aber nicht näher bestimmbaren Durchschnittsbreite, wobei diese „abnormen Persönlichkeiten" auch nicht-asoziale Persönlichkeitstypen umfassten, wodurch die Verbindung einer negativen sozialen Bewertung mit dem Psychopathie-Begriff verhindert werden sollte. Als die „psychopathischen Persönlichkeiten" werden von Schneider solche abnormen Persönlichkeiten gekennzeichnet, die an ihrer Abnormität leiden oder unter deren Abnormität die Gesellschaft leidet. Die sozial abwertende Tendenz des Psychopathie-Begriffs blieb trotz dieses Versuchs erhalten, was dazu führte, dass dieses Konzept immer wieder kritisiert und von vielen Autoren abgelehnt wurden. So wies etwa Bleuler (1983, S. 572ff) darauf hin, dass man aus der Bezeichnung „Psychopathie" nie praktische Folgerungen (z.B. gutachterlicher oder therapeutischer Art) ziehen sollte – diese hätten sich vielmehr auf die Erfassung des Einzelnen in seiner Einmaligkeit zu beziehen.

In jüngerer Zeit hat Saß (1992) nachdrücklich die klare konzeptionelle Trennung und differenzielle Erfassung der Erscheinungen von Dissozialität, abnormer Persönlichkeit und Krankheit gefordert. Anderenfalls, so Saß (1992, S. 4), „sind wir rasch auf dem Wege zu einer Gleichsetzung von Krankheit und abnormer Persönlichkeit, aber auch von abnormer Persönlichkeit und Dissozialität. Damit ergibt sich die Gefahr von Zirkelschlüssen, bei denen aus sozial abweichendem Verhalten psychische Abnormität abgeleitet wird und andererseits psychische Abnormität zur Erklärung des abweichenden Verhaltens dient."

Er postuliert dazu eine Trennung der Begriffe „Psychopathie", „Soziopathie" und „Dissozialität". Gemäß diesem Konzept kann innerhalb der Gruppe der Persönlichkeitsstörungen vom Vorliegen psychopathischer Persönlichkeitsstörungen bei Menschen gesprochen werden, die aufgrund von psychopathologischen Phänomenen leiden oder in ihrer sozialen Kompetenz beeinträchtigt sind, ohne jedoch deviant zu sein. Diese Störungen werden aufgrund der Gesamtheit ihrer psychischen Symptome in die nosologische Nähe der psychiatrischen Krankheiten im engeren Sinne gerückt. Soziopathische Persönlichkeitsstörungen liegen im Sinne dieser Konzeption dann vor, wenn sich psychopathische Persönlichkeitszüge mit dauerhaft konfliktträchtigen sozialen Verhaltensweisen wie Devianz und Delinquenz kombinieren, die in erkennbarem psychopathologischen Zusammenhang mit Aspekten der Persönlichkeitsstörung stehen. Von diesen beiden Störungsgruppen ist der in sich heterogene Bereich der „reinen" Dissozialität abzutrennen, wo, abgesehen von dem sozial abweichenden oder kriminellen Verhalten, keine psychopathologischen Auffälligkeiten im engeren Sinne zu beobachten sind (Saß 1992, S. 6f). Ebenfalls von Saß (1987; 1992) stammt der Versuch, die charakterlichen Besonderheiten zu erfassen, welche sowohl die psychopathischen als auch die soziopathischen Persönlichkeiten kennzeichnen und im Sinne eines Konstrukts „Dissoziale Charakterstruktur" grundlegende Persönlichkeitszüge beschreiben, die über die reinen Verhaltensmerkmale für die Antisoziale Persönlichkeitsstörung hinausgehen, so wie diese in deskriptiven psychopathologischen Klassifikationssystemen beschrieben werden. Bei diesen charakterlichen Besonderheiten handelt es sich um folgende Aspekte (Saß 1992, S. 5):

- geringe Introspektion und Selbstkritik
- Egozentrizität
- Mangel an Empathie und Gefühlskälte
- überhöhter Anspruch
- paradoxe Anpassungserwartung
- Unter- bzw. Fehlbesetzung sozialer Normen

Als „paradoxe Anpassungserwartung" (Göppinger 1980; 1983) wird dabei eine mit einer spezifischen Lebensweise verbundene Haltung angesehen, die durch eine paradoxe, nicht situationsadäquate Erwartung gekennzeichnet ist, die Umgebung möge sich an die eigenen Ansprüche anpassen. Als „Unter- bzw. Fehlbesetzung sozialer Normen" werden Werthaltungen und Einstellungen sowie die daraus resultierenden Verhaltensbereitschaften bezeichnet, die zu sozialer Regelverletzung disponieren. Als Unterbesetzung sozialer Normen gilt dabei eine deutliche mangelhafte Bindung der Persönlichkeit an soziale Regeln, während als Fehlbesetzung die in subkulturellen Gemeinschaften oder auch bei professionellen Kriminellen vorhandene Umwertung zwischenmenschlicher Regeln bezeichnet wird, die kriminelle Handlungen subjektiv als erlaubt oder sogar als wünschenswert erscheinen lassen (Saß 1987, S. 56).

Seitens der psychoanalytischen Theoretiker wurde zunächst auf die Möglichkeit aufmerksam gemacht, dass delinquente und kriminelle Handlungen neurotisch motiviert sein könnten. Freud (1916, S. 389ff) sprach in diesem Zusammenhang beispielsweise vom „Verbrecher aus Schuldbewusstsein". Frühzeitig wurde ebenfalls auf den Unterschied zwischen kriminellem Verhalten, welches durch Störungen der Persönlichkeitsstruktur bedingt sein kann, und solchem delinquenten Verhalten, welches bei grundsätzlich unauffälliger Persönlichkeitsstruktur durch Fehlidentifizierungen gekennzeichnet sei, hingewiesen. So meinte Fenichel (1945, S. 80f), es sei kein „psychopathologisches Problem, ob der Inhalt eines normalen Über-Ich von dem Durchschnitt in einer gegebenen Gesellschaft abweicht oder anders ist", und er fährt fort: „Vom Standpunkt des Strafgesetzbuches haben sich Kriminelle mit den ‚falschen' Objekten identifiziert, aber die Qualität ihrer Identifizierungen weist keinerlei Anomalien auf." Spätere Autoren akzentuierten demgegenüber eher die „mangelnde moralische Hemmungskraft" infolge unrichtiger oder fehlender Erziehung (Alexander 1957) und die Genese dieser Störungen aufgrund frühinfantiler Erlebnisse, wobei „insbesondere das Entbehren von Liebe und Lustbefriedigung" für die Entstehung dissozialer und krimineller Charakterzüge verantwortlich gemacht wurde (Staub 1957).

5.2.2 Definition des Störungsbildes

Die im vorliegenden Quellentext referierte empirische Literatur zur Dissozialen (Antisozialen) Persönlichkeitsstörung bezieht sich ganz überwiegend auf Definitionen, wie sie in den deskriptiven diagnostischen Klassifikationssystemen ICD-10 und DSM niedergelegt sind.

Innerhalb des DSM-IV (APA 1994) wird nicht von einer „Dissozialen", sondern von der „Antisozialen" Persönlichkeitsstörung gesprochen, als deren Hauptmerkmal ein „tiefgreifendes Muster von Missachtung und Verletzung der Rechte anderer, das in der Kindheit oder frühen Adoleszenz beginnt und bis in das Erwachsenenalter fortdauert", angesehen wird. Um die Diagnose einer Antisozialen Persönlichkeitsstörung stellen zu können, wird als erforderlich angesehen, dass der Betroffene mindestens 18 Jahre alt ist und Anzeichen für die Störung des Sozialverhaltens schon vor Vollendung des 15. Lebensjahres vorlagen. Dabei müssen mindestens drei der nachfolgend aufgeführten Kriterien erfüllt sein:

- Versagen, sich in Bezug auf gesetzmäßiges Verhalten gesellschaftlichen Normen anzupassen, was sich in wiederholtem Begehen von Handlungen äußert, die einen Grund für eine Festnahme darstellen

- Falschheit, die sich in wiederholtem Lügen, dem Gebrauch von Decknamen oder dem Betrügen anderer zum persönlichen Vorteil oder Vergnügen äußert
- Impulsivität oder Versagen, vorausschauend zu planen
- Reizbarkeit und Aggressivität, die sich in wiederholten Schlägereien oder Überfällen äußert
- rücksichtslose Missachtung der eigenen Sicherheit bzw. der Sicherheit anderer
- durchgängige Verantwortungslosigkeit, die sich im wiederholten Versagen zeigt, eine dauerhafte Tätigkeit auszuüben oder finanziellen Verpflichtungen nachzukommen
- fehlende Reue, die sich in Gleichgültigkeit oder Rationalisierung äußert, wenn die Person andere Menschen gekränkt, misshandelt oder bestohlen hat

Gemäß dieser Festlegung darf das antisoziale Verhalten nicht lediglich im Verlauf einer manischen Erkrankung oder einer schizophrenen Psychose aufgetreten sein. Mit den hier angeführten Kriterien behob das DSM-IV einen erheblichen Missstand des zuvor gültigen DSM-III(-R)-Systems, welches in umfangreicher Weise einzelne kriminelle oder deviante Verhaltensweisen katalogartig auflistete, deren Vorhandensein damit zum diagnostischen Kriterium für das Vorliegen oder Nicht-Vorliegen einer psychischen Störung wurde. Diese Vorgehensweise hatte eine Reihe erheblicher Probleme mit sich gebracht:

- Es fand sich kein adäquater Bezug auf traditionelle psychopathologische Konzepte, wie das der „Psychopathie".
- Unter Anwendung der DSM-III(-R)-Kriterien kam es in kriminologischen und forensischen Zusammenhängen in erheblichem Maße zu einer Überdiagnose Antisozialer Persönlichkeitsstörungen.
- Unter Setting-Bedingungen außerhalb des kriminologischen und forensischen Bereichs resultierte eine Unterdiagnose Antisozialer Persönlichkeitsstörungen.
- Die DSM-III(-R)-Kriterien erlaubten keine hinreichend scharfe Unterscheidung von Antisozialer Persönlichkeitsstörung und Sucht- und Abhängigkeitserkrankungen.
- Der Kriterienset erwies sich für die praktische Anwendung als zu komplex und unhandlich (Widiger u. Corbitt 1993).

Diese Umstände führten dazu, dass die DSM-III- und DSM-III-R-Kriterien der Antisozialen Persönlichkeitsstörung mehr und schärfer kritisiert wurden als alle anderen diagnostischen Kriterien für Persönlichkeitsstörungen (Widiger u. Corbitt 1996). Hare (1991), Kernberg (1989) und andere hatten darauf aufmerksam gemacht, dass die DSM-III(-R)-Kriterien der Antisozialen Persönlichkeitsstörung sich weder mit der historischen noch mit der klinischen Tradition in Übereinstimmung befanden. Tatsächlich hatten sich die Autoren des DSM-III bei ihrer Formulierung der diagnostischen Kriterien im Wesentlichen auf die Ergebnisse der

Studien von Robins (1966) gestützt, die ungeachtet ihrer ausgezeichneten methodischen Qualität sich dennoch nur auf das begrenzte Datenmaterial der Längsschnittstudie einer einzigen kinderpsychiatrischen Einrichtung beziehen. Bei verschiedenen Studien zu diagnostischen Gepflogenheiten von Psychiatern fanden Livesley et al. (1987) bei der Befragung von 938 psychiatrischen Klinikern sowie Blashfield und Breen (1989) bei der Befragung von 29 Psychiatern und 32 klinischen Psychologen, dass Persönlichkeitsmerkmale wie „instabile zwischenmenschliche Beziehungen", „Nichtbeachtung der Konsequenzen eigenen Handelns", „Ichbezogenheit", „manipulativer Umgang mit anderen" und „Missachtung der Gefühle anderer" die antisozialen Persönlichkeiten deutlicher charakterisierten als die im DSM-III angeführten behavioralen Merkmale, wie z.B. eine länger als sechs Monate dauernde Arbeitslosigkeit oder Erkrankungen der eigenen Kinder als Resultat mangelnder Hygiene.

Viele Kritiker der DSM-III(-R)-Kriterien in Bezug auf Antisoziale Persönlichkeitsstörungen haben darauf hingewiesen, dass diese Kriterien zu einer Überdiagnose der Störung in kriminologischen und forensischen Zusammenhängen und damit zu einer „Medizinalisierung" von Kriminalität führten (Robins et al. 1991). Frances (1980) und Wulach (1983) wiesen darauf hin, dass bis zur 80% der verurteilten Straftäter nach den DSM-Kriterien als antisoziale Persönlichkeiten diagnostiziert werden könnten; andere Autoren fanden demgegenüber, dass diese Quote bei der Anwendung von traditionellen Kriterien der „Psychopathie" deutlich geringer war. So kamen Hart und Hare (1989) bei der Untersuchung von 80 männlichen Strafgefangenen unter Anwendung der DSM-III-R-Kriterien bei 50% zu der Diagnose einer „Antisozialen Persönlichkeitsstörung", während diese Quote bei der Anwendung der „Psychopathy Checklist-Revised" (PCL-R), welche mehr auf persönlichkeitsabhängige Charakteristika abzielt, bei lediglich 12,5% lag. Unter Anwendung eines anderen Instruments (DIS, Diagnostic Interview Schedule; vgl. Robins et al. 1981) kamen Robins et al. (1991) zu einer ähnlichen Schätzung: Nur etwa 50% der Personen, auf welche die DSM-III-R-Kriterien der Antisozialen Persönlichkeitsstörung zutreffen, weisen tatsächlich eine diesem Bild entsprechende psychopathologische Störung auf.

Die kritische Betrachtung der DSM-III(-R)-Kriterien bezüglich der Antisozialen Persönlichkeitsstörung erbrachte weiterhin Hinweise auf eine Unterdiagnose dieser Störung außerhalb der kriminologischen und forensischen Bereiche. So fanden Sutker und Allain (1983) unter 450 Medizinstudenten 2,4%, die den MMPI-Kriterien der Soziopathie entsprachen; bei einer Untergruppe, die eingehender untersucht wurde, fand sich kein einziger Fall, der den Kriterien der Antisozialen Persönlichkeitsstörung entsprach, obwohl in erheblichem Umfang Verhaltensauffälligkeiten bestanden, wie Neigung zu körperlichen Auseinandersetzungen, flüchtige sexuelle Beziehungen, Vandalismus, unerfüllte finanzielle Verpflichtungen etc. Ebenfalls in diesem Zusammenhang ist das Problem der „angepassten psychopathischen Persönlichkeiten" (Widom 1977) relevant, das aber weder im

DSM-III(-R) noch im DSM-IV als angemessen berücksichtigt angesehen werden kann.

Der Umstand der settingabhängigen Über- bzw. Unterdiagnose unter Anwendung der DSM-III(-R)-Kriterien ist selbstverständlich bei der Bewertung der empirischen Literatur zu berücksichtigen.

In der ICD-10 findet sich demgegenüber eine stärkere Akzentuierung psychopathologischer Merkmale im engeren Sinne, wobei sich hier auch zwischen der ersten und der zweiten Auflage der Klinisch-Diagnostischen Leitlinien der ICD-10 Unterschiede finden, die, obwohl sie durchaus als klinisch relevant erscheinen, in der zweiten Auflage der ICD-10 keine ausführlichere Begründung erfahren. Im Folgenden wird die Störungsdefinition der zweiten Auflage der ICD-10 wiedergegeben, wobei die Formulierungen, in denen die zweite Auflage von der ersten abweicht, kursiv gedruckt sind. Die geschweiften Klammern zeigen die jetzt weggefallenen Textpassagen der ersten Auflage an.

> Diese Persönlichkeitsstörung fällt durch eine große Diskrepanz zwischen dem Verhalten und den *geltenden Normen* {sozialen Normen} auf und ist charakterisiert durch [mindestens drei der folgenden Kriterien]:
> 1. *Herzloses* {Dickfelliges} Unbeteiligtsein gegenüber den Gefühlen anderer.
> 2. Deutliche und überdauernde Verantwortungslosigkeit und Missachtung sozialer Normen, Regeln und Verpflichtungen.
> 3. Unvermögen zur Beibehaltung längerfristiger Beziehungen, aber keine Schwierigkeiten, Beziehungen einzugehen.
> 4. Sehr geringe Frustrationstoleranz und niedrige Schwelle für aggressives, auch gewalttätiges Verhalten.
> 5. Unfähigkeit zum Erleben von Schuldbewusstsein und zum Lernen aus Erfahrung, besonders aus Bestrafung.
> 6. Neigung, andere zu beschuldigen oder vordergründig Rationalisierungen für das eigene Verhalten anzubieten, durch welches die Person in einen Konflikt mit der Gesellschaft *geraten ist* {gerät}.
> {7. Andauernde Reizbarkeit}
> *Andauernde Reizbarkeit kann ein zusätzliches Merkmal sein. Eine Störung des Sozialverhaltens in der Kindheit und Jugend stützt die Diagnose, muss aber nicht vorgelegen haben.*

Da es keine umfangreichere Forschungsliteratur zur Dissozialen Persönlichkeitsstörung gemäß ICD-10 gibt, wird im vorliegenden Quellentext auf die Dissoziale Persönlichkeitsstörung gemäß ICD-10 und die Antisoziale Persönlichkeitsstörung gemäß DSM gleichermaßen Bezug genommen.

5.3 Prävalenz und Epidemiologie

Die in Kapitel 5.2.2 angesprochenen Schwierigkeiten der definitorischen Festlegung diagnostischer Kriterien beeinflussen erwartungsgemäß ganz erheblich die Angaben zu Prävalenz und Epidemiologie der Störung. Wie bereits erwähnt, ist die Quote von Strafgefangenen, welche die Kriterien der Antisozialen Persönlichkeitsstörung erfüllen, außerordentlich hoch. Neben den bereits erwähnten Studien von Frances (1980) und Wulach (1983) ist in diesem Zusammenhang die Arbeit von Hare (1980) zu erwähnen, welche bei 76% der untersuchten männlichen Strafgefangenen die DSM-III-Kriterien der Antisozialen Persönlichkeitsstörung erfüllt fand.

Da in den DSM-III(-R)-Kriterien den Gesetzesübertretungen unter den sozial abweichenden Verhaltensweisen eine so zentrale Rolle zugewiesen wird und Diebstähle oder die Unfähigkeit, sozialen Verpflichtungen nachzukommen, ebenfalls Teil der diagnostischen Kriterien des Substanzmissbrauchs sind, kann es nicht überraschen, dass die Prävalenzrate der Antisozialen Persönlichkeitsstörung bei Alkohol- und Drogenabhängigen ebenfalls deutlich erhöht ist (Grande et al. 1984).

So fanden beispielsweise Rounsaville et al. (1986) eine Quote von 27% Antisozialer Persönlichkeitsstörungen unter 268 Opiatabhängigen, Kosten et al. (1982) fanden unter Opiatabhängigen 55%, die den Kriterien einer gegenwärtigen oder Lebenszeit-Diagnose einer Antisozialen Persönlichkeitsstörung genügten, und Hesselbrock et al. (1985) berichten von einem Anteil von 49% von Antisozialer Persönlichkeitsstörung unter stationär behandelten Alkoholabhängigen.

Kritiker haben hier eingewendet, dass die Antisoziale Persönlichkeitsstörung nach DSM-III(-R) tatsächlich aus zwei Subgruppen bestehen könnte, den „tatsächlich" antisozialen Individuen und den „symptomatischen" antisozialen Personen, bei denen psychopathologisch eine Sucht oder eine anders geartete psychogene Störung im Vordergrund steht (Gerstley et al. 1990) – ein Argument, welches im Hinblick auf die auch im natürlichen Verlauf zu beobachtende erhebliche Komorbidität mit Abhängigkeitserkrankungen und anderen psychischen Störungen nicht recht zu überzeugen vermag (vgl. Black et al. 1995).

Die Prävalenzraten der Antisozialen Persönlichkeitsstörung, die man in der Allgemeinbevölkerung oder aber in psychiatrischen Einrichtungen findet, sofern dort die Suchtpatienten nicht einbezogen sind, liegen bedeutend niedriger als die in Suchtkliniken oder in Strafanstalten gefundenen Raten.

So berichtet Dahl (1986) über eine Rate von 14% Antisozialer Persönlichkeitsstörungen unter 231 konsekutiv hospitalisierten 18- bis 40-jährigen Patienten, die ihrerseits ca. 18% aller diagnostizierten Persönlichkeitsstörungen ausmachten. In einer Studie an 609 ambulanten psychiatrischen Patienten fanden Kass et al. (1985), dass 2% der Untersuchten den diagnostischen Kriterien der Antisozialen Persönlichkeitsstörung in vollem Umfang und 4% z.T. entsprachen. Weiss et al.

(1983) berichten über einen Anteil von ca. 4% Antisozialer Persönlichkeitsstörungen unter erstmalig in psychiatrische Behandlung kommenden Erwachsenen. Robins et al. (1984) fanden unter Einsatz des DIS (Diagnostic Interview Schedule) eine lebenslange Prävalenzrate von Antisozialer Persönlichkeitsstörung von 3% bis 5%; damit liegt die Häufigkeit der Antisozialen Persönlichkeitsstörung über der der Schizophrenie.

Die Sechs-Monats-Prävalenzrate in der gleichen Stichprobe lag zwischen 0,6 und 1,3% (Myers et al. 1984). Zimmerman und Coryell (1989) fanden, dass die Antisoziale Persönlichkeitsstörung mit einer Rate von 3,3% die häufigste Persönlichkeitsstörung unter den erstgradigen Verwandten von Normalpersonen und von psychiatrischen Patienten darstellt. Helzer und Pryzbeck (1988) fanden auf der Basis von epidemiologischen Untersuchungen eine lebenslange Prävalenz dieser Störung in der Allgemeinbevölkerung von 2,5%.

In einer neueren Studie fanden Swanson et al. (1994) unter 3258 zufällig ausgewählten Erwachsenen, die mit dem DIS untersucht wurden, 104 Personen, welche den DSM-III-Kriterien der Antisozialen Persönlichkeitsstörung entsprachen, was einer Rate von 3,2% entspricht. Vergleicht man diese Prävalenzraten mit denen einer neueren Übersicht von Weissman (1993), so finden sich weitgehende Übereinstimmungen: Die Prävalenzraten von fünf epidemiologischen Studien aus den USA sowie zwei Studien aus Kanada und Neuseeland mit insgesamt 23327 untersuchten Probanden ergaben Prävalenzraten zwischen 1,5 und 3,7%.

Bemerkenswert ist, dass bei Untersuchungen mit gleicher Methodik in anderen Kulturkreisen erheblich andere Prävalenzraten gefunden werden: So fanden Hwu et al. (1989) bei der Untersuchung von unterschiedlichen, teils ländlichen, teils städtischen Populationen in Taiwan Prävalenzraten zwischen 0,03 und 0,14%.

Bereits in der älteren Literatur zeigt sich, dass die Antisoziale Persönlichkeitsstörung bei Männern häufiger als bei Frauen auftritt (Blazer et al. 1985; Dahl 1986; Kass et al. 1983; Robins et al. 1984). Auch neuere Studien kommen zu dem gleichen Befund. So zeigten Golomb et al. (1995) an 208 weiblichen und 108 männlichen depressiven Probanden unter Anwendung des Personality Diagnostic Questionnaire-Revised (PDQ-R) eine Häufung Antisozialer Persönlichkeitsstörungen bei Männern. Hinsichtlich der Bewertung dieses Befundes bestehen jedoch Kontroversen. So vertrat Kaplan (1983) die Ansicht, dass die diagnostischen Kriterien psychischer Erkrankung im DSM-III in so deutlicher Weise von Geschlechtsstereotypen geprägt seien, dass bereits ein Verhalten, welches lediglich einem weiblichen Geschlechtsstereotyp folge, nach DSM-III diagnostisch etikettierbar sei, während dies für ein Verhalten, das einem männlichen Geschlechtsstereotyp folge, nicht gelte.

Dieser Auffassung wurde von Kass et al. (1983) nachdrücklich widersprochen, wobei sie jedoch zur Frage der gesellschaftlichen Einflüsse auf Geschlechtsrollenstereotype und auf die Urteilsbildung des Klinikers keine Stellung nahmen. Diese Autoren fanden in zwei Untersuchungsgruppen von 2712 und 531 Patienten keine generelle Häufung der Diagnose einer Persönlichkeitsstörung bei den weiblichen Untersuchten, allerdings wurden die Histrionische und die Abhängige Persönlichkeitsstörung häufiger bei Frauen, die Antisoziale Persönlichkeitsstörung häufiger bei Männern diagnostiziert. Auf die Bedeutung geschlechtsabhängiger Wertvorstellungen und deren Einfluss auf die Formulierung diagnostischer Typologien weist ebenfalls Nuckolls (1992) hin, in die gleiche Richtung weist die Untersuchung von Rienzi und Scrams (1991).

In einer ausführlichen Studie untersuchten Ford und Widiger (1989) den Einfluss von Geschlechtsrollenstereotypen auf die Diagnose der Antisozialen Persönlichkeitsstörung. Sie legten dazu 354 Psychologen neun Fallgeschichten vor, die in unterschiedlichem Ausmaß histrionischen bzw. antisozialen Charakteristika entsprachen. Die Fallgeschichten waren so abgefasst, dass das Geschlecht der mutmaßlichen Patienten entweder männlich oder weiblich oder nicht spezifiziert war. Die Autoren fanden heraus, dass bei männlich abgefassten Fallgeschichten häufiger die Diagnose einer Histrionischen Persönlichkeitsstörung und bei weiblich abgefassten Fallgeschichten häufiger die einer Antisozialen Persönlichkeitsstörung fälschlicherweise nicht gestellt wurde. Der Effekt der Unterdiagnose der Antisozialen Persönlichkeitsstörung bei den in weiblicher Form abgefassten Fallgeschichten war dabei auf die männlichen Diagnostiker beschränkt.

Hamilton et al. (1986) fanden in einer ähnlich angelegten Untersuchung, die allerdings auf die Schwere der Ausprägung der zu diagnostizierenden Persönlichkeitsstörungen abzielte, keinen Hinweis darauf, dass ein antisoziales Störungsbild bei Männern als schwerwiegender eingeschätzt wurde als bei Frauen. Fernbach et al. (1989) bestätigten in einer ähnlich angelegten Studie den Befund einer Unterdiagnose der Antisozialen Persönlichkeitsstörung bei Frauen: Während 73% der in männlicher Form abgefassten antisozialen Fallgeschichten korrekt identifiziert wurden, traf dies nur für 53% der in weiblicher Form abgefassten Fallgeschichten zu. Die häufigste Fehldiagnose war hier die einer Borderline-Persönlichkeitsstörung; diese Diagnose wurde zu zwei Dritteln bei den „weiblichen" Fallgeschichten und zu einem Drittel bei den „männlichen" Fallgeschichten gestellt. Ferner wurden die in weiblicher Form abgefassten Fallgeschichten prognostisch günstiger beurteilt und gaben zur Indikationsstellung von eher längerfristigen Therapien Anlass, während bei den in männlicher Form abgefassten antisozialen Falldarstellungen häufiger juristische Zwangsmaßnahmen für angezeigt gehalten wurden.

Über den unbeeinflussten, „natürlichen" Verlauf der Antisozialen Persönlichkeitsstörung ist insgesamt wenig bekannt. Fiedler (1997, S. 200) gibt zwar an, es lasse sich ein „deutlicher Rückgang der Prävalenzraten im späteren Lebensalter beobachten, (der) bei jenen, bei denen im späteren Leben trotz vorhergehender Feststellung keine antisoziale Persönlichkeitsstörung mehr diagnostizierbar ist, gewöhnlich mit günstigen Veränderungen in der allgemeinen Lebensführung einhergeht", ohne dass jedoch erkennbar ist, auf welche empirischen Befunde sich diese Angabe stützt.

Zu wesentlichen Teilen stützt sich das Wissen über den natürlichen Verlauf der Antisozialen Persönlichkeitsstörung auf die Untersuchungen von Robins (1966). Hier fanden sich zum Nachuntersuchungszeitpunkt 12% remittierte, 27% verbesserte, aber nicht remittierte Patienten und 61% ohne Befundbesserung. Das mittlere Alter, in welchem es zu einer Verbesserung kam, war 35 Jahre, der Auffassung des Autors zufolge ist die Befundbesserung bei der Antisozialen Persönlichkeitsstörung jedoch nicht an eine Altersgrenze gebunden (Robins 1966, S. 222).

Von einer wenig positiven Prognose mit einer Besserungsquote von ca. 20% berichtete Maddocks (1970) anhand der Untersuchung unbehandelter „Psychopathen". Es gibt Hinweise darauf, dass antisoziale Persönlichkeiten im höheren Lebensalter weniger häufig straffällig werden, was möglicherweise den Rückgang dieser Störung in epidemiologischen Studien (Robins et al. 1984) erklärt. Einen entsprechenden Befund ergab eine Studie von Arboleda-Florez und Holley (1991), die bei einem Teil der untersuchten 39 forensischen Patienten eine Abnahme der Straffälligkeit nach dem 30. Lebensjahr beobachteten. Diese Befunde sagen allerdings nichts darüber aus, ob sich jene antisozialen Persönlichkeitszüge, die sich nicht in Kriminalität widerspiegeln (Schwierigkeiten im Erwerbsleben, familiäre und partnerschaftliche Probleme), ebenfalls mit dem fortschreitenden Lebensalter zurückbilden.

Black et al. (1995) führten eine katamnestische Untersuchung von 71 männlichen antisozial gestörten Personen 16 bis 45 Jahre (im Mittel 29 Jahre) nach Diagnosestellung durch. Die Autoren fanden heraus, dass 26,6% remittiert und 31,1% verbessert, aber nicht remittiert waren – 42,2% waren unverändert. Die Lebenszeitprävalenzrate für Alkohol- bzw. Medikamentenabhängigkeit betrug 66,7%, die für Angststörungen unterschiedlicher Ausprägung 61,9%, die für Nikotinabusus 71,4%. Zum Nachuntersuchungszeitpunkt zeigten 38,1% eine Angststörung und 23,8% eine affektive Störung. Es zeigte sich, dass diejenigen Probanden, die bei der Erstuntersuchung einen GAS (Global Assessment Scale) von weniger als 40 aufwiesen, bei der Nachuntersuchung häufiger nicht gebessert waren.

Antisoziale Persönlichkeiten weisen eine markant erhöhte Rate nicht-natürlicher Todesursachen auf, wie Martin et al. (1985) zeigen konnten. Sie fanden bei der Nachuntersuchung von 500 ambulanten psychiatrischen Patienten, dass die Häufigkeit nicht-natürlicher Todesursachen (insbesondere durch Suizid) um den Faktor 14,71 erhöht war. Diese Befunde befinden sich in guter Übereinstimmung mit den Ergebnissen einer Studie von Black et al. (1985), die bei persönlichkeitsgestörten Männern eine Erhöhung der Suizidrate auf das 11,91fache und bei persönlichkeitsgestörten Frauen auf das 16,67fache fanden.

Mit der Frage der Kindheitsfaktoren, welche die Entstehung einer Antisozialen Persönlichkeitsstörung prädizieren, beschäftigten sich aus epidemiologischer Sicht Robins und Price (1991) in ihrer Analyse der Befragungsergebnisse von 19482 Probanden des NIMH Epidemiologic Catchment Area-Programms. Sie zeigten, dass das Vorliegen einer Antisozialen Persönlichkeitsstörung im Erwachsenenalter sehr gut aus dem Vorhandensein von drei oder mehr Symptomen einer kindlichen Verhaltensauffälligkeit vorhergesagt werden konnte; die prädiktive Sicherheit war dabei für weibliche Probanden noch höher als die bereits sehr hohe Vorhersagegenauigkeit bei männlichen Probanden. Dieser Befund konnte insofern nicht überraschen, als das Vorhandensein von wenigstens drei Symptomen einer kindlichen Verhaltensauffälligkeit innerhalb von DSM-III(-R) ein notwendiges Kriterium für die Diagnose einer Antisozialen Persönlichkeitsstörung darstellte. Erstaunlicher war, dass für antisoziales Verhalten im Erwachsenenalter, das nicht den Kriterien einer Antisozialen Persönlichkeitsstörung genügte, die Cut-off-Punkte bei zwei oder mehr Symptomen einer kindlichen Verhaltensauffälligkeit für männliche Probanden und einem Symptom oder mehr Symptomen einer kindlichen Verhaltensauffälligkeit für weibliche Probanden lagen.

5.4 Komorbidität

Die in den Klassifikationssystemen DSM-III und ICD-10 formulierten Kriterien zur Diagnose von Persönlichkeitsstörungen führen in der Mehrzahl der Fälle dazu, dass Patienten, die den Kriterien einer Persönlichkeitsstörung genügen, auch die Kriterien einer oder mehrerer anderer Persönlichkeitsstörungen erfüllen. Dieser Umstand wird oftmals als „Komorbidität" bezeichnet, eine Bezeichnung, die insofern irreführend ist, als nach heutigem Stand des Wissens nicht davon ausgegangen werden kann, dass die unterschiedlichen Persönlichkeitsstörungen als differente „Morbi" anzusehen sind.

In jedem Falle gilt, dass bei Anwendung der diagnostischen Klassifikationssysteme DSM und ICD-10 diese Komorbidität in einem erheblichen Umfang zu beobachten ist (Gunderson 1996). Dolan et al. (1995) berichten anhand einer Übersicht über 17 empirische Untersuchungen zu DSM-III-R-Persönlichkeitsstörungen, dass in Abhängigkeit von den angewandten Untersuchungsinstrumenten im Mittel 1,5 bis 5,6 Persönlichkeitsstörungen diagnostiziert wurden. Widiger und Rogers (1989) berichten auf der Basis einer Übersicht über vier Studien (Dahl 1986; Morey 1988a; Pfohl et al. 1986; Zanarini et al. 1987), dass 82% der Patienten mit einer Antisozialen Persönlichkeitsstörung die Diagnose mindestens einer weiteren Persönlichkeitsstörung zugesprochen wurde, wobei hier jene Persönlichkeitsstörungen am häufigsten waren, die mit der Antisozialen Persönlichkeitsstörung zur so genannten „dramatischen, emotionalen, launischen" Gruppe (Cluster B, gemäß DSM) zusammengefasst werden. Widiger und Rogers (1989) geben hinsichtlich der Borderline-Persönlichkeitsstörung eine Komorbiditätsrate von 26% an, die entsprechenden Zahlen für die Histrionische Persönlichkeitsstörung und die Narzisstische Persönlichkeitsstörung sind 15% und 16%.

Die Gründe für diese beträchtliche Überlappung mit anderen Persönlichkeitsstörungen des DSM-Clusters B liegen wohl darin, dass sich einzelne Züge der antisozialen Persönlichkeiten mit charakteristischen Merkmalen der anderen Persönlichkeitsstörungen überschneiden. So kann beispielsweise die Überschneidung mit der Borderline-Persönlichkeitsstörung auf die Impulshaftigkeit der antisozialen Persönlichkeiten zurückzuführen sein, eine Überschneidung mit der Histrionischen Persönlichkeitsstörung auf der u.U. mit dem Symptombild verbundenen dramatischen Ausgestaltung basieren und eine Überschneidung mit der Narzisstischen Persönlichkeitsstörung auf der augenscheinlichen Unberechenbarkeit des Verhaltens der Betreffenden beruhen.

Gleichzeitig spielt hier sicherlich eine mangelhafte diagnostische Spezifität der DSM-Kriterien eine Rolle: So zeigten Blashfield und Breen (1989), dass lediglich 56% der DSM-III-Kriterien für die Antisoziale Persönlichkeitsstörung dieser Störung korrekt zugeordnet wurden, wenn Beurteilern alle DSM-Kriterien in zufälliger Reihenfolge vorgelegt wurden. In guter Übereinstimmung mit diesen Befunden steht die eher geringe interne Konsistenz der diagnostischen Kriterien für Persönlichkeitsstörungen gemäß DSM-III und DSM-III-R: Morey (1988a) berichtet für die Antisoziale Persönlichkeitsstörung von einer mittleren Korrelation der Kriterien („Median Intercriterion Correlation") von 0,234 (DSM-III) bzw. 0,225 (DSM-III-R).

Diese einerseits psychopathologische, andererseits auf die Ebene diagnostischer Kriterien bezogene Problematik der Differenzierung der Persönlichkeitsstörungen der „dramatischen, emotionalen, launischen" Gruppe (DSM, Cluster B) ließen einige Autoren zu der Auffassung gelangen, dass die Borderline-Störung, die Histrionische und die Antisoziale Störung tatsächlich verschiedene Ausprägungen *eines* Syndroms darstellen (s. Pope et al. 1983; Widiger et al. 1986). Insbesondere unter ätiologischen und pathogenetischen Gesichtspunkten ist die Beobachtung eines relativ engen Zusammenhangs von Antisozialer Persönlichkeitsstörung einerseits und Histrionischer Persönlichkeitsstörung bzw. Somatisierungsstörung andererseits von Bedeutung – eine Beobachtung, die Cloninger et al. (1975) zu der Vermutung veranlassten, dass somatoforme histrionische und antisoziale Störungen Ausprägungen unterschiedlichen Schweregrades eines gemeinsam zugrunde liegenden Veranlagungsfaktors darstellen.

In diese Richtung weisen ebenfalls Befunde von Lilienfeld et al. (1986), die bei der Untersuchung von 250 psychiatrischen Patienten eine erhebliche Überlappung von Antisozialer Persönlichkeitsstörung, Somatisierungsstörung und Histrionischer Persönlichkeitsstörung fanden, wobei das Geschlecht der Untersuchten dafür ausschlaggebend zu sein schien, ob sich phänotypisch eine Antisoziale Persönlichkeitsstörung oder eine Somatisierungsstörung entwickelte.

Spalt (1980) fand eine enge Beziehung von antisozialen und hysterischen Persönlichkeitsmerkmalen nur bei weiblichen Untersuchten, nicht jedoch bei den männlichen Untersuchten. Smith et al. (1991) untersuchten 118 Patienten (98 weiblich; 20 männlich) mit DSM-III- oder DSM-III-R-Somatisierungsstörung in einem hausärztlichen Setting. Die Diagnosen wurden unter Anwendung des Diagnostic

Interview Schedule (DIS) und des SCID-II formuliert. Unter den weiblichen Untersuchten fand sich eine Rate von 8,2% mit Komorbider Antisozialer Persönlichkeitsstörung, unter den männlichen Untersuchten betrug dieser Anteil 25%.

Bei der Frage eines möglichen gemeinsamen Veranlagungsfaktors sowohl für Antisoziale Persönlichkeitsstörung als auch für Histrionische Persönlichkeitsstörung und Somatisierungsstörung ist, ebenso wie bei der Frage der Prävalenzraten, der Einfluss gesellschaftlicher Geschlechtsrollenstereotypien zu berücksichtigen (Zahn-Waxler 1993), die natürlich einem säkularen Wandel unterliegen. So fanden beispielsweise Sigvardsson et al. (1982), dass in den Jahren 1965–1971 unter schwedischen weiblichen Häftlingen antisoziales Verhalten als Prädiktor von schwerer Kriminalität gelten konnte, während dieser prädiktive Wert für die Jahre 1980–1985 nicht mehr nachweisbar war, worin sich möglicherweise eine Veränderung bisher gültiger Rollenerwartungen widerspiegelt (Gove 1984).

Diese säkularen Trends sind möglicherweise auch für den verschiedentlich berichteten Anstieg an „neueren" Diagnosen, wie beispielsweise „Borderline-Syndrom" und die Abnahme von Diagnosen wie „Psychopathie", „Hysterie" und „unreife Persönlichkeit" verantwortlich. So beobachteten Simonson und Mellergard (1988) zwischen 1975 und 1985 einen Anstieg der Diagnose „Borderline-Syndrom" auf das Vierfache, und es erscheint gerechtfertigt, für diese Veränderungen nicht alleine die Veränderung diagnostischer Gewohnheiten, sondern auch die veränderte Symptompräsentation verantwortlich zu machen, die ihrerseits auf veränderte soziale Lernbedingungen zurückgehen, wie beispielsweise das Fehlen von Rollenmodellen oder den Verlust vereinheitlichender kultureller Traditionen (Millon 1987b).

Besondere Aufmerksamkeit hat auch die Assoziation der Antisozialen Persönlichkeitsstörung mit Suchterkrankungen gefunden. Koenigsberg et al. (1985) fanden unter 2462 Patienten eines „Medical center" eine starke Korrelation zwischen Antisozialer Persönlichkeitsstörung und Substanzmissbrauch. In Übereinstimmung mit diesen Befunden fanden Malow et al. (1989) unter 117 männlichen Drogenabhängigen eine Häufung von Antisozialer Persönlichkeitsstörung. Lewis und Buchholz (1991) fanden in einer Untersuchung von 1008 Männern und 1564 Frauen in der Allgemeinbevölkerung einen starken Zusammenhang von antisozialen Verhaltensweisen und Alkoholismus. Entsprechende Befunde ergaben die Untersuchungen von Lewis et al. (1983) an psychiatrischen Patienten sowie von Lewis et al. (1985) an männlichen schwarzen Angehörigen einer großstädtischen Population. Eine Längsschnittstudie von Drake und Vaillant (1985) bestätigte ebenfalls den Zusammenhang zwischen Alkoholmissbrauch und Anpassungsproblemen im Sinne dissozialer Verhaltensweisen, die sich mit Beginn der frühen Adoleszenz manifestierten.

Während verschiedene Persönlichkeitsstörungen (Borderline-, Abhängige, Schizotypische Persönlichkeitsstörung etc.) eine häufige Komorbidität mit ängstlichen und depressiven Störungen zeigen, findet sich dieser Zusammenhang nicht mit der Antisozialen Persönlichkeitsstörung (Koenigsberg et al. 1985).

5.5 Diagnostik

5.5.1 Diagnostische Instrumente

Bei der Diagnostik der Antisozialen Persönlichkeitsstörung kommen grundsätzlich die gleichen Vorgehensweisen zum Tragen wie bei der Diagnose anderer Persönlichkeitsstörungen. Die klinische Diagnostik kann durch verschiedene strukturierte Interviewverfahren ergänzt werden, wobei die Mehrzahl strukturierter diagnostischer Interviews sich allerdings auf das DSM als Referenzstandard bezieht. Ein spezifisch für die Diagnostik des „Psychopathie"-Konstrukts vorgesehenes Instrument ist die „Self-Report Psychopathy Scale" (SRP) von Hare (1985), wobei die mit diesem Verfahren gewonnenen diagnostischen Informationen als deutlich weniger reliabel einzuschätzen sind als die aus klinischer Fremdbeobachtung gewonnenen Informationen. Unter den Fremdbeobachtungsinstrumenten hat vor allem die „Psychopathy Checklist" (PCL, Hare 1980; 1991) weitgehende Verbreitung gefunden.

5.5.2 Diagnostik in spezifischen Populationen

Obwohl es zwischen der Antisozialen Persönlichkeitsstörung einerseits und Straffälligkeit andererseits einen starken Zusammenhang gibt und obwohl der Einfluss der ethnischen Zugehörigkeit auf die Verurteilung und Strafzumessung von verdächtigten Straftätern seit langem bekannt ist, finden sich in der Literatur kaum Hinweise auf einen möglichen Zusammenhang zwischen ethnischer Zugehörigkeit und Stellung der Diagnose einer „Antisozialen Persönlichkeitsstörung". Die einzige von uns identifizierte Arbeit, die zu diesem Punkt Auskunft gibt, ist die Studie von Stevens (1993), der 381 Strafgefangene mit Antisozialer Persönlichkeitsstörung mit 257 Strafgefangenen ohne diese Persönlichkeitsstörung hinsichtlich der kriminellen Vorgeschichte, des biografischen Hintergrundes und des aktuellen Sozialverhaltens verglich. Der einzige Unterschied zwischen beiden Gruppen war die ethnische Zugehörigkeit, wobei die Wahrscheinlichkeit der Diagnose „Antisoziale Persönlichkeitsstörung" für schwarze Gefangene 67% und für weiße Gefangene 34% betrug.
Auf den Einfluss der Geschlechtsvariable auf die Diagnose der Antisozialen Persönlichkeitsstörung wurde oben bereits im Abschnitt „Prävalenz und Epidemiologie" hingewiesen (s. S. 103f).

5.5.3 Differenzialdiagnostik

Die differenzialdiagnostische Abgrenzung der Antisozialen Persönlichkeitsstörung schließt das Syndrom des malignen Narzissmus, die Narzisstische Persönlichkeitsstörung mit antisozialen Verhaltensweisen, andere Persönlichkeitsstörungen mit antisozialen Zügen, antisoziale Züge bei neurotischen Charakterstörungen, antisoziale Verhaltensweisen bei Symptomneurosen und dissoziale Reaktionsweisen ein.

Patienten, die das Bild eines „malignen Narzissmus" präsentieren, unterscheiden sich nach Kernberg (1992, S. 73ff) von Antisozialen Persönlichkeitsstörungen dadurch, dass sie sich trotz vorliegender antisozialer Verhaltensweisen, Ich-syntonen bzw. charakterlich verankerten aggressiven Neigungen und einer paranoiden Grundhaltung eine Fähigkeit bewahrt haben, Loyalität und Besorgnis sowie Schuldgefühl anderen gegenüber zu empfinden. Die Ich-syntonen aggressiven Neigungen können bei diesen Patienten die Form aggressiver Selbstbehauptung annehmen oder, nicht selten, in chronischen, z.T. ebenfalls Ich-syntonen suizidalen Tendenzen in Erscheinung treten. Letztere können ein Versuch sein, auf sadistische Weise andere zu kontrollieren, oder sie sind mit der Phantasie verbunden, eine Welt hinter sich zu lassen, die als nicht kontrollierbar erlebt wird. Die paranoide Grundhaltung zeigt sich in einer ausgeprägten Neigung, andere als Idole, Feinde oder Dummköpfe anzusehen.

Bei Narzisstischen Persönlichkeitsstörungen gibt es unterschiedliche antisoziale Verhaltensweisen, typischerweise vom „passiv-parasitären" Typus; die Betreffenden zeigen in manchen Bereichen autonomes moralisches Verhalten, in anderen Bereichen sind sie jedoch rücksichtslos ausbeuterisch. Im Gegensatz zum malignen Narzissmus treten hier Ich-syntone aggressiv-sadistische Regungen, gegen das eigene Selbst gerichtete Aggressionen oder eine offensichtliche paranoide Grundhaltung nicht in Erscheinung.

Antisoziale Züge treten auch bei anderen Persönlichkeitsstörungen auf. Folgt man Kernberg (1992, S. 79), sind an dieser Stelle die Borderline-Persönlichkeitsorganisation und der nicht-pathologische Narzissmus zu nennen. Nach Kernbergs Auffassung gehören zu dieser Gruppe die Infantile, die Histrionische, die Hysteroide und die Paranoide Persönlichkeitsstörung als die häufigsten Persönlichkeitsstörungen, die außer der Narzisstischen mit antisozialen Verhaltensweisen einhergehen. Aus klinischer Sicht können Patienten mit dem so genannten „Münchhausen-Syndrom" (factitious disease), mit pathologischem Spielen, „Kleptomanie", pathologischer Brandstiftung oder Simulantentum in diese Rubrik einzurechnen sein.

Bei den neurotischen Charakterstörungen mit antisozialen Verhaltensweisen sind z.B. Freuds „Verbrecher aus Schuldbewusstsein" zu erwähnen (Freud 1915). Es handelt sich hier um Patienten, die im Allgemeinen sehr gut von psychodynamischer oder psychoanalytischer Psychotherapie profitieren können.

Antisoziale Verhaltensweisen bei Symptomneurosen treten im Zusammenhang von Adoleszenzkrisen, bei Anpassungsstörungen oder im Zusammenhang mit einer sozialen Umgebung auf, die eine Kanalisierung seelischer Konflikte in antisoziale Verhaltensweisen begünstigt.

Von einer „dissozialen Reaktion" kann dann gesprochen werden, wenn eine aus psychopathologischer Sicht als normal zu bewertende Anpassungsleistung an pathologische Gegebenheiten des sozialen Umfelds zur Ausformung antisozialer Verhaltensweisen führt.

5.6 Ätiologie und Pathogenese

In den vergangenen Jahren sind monokausale Erklärungsmodelle der Antisozialen Persönlichkeitsstörung zunehmend in den Hintergrund getreten, zeitgemäße Erklärungsmodelle beziehen demgegenüber sowohl biologische als auch psychologische und soziale Variablen mit ein (Reich et al. 1975; Cloninger et al. 1978).

5.6.1 Genetische und hereditäre ätiologische Faktoren

Eine Vielzahl von Zwillings-, Familien- und Adoptionsstudien unterstreicht die Bedeutung genetischer und angeborener Faktoren bei der Entstehung der Antisozialen Persönlichkeitsstörung. So fanden Cloninger et al. (1978) bei eineiigen Zwillingen Konkordanzraten für antisoziales Verhalten von 0,70 im Gegensatz zu 0,28 bei zweieiigen Zwillingen. Bohman et al. (1982) fanden Hinweise auf hereditäre Einflüsse auf kriminelles Verhalten bei 862 männlichen Adoptierten. In einer weiteren Studie aus der gleichen Arbeitsgruppe zeigten Cloninger et al. (1982), dass sowohl hereditär-genetische als auch postnatale Faktoren, jeweils für sich genommen, prädisponierend für antisoziales Verhalten sein können, dass aber spezifische Kombinationen von genetischen Faktoren und Umweltfaktoren hier einen noch stärkeren Einfluss ausüben können. Cadoret und Cain (1980; 1981) fanden anhand der Untersuchung von 246 Adoptierten Hinweise auf einen hereditären Einfluss auf antisoziales Verhalten insbesondere bei Nachkommen von Eltern, die sowohl antisoziales Verhalten als auch Alkoholabhängigkeit zeigten. Spätere Studien der gleichen Arbeitsgruppe (Cadoret et al. 1986; 1987; 1990; Cadoret u. Stewart 1991) bestätigten und ergänzten diese Befunde. Insbesondere die Studie von Cadoret und Stewart (1991) machte zusätzlich auf die mögliche vermittelnde Rolle einer Aufmerksamkeitsdefizit-/Hyperaktivitätsstörung aufmerksam.

Die häufige Vergesellschaftung und familiäre Häufung der Antisozialen Persönlichkeitsstörung und Somatisierungsstörung lässt vermuten, dass beide Störungsbilder phänotypisch unterschiedliche Ausprägungen einer gemeinsamen Krankheitsdisposition darstellen. Verschiedene Untersucher konnten eine intra-individuelle Kovariation von Antisozialer Persönlichkeitsstörung und Somatisierungsstörung nachweisen (Lewis et al. 1983; Lilienfeld et al. 1986; Liskow et al. 1986; Spalt 1980), wie auch eine familiäre Häufung von Somatisierungsstörung bei Angehörigen von verurteilten Straftätern und Personen mit Antisozialer Persönlichkeitsstörung (Cloninger u. Guze 1975; Lilienfeld et al. 1986). Dies brachte Cloninger et al. (1975) zu der Auffassung, dass die weibliche somatoforme Störung sowie die männliche und die weibliche Antisoziale Persönlichkeitsstörung Manifestationen der gleichen zugrunde liegenden Diathese in einem zunehmenden Schweregrad darstellen.

In die gleiche Richtung weisen mehrere, z.T. auch ältere Adoptionsstudien (Cadoret 1978; Cadoret et al. 1976), die höhere Raten von somatoformer Störung bei Kindern von biologischen Eltern mit Antisozialer Persönlichkeitsstörung bzw. eine höhere Rate von antisozialem und kriminellem Verhalten bei den biologischen Eltern von somatisierenden Kindern fanden (Bohman et al. 1984).

Eine Studie aus jüngerer Zeit (Frick et al. 1995) konnte zeigen, dass sich die höheren Raten von antisozialen Persönlichkeitszügen und Somatisierung bei Kindern von Eltern mit einer dieser beiden Störungen nicht alleine auf bestimmte Besonderheiten der Partnerwahl der Eltern zurückführen lassen, die darin bestehen, dass Ehen zwischen Vätern mit Antisozialer Persönlichkeitsstörung und Müttern mit somatoformen Störungen überzufällig häufig geschlossen werden (Woerner u. Guze 1968). Dies spricht für die Bedeutung eines gemeinsamen hereditären Faktors bei diesen Störungsbildern.

In der Literatur finden sich unterschiedliche theoretische Konzeptionen, die eine mögliche Assoziation von somatoformer Störung und Antisozialer Persönlichkeitsstörung erklären können, von denen hier das „Frontallappen-Modell", das „efferente Inhibitionsmodell" und das „behaviorale Dis-Inhibitionsmodell" erwähnt werden sollen. Kritisch ist diesen Modellen gegenüber jedoch anzumerken, dass sie sich zumeist auf ältere Konzepte gründen, z.T. wenig überzeugend empirisch belegt sind und ihre Relevanz für Krankheitsverständnis und Behandlung der Störung fraglich bleibt.

Das „Frontallappen-Modell" gründet sich zunächst auf gewisse psychopathologische und testpsychologische Vergleichbarkeiten von Antisozialer Persönlichkeitsstörung und Frontallappenschädigung (Gorenstein 1982), wobei sich die entsprechenden Befunde in einer Reihe von Untersuchungen allerdings nicht replizieren ließen (Hare 1984; Sutker et al. 1983; Sutker u. Allain 1987; Hoffman et al. 1987). Das Modell der „efferenten Inhibition" stützt sich auf ältere Beobachtungen, wonach antisoziale (psychopathische) Individuen über eine Fähigkeit verfügen, aversive Stimuli in besonderer Weise zu ignorieren bzw. die Intensität der Wahrnehmung dieser Stimuli zu reduzieren (Lykken u. Tellegen 1974), was zu der augenscheinlichen Furchtlosigkeit und Rücksichtslosigkeit beitragen kann, durch die ein antisoziales Verhalten charakterisiert ist. Die Befunde, die dieses Modell stützen, sind allerdings z.T. widersprüchlich oder aber ihre Interpretation ist kontrovers.

Das „behaviorale Dis-Inhibitionsmodell" geht zurück auf das von Gray (1982) formulierte neurophysiologische Persönlichkeitsmodell sowie auf die Annahme, dass verschiedene Störungen (Antisoziale Persönlichkeitsstörung, Somatisierungsstörung, Aufmerksamkeitsdefizit-/Hyperaktivitätsstörung, Abhängigkeitserkrankungen) als „disinhibitorische Syndrome" zusammengefasst werden können (Gorenstein u. Newman 1980), die ihrerseits dadurch gekennzeichnet seien, dass passives Vermeidungslernen nicht im hinreichenden Maße möglich sei. Newman et al. (1985; 1987) fanden in verschiedenen Studien empirische Belege dafür, dass Probanden mit antisozialen Persönlichkeitszügen weniger gut anhand negativer Konsequenzen eigenen Verhaltens lernen als Normalpersonen, während sie genauso gut anhand positiver Folgen eigenen Verhaltens zu lernen imstande sind.

Eine Verbindung zwischen dem Modell der „efferenten Inhibition" und dem „behavioralen Dis-Inhibitionsmodell" ist dann denkbar, wenn man annimmt, dass die übermäßige „efferente Inhibition" vor allem an Strukturen des Hippocampus angreift und so dessen „Gating"-Funktion in dem Sinne der verringerten Wahrnehmung von aversiven und Strafreizen beeinflusst. Weitere Unterstützung findet das Modell der „behavioralen Dis-Inhibition" auch durch die Untersuchung von Frick et al. (1995), die bei den biologischen Müttern von Kindern mit Verhaltensstörungen positive Korrelationen sowohl von antisozialen Persönlichkeitszügen als auch von somatisierenden Verhaltensweisen mit einem als „Sensation-Seeking" (aktives Aufsuchen aufregender und stimulierender Situationen) bezeichneten Verhalten fanden.

Für die differente Geschlechtsverteilung von Antisozialer Persönlichkeitsstörung und somatoformer Störung werden von den Befürwortern der These einer gemeinsamen Prädisposition beider Störungen sowohl biologische, hormonelle als auch Sozialisationsfaktoren verantwortlich gemacht (Eagly u. Steffen 1985), wobei der bei Männern und Frauen unterschiedlich ausgeprägten „Abhängigkeit" (dependency) eine kritische Bedeutung für die phänomenologische Ausdifferenzierung der zugrunde liegenden Diathese zugesprochen wird (Cloninger 1987; Widom 1984).

5.6.2 Neurochemische ätiologische Faktoren

Im Zentrum der Überlegungen zu neurochemischen ätiologischen Faktoren bei Antisozialer Persönlichkeitsstörung stehen weniger die behavioralen Merkmale dieses Störungsbildes, sondern die emotionalen Dysfunktionen, die chronisches antisoziales Verhalten kennzeichnen. Besonderes Interesse findet in diesem Zusammenhang die Tatsache, dass antisoziale Personen im Vergleich zu Normalpersonen ein schlechteres Lernverhalten durch Vermeiden negativer Konsequenzen zeigen (Verringerung der antizipatorischen Angst), sodass mithin bei ihnen wiederum unzureichend funktionierende behaviorale Inhibitions-Systeme vermutet werden können. Verschiedene psychopharmakologische Befunde (Gray 1983; Soubrie 1986) deuten darauf hin, dass diese Fehlfunktionen im Zusammenhang mit Störungen der GABAergen (Lewis 1991) und Serotonin-vermittelten Erregungsübertragung stehen (Virkkunen 1988), wobei ein erniedrigter Serotonin-Turn-over insbesondere mit erhöhter Aggressivität in Verbindung gebracht wurde. In die gleiche Richtung weisen neuroendokrinologische Untersuchungen von O'Keane et al. (1992).

5.6.3 Familiäre Faktoren

Dumas und Wahler (1985) zeigten, dass Eltern von Kindern mit antisozialen Verhaltensweisen auf Fehlverhalten in einer nicht berechenbaren aversiven Weise reagieren und auf diese Weise die dissozialen Verhaltensweisen deutlich höhere positive wie negative Aufmerksamkeit erfahren als prosoziales Verhalten. Farrington et al. (1998) zeigten anhand einer aufwändigen Längsschnittstudie von 411 männlichen Londoner Unterschicht-Jugendlichen, dass antisoziale Verhaltensweisen, die um das 10. Lebensjahr herum bestanden, die Tendenz hatten, zeitstabil zu bleiben und mit recht hoher Zuverlässigkeit antisoziale Verhaltensstörungen im Erwachsenenalter prädizieren konnten. Weitere prädiktive Faktoren in dieser Studie waren ungenügende wirtschaftliche Verhältnisse, Kriminalität in der Herkunftsfamilie, Schulversagen und ungenügendes elterliches Erziehungsverhalten (grobe oder willkürliche Strafen, passive oder vernachlässigende elterliche Haltung, elterliche Konflikte).

In jüngster Zeit ist die Frage, inwieweit körperliche Züchtigung von Kindern die Herausbildung antisozialer Persönlichkeitszüge fördere, Gegenstand einer heftig geführten Debatte geworden. In einer Übersicht über 35 empirische Studien der Jahre 1984 bis 1993 kommt Larzelere (1996) zu dem Schluss, dass ein schädigender Einfluss körperlicher Züchtigung nicht hinreichend sicher erwiesen sei: 26% der Studien fanden einen überwiegend günstigen Einfluss körperlicher Züchtigung, 34% der Studien fanden einen überwiegend schädlichen Einfluss, und 40% fanden weder einen günstigen noch einen schädlichen Einfluss. Der Autor merkt kritisch an, dass eine größere Anzahl der Studien methodische Schwächen aufweist, insbesondere dahingehend, dass die ursprüngliche Häufigkeit und Heftigkeit kindlicher Verhaltensstörungen sowohl in den retrospektiven als auch in den prospektiven Studien nicht hinreichend berücksichtigt worden seien.

Dieser Einwand gilt nicht für eine Studie aus jüngster Zeit von Straus et al. (1997), bei der es möglich war, in einer Längsschnittuntersuchung der Kinder von 807 Müttern Häufigkeit und Ausmaß antisozialer Verhaltensweisen zu Beginn der Studie (t1) zu dokumentieren und zwei Jahre später (t2) nachzuuntersuchen. Hierbei fand sich, dass, wenn das Ausmaß antisozialer Verhaltensweisen zum Zeitpunkt t1 statistisch kontrolliert wurde, dennoch das Ausmaß körperlicher Züchtigung ein statistisch signifikanter Prädiktor antisozialen Verhaltens zum Zeitpunkt t2 war. In die gleiche Richtung weist eine kontrollierte Studie von Luntz und Widom (1994), die 416 Personen, die als Kind in erheblichem Umfang Misshandlung oder Vernachlässigung erlebt hatten, mit 283 Personen verglichen, bei denen diese Belastungsfaktoren nicht gegeben waren. Es fand sich hier, dass Misshandlungen in der Kindheit ein signifikanter Prädiktor sowohl für antisoziale Symptome im Erwachsenenalter als auch für die Diagnose einer Antisozialen Persönlichkeitsstörung waren.

5.6.4 Kognitive Faktoren

Aus kognitiver Sicht steht bei der Antisozialen Persönlichkeitsstörung eine ausgeprägtere Impulsivität des Denkens im Zentrum. Kategorien wie „richtig" oder „falsch" seien nicht scharf begrenzt, sondern verwischt und daher beliebig variierbar. Ferner wird auf ein hohes assoziatives Tempo, eine Steuerung der Aufmerksamkeit durch kurzfristige Reize und das Fehlen übergeordneter Pläne, Ziele und Werte hingewiesen, was als Ausdruck einer intentionalen Störung angesehen wird.

5.6.5 Psychodynamische Faktoren

Am Anfang der psychoanalytischen Betrachtung dissozialen und delinquenten Verhaltens steht Freuds (1915) Diskussion des „Verbrechers aus Schuldbewusstsein", bei dem ein präexistentes, aus ödipaler Konflikthaftigkeit resultierendes unbewusstes Schuldgefühl durch das Begehen krimineller Handlungen rationalisiert wird. Die Tat wird also begangen, um in ihr die Strafe zu begehren, die das drückende Schuldbewusstsein beschwichtigen soll.
Näher an heutige Auffassungen von Dissozialität heran führte August Aichhorns (1925) Buch „Verwahrloste Jugend". Aichhorn geht von der Auffassung aus, dass das Kind sein Leben als asoziales Wesen beginnt, welches auf der Erfüllung seiner unmittelbaren, primitiven und triebhaften Wünsche bestehe, ohne die Ziele und Forderungen der Umwelt zu berücksichtigen. Es sei die Aufgabe der Erziehung, das Kind aus dem Zustand der Asozialität in den der sozialen Anpassung zu führen, was nur unter den Bedingungen einer regelhaft verlaufenden affektiven Entwicklung möglich sei. Das Kind lerne erst nach und nach, sich unter dem Druck realer Unlusterlebnisse Triebeinschränkungen aufzuerlegen, wodurch es sozial und „kulturfähig" werde. Wachse das Kind in einem Familienklima auf, in welchem zwischen ihm und den Eltern normale, herzliche Beziehungen herrsch-

ten, könne es Züge der geliebten Eltern dem eigenen Wesen „einverleiben", es lerne, mitmenschliche emotionale Beziehungen anzuknüpfen, aufzubauen, zu vertiefen und auch wieder zu lösen. Wenn die Liebesbedürfnisse der frühen Kindheit zu wenig befriedigt oder übersättigt würden, komme es zu einer „latenten" Verwahrlosung, worunter Aichhorn Störungen in der Ausbildung des Ich-Ideals und der Objektbeziehungen versteht (mangelnde Beziehungsfähigkeit, persistierende infantil-libidinöse Besetzungen der primären Bezugspersonen bis in das Pubertätsalter), die zu Dissozialität und Delinquenz prädisponierten.

In der individualpsychologischen Auffassung Alfred Adlers (1931) wird ebenfalls frühkindlichen Faktoren eine maßgebliche Rolle bei der Entwicklung antisozialer Verhaltensweisen zugeschrieben. Nach Adlers Auffassung führt die lieblose Behandlung von Kindern zu einem Fehlen von Gleichmaß und Harmonie der seelischen Entwicklung – mit der Folge, dass sich Isolierung von anderen und Unzufriedenheit entwickeln. Eine unzulängliche Vorsorge für die Übernahme sozialer Rollen führe zu sich wiederholenden Enttäuschungen, die der Entfaltung von normalem Lebensmut, sozialem Interesse und Gemeinschaftsgefühl hinderlich im Wege stünden. Damit aber gewinne Rücksichtslosigkeit gegenüber anderen und gegenüber der Gesellschaft die Oberhand, welche oftmals auch als Versuch zu verstehen sei, auf Umwegen oder Abwegen soziale Anerkennung zu erreichen. Es bestehe ein „Überlegenheitsstreben" mit dem Drang, sich über das eigene Niveau nicht durch mutiges Handeln, sondern durch Tricks, List oder Überrumpelung anderer zu erheben.

In der Folgezeit wurden aus triebdynamischer Sicht sehr divergente psychodynamische Modelle der Entstehung von Dissozialität formuliert. Wittels (1937) stellte ungelöste ödipale Konflikte ins Zentrum seiner Überlegungen, Friedlander (1945) betonte die Bedeutung anal-sadistischer Konflikthaftigkeit, andere Autoren betonten die Rolle konflikthafter oraler Strebungen (Glover 1960; Rauchfleisch 1981) oder machten auf die Bedeutung durch Fehlidentifizierungen hervorgerufener Über-Ich-Pathologien aufmerksam (Fenichel 1945; Friedlander 1945). Schultz-Hencke (1940) betonte die Bedeutung der zur Entwicklung von Psychopathie prädisponierenden Faktoren Hypersensibilität, „Hypersexualität" (Schultz-Hencke 1951, S. 49ff) und Hypermotorik. Joseph (1961) diskutierte anhand kasuistischen Materials die Unfähigkeit des Dissozialen, Frustration und Angst zu ertragen, sowie seine ausgeprägte Gier und seinen Neid auf die Fähigkeit seiner Bezugspersonen, ihn zu befriedigen. Sie betont die Bedeutung von Abwertungs-, Idealisierungs- und Inkorporationstendenzen und ist der Auffassung, dass es dem Dissozialen nicht gelungen sei, die „depressive Position" im Sinne M. Kleins (1935) zu erreichen und durchzuarbeiten.

In jüngerer Zeit haben auch Konzepte der Bindungstheorie auf die Problematik der Antisozialen Persönlichkeitsstörung Anwendung gefunden. So untersuchten beispielsweise Bender et al. (1998) Probanden mit Persönlichkeitsstörungen des DSM-Clusters B unter Gesichtspunkten der Bindungstheorie mit dem „Calgary

Dissoziale Persönlichkeitsstörung

Attachment Questionnaire" (West et al. 1987). Es fand sich hierbei, dass alle Persönlichkeitsstörungen des DSM-Clusters B mit „Verlustangst", „Suche nach Nähe" und „Protest gegen Trennung" assoziiert waren; antisoziale Persönlichkeitszüge waren darüber hinaus mit der Wahrnehmung des anderen als „unerreichbar" verbunden. Gacono und Meloy (1991; 1992) fanden bei wiederholten Untersuchungen von antisozial persönlichkeitsgestörten Probanden mit der Rorschach-Methode Hinweise auf verminderte Intensität von Angst und Bindung. Ebenfalls aus der Perspektive der Bindungstheorie machte Bretherton (1995) auf die vitale Bedeutung aufmerksam, die der Eltern-Kind-Dialog spielt – nicht nur hinsichtlich der Inhalte des kindlichen Erlebens, sondern auch hinsichtlich der Organisation kindlicher Erinnerungsspuren, d.h. der inneren „Arbeitsmodelle" des Selbst und der das Kind umgebenden Welt.

„Interne Arbeitsmodelle" können als eine sich entwickelnde Menge oder ein Netzwerk vielfach miteinander verbundener Hierarchien angesehen werden, die aus Schemata bestehen, welche z.T. sehr erfahrungsbezogen und abstrakt sind. Im Falle einer normalen Entwicklung werden diese hierarchisch organisierten Schemata auf den verschiedenen Ebenen fortlaufend verfeinert und reorganisiert, sodass bestehende Schemata als Bausteine für die Konstruktion neuer mentaler Modelle dienen können. Wenn in Anbetracht von Veränderungen der Lebensumstände die Revision solcher Schemata unzureichend ist oder gar ausbleibt, kann ein pathologisches intrapsychisches oder interpersonelles Funktionieren die Folge sein. Weitere mögliche Komplikationen können daraus resultieren, dass Widersprüche bestehen zwischen Schemata, die in verschiedenen Gedächtnissystemen organisiert sind, dem episodischen (autobiografischen), dem semantischen (generischen) und dem prozeduralen Gedächtnis.

In diesem Sinne können Familien als soziale Systeme angesehen werden, die sich auf der Grundlage stillschweigender Übereinkünfte darüber organisieren, wie die soziale Welt beschaffen ist, und die darauf abzielen, bestehende Überzeugungssysteme durch die Muster der familiären Kommunikation aufrechtzuerhalten. Die Auffassung, die ein Kind von der sozialen Wirklichkeit gewinnt, hängt zu großen Teilen von den kulturellen Interpretationen ab, welche die Eltern oder andere Familienmitglieder und später das umfassendere soziale Netzwerk durch direkte Interaktion und durch Erzählungen und Dialog vermitteln. Hier geht es also um die Ko-Konstruktion der „internen Arbeitsmodelle". Der Eltern-Kind-Dialog spielt, das ist hier gemeint, eine wichtige Rolle nicht nur bei der Strukturierung der Inhalte des kindlichen Gedächtnisses, sondern auch bei der Organisation der Struktur der kindlichen mentalen Modelle.

Insgesamt lassen sich in der jüngeren Zeit zwei wesentliche Haupttendenzen in der Diskussion der psychodynamischen Faktoren bei Antisozialer Persönlichkeitsstörung unterscheiden. ==Zum einen wird die Antisoziale Persönlichkeitsstörung als eine Sonderform der Borderline-Persönlichkeitsorganisation angesehen, zum anderen wird sie als eine Variante der Narzisstischen Persönlichkeitsstörung aufgefasst.==

Die zuerst genannte Ansicht vertritt Rauchfleisch (1997, S. 91), der immer dann von einer Antisozialen Persönlichkeitsstörung sprechen möchte, „wenn wir (…) einen Menschen mit einer Borderline-Organisation, erheblichen narzisstischen Störungsanteilen und ausgeprägten antisozialen Verhaltensweisen vor uns haben." In dieser Sicht stehen besonders die Einschränkungen von Ich-Funktionen im Vordergrund. So werden bei dissozialen Persönlichkeiten eine Frustrationsintoleranz mit ausgeprägter Impulshaftigkeit (Reicher 1976; Zavitzianos 1971) und Störungen des Realitätsbezugs beschrieben, wobei eine ausgeprägte Externalisierungsneigung (Chessick 1972) der Abwehr psychotischer Fragmentierungsängste (Frosch 1988a; 1988b) dient. Aus dieser Perspektive sind die dissozial gestörten Persönlichkeiten gekennzeichnet durch „schwerste Verlust- und Mangelerfahrungen" sowie durch frühkindliche Traumatisierungen, die als „existentielle Bedrohung" (Rauchfleisch 1997, S. 86f) erlebt wurden. Wichtig sei es hier, sich klarzumachen, dass es sich bei diesen Traumatisierungen nicht nur um subjektiv als sehr belastend erlebte, objektiv aber eher als „harmlos" und alltäglich zu beurteilende Ereignisse handele, sondern um objektiv vorliegende gravierende Belastungsmomente, wie sich regelhaft aus den bei verschiedensten Institutionen vorliegenden Unterlagen über die Betreffenden ergebe.

Für diese Personen sei fernerhin charakteristisch, dass sie Angst auch nicht als Signal angesichts einer drohenden Gefahr, sondern als Vernichtungsangst erlebten. Nach der Auffassung Rauchfleischs führen die beschriebenen Mangelerfahrungen dazu, dass sich im Verlauf der Zeit übermäßige Wünsche und Ansprüche „aufstauen", sodass die Patienten von einem unstillbaren Hunger nach Zuwendung und Bestätigung erfüllt seien – eine Sehnsucht, die als „Sehnsucht-Angst-Dilemma" (Burnham et al. 1969) bezeichnet werden könne (Rauchfleisch 1997, S. 87). Das als „manipulativ", „rücksichtslos", „ausbeuterisch" und „verantwortungslos" erscheinende Verhalten habe hier seine psychodynamischen Wurzeln (ebd.). Unter Hinweis auf einen „oral-aggressiven Kernkonflikt" wird eine aggressive Aufladung der Selbst- und Objektbilder postuliert, wodurch in diesen Persönlichkeiten ein hohes Gewaltpotenzial entstehe.

Ein Versuch, die zweite Ansicht zu formulieren, findet sich bei Bursten (1989). Klarer vertritt diese Auffassung Kernberg, wenn er postuliert, eine zentrales Moment der Psychodynamik antisozialer Persönlichkeiten sei ein pathologisches, von Aggression durchdrungenes Größen-Selbst, das verbunden sei mit schwerster Über-Ich-Pathologie und zu unterschiedlichen Störungsbildern führen könne: „vom passiven, ausbeuterischen, parasitären Psychopathen bis zum offen sadistischen Kriminellen" (Kernberg 1996b, S. 400f). An einer anderen Stelle vertritt Kernberg diese Position noch dezidierter, wenn er annimmt, dass alle Patienten mit Antisozialer Persönlichkeitsstörung die typischen Merkmale einer Narzisstischen Persönlichkeitsstörung und zusätzlich eine spezifische Pathologie der verinnerlichten Wertesysteme und des Über-Ichs aufweisen sowie bestimmte Beeinträchtigungen der Welt innerer Objektbeziehungen (Kernberg 1992, S. 67).

Kernberg ist der Ansicht, bei antisozialen Persönlichkeiten zeige sich eine „primitivste Schicht von sadistischen Überich-Vorläufern" mit aggressiven Äußerungen, die „praktisch nicht durch die geringste Integration mit idealisierten Überich-Vorläufern gemildert ist, und ein Drang, Macht über alle Objektbeziehungen auszuüben und sie zu zerstören" (Kernberg 1996b, S. 404). Die antisoziale Persönlichkeit mache den Eindruck, als identifiziere sie sich mit einer primitiven, rücksichtslosen, vollkommen amoralischen Macht, die nur durch die Manifestation ungemilderter Aggressionen Befriedigung erlange und weder Rationalisierung ihres Verhaltens noch Bindung an irgendeinen konsistenten Wert außer der Ausübung solcher Macht brauche. Kernberg zufolge erleben Patienten mit Antisozialer Persönlichkeitsstörung äußere Objekte als allmächtig und grausam. Sie stehen unter dem Eindruck, dass liebevolle, wechselseitig befriedigende Objektbeziehungen nicht nur leicht zerstört werden können, sondern bereits die Gefahr des Angriffs durch ein allmächtiges, grausames Objekt in sich bergen (Kernberg 1992, S. 82). In dieser Situation ist es entweder möglich, sich völlig zu unterwerfen oder sich mit dem Objekt zu identifizieren, wodurch das Selbst ein Gefühl der Macht und der Furchtlosigkeit gewinnen kann – mit dem Resultat, dass sich ein eher aggressiver Typ der Antisozialen Persönlichkeitsstörung herausbildet.

Bei dem eher „passiv-parasitären" Typus der Antisozialen Persönlichkeitsstörung geht es nach Kernberg im Gegensatz dazu eher darum, die Bedeutung von Objektbeziehungen zu leugnen, regressiv die Befriedigung rezeptiv-abhängiger Bedürfnisse zu idealisieren (Nahrung, materielle Güter, Geld, Sexualität, soziale Privilegien) und Macht über andere dadurch auszuüben, dass sie zur Befriedigung entsprechender Bedürfnisse veranlasst werden: Die Bedeutung des Lebens liegt in diesen Fällen darin, sich die Bedürfnisbefriedigung zu sichern, während gleichzeitig die anderen als Personen missachtet werden und das eigene Selbst vor Rache und Strafe geschützt wird.

5.7 Therapie der Dissozialen bzw. Antisozialen Persönlichkeitsstörung

5.7.1 Pharmakotherapie

Empirische Studien zur Frage der Pharmakotherapie der Antisozialen bzw. Dissozialen Persönlichkeitsstörung ließen sich nicht eruieren. Da davon ausgegangen werden muss, dass eine Behandlung mit Psychopharmaka die einer klinischen Symptomatik zugrunde liegende Persönlichkeitsstörung nicht ändern kann (Davis et al. 1995), kommt der pharmakologischen Behandlung ein Stellenwert nur hinsichtlich der Entlastung von ängstlicher oder depressiver Begleitsymptomatik oder im Zusammenhang mit aggressiven Störungen (Eichelman 1988; Eichelman und Hartwig 1993) oder Störungen des Antriebsverhaltens zu, welche die Kooperationsfähigkeit von Patienten im psychotherapeutischen Setting beeinträchtigen. Basierend auf Reis (1974) entwickelte Eichelman (1992) die Unterscheidung von „affektiver" und „räuberischer" Aggression („predatory aggression"), wobei angenommen wird, dass beide Formen der Aggression psychobiologisch unterschieden sind. Von „affektiver" Aggression wird angenommen, dass sie mit einem hohen Level von Arousal und (meist ängstlichem oder wütendem) Affekt einhergeht und eine Reaktion auf eine als unmittelbar empfundene Bedrohung darstellt. Von „räuberischer" Aggression wird dagegen angenommen, dass sie ohne oder nur mit geringem Arousal einhergeht und von wenig Affekt geprägt, planvoll und zweckgerichtet erfolgt. Diese Form der Aggression scheint besonders auf pharmakologische Beeinflussung des serotonergen Systems und auf Antikonvulsiva anzusprechen (Eichelman 1988).

5.7.2 Psychotherapie

Erfahrungen mit der Psychotherapie Antisozialer Persönlichkeitsstörungen liegen im Wesentlichen aus forensisch-psychiatrischen Zusammenhängen oder aus dem Bereich der Rehabilitation von Sucht- und Abhängigkeitskranken vor; oftmals wird hier die Dissozialität lediglich als moderierende Variable eines sich entweder auf Delinquenz oder auf eine Suchterkrankung richtenden Behandlungsangebots angesehen.

Meloy (1995, S. 2277) stellt vier Fragestellungen heraus, die bei der Psychotherapie Antisozialer Persönlichkeiten Beachtung finden sollten:

- Ist das Behandlungssetting sicher genug, mit der relativen Störungsschwere von Patienten mit antisozialer Persönlichkeit umzugehen? Wenn dies gegeben und somit die Sicherheit sowohl von Patienten und Mitarbeitern gewährleistet ist, kann die Behandlungsplanung in Abhängigkeit von den vorhandenen Ressourcen erfolgen. Wenn diese Voraussetzung nicht gegeben ist, birgt ein Behandlungsversuch schwerwiegende Risiken für Mitpatienten und Personal, sodass als generelle klinische Maxime gelten kann, dass die Störungsschwere im umgekehrten Verhältnis zum psychotherapeutischen Behandlungsaufwand und im direkten Verhältnis zum Aufwand für Sicherheit und Supervision stehen sollte.
- Welches sind die Persönlichkeitszüge, die in der jeweiligen Behandlung fokussiert werden sollten?
- Mit welchen emotionalen Reaktionen müssen die Behandler bei sich selbst rechnen, wenn sie bei einem spezifischen Patienten eine psychotherapeutische Behandlung beginnen?

- Welche spezifischen therapeutischen Herangehensweisen sollten unter Berücksichtigung der vorhandenen Ressourcen und Sicherheitsbedürfnisse beim jeweiligen Patienten eingesetzt werden?

Für alle therapeutischen Empfehlungen gilt jedoch: Es gibt kaum Therapiestudien zur Antisozialen Persönlichkeitsstörung, die sich auf eine reliable Diagnostik stützen, und es gibt keine Therapiestudie, die eine Überprüfung von Effekten an einer unbehandelten Kontrollgruppe vornimmt. Behandlungserfahrungen, die an Populationen von Straftätern gewonnen wurden, lassen sich nicht ohne weiteres auf die Behandlung von antisozialen Persönlichkeiten in ambulanter oder klinischer Psychotherapie übertragen, sodass sich all das, was zur Therapie von Antisozialen Persönlichkeitsstörungen gesagt wird, nicht auf kontrollierte, empirische Forschung stützen kann. Was mit Sicherheit jedoch gesagt werden kann, ist, dass es bis zum gegenwärtigen Zeitpunkt **kein Behandlungskonzept für die Antisoziale Persönlichkeitsstörung von nachgewiesener Wirksamkeit** gibt.

Kernberg (1992, S. 80) betont, auch die Behandlung der Antisozialen Persönlichkeitsstörung müsse im Wesentlichen psychotherapeutisch erfolgen, sofern dies nicht durch eine Begleiterkrankung verhindert werde. Dabei gelte aber, dass die Ergebnisse der ambulanten psychotherapeutischen Behandlung dieser Patienten außerordentlich entmutigend seien. Möglicherweise sind die therapeutischen Ergebnisse besser, wenn Patienten in einer spezialisierten Form einer therapeutischen Gemeinschaft behandelt werden, die sich durch feste Grenzen und durch Nicht-Korrumpierbarkeit auszeichnet. Gabbard und Coyne (1987) weisen allerdings darauf hin, dass Krankenhausbehandlung per se bei antisozialen Persönlichkeiten eher nachteilige Wirkungen hat, mit der Ausnahme des Vorliegens ängstlicher oder depressiver Begleitsymptomatik.

Nach Kernbergs Ansicht ist es nach der ausführlichen und gründlichen differenzialdiagnostischen Abklärung die erste Aufgabe des Therapeuten, die unmittelbare soziale Umgebung des Patienten vor den Auswirkungen seiner antisozialen Verhaltensweisen zu schützen, wozu auch die gleichzeitig taktvolle und umfassende Aufklärung über das Krankheitsbild und seine Prognose gehört. Die zweite Aufgabe bestehe darin, realistische Bedingungen dafür herzustellen, dass eine Therapie, wenn sie denn zustandekomme, erfolgreich sein kann; hierzu gehöre auch, einen sekundären Krankheitsgewinn auszuschalten, der etwa darin bestehe, dass rechtliche Konsequenzen strafbaren Handelns nicht erfolgen oder dass passiv-parasitäre Beziehungen zu Eltern oder sozialen Unterstützungssystemen aufrechterhalten würden (Kernberg 1992, S. 80f).

Inwieweit verhaltenstherapeutische Maßnahmen erfolgversprechend sind, lässt sich anhand der vorliegenden Literatur nicht bestimmen, da hier im Allgemeinen „Gewaltbereitschaft" und „Impulshaftigkeit" die Ziele der Intervention sind – unabhängig davon, ob es sich bei der gewaltbereiten und/oder impulshaften Person um eine antisoziale bzw. dissoziale Persönlichkeit im Sinne des hier diskutierten

Zusammenhangs handelt. Fiedler (1997, S. 451) weist darauf hin, dass die Prognose der psychotherapeutischen Behandlung von Dissozialität besser sei, wenn neben den dissozialen Merkmalen Stimmungsstörungen – etwa im Bereich der Ängste und Depressionen – oder auch ein (beginnendes) Schuldbewusstsein und die Möglichkeit zur Reflexion der sozialen Konsequenzen eigenen Handelns bestehen, kurz: wenn eine Dissoziale Persönlichkeitsstörung im engeren Sinne nicht vorliegt. Im gleichen Sinne hatte sich bereits Kernberg (1992, S. 81) geäußert.

Die Durchführung von Familientherapie unter Einschluss von Patienten mit Antisozialer Persönlichkeitsstörung oder Patienten mit erheblichen antisozialen Persönlichkeitszügen, welche die Kriterien der Antisozialen Persönlichkeitsstörung nicht in vollem Umfang erfüllen, ist nur nach sehr kritischer Indikationsprüfung angezeigt, da damit gerechnet werden muss, dass die antisozial gestörte Persönlichkeit Informationen, die sie im Zuge der Therapie erhält, zum Schaden der Familienangehörigen einsetzt (Meloy 1992).

Von besonderer Relevanz bei der Behandlung von antisozial persönlichkeitsgestörten Patienten ist die Umgangsweise mit therapeutischen Gegenübertragungen (Symington 1980; Rauchfleisch 1984; Meloy 1988). Meloy (1995, S. 2282) nennt acht häufige Gegenübertragungskonfigurationen:

- therapeutischer Nihilismus („Verdammung" des Patienten)
- Illusion eines Arbeitsbündnisses (wenn tatsächlich keines gegeben ist)
- Angst vor Angriff oder Schädigung (mit dem Versuch einer „sadistischen" Kontrolle des Patienten)
- Verleugnung (der Schuld des Patienten) und Selbstbetrug
- Hilflosigkeit und Schuldgefühle
- Entwertungsgefühle und Verlust der professionellen Identität
- Hass und Zerstörungswünsche
- Annahme, die Verhältnisse seien in psychologischer Hinsicht „komplex"

6 Borderline-Persönlichkeitsstörung (F60.31) (Emotional instabile Persönlichkeitsstörung, Borderline-Typus)

N. Hartkamp, W. Wöller, J. Ott, M. Langenbach

6.1 Klinische Deskription

Bei dieser Störung handelt es sich um eine Persönlichkeitsstörung mit deutlicher Tendenz, Impulse ohne Berücksichtigung von Konsequenzen auszuagieren, und wechselnder, launenhafter Stimmung. Die Fähigkeit, vorauszuplanen, ist gering, und Ausbrüche intensiven Ärgers können zu explosivem und gewalttätigem Verhalten führen, das leicht ausgelöst wird, wenn impulsive Handlungen von anderen kritisiert und behindert werden. Das Selbstbild, Ziele und „innere Präferenzen" sind unklar und gestört. Die Neigung zu intensiven, aber unbeständigen Beziehungen kann zu wiederholten emotionalen Krisen mit Suiziddrohungen und selbstschädigendem Verhalten führen, welche auch ohne deutlich wahrnehmbare Auslöser vorkommen können.

6.2 Definition und Klassifikation

Seit den 70er Jahren hat das Konzept der Borderline-Störung innerhalb der Psychiatrie und der Psychotherapie breite Aufmerksamkeit gefunden. Dabei war dieser Begriff lange mit einer erheblichen konzeptuellen Unklarheit belastet, welche Gunderson und Singer noch 1975 dazu veranlassten, mit Bezug auf die Borderline-Störung von einer „unerwünschten Kategorie" zu sprechen. Wenig später meinte Giovacchini (1978), man müsse einräumen, dass man im Grunde nicht wisse, worüber man redet, wenn man von Borderline-Störungen spricht.

In den letzten Jahrzehnten haben jedoch eine Fülle von theoretischen und empirischen Arbeiten dazu beigetragen, das Konzept der Borderline-Störungen auszudifferenzieren und zu klären. Blashfield und McElroy (1987) schätzten für das Jahr 1985, dass ca. 40% aller Publikationen über Persönlichkeitsstörungen das Borderline-Syndrom betrafen, und Gunderson (1996) gibt an, dass seit 1980 mehr als 300 empirische Arbeiten zur Borderline-Persönlichkeitsstörung veröffentlicht worden seien. Während die operationale Klassifikation des DSM der Borderline-Persönlichkeitsstörung eine eigene Kategorie zuweist, wird diese Störung in der ICD-10 als Subtypus der „Emotional instabilen Persönlichkeitsstörung" behandelt. Dabei muss es angesichts des Umfangs der vorliegenden, nachfolgend in wesentlichen Auszügen referierten Forschungsliteratur verwundern, wenn – wie in der Einleitung zur ICD-10 herausgestellt – die Borderline-Persönlichkeitsstörung nur „nach anfänglichem Zögern (…) schließlich doch einbezogen (wurde), auch (…) in der Hoffnung, die Forschung zu stimulieren" (Dilling et al. 1991, S. 30).

Die ICD-10-Forschungskriterien legen fest, dass, um von der „Emotional instabilen Persönlichkeitsstörung, Borderline Typus" (ICD 10 F60.31) sprechen zu können, mindestens drei der folgenden Merkmale (darunter das zweite) vorliegen müssen:

- deutliche Tendenz, unerwartet und ohne Berücksichtigung der Konsequenzen zu handeln
- deutliche Tendenz zu Streitereien und Konflikten mit anderen, vor allem dann, wenn impulsive Handlungen unterbunden oder getadelt werden
- Neigung zu Ausbrüchen von Wut oder Gewalt mit Unfähigkeit zur Kontrolle explosiven Verhaltens
- Schwierigkeiten in der Beibehaltung von Handlungen, die nicht unmittelbar belohnt werden
- unbeständige und unberechenbare Stimmung

Zusätzlich müssen mindestens zwei der folgenden Merkmale vorliegen:
- Störungen und Unsicherheit bezüglich Selbstbild, Zielen und „inneren Präferenzen" (einschließlich sexueller)
- Neigung, sich in intensive aber instabile Beziehungen einzulassen, oft mit der Folge von emotionalen Krisen
- übertriebene Bemühungen, das Verlassenwerden zu vermeiden
- wiederholt Drohungen oder Handlungen mit Selbstbeschädigung
- anhaltende Gefühle von Leere

Gegenüber den ICD-10-Forschungskriterien stellt die Kategorisierung nach DSM-IV die Identitätsstörung, die Impulsivität und die affektive Störung deutlicher heraus. Gemäß dieser Klassifikation kann von einer Borderline-Persönlichkeitsstörung dann gesprochen werden, wenn ein tief greifendes Muster von Instabilität in zwischenmenschlichen Beziehungen, im Selbstbild und in den Affekten sowie eine deutliche Impulsivität vorliegen. Mindestens fünf der folgenden Kriterien müssen erfüllt sein:

1. verzweifeltes Bemühen, tatsächliches oder vermutetes Verlassenwerden zu vermeiden (Beachte: Hier werden keine suizidalen oder selbstverletzenden Handlungen berücksichtigt, die in Kriterium 5 enthalten sind.)
2. ein Muster instabiler, aber intensiver zwischenmenschlicher Beziehungen, das durch einen Wechsel zwischen den Extremen der Idealisierung und Entwertung gekennzeichnet ist
3. Identitätsstörung: ausgeprägte und andauernde Instabilität des Selbstbildes oder der Selbstwahrnehmung
4. Impulsivität in mindestens zwei potenziell selbstschädigenden Bereichen (Geldausgaben, Sexualität, Substanzmissbrauch, rücksichtsloses Fahren, „Fressanfälle") (Beachte: Hier werden keine suizidalen oder selbstverletzenden Handlungen berücksichtigt, die in Kriterium 5 enthalten sind.)
5. wiederholte suizidale Handlungen, Selbstmordandeutungen oder -drohungen oder Selbstverletzungsverhalten
6. affektive Instabilität infolge einer ausgeprägten Reaktivität der Stimmung (z.B. hochgradige episodische Dysphorie, Reizbarkeit oder Angst, wobei diese Verstimmungen gewöhnlich einige Stunden und nur selten mehr als einige Tage andauern)
7. chronische Gefühle von Leere
8. unangemessene, heftige Wut oder Schwierigkeiten, die Wut zu kontrollieren (z.B. häufige Wutausbrüche, andauernde Wut, wiederholte körperliche Auseinandersetzungen)
9. vorübergehende, durch Belastungen ausgelöste paranoide Vorstellungen oder schwere dissoziative Symptome

6.3 Geschichtliche Anmerkungen

Die geschichtlichen Wurzeln des Borderline-Konzepts liegen in der Psychiatrie des ausgehenden 19. Jahrhunderts, wo das Borderline-Konzept erst gegen 1880 begann, Kontur zu gewinnen. Dies war zu einem Teil Folge der aus heutiger Sicht unentwickelten Anstaltspsychiatrie in jener Zeit. So waren auch die Konzepte der Schizophrenie oder der manisch-depressiven Erkrankung zu jener Zeit noch neu und unscharf definiert. Damals gängige psychiatrische Konzepte waren z.B. Morels „Démence Précoce" (1857), Baillargers „Folie à double forme" (1854), Kahlbaums „Katatonie" (1874) und Heckers „Hebephrenie" (1871). Insgesamt war die psychiatrische Diagnostik zu jener Zeit von der eher groben Unterscheidung zwischen psychotischen Störungen auf der einen und neurotischen Störungen auf der anderen Seite bestimmt, wobei der Terminus „Neurose" („Nervosität") in einem umfassenden Sinne für die verschiedensten Formen psychischer Krankheit von minderer Schwere gebraucht wurde.

Einer der Ursprünge des Borderline-Konzepts sind sicherlich die Arbeiten des Turiner Psychiaters Lombroso. In den 1870er Jahren sah er einen bestimmten Typus des Verbrechers an der Grenze zwischen Normalität und Verrücktheit angesiedelt, da er der Auffassung war, allein das Fehlen von Wahnbildungen könne noch nicht begründen, dass jemand als „normal" anzusehen sei. Er glaubte, „dass wir es bei dem Verbrecher mit einem Menschen zu thun haben, den entweder Entwicklungshemmung oder erworbene Krankheit (...) in einen anomalen, dem des Irren ähnlichen Zustand, versetzt hat, – kurz mit einem wirklich chronisch-kranken Menschen" (Lombroso 1887, S. 253). In diesem Sinne waren wohl die ersten Borderline-Patienten nicht-wahnkranke, soziopathische oder antisozial gestörte Persönlichkeiten.

Der Begriff „Borderland insanity" taucht dann bei Rosse (1890) auf, um Personen zu beschreiben, die eine Vielzahl von nervösen Beschwerden, körperlichen Symptomen, hypochondrischen Befürchtungen oder Verhaltensstörungen erkennen ließen, ohne jedoch eindeutig „verrückt" zu sein. Entsprechende Fallschilderungen finden sich auch bei Hughes in zwei Arbeiten aus dem Jahre 1884 (Hughes 1884a; 1884b; s. auch Saß u. Koehler 1983). Der Begriff „Borderline" wurde in der folgenden Zeit jedoch nicht aufgegriffen. Andererseits finden sich in der psychiatrischen Literatur in größerer Zahl Falldarstellungen, die so ausführlich sind, dass es auch noch 100 Jahre später möglich ist zu erkennen, dass es sich bei manchen der dort beschriebenen Patienten und Patientinnen nach heutigem Verständnis um Borderline-Störungen handeln würde. So beschreibt Falret (1890) eine „Folie hystérique", die durch Affektlabilität, Impulsivität und extreme Widersprüchlichkeit gekennzeichnet sei. Er beschrieb auch das Absorbiertsein in Phantasien und die rapiden Wechsel von Einstellungen und Empfindungen. Vergleichbare Fallschilderungen finden sich nach der Jahrhundertwende auch bei Janet und Kraepelin, die diese Erkrankungen jedoch als mindere Formen, beispielsweise der Dementia praecox oder der manisch-depressiven Erkrankung, auffassten.

Während aus deskriptiv-psychopathologischer Perspektive in den Jahren nach 1910 relativ wenig zur Beschreibung der Krankheiten beigetragen wurde, die aus heutiger Sicht als Borderline-Persönlichkeitsstörungen aufzufassen wären, beginnt nun eine von der Psychoanalyse wesentlich geprägte, dynamische Sichtweise zunehmend an Bedeutung zu gewinnen. Freud hatte schon früh die psychotherapeutische Behandlungsmöglichkeit der von ihm so genannten „narzisstischen Neurosen" für gering eingeschätzt (vgl. dazu die Sitzung der Wiener psychoanalytischen Vereinigung vom 21. Nov. 1906: Über den Größenwahn der Normalen [Nunberg u. Federn 1976, S. 50ff]). Wie M. H. Stone berichtet, gab es erste viel versprechende psychoanalytisch inspirierte Behandlungsversuche durch Maeder und Bjerre noch vor 1920 (Stone 1989b). Andere Autoren (z.B. Clark

1933) blieben einer solchen Psychotherapie gegenüber jedoch skeptisch, andererseits publizierte Ruth Mack Brunswick gegen Ende der 20er Jahre (1928) die Kasuistik eines erfolgreich psychoanalytisch-psychotherapeutisch behandelten paranoiden Patienten in der Internationalen Zeitschrift für Psychoanalyse.
Möglicherweise auch im Zusammenhang mit der vornehmlich im Amerika der 30er Jahre zunehmenden Etablierung der psychoanalytischen Behandlungsmethoden ist das Bedürfnis zu sehen, zu einer deutlicheren Bestimmung der „Grenzen" zwischen Psychosen einerseits und Neurosen andererseits zu gelangen. In diesem Zusammenhang ist die Arbeit von A. Stern aus dem Jahre 1938 zu sehen: „Psychoanalytic investigation of and therapy in the border line group of neuroses". Die Diskussion um die Etablierung eines Konzepts der Borderline-Störungen wurde damals also vornehmlich in den USA geführt, was auch auf den Einfluss der nach Amerika kommenden Emigranten aus Deutschland hin geschah, die dort auf eine, verglichen mit der in Europa, noch nicht so festgefügte psychiatrische Tradition stießen. 1942 erschien eine „klassische" Arbeit von H. Deutsch, in welcher sie auf die Bedeutung charakteristischer Störungen der Objektbeziehungen bei Borderline-Patienten hinwies. Im Zentrum ihrer Überlegungen stand neben Symptomen wie Depersonalisierung, mangelnder „Wärme" und mangelndem Wirklichkeitssinn eine Identitätsstörung, die sich in der Unfähigkeit ausdrückte, empfinden zu können, „wer ich bin". Deutsch beschrieb damit ein klinisches Bild, das Erikson später als „Ich-Diffusion" bezeichnen und das auch bei Kernberg einer der Eckpfeiler des Borderline-Konzepts werden sollte. Auch DSM-Kriterien der Borderline-Persönlichkeitsstörung, wie z.B. das „Leeregefühl", finden sich schon in der Beschreibung von Deutsch.
Fortschritte in der therapeutischen Technik sind in jener Zeit vor allem mit dem Namen Schmiedeberg (1947) verbunden, die sich insbesondere mit der Behandlung von Delinquenten beschäftigte und hier einen Ansatz entwickelte, der sowohl analytische als auch supportive Elemente enthielt. In den 50er Jahren begann das Konzept der Borderline-Symptome oder auch der „pseudoneurotischen Schizophrenie" (Hoch u. Polatin 1949) in der Psychiatrie an Bedeutung zu verlieren, während es in der psychoanalytischen Theorie weiter ausgearbeitet wurde.
Hierzu gehören Beiträge von Jacobson (1953; 1964) und Radó (1953) sowie – von besonderer Wichtigkeit für die Thematik der Identitätsstörung und die Weiterentwicklung der psychoanalytischen Technik – die Arbeiten von Erikson (1956) und Stone (1954). Insbesondere der Gesichtspunkt der Identitätsdiffusion wurde später von Kernberg als ein notwendiges diagnostisches Kriterium für die Diagnose eines Borderline-Syndroms aufgegriffen. Die von Erikson herausgearbeiteten Entwicklungsstufen (z.B. „Urvertrauen" gegen „Urmisstrauen") erwiesen sich für die Konzeptualisierung der Borderline-Störungen als nützlicher als die von Freud beschriebenen psychosexuellen Entwicklungsstufen.
Aufbauend auf Arbeiten von Frosch (1964), war Kernbergs (1967) Arbeit „Borderline personality organisation" von zentraler Bedeutung für das Bemühen um

eine kohärente Formulierung des Borderline-Konzepts – eine Arbeit, in der sich erstmals Einschluss- und Ausschlusskriterien benannt finden, welche die Diagnose einer Borderline-Persönlichkeitsstörung ermöglichen oder eine solche Diagnose unwahrscheinlich machen.

In den 60er Jahren findet sich auch die erste, von Grinker und Mitarbeitern in Kooperation mit dem Chicagoer Psychoanalytischen Institut durchgeführte größere empirische Untersuchung zu Fragen des Borderline-Konzepts (Grinker et al. 1968). Diese Arbeitsgruppe untersuchte u.a. die Ich-Funktionen der Patienten und kam zu dem Schluss, dass die Gruppe der Borderline-Patienten nicht homogen sei, dass sich vielmehr vier Subtypen unterscheiden ließen, die teils eher dem psychotischen, teils eher dem neurotischen Ende des Spektrums zuzuordnen seien.

Die Entwicklung der 70er Jahre wurde zum einen bestimmt durch das Konzept von Kernberg (1975, 1978), zum anderen von den bedeutenden entwicklungspsychologischen Beiträgen von Mahler (1975) und den Ich-psychologischen Konzepten von Blanck und Blanck (1974; 1979). Kernberg (1976) berichtete über seine Erfahrungen mit einer eher analytisch ausgerichteten Psychotherapie, von der Borderline-Patienten profitieren können, wohingegen psychotische Patienten sich unter einer solchen Therapie eher verschlechtern und eher eine supportive Psychotherapie benötigen.

Die phänomenologisch orientierte Diagnostik des Borderline-Syndroms erfuhr eine weitere Präzisierung durch Gunderson und Singer (1975), Spitzer et al. (1979) sowie Akiskal et al. (1985).

Die in der Folge von Kohuts Narzissmustheorie entstandene „Selbst-Psychologie" beschäftigte sich ebenfalls mit Borderline-Syndromen. Dadurch dass Kohut sich jedoch nicht auf allgemein anerkannte psychodiagnostische Kriterien bezog und auch die psychopathologischen Beschreibungen der Patienten stets auf sein Modell einer eigenständigen narzisstischen Entwicklungslinie bezogen waren, bleibt fraglich, ob die Patienten, die er als „Borderline-Patienten" charakterisiert, dem entsprechen, was in der übrigen Literatur als „Borderline-typisch" angesehen wird.

6.4 Prävalenz und Epidemiologie

Die Schätzungen der Prävalenz der Borderline-Persönlichkeitsstörung variieren beträchtlich, diese Variation kann jedoch z.T. auf Unterschiede der untersuchten Settings und auf unterschiedliche diagnostische Einschluss- und Ausschlusskriterien zurückgeführt werden. Die berichteten Häufigkeiten liegen in älteren Untersuchungen zwischen 0,2% (Weissman u. Myers 1980) und 1,7% (Leighton 1959), wobei die letztere Zahl den Ergebnissen neuerer Untersuchungen bemerkenswert nahe kommt. So fanden etwa Swartz et al. (1990) eine Prävalenzrate von 1,8% und Zimmerman und Coryell (1989) eine Rate von 1,6% in der Allgemeinbevölkerung. Die Häufigkeit von Borderline-Persönlichkeitsstörungen unter psychiatrisch behandelten Patienten liegt deutlich höher. Hier werden bei der Untersuchung stationär behandelter psychiatrischer Patienten unter Ausschluss von Psychosekranken und hirnorganisch beeinträchtigten Patienten z.T. Prävalenzraten von mehr als 60% gefunden (Widiger et al. 1990).

Frances et al. (1984) fanden 34% Borderline-Persönlichkeitsstörungen in der von ihnen untersuchten Population von 76 ambulanten psychiatrischen Patienten mit einer Persönlichkeitsstörung gemäß DSM-III.

Kass et al. (1985) führten eine Studie zu der Frage durch, wie sich die Prävalenz von Persönlichkeitsstörungen darstellt, wenn nicht lediglich das Vorhandensein oder Nicht-Vorhandensein einer Persönlichkeitsstörung diagnostiziert wird, sondern die Möglichkeit besteht, graduelle Ausprägungen von gestörter Persönlichkeit im Sinne der DSM-III-Diagnosen zu skalieren, und sie fanden, dass 11% von insgesamt 609 untersuchten Patienten die Kriterien für die Borderline-Persönlichkeitsstörung gemäß DSM-III vollständig erfüllten, während weitere 8% diese Kriterien nahezu vollständig erfüllten.

Dahl (1986) fand bei der Untersuchung von 231 stationären psychiatrischen Patienten 20% mit Borderline-Persönlichkeitsstörung. Pfohl et al. (1986) fanden unter 78 nicht-psychotischen stationär behandelten Depressiven 22% mit Borderline-Persönlichkeitsstörung. Loranger et al. (1987) fanden unter 60 nicht-psychotischen stationär behandelten psychiatrischen Patienten eine Rate von 30% Borderline-Persönlichkeitsstörungen. Alnaes und Torgersen (1988a) fanden bei der Untersuchung von 298 ambulanten psychiatrischen Patienten eine Prävalenzrate für Borderline-Persönlichkeitsstörung von 15%. Hyler und Lyons (1988) fanden bei einer Replikation der Studie von Kass et al. unter 358 Patienten eine Prävalenzrate von 6%. Morey (1988a) fand unter 291 Patienten mit klinisch diagnostizierten Persönlichkeitsstörungen eine Quote von 32% mit Borderline-Persönlichkeitsstörung gemäß DSM-III; legte man bei der gleichen Patientengruppe die Kriterien von DSM-III-R zugrunde, erhöhte sich diese Rate nur geringfügig auf 33,3%.

Loranger (1990) untersuchte die Häufigkeit von Persönlichkeitsstörungs-Diagnosen unter den Patienten, die in einer psychiatrischen Universitätsklinik zwischen 1981 und 1985 behandelt worden waren, d.h. in den fünf Jahren nach der Veröffentlichung des DSM-III. In dieser Untersuchung fand sich, dass 2840 von insgesamt 5771 Patienten die Diagnose einer Persönlichkeitsstörung gegeben wurde. Unter diesen Diagnosen war die häufigste die der gemischten oder atypischen Persönlichkeitsstörung mit 32,6%, gefolgt von der Diagnose der Borderline-Persönlichkeitsstörung (26,7%).

Maier et al. (1992) untersuchten im Rahmen einer Familienstudie 452 Personen aus 109 Familien hinsichtlich der Lebenszeitprävalenz von Persönlichkeitsstörungen und DSM-III-Achse-I-Störungen. Die Autoren fanden bei 9,6% der Männer und 10,3% der Frauen wenigstens eine Persönlichkeitsstörung, darunter fand sich insgesamt ein Anteil von 1,3% mit Borderline-Persönlichkeitsstörung.

Empirisch begründete Daten zur Frage der Inzidenz der Borderline-Persönlichkeitsstörung liegen nicht vor.

Die Borderline-Persönlichkeitsstörung tritt nach zahlreichen Befunden häufiger bei Frauen als bei Männern auf (Akhtar et al. 1986; Stone et al. 1987b; Paris et al. 1987). Andere Autoren finden hingegen keine Häufung der Diagnose einer Borderline-Persönlichkeitsstörung bei Patientinnen (Reich 1987; Kass et al. 1983). Einige Befunde lassen die Annahme zu, dass zwischen sexuellem Missbrauch und autoaggressiver Symptomatik sowie zwischen körperlicher Misshandlung und fremdaggressiver Symptomatik dahingehend ein Zusammenhang besteht, dass Frauen, die häufiger als Männer sexuell missbraucht wurden, eher klinisch in Erscheinung treten, während Männer, die in Kindheit und Jugend häufiger als Frauen körperlich misshandelt wurden, später strafrechtlich auffällig werden (Dulz u. Jensen 1997). Unter Hinweis auf die hohe Rate von Borderline-Persönlichkeitsstörungen, die sich bei der Untersuchung von sozial auffälligen Personen (Strafgefangenen) etwa mit dem DIB (Diagnostic Interview for Borderline Patients, Gunderson et al. 1981) findet, argumentieren Eckert et al. (1997), dass das zahlenmäßige Geschlechterverhältnis bei „Borderline-Persönlichkeiten" eher dem Verhältnis zwei (Männer) zu drei (Frauen) entspreche. Möglicherweise hat auch das Geschlecht des Untersuchers einen Einfluss auf die Häufigkeit der Diagnose einer Borderline-Persönlichkeitsstörung (Adler et al. 1990; Becker u. Lamb 1994; vgl. jedoch Garb 1995).

6.4.1 Der natürliche Verlauf der Borderline-Persönlichkeitsstörung

Es liegen eine Reihe von Verlaufsuntersuchungen zur Borderline-Persönlichkeitsstörung vor (Paris 1988; Stone 1989b), die sich jedoch mehrheitlich auf den Verlauf von behandelten Borderline-Erkrankungen beziehen (McGlashan 1986; Paris et al. 1987; Stone et al. 1987b; Plakun et al. 1985). Aufgrund einer umfassenden Übersicht über Langzeitstudien zum Verlauf von behandelten Borderline-Persönlichkeitsstörungen kommt Stone (1989b) zu der Auffassung, dass bis zu zwei Drittel der Patienten mit einer Borderline-Störung bei einer stürmischen Entwicklung in den ersten Jahren nach 8–10 Jahren nur noch eine minimale Symptomatik aufweisen. Im Gegensatz dazu fand eine neuere Studie von Links et al. (1998a), dass 47% stationär behandelter Borderline-Patienten auch nach sieben Jahren noch eine Borderline-Persönlichkeitsstörung aufwiesen. Paris et al. (1987) fanden bei 75 von 100 Patienten mit Borderline-Persönlichkeitsstörung nach 15 Jahren die diagnostischen Kriterien dieser Störung nicht mehr erfüllt. Wenig ist zu der Frage bekannt, wie sich der unbehandelte Verlauf der Borderline-Persönlichkeitsstörung darstellt. Insbesondere über Borderline-Störungen im höheren Lebensalter sind nur wenige Publikationen bekannt (Abrams 2000; Dulz u. Schneider 1995). Reich et al. (1988) berichten allerdings von einer Zunahme der Symptomatik bei über 60-Jährigen. Abrams (2000), Kroessler (1990) sowie Snyder et al. (1983) betonen, dass ältere Menschen die diagnostischen Kriterien des DSM weniger erfüllen können als jüngere, was zu einer Unterdiagnose dieser Störung im höheren Lebensalter führen könnte. Stone (1989b; 1993) vermutet, dass der unbehandelte Verlauf nach 10–25 Jahren über einen sehr weiten Bereich vom vollendeten Suizid bis hin zur vollständigen Genesung variiert, was ihn zu der Annahme bringt, dass die Borderline-Diagnose alleine diese Variabilität nicht erklärt, da diese in erheblichem Maße von der Komorbidität abhinge. Dies gilt insbesondere für die Suizid-Mortalität: Während verschiedene Studien von Suizidraten von 8% bis 10% berichten (Paris et al. 1987; Stone et al. 1987b; Paris 1990; Kjelsberg et al. 1991), fand Stone (1993) eine Suizid-Mortalität von 18% bei komorbider affektiver Störung und von 33% bei komorbider Alkoholabhängigkeit. Vorhandene Begabungen, etwa künstlerischer Art, wirkten sich günstig auf den Verlauf aus; eine durch elterliche körperliche Misshandlungen geprägte Vorgeschichte sei mit ungünstigerem Outcome assoziiert. Bei etwa zwei Drittel der Patienten kann hinsichtlich des psychosozialen Funktionsniveaus mit einem insgesamt günstigen Verlauf gerechnet werden, wobei männliche Patienten hinsichtlich der sozialen und beruflichen Anpassung trotz anfänglich ausgeprägterer antisozialer Züge den Patientinnen überlegen zu sein scheinen (Bardenstein et al. 1988). Gunderson (1987) macht in diesem Zusammenhang darauf aufmerksam, dass die Symptomatik von Borderline-Patienten ganz wesentlich von den jeweils aktuellen Lebensumständen abhängt, was eine Beurteilung des natürlichen Verlaufs weiter erschwert.

6.5 Komorbidität

Die Borderline-Persönlichkeitsstörung ist dadurch ausgezeichnet, dass sie in erheblichem Maße mit anderen psychischen Störungen komorbid ist. Diese anderen Störungen umfassen:
- depressive Verstimmungen
- Panikstörungen
- Abhängigkeitserkrankungen
- Störungen der Impulskontrolle
- Ess-Störungen
- Störungen der Geschlechtsidentität
- Störungen der Sexualpräferenz
- Posttraumatische Belastungsstörungen

Dabei ist zunächst unklar, wie eine solche Komorbidität zu bewerten ist. So kann die Komorbidität mit anderen Störungen dadurch erhöht werden, dass Patienten aus

Populationen untersucht werden, in denen bestimmte komorbide Erkrankungen gehäuft auftreten. Aber auch das diagnostische Vorgehen selbst kann zu einer Steigerung der Komorbidität beitragen, etwa wenn es die Erstellung multipler Diagnosen anstelle einer möglichst präzisen Differenzialdiagnostik unterstützt oder wenn es insgesamt die Schwellen für die Stellung einer bestimmten Diagnose herabsetzt. Ein weiterer Grund für eine Steigerung von Komorbidität kann darin liegen, dass operationale Kriterien, welche ein bestimmtes Krankheitsbild definieren, sich mit den Kriterien anderer Erkrankungen in deutlicherem Maße überschneiden, so wie dies für die Bulimie der Fall ist. Hier gilt, dass zwei der Kriterien, welche Bulimie definieren, gleichzeitig auch Kriterien für die Stellung der Diagnose einer Borderline-Persönlichkeitsstörung sind. Pope und Hudson (1989) fanden beispielsweise, dass sich die Komorbidität von Borderline-Persönlichkeitsstörung und Bulimie auf 2% reduziert, sobald die bulimische Symptomatik aus der Diagnostik der Borderline-Persönlichkeitsstörung ausgeschlossen wird.

Umgekehrt kann es natürlich auch gelingen, eine erhebliche Anzahl von Patienten mit Borderline-Persönlichkeitsstörungen dadurch zu identifizieren, dass mit einem strukturierten Interview die Achse-I-Symptomatik erfasst wird, um Impulsivität, Stimmungsstörungen und selbstdestruktive Handlungen zu identifizieren, die ihrerseits als Indikatoren für das Vorliegen einer Borderline-Persönlichkeitsstörung gelten können.

Insgesamt muss die Frage der Komorbidität kritisch gesehen werden, beruht sie doch auf offenbar zu wenig differenzierenden deskriptiven Kriterien, wobei Kernberg (1975, 1978) Symptome lediglich als Verdachtsmomente für das Vorliegen einer Borderline-Störung ansieht, die, für sich alleine genommen, die Diagnosestellung noch nicht rechtfertigen. Vor diesem Hintergrund hat es verschiedene Versuche gegeben, die deskriptiv sehr heterogen erscheinende Gruppe der Borderline-Störungen („Spektrum", „Formenkreis") zu differenzieren (s. z.B. Dulz 1999; McGlashan u. Heinssen 1996; Stone 1994; 1989a).

6.5.1 Komorbidität mit affektiven Störungen

Die Komorbidität der Borderline-Persönlichkeitsstörung mit affektiven Störungen ist erheblich, sie resultiert z.T. aus der sich überlappenden Symptomatik. Sie war Gegenstand einer Vielzahl empirischer Untersuchungen, von denen die wesentlichen in der aus Widiger und Trull (1993) entnommenen Tabelle 6-1 wiedergegeben werden.

In den genannten Studien finden sich insgesamt bei 2015 Patienten mit Borderline-Persönlichkeitsstörung 32%, bei denen eine Major Depression diagnostiziert wird, bei 17% findet sich eine dysthyme Störung, bei 5% findet sich eine zyklothyme Störung und bei 4% eine bipolare affektive Störung.

Tab. 6-1 Komorbidität von Borderline-Persönlichkeitsstörung mit affektiven Störungen (Quelle: Widiger u. Trull 1993, S. 378f)

Studie	Anzahl untersuchter Patienten (N-BPD)	Diagnostische Kriterien	Methode der Datengewinnung	Datenquelle	Setting	Affektive Störung	Borderline-Patienten mit affektiven Störungen (in %)
Akiskal (1981)	100	DSM DIB	Int	Pt	am	Bipolar II Dysth. Strg. Zykloth. Strg. Major Depression	17% 14% 7% 6%
Akiskal et al. (1985)	24	DSM DIB	Int	Pt	am	Dysth. Strg. Bipolar II Zykloth. Strg.	54% 12% 4%
Alnaes u. Torgersen (1988a)	44	DSM	Int	Pt	am	Zykloth. Strg. Major Depression Dysth. Strg. Bipolar	39% 34% 27% 0%
Andrulonis et al. (1981)	91	DSM	KDia	Ther	st	Depression	67%
Andrulonis u. Vogel (1984)	106	DSM	Int Akte	Pt	st	Depression	66%
Angus u. Marziall (1988)	22	DSM DIB	Int	Pt	am	affektive Strg.	9%

Tab. 6-1 (Fortsetzung)

Studie	Anzahl untersuchter Patienten (N-BPD)	Diagnostische Kriterien	Methode der Datengewinnung	Datenquelle	Setting	Affektive Störung	Borderline-Patienten mit affektiven Störungen (in %)
Baxter et al. (1984)	27	DSM	KDia	Ther	st	Major Depression Bipolar/schizoaff	52% 7%
Blackwood et al. (1986)	14	DSM DIB	Int	Pt	st	Major Depression Intermittierende Depr. Bipolar I	29% 14% 7%
Carroll et al. (1981)	21	DSM DIB	KDia	Ther	bd	Major Depression	62%
Cole et al. (1984)	60	DSM DIB	Akte	Akte	st	Major Depression Subklinische Depr.	35% 25%
Cowdry u. Gardner (1988)	16	DSM DIB	Int	Pt	am	Dysth. Strg. Major Depr. mit psychot. Sy. Major Depr. ohne psychot. Sy. Atypisch bipolar	31% 25% 19% 6%
Frances et al. (1984)	26	DSM	Int	Pt	am	Affekt. Strg.	38%

Tab. 6-1 (Fortsetzung)

Studie	Anzahl untersuchter Patienten (N-BPD)	Diagnostische Kriterien	Methode der Datengewinnung	Datenquelle	Setting	Affektive Störung	Borderline-Patienten mit affektiven Störungen (in %)
Fyer et al. (1988)	180	DSM	Akte	Akte	st	Affekt. Strg.	65%
Garbutt et al. (1983)	15	DSM	Int	Pt	st	Major Depression Dysth. Strg. Bipolare Depression	47% 20% 7%
Garbutt et al. (1987)	12	DSM	Int	Pt	st	Major Depression Dysth. Strg. Atypisch bipolar	33% 17% 8%
Gardner u. Cowdry (1986)	16	DSM DIB	Int	Pt	am	Major Depression	50%
Grunhaus et al. (1985)	28	DSM	Int DIB	Pt	st	Major Depression	68%
Gunderson et al. (1975)	24	DIB	Int	Pt	st	Neurotic Depression	38%
Koenigsberg et al. (1985)	304	DSM	Akte	Akte	bd	Major Depression Atypische Depression Dysth. Strg.	4% 2% 1%

Tab. 6-1 (Fortsetzung)

Studie	Anzahl untersuchter Patienten (N-BPD)	Diagnostische Kriterien	Methode der Datengewinnung	Datenquelle	Setting	Affektive Störung	Borderline-Patienten mit affektiven Störungen (in %)
						Atypisch bipolar	1%
						Bipolar	0%
						Zykloth. Strg.	0%
Krishnan et al. (1984)	24	DSM	Akte	Akte	st	Major Depression	25%
						Bipolar-depressed	4%
						Dysth. Strg.	4%
Kroll et al. (1981)	21	DSM DIB	Int	Pt	st	Affekt. Strg.	14%
Kroll et al. (1982)	7	DSM DIB	Int	Pt	st	Depressive neurosis	29%
						Major Depression	14%
Kullgren (1987)	16	DSM DIB	Int	Pt	st	Bipolar	19%
						Major Depression	0%
Kullgren (1988)	28	DSM DIB	Int	Pt	st	Bipolar	11%
						Major Depression	4%
Kutcher et al. (1987)	22	DSM DIB	Int	Pt	st	Major Depression	55%
						Bipolar I und II	14%

Tab. 6-1 (Fortsetzung)

Studie	Anzahl untersuchter Patienten (N-BPD)	Diagnostische Kriterien	Methode der Datengewinnung	Datenquelle	Setting	Affektive Störung	Borderline-Patienten mit affektiven Störungen (in %)
Lahmeyer et al. (1988)	21	DSM DIB	Int	Pt	am	Major Depression Hypomanie Manie	38% 14% 5%
Links et al. (1988)	88	DIB	Int	Pt	st	Major Depression Intermitt. Depr. Minor depression Hypomanie Manie	73% 9% 6% 3% 1%
Manos et al. (1987)	36	DSM	Akte	Akte	bd	Dysth. Strg. Atypische Depression Major Depression	6% 3% 0%
Marcus u. Bradley (1987)	12	DSM	Akte	Akte	st	Major Depression Bipolar Atypische affekt. Strg.	50% 17% 8%
McGlashan (1983)	97	DSM	Akte	Akte	st	Depression Manie	33% 12%

Tab. 6-1 (Fortsetzung)

Studie	Anzahl untersuchter Patienten (N-BPD)	Diagnostische Kriterien	Methode der Datengewinnung	Datenquelle	Setting	Affektive Störung	Borderline-Patienten mit affektiven Störungen (in %)
Nelson et al. (1985)	20	DSM	Int	Pt	st	Affekt. Strg.	57%
Perry (1985)	23	DSM	Int	Pt	—	Major Depression Manic disorder	74% 30%
Pitts et al. (1985)	40	DSM	KDia	Ther	st	Dysth. Strg. Major Depression	30% 1%
Pope et al. (1983)	33	DSM	Akte	Akte	st	Major Depression Bipolar Dysth. Strg.	39% 9% 3%
Reynolds et al. (1985)	10	DIB	Int	Pt	st	Intermitt. Depr. Major Depression Bipolar II 20% Zykloth. Strg.	50% 20% 10%
Schulz et al. (1986)	17	DSM	Int	Pt	am	Major Depression	41%
Soloff et al. (1987)	39	DIB	Int	Pt	st	Major Depression Intermitt. Depr. Minor Depression	49% 5% 5%

Tab. 6-1 (Fortsetzung)

Studie	Anzahl untersuchter Patienten (N-BPD)	Diagnostische Kriterien	Methode der Datengewinnung	Datenquelle	Setting	Affektive Störung	Borderline-Patienten mit affektiven Störungen (in %)
Sternbach et al. (1983)	13	DSM	—	—	st	Major Depression	77%
Stone et al. (1987b)	188	DSM	Akte	Akte	st	Major affekt. Strg.	68%
Swartz et al. (1989)	21	DSM DIB	Int	Pt	bd	Major Depression Dysth. Strg.	81% 52%
Vaglum u. Vaglum (1985)	49	DSM	Int	Pt	bd	Major Depression Dysth. Strg	35% 10%
Val et al. (1983)	10	DSM	Int	Pt	am	Major Depression Bipolar Atypisch bipolar	60% 20% 20%
Zanarini et al. (1989a)	50	DSM DIB	Int	Pt	am	Dysth. Strg. Major Depression Bipolar Zykloth. Strg. Bipolar II	100% 78% 0% 0% 0%

Akte = Krankenakten; am = ambulant; bd = beides (ambulant u. stationär); KDia = klinische Diagnose des Therapeuten; Int = Patienteninterview; Pt = Patient; Ther = Therapeut; st = stationär.

Natürlich stellt sich hier die Frage, inwieweit diese ausgeprägte Komorbidität nicht auch als Artefakt anzusehen ist, da ja die Kriterien der Impulsivität, der affektiven Instabilität, der unangemessenen und intensiven Wut, des körperlich selbstschädigenden Verhaltens, der Gefühle von Leere und Langeweile und der Instabilität von Beziehungen ihrerseits direkt oder zumindest mittelbar Kriterien einer affektiven Störung sind. Eine besondere Beachtung gebührt der Komorbidität mit suizidalen Vorstellungen, Todeswünschen und Suizidversuchen: Hier fanden Zisook et al. (1994) unter ambulant behandelten Borderline-Patienten eine Rate von 33%, die aktuell Selbsttötungsabsichten hegten, und 68% mit mindestens einem Suizidversuch in der Vorgeschichte. Bei einer Untersuchung von Patienten mit Panikstörung fanden Friedman et al. (1992) in einer Subgruppe mit komorbider Borderline-Persönlichkeitsstörung 27% mit aktuellen Suizidgedanken von klinischem Gewicht und 25% mit mindestens einem Suizidversuch in der Vorgeschichte. Diese Raten waren ca. zehnmal höher als bei Patienten mit Panikstörung ohne begleitende Borderline-Persönlichkeitsstörung.

Alle Angaben zur Komorbidität beruhen entsprechend der Logik der zugrunde liegenden diagnostischen Systeme auf deskriptiven Kriterien von eher größerem Allgemeinheitsgrad und nicht auf einer subtilen psychopathologischen und/oder psychodynamischen Differenzierung. Eine solche differenziertere Betrachtung (Dulz 1999) ergibt den Befund, dass die depressive Symptomatik im Rahmen einer Borderline-Störung eher als „objektloser Zustand" anzusehen ist, der mehr mit einer narzisstischen inneren Leere im Zusammenhang steht, während beispielsweise eine Depression im Rahmen einer neurotischen Störung eher als objektbezogen aufzufassen ist.

6.5.2 Komorbidität mit anderen DSM-Achse-I-Störungen

In einer neueren Studie untersuchten Zanarini et al. (1998b) die Lebenszeitprävalenz von Achse-I-Störungen bei Borderline-Patienten im Vergleich zu einer Gruppe von Patienten mit anderen Persönlichkeitsstörungen. Borderline-Persönlichkeitsstörungen zeigten gegenüber den Kontrollen eine Häufung von Major Depression, Panikstörung, sozialen Phobien, einfachen Phobien, Posttraumatischer Belastungsstörung und nicht näher spezifizierten Essstörungen. Die männlichen Borderline-Patienten unterschieden sich von den weiblichen durch eine signifikante Erhöhung der Lebenszeitprävalenz von Alkoholabhängigkeit, Drogenabhängigkeit und Substanzmissbrauch; bei den weiblichen fand sich gegenüber den männlichen Borderline-Patienten eine signifikante Häufung von Anorexia nervosa und Bulimie. Insgesamt waren die Angststörungen in dieser Stichprobe nahezu gleich häufig (88,4%) anzutreffen wie die affektiven Störungen (96,3%) und damit wesentlich häufiger als bei den Kontrollen mit anderen Persönlichkeitsstörungen (50,4% bzw. 72,0%).

6.5.3 Komorbidität mit anderen Persönlichkeitsstörungen

Die Komorbidität der Borderline-Persönlichkeitsstörung mit anderen Persönlichkeitsstörungen ist ebenfalls beträchtlich. Insbesondere die Komorbidität mit und die Abgrenzung von der Schizotypischen Persönlichkeitsstörung hat in der Literatur einige Aufmerksamkeit gefunden. Eine Übersicht über die Komorbidität der Borderline-Persönlichkeitsstörung mit den anderen Persönlichkeitsstörungen gemäß DSM gibt die Tabelle 6-2, die ebenfalls aus Widiger und Trull (1993) entnommen ist.

Eine neuere Studie von Zanarini et al. (1998a) untersuchte 504 stationär psychiatrisch behandelte Patienten mit dem SKID-I, dem DIB-R und dem Diagnostic Interview for DSM-III-R Personality Disorders (DIPD-R, Dubo et al. 1996). Unter Berücksichtigung des geringfügig höheren Anteils weiblicher Patienten unter den Borderline-Persönlichkeitsstörungen im Vergleich zur Gruppe der DSM-Achse-II-Kontrollpersonen fand sich für die Borderline-Patienten eine gehäufte Komorbidität mit Paranoider, Vermeidender und Abhängiger Persönlichkeitsstörung. Die Komorbidität mit Paranoider, Narzisstischer und Passiv-aggressiver Persönlichkeitsstörung war unter den Männern ausgeprägter als unter den Frauen. Insgesamt fand sich bei 75% der Untersuchten eine komorbide Störung aus dem Ängstlich-vermeidenden und bei 40% eine Störung aus dem Dramatisch-erratischen Cluster der Persönlichkeitsstörungen.

6.6 Diagnostik

Im englischen Sprachraum liegen verschiedene semistrukturierte Interviewmethoden vor, mit denen Persönlichkeitsstörungen gemäß DSM diagnostiziert werden können. Von diesen hat insbesondere das SCID-II (Skodol et al. 1988; dt: SKID-I/II, Wittchen et al. 1997) eine weite Verbreitung gefunden. Unter den speziell für die Diagnose der Borderline-Störung eingesetzten Verfahren wurde insbesondere das Diagnostic Interview for Borderlines-Revised (DIB, Zanarini et al. 1989b) in größerem Umfang angewendet. Unter den persönlichkeitsdiagnostischen Fragebogenverfahren werden das Personality Diagnostic Questionnaire-Revised (PDQ-R, Hyler et al. 1989), das Millon Clinical Multiaxial Inventory II (MCMI-II, Millon 1982) und das Wisconsin Personality Inventory (WISPI, Klein et al. 1989) häufig eingesetzt.

Die Gültigkeit der genannten Instrumente variiert weit von mäßig bis gut, was angesichts der Unterschiede in der Konzeptualisierung der Borderline-Persönlichkeitsstörung und angesichts der Schwierigkeit, Konstrukte wie „Identitätsstörung" oder „chronische Leeregefühle" zu erfassen, nicht verwundert.

Tab. 6-2 Komorbidität von Borderline-Persönlichkeitsstörung mit anderen Persönlichkeitsstörungen nach DSM-III-R (Quelle: Widiger u. Trull 1993, S. 380)

Studie	Dahl (1986)	Dubro et al. (1988)	Frances et al. (1984)	Morey (1988a)	Pfohl et al. (1986)	Widiger et al. (1986)	Widiger et al. (1990)	Zanarini et al. (1987)	Zimmerman u. Coryell (1989)
Prozentanteil anderer Persönlichkeitsstörungen mit zusätzlicher Borderline-Störung									
Paranoid	–	100	50	48	–	41	53	62	43
Schizoid	20	–	4	19	–	29	38	–	–
Schizotypisch	41	67	70	33	50	60	54	80	13
Antisozial	76	50	–	44	80	81	71	70	15
Histrionisch	64	38	29	56	67	79	44	89	12
Narzisstisch	67	100	33	47	80	44	46	57	–
Vermeidend	6	56	12	44	40	79	53	87	30
Abhängig	25	56	35	51	41	72	67	85	–
Zwanghaft	–	100	–	09	29	50	–	60	12
Passiv-aggressiv	–	67	–	36	67	75	62	50	12
Prozentanteil von Borderline-Störungen mit zusätzlicher anderer Persönlichkeitsstörung									
Paranoid	–	–	12	32	–	13	47	12	23
Schizoid	3	–	–	6	–	4	18	–	–

Emotional instabile Persönlichkeitsstörung

Tab. 6-2 (Fortsetzung)

Studie	Dahl (1986)	Dubro et al. (1988)	Frances et al. (1984)	Morey (1988a)	Pfohl et al. (1986)	Widiger et al. (1986)	Widiger et al. (1990)	Zanarini et al. (1987)	Zimmerman u. Coryell (1989)
Prozentanteil von Borderline-Störungen mit zusätzlicher anderer Persönlichkeitsstörung									
Schizotypisch	45	–	27	9	21	55	35	46	23
Antisozial	68	20	–	8	14	47	59	27	31
Histrionisch	61	30	19	36	69	57	24	62	23
Narzisstisch	5	20	15	31	14	8	29	15	–
Vermeidend	3	50	8	36	21	41	59	50	31
Abhängig	3	60	27	34	24	55	47	42	–
Zwanghaft	–	–	–	2	7	2	–	12	15
Passiv-aggressiv	–	10	–	13	41	62	29	15	23
Anzahl der Borderline-Patienten	38	10	26	96	29	53	17	26	13
Anzahl untersuchter Patienten	103	56	76	291	131	84	50	43	797

So beträgt das gewichtete Kappa für die Übereinstimmung des DIB mit dem strukturellen diagnostischen Interview nach Kernberg lediglich 0,45 (Koenigsberg et al. 1983) bis 0,49 (Kernberg et al. 1981). Dies ist aber nicht überraschend, zielt das Strukturelle Interview nach Kernberg doch auch auf die Erfassung internalisierter Objektbeziehungen, was eine notwendige Abweichung gegenüber der rein deskriptiven Diagnostik gemäß dem DSM oder auch dem DIB impliziert.

In der Mehrzahl der Studien fand sich eine mittlere bis gute Übereinstimmung von DIB- und DSM-III-Diagnosen (Barrash et al. 1983; Hurt et al. 1986; Kroll et al. 1981; Nelson et al. 1985), lediglich bei Angus und Marziali (1988) findet sich eine mangelnde Übereinstimmung der mit unterschiedlichen Methoden gewonnenen Borderline-Diagnosen.

Studien zu der Frage, mit welcher Vorgehensweise (DSM vs. DIB) validere Diagnosen gestellt werden können, liegen nicht vor.

Insgesamt kann aufgrund verschiedener Studien angenommen werden, dass bei Verwendung von Selbstbeurteilungsfragebögen mehr Borderline-Diagnosen gestellt werden als dies bei Expertenratings der Fall ist (Angus u. Marziali 1988; Dubro et al. 1988; Hurt et al. 1984; Hyler et al. 1989).

Einige Studien untersuchten den Zusammenhang zwischen klinisch gestellter und einer sich auf strukturierte Interviews, Expertenratings oder Selbstbeurteilungsfragebögen stützenden Diagnose. Hier fanden Hyler et al. (1989) eine Korrelation von 0,51 zwischen klinisch gestellter Diagnose und PDQ-Scores. Skodol et al. (1988) fanden in 85% eine Übereinstimmung zwischen klinischer und der mittels des SCID-II gestellten Diagnose. Morey und Ochoa (1989) fanden lediglich eine mittelgroße gewichtete Übereinstimmung (Kappa = 0,58) zwischen klinisch gestellter Diagnose und der Einschätzung der einzelnen Kriterien des DSM-III-R für die Borderline-Persönlichkeitsstörung.

Der Einsatz des Rorschach-Verfahrens zur Identifikation „primitiver" Objektbeziehungen (Rosenfeld 1983) und archaischer Abwehrkonfigurationen (Greene 1993) erbrachte in einzelnen Untersuchungen (Lerner et al. 1987) zwar ermutigende Resultate, aufgrund methodischer Mängel (fehlende diagnostische Differenzierung zwischen Borderline- und Schizotypischen Persönlichkeitsstörungen, vgl. Carr 1987) bleibt die Gültigkeit dieser Befunde aber fragwürdig.

Loranger et al. (1994) legten mit der International Personality Disorder Examination (IPDE) ein halbstrukturiertes klinisches Interview vor, welches sowohl mit dem DSM-III-R als auch mit der ICD-10 in vollem Umfang kompatibel ist. Die Interrater-Reliabilität dieses Instruments wurde an 716 stationär psychiatrisch behandelten Patienten untersucht und kann auch angesichts des Umstands, dass die Anwendbarkeitsstudie international und in mehreren Sprachen erfolgte, als sehr befriedigend gelten. Sie betrug 0,8 bei den anhand der DSM-III-R identifizierten und 0,76 bei den anhand der ICD-10-Kriterien identifizierten Borderline-Persönlichkeitsstörungen. Im Unterschied zu anderen Verfahren, wie beispielsweise dem

Emotional instabile Persönlichkeitsstörung

SCID, erlaubt es die IPDE, auch „wahrscheinliche" Fälle zu identifizieren. Hier betrug die Reliabilität 0,76 bzw. 0,78. Die zeitliche Stabilität der mit der IPDE gewonnenen Diagnosen wurde durch Nachuntersuchung einer Teilstichprobe nach sechs Monaten überprüft und erwies sich als zufriedenstellend. Als problematisch erwies sich lediglich die Länge des Interviews, welches durchschnittlich 140 Minuten in Anspruch nahm.

Ebenfalls zur Diagnostik von Persönlichkeitsstörungen vor dem Hintergrund der ICD-10-Klassifikation sind die International Diagnostic Checklists (IDCL, Hiller et al. 1993) geeignet. Hierbei handelt es sich um einen Set von Flussdiagrammen, welche ein strukturiertes diagnostisches Vorgehen entlang der ICD-10-Kriterien erleichtert. Eine spezielle Form dieser Checklisten liegt als IDCL-P (Bronisch et al. 1992) für die Diagnose von Persönlichkeitsstörungen vor. In ersten Studien (Hiller et al. 1990a; 1990b) wurde eine gute klinische Praktikabilität und eine zufriedenstellende bis sehr gute Reliabilität der IDCL ermittelt. Die vergleichende Untersuchung der Diagnostik mittels der IDCL-P und der International Personality Disorder Examination (IPDE) bei 40 stationär psychiatrisch behandelten Patienten ergab eine zufriedenstellende Übereinstimmung hinsichtlich des Vorhandenseins oder Nicht-Vorhandenseins einer Persönlichkeitsstörung. Die Übereinstimmung bei den einzelnen Persönlichkeitsstörungen schwankte zwischen unzureichenden und zufriedenstellenden Werten. Die Übereinstimmung (gewichtetes Kappa) zwischen der IDCL-P und der Borderline-Persönlichkeitsstörung gemäß DSM-III-R betrug 0,55, die zwischen der IDCL-P und der impulsiven Persönlichkeitsstörung nach ICD-10 0,54. Die Höhe der Übereinstimmung liegt damit in der Größenordnung der Übereinstimmung, die in verschiedenen Studien zwischen der PDE und dem SCID-II gefunden wurde.

Ebenfalls im deutschen Sprachraum wurde von Leichsenring (1994) das „Borderline-Persönlichkeits-Inventar" publiziert, ein Fragebogenverfahren, welches sich, ausgehend von Kernbergs Konzept der Borderline-Persönlichkeitsorganisation, auf die Bereiche Realitätsprüfung, Identitätsdiffusion, „frühe" Abwehrmechanismen, Beziehungsstörungen und Impulskontrolle bezieht. Bei Untersuchungen an stationär behandelten Borderline-Patienten und stationär behandelten neurotischen Patienten sowie an gesunden Kontrollpersonen fanden sich gute Werte für Trennschärfe, Reliabilität und innere Konsistenz.

Aus klinisch-diagnostischer Sicht muss ein besonderes Augenmerk den Störungen der Affektregulation gelten, die durch hohe Störbarkeit mit erniedrigter Reizschwelle, hohem Erregungsgrad und prolongierter Wiederangleichung an ein emotionales Ausgangsniveau gekennzeichnet sind (Stone 1988). Die Störungen der Affekte beziehen dabei sowohl Bereiche der „experienced emotion" als auch der „occurring emotion" mit ein (Krause 1988, S. 80), wobei oftmals insbesondere die Selbstinterpretation von Affekten beeinträchtigt ist (ebd., S. 84), sodass Borderline-Patienten typischerweise zu einer differenzierenden Binnenwahrnehmung ihrer Affekte nicht in der Lage sind, sondern Emotionen undifferenziert als quälende, aversive Spannungszustände erleben. Volkart (1993) fand bei der Untersuchung von 24 Patienten mit Borderline-Persönlichkeitsstörung eine starke Tendenz zur automatischen Affektübernahme sowie eine mangelnde Integration zwischen affektivem und kognitiv-affektivem System. Die pathogene Dynamik der Borderline-Persönlichkeit erschien vor allem im Bereich der Regulierung der Primäraffekte (Tomkins 1968) angesiedelt. Leichsenring (1991) fand bei Borderline-Patienten erhöhte Werte für ängstliche und feindselige Affekte.

In kognitiver Hinsicht stehen bei Borderline-Patienten oft negative Vorstellungen von eigener Verdammungswürdigkeit oder negativ getönte Größenideen von eigener destruktiver Übermacht im Vordergrund. Leichsenring et al. (1992) fanden bei Untersuchungen von 30 Borderline-Patienten mit der „Holtzman Inkblot Technik" eine Tendenz zur Vermeidung von Ambiguität, eine Neigung zur Übergeneralisierung, Vereinfachung und Verabsolutierung sowie zur Ausschaltung von Zwischenstufen, Ungewissheit und Unbestimmtheit.

In jüngster Zeit haben Wilkinson-Ryan und Westen (2000) eine Untersuchung an 95 Probanden, darunter 34 mit Borderline-Persönlichkeitsstörung, durchgeführt, um das Konzept der Identitätsstörung enger einzugrenzen. Mittels einer Faktorenanalyse von Fragebogendaten, die mit einem eigens konstruierten Bogen erhoben worden waren, gelang es, vier Dimensionen der „Identitätsstörung" zu definieren, durch die sich alle Borderline-Patienten von den Kontrollprobanden unterschieden:

- Absorbiertsein durch die Rolle
- schmerzlich erlebte Inkohärenz
- Inkonsistenz von Denken, Fühlen und Verhalten
- mangelndes Verpflichtungsgefühl

Darüber hinaus erbrachte diese Untersuchung auch Hinweise auf eine psychopathologische Differenzierung eines Borderlinetypus mit vorherrschender Dysphorie und emotionaler Dysregulation und einem Typus mit vorherrschenden histrionischen Charakteristika.

6.6.1 Differenzialdiagnostische Abgrenzung von schizophrenen Psychosen

Eine besondere Bedeutung für den klinischen Alltag hat die Differenzierung psychotischer bzw. psychosenaher oder psychoseähnlicher Symptomatik. Mentzos (2000) verweist auf die Bedeutung von Derealisations- und Depersonalisationserleben für die Diagnose einer Borderline-Störung; Dulz (1999) sowie Dulz und Schneider (1995) betonen die Bedeutung der Unterscheidung zwischen einer pseudohalluzinatorischen und einer halluzinatorischen Symptomatik, Zanarini et al. (1990) führen zahlreiche im allgemeinen einer schizophrenen Psychose zugerechnete Symptome auf, die jedoch bei Borderline-Störungen häufiger als bei schizophrenen Psychosen auftreten – z.B. formale Denkstörungen, Depersonalisationsgefühle, Derealisationserleben und Beziehungsideen. Die sorgfältige psychopathologische Differenzierung zwischen Borderline-Störung und Schizophrenie ist insbesondere wegen der sich ergebenden – auch psychopharmakologischen – therapeutischen Konsequenzen von erheblicher klinischer Bedeutung.

6.7 Ätiologie und Pathogenese

Nach Kernberg (1975; 1992) wurzelt die Borderline-Persönlichkeitsstörung in einem Übermaß von Aggression, welches auf konstitutionelle Faktoren und/oder traumatische Erfahrungen der sehr frühen Kindheit zurückgeführt werden kann, sowie in einer übermäßigen oralen Fixierung. Als Folge davon erlebt das Kind die Eltern und auch das eigene Selbst als gefährlich, versagend und hasserfüllt, alternierend aber auch als gut, liebevoll und versorgend-fürsorglich. Die unvermeidlichen Schwankungen zwischen diesen unverträglich erscheinenden Erfahrungen und unvereinbaren Selbst- und Objektrepräsentanzen sind Quelle heftiger Ängste. Abwehrmechanismen wie Spaltung entwickeln sich, um das gute, sichere und versorgend-fürsorgliche Selbst (und das entsprechende Objekt) vor den gefährlichen, versagenden und hasserfüllten Aspekten zu bewahren. Die Abwehrmechanismen, die in diesem Sinne auch als Selbstschutz fungieren, führen nun aber dazu, dass das Selbst und andere Personen nur noch in extremer Weise wahrgenommen werden können (Idealisierung und Entwertung). Sie führen zu folgenden Persönlichkeitsmerkmalen:
- Unfähigkeit, in realitätsangemessener Weise Ambivalenzen und Ambiguitäten zu tolerieren
- Ausbildung einer wenig integrierten Identität
- mangelhafte Angst- und Affekttoleranz
- Beeinträchtigung der Objektkonstanz
- mangelhafte Impulskontrolle

In seinem Modell ordnet Kernberg die Borderline-Persönlichkeitsstörung einem „mittleren psychischen Funktionsniveau" zwischen neurotischer und psychotischer Störung zu, welches durch spezifische Ausformungen von Abwehr, von Ausprägungen der Ich-Identität, der Objektbeziehungsmodalitäten, der Realitätsprüfung sowie durch charakteristische Übertragungsreaktionen und Reaktionen auf Interpretationen gekennzeichnet ist (Janssen 1990a, S. 27). Ein Grundgedanke dieser Auffassung ist, dass es aufgrund des Fortbestehens aufgespalteter „nur guter" und „nur böser" Introjekte zu einer Identitätsdiffusion komme, welche den Patienten daran hindert, eine konsistente Beziehung zu sich selbst und zu den Ob-

jekten aufrechtzuerhalten. Die Spaltung, welche zunächst aus einem Unvermögen resultiert, divergente Selbst- und Objekt-Imagines zu integrieren, etabliert sich im weiteren Verlauf als charakteristischer Abwehrmechanismus, der das Ich vor diffusen Ängsten und dem Eindringen aggressiver Affekte schützen soll. Weitere typische Abwehrmechanismen, wie primitive Idealisierung, Entwertung oder Verleugnung, werden als Folgen der Spaltung aufgefasst (ebd., S. 30).
Masterson und Rinsley (1975) unterstreichen demgegenüber die Bedeutung des Entzugs mütterlicher Zuwendung insbesondere in der Entwicklungsphase, in der es für das Kind darum geht, Autonomie zu entwickeln (Wiederannäherungsphase des Loslösungs- und Individuationsprozesses). Nach Masterson (1987) stehen solche Mütter ihren Kindern emotional nur dann zur Verfügung, wenn das Kind sich anklammert und regressiv verhält, während sie auf seine Bemühungen, sich zu trennen und eine eigene Individualität zu entwickeln, mit Rückzug reagieren. Das Resultat solcher frühkindlicher Erfahrungen ist eine Verlassenheitsdepression, deren Abwehr zu einem Entwicklungsstillstand und zur Herausbildung primitiver Abwehrmechanismen führt, z.B. zur Spaltung, welche dazu dienen sollen, die Wahrnehmung der mütterlichen Nicht-Verfügbarkeit zu verleugnen. Dies führt im weiteren dazu, dass es dem Kind nicht gelingt, Ich-Funktionen, welche die Mutter zunächst für das Kind ausgeführt hatte, wie beispielsweise Impulskontrolle, Realitätswahrnehmung und Frustrationstoleranz, zu internalisieren.
Andere Autoren (Dulz 1999; Dulz u. Schneider 1995; Hoffmann 1998; 2000a) meinen hingegen, dass (frei flottierende) Angst der zentrale Affekt bei Borderline-Störungen sei, als dessen Folge sich Symptome (einschließlich Aggression, Wut und Hass) sowie die damit verknüpften Abwehrmechanismen entwickelten. Die Angst habe die Wurzeln im Säuglingsalter – etwa als psychotische Vernichtungsangst im Sinne Winnicotts (1974, S. 168) –, sie werde durch Traumatisierungen wiederbelebt oder aber akzentuiert und münde später in die für Borderline-Störungen typische diffuse Angst. Damit stehen diese Auffassungen den Ansichten von Rosenfeld (1981) nahe, der die Bedeutung lang anhaltender Konfusions- und Verwirrtheitszustände in frühester Kindheit akzentuierte und annahm, dass solche Zustände „psychotischen Charakter" haben (Janssen 1990a, S. 32).
Von Winnicott (1973; 1974) stammt der Gedanke, dass es Patienten mit einer Borderline-Persönlichkeitsstörung in spezifischer Weise misslingt, von einem intermediären Erfahrungsbereich („Übergangsbereich") zwischen dem Selbst und den Objekten Gebrauch zu machen, was eine Beeinträchtigung ihrer Symbolisierungsfähigkeit nach sich ziehe, aber auch zur Ausbildung eines „falschen Selbst" beitragen könne. Der Mangel an Erfahrungen aus dem Bereich der Übergangsobjekte und Übergangsphänomene führe zu dem charakteristischen Selbsterleben der inneren Leere, des Hohlseins, des Nichts-Seins (Janssen 1990a, S. 34; vgl. auch Hartkamp u. Heigl-Evers 1988).
In der selbstpsychologisch geprägten Sicht von Adler (Adler u. Buie 1979; Adler 1988; 1989) ist das Versagen der Mutter, dem Kind in ausreichender Weise Halt

Emotional instabile Persönlichkeitsstörung

und Beruhigung zu vermitteln, von entscheidender pathogenetischer Bedeutung. Dies führe dazu, dass sich positive Introjekte nicht entwickelten, ein Gefühl innerer Leere entstehe und ein Angewiesensein auf Übergangsobjekte erhalten bliebe. Mit seiner Betonung der ätiologischen Rolle „innerer Leere" steht Adler in markantem Gegensatz zu Kernberg, in dessen Konzept es um die Unvereinbarkeiten grundsätzlich vorhandener, aber divergenter Selbst- und Objektaspekte geht.

Keines der hier angeführten ätiopathogenetischen Modelle kann für sich in Anspruch nehmen, in substanzieller Weise durch empirische Befunde belegt zu sein. Andererseits haben verschiedene Studien eine Vielzahl pathogenetisch bedeutsamer Kindheitserfahrungen identifiziert, welche mit Borderline-Persönlichkeitsstörungen assoziiert sind (Gunderson u. Zanarini 1989; Herman et al. 1989; Links et al. 1988; Soloff u. Millward 1983; Zanarini et al. 1989a; van der Kolk 1994; Laporte u. Guttman 1996). Hierzu gehören:

- bedrängendes Verhalten der Mutter
- elterliche Vernachlässigung
- Trennung oder Verlust der Eltern
- elterliche Konflikte
- sexueller oder anderer körperlicher Kindesmissbrauch

Diese Befunde machen wahrscheinlich, dass die Borderline-Persönlichkeitsstörung in einer Vielzahl von Fällen mit irgendeiner Form traumatischer Kindheitserfahrung und/oder mit einem familiären Konflikt assoziiert ist. Die empirischen Forschungsergebnisse unterstützen nicht die Annahme einer besonderen Bedeutung ausschließlich präödipaler Traumatisierungen, sie unterstreichen stattdessen die Bedeutung kumulativer pathogener Episoden und Beziehungserfahrungen. Ein Problem der empirischen Erforschung ätiopathogenetisch bedeutsamer Lebenserfahrungen besteht darin, dass sich diese Forschung fast ausschließlich auf retrospektive Beurteilungen der eigenen Lebensgeschichte durch die betroffenen Patienten stützt, womit die Gefahr verbunden ist, ungültige Befunde zu erheben, da ja Patienten mit Borderline-Persönlichkeitsstörungen in vielen Fällen nur über eine verzerrte Realitätswahrnehmung verfügen, was notwendigerweise die Gültigkeit der von ihnen wiedergegebenen Lebenserfahrungen beeinträchtigt.

Aus kognitiv-behavioraler Sicht wird das, was aus psychoanalytischer Sicht als Abwehrmechanismus der Spaltung erscheint, als irrationales Schema, als ein dysfunktionaler kognitiver Funktionsmodus angesehen, welcher ein Alles-oder-Nichts-Denken, eine Übergeneralisierung und Augmentation von Wahrnehmungen beinhaltet. Die Identitätsstörung von Borderline-Patienten, ihre Gefühlsschwankungen und ihre wechselnden Beziehungen können aus dieser Sicht als Folge einer gestörten, irrationalen Informationsverarbeitung angesehen werden.

Das innerhalb der kognitiv-behavioralen Therapie viel beachtete Erklärungsmodell der Borderline-Persönlichkeitsstörung von M. Linehan (1987; 1989) stützt sich auf ein „affektives Vulnerabilitätskonzept", welches von einer primären, möglicherweise hereditär bedingten Dysfunktion der Affektregulierung ausgeht. Nach Linehans Auffassung ist der wesentliche pathogenetische Faktor für später an Borderline-Persönlichkeitsstörung erkrankende Individuen ihre „invalidierende Umgebung". Hiermit ist eine Umgangsweise gemeint, bei welcher emotionale und insbesondere negative Erfahrungen missachtet und Schwierigkeiten heruntergespielt werden, die es einem Kind erschwert, zu lernen, wie es emotionale Erregungen richtig benennen, regulieren und emotionale Belastungen aushalten kann und wann es sich auf seine emotionalen Reaktionen als Ausdruck gültiger Ereignisinterpretationen verlassen kann.

Aus der Sicht der interpersonellen Theorie (Benjamin 1987a; 1993) ist der wesentliche pathogenetische Faktor für die Ausbildung einer Borderline-Persönlichkeitsstörung in Kindheitserfahrungen zu sehen, in denen sich Kindesmisshandlung und Kindesmissbrauch, heftige familiäre Auseinandersetzungen und Erfahrungen traumatischen Verlassenwerdens in einer chaotischen, „Seifenoper"-artigen Weise verbinden. Der spätere Borderline-Patient macht die Erfahrung, nur dann Aufmerksamkeit und Fürsorge zu erhalten, wenn er sich in einem schlechten, hilfebedürftigen Zustand befindet; gleichzeitig wird er immer wieder aktiv attackiert, sobald er den Versuch unternimmt, unabhängig zu sein, Autonomie zu verwirklichen oder ausgeglichen und fröhlich zu sein. Der Selbsthass und die Selbstschädigungstendenzen von Borderline-Patienten sind in dieser Sicht einerseits Versuche, ein Gleichgewicht innerhalb vertrauter, familiärer Strukturen wiederherzustellen, andererseits gleichzeitig Ausdruck der verinnerlichten Erfahrungen von Hass, Ablehnung und Verlassenwerden. Aus dieser Sicht sind es insbesondere Erfahrungen des Verlassenwerdens, die zum Auftreten der Borderline-Symptomatik führen. Die intensive Wut von Patienten mit Borderline-Persönlichkeitsstörung wird dabei als ein Versuch verstanden, angesichts drohenden Verlassenwerdens die Kontrolle über die Beziehung zurückzugewinnen. Wenn dieser Versuch scheitert, ist das selbstschädigende Verhalten ein Versuch, die ersehnte Beziehung durch eine Art „Selbst-Aufopferung" wiederherzustellen. Ein besonderer Akzent dieses Ansatzes besteht darin, dass er die entscheidende Bedeutung der aktuellen interpersonellen Beziehungen von Patienten mit Borderline-Persönlichkeitsstörung unterstreicht.

Einen breiten Raum in der Diskussion der ätiopathogenetisch wirksamen Faktoren bei der Borderline-Persönlichkeitsstörung nimmt die Frage nach Realtraumatisierungen, insbesondere durch sexuellen Missbrauch und körperliche Misshandlung, ein. Es kann dabei als gesichert gelten, dass solche Erfahrungen eine pathogenetische Relevanz besitzen. So fanden Herman et al. (1989), Perry et al. (1990), Lobel (1992), Weaver und Clum (1993), Links und van Reekum (1993) sowie Paris et al. (1994a; 1994b) einen positiven Zusammenhang zwischen berichteten traumatischen Kindheitserfahrungen und der Diagnose einer Borderline-Persönlichkeitsstörung. Ebenso fanden Silk et al. (1995) bei der Untersuchung von 41 Patienten mit Borderline-Persönlichkeitsstörung, welche über Erfahrungen kind-

lichen Sexualmissbrauchs berichtet hatten, dass intrafamiliärer sexueller Missbrauch, längere Dauer des sexuellen Missbrauchs und sexueller Missbrauch, welcher die Penetration einschloss, Prädiktoren stärker ausgeprägter Borderline-typischer Symptomatik waren.
Untersuchungen von van der Kolk et al. (1991; 1994) sowie von Zweig-Frank et al. (1994a) wiesen den Zusammenhang zwischen Erfahrungen sexuellen Missbrauchs und selbstschädigenden und suizidalen Verhaltensweisen sowie dissoziativem Erleben nach, wobei van der Kolk et al. vermuteten, dass diese Verhaltensweisen als pathologischer Versuch der Selbstberuhigung aufgefasst werden könnten, bei einer zugrunde liegenden chronischen Unfähigkeit, Emotionen zu modulieren. Brodsky et al. (1995) fanden einen Zusammenhang zwischen berichteten Erfahrungen kindlichen Missbrauchs und dissoziativer Symptomatik bei 60 Borderline-Patientinnen. Es gibt allerdings Hinweise darauf, dass diese Zusammenhänge für männliche Patienten mit Borderline-Persönlichkeitsstörung nicht in gleicher Weise Gültigkeit besitzen (Zweig-Frank et al. 1994b; 1994c).
Salzman et al. (1993) beobachteten anhand einer kleineren Stichprobe von freiwilligen Untersuchungsteilnehmern, dass die Erfahrung sexuellen oder körperlichen Missbrauchs nicht notwendigerweise mit der späteren Diagnose einer Borderline-Persönlichkeitsstörung einhergeht, dass es wohl aber einen positiven Zusammenhang zwischen der Ausprägung sexuellen oder körperlichen Missbrauchs und späterer Psychopathologie gibt. Paris und Zweig-Frank (1992) betonen ebenfalls, dass es eine unzulässige Vereinfachung sei, von einer simplen, quasi „linearen" Abhängigkeit zwischen Erfahrungen kindlichen Missbrauchs und der Entwicklung einer Borderline-Persönlichkeitsstörung auszugehen, da die speziellen Bedingungen beachtet werden müssten, unter denen ein sexueller Missbrauch oder eine körperliche Misshandlung stattfanden. Überdies besitze auch das familiäre Umfeld, in welchem es zu sexuellen Missbrauch oder körperlicher Misshandlung komme, eine eigenständige pathogenetische Relevanz.
Neben den diskutierten psychodynamischen und traumatischen Ursachenfaktoren werden auch Zusammenhänge mit affektiven Erkrankungen und psychotischen Störungen diskutiert. Zur Klärung dieser Zusammenhänge werden vielfach Familienstudien herangezogen. Die nach Widiger und Trull (1993) modifizierte Tabelle 6-3 informiert über Untersuchungen zur Frage möglicher hereditär-genetischer Faktoren der Borderline-Persönlichkeitsstörung. Die hier zusammengetragenen Studien legen einen Zusammenhang dieser Störung mit Störungen der Impulskontrolle und affektiven Störungen nahe; der Schluss, dass es sich bei der Borderline-Persönlichkeitsstörung im Grunde nur um eine Form einer affektiven Störung handele, ist jedoch keineswegs gerechtfertigt. Vielmehr scheint die Annahme vernünftig, dass die Borderline-Persönlichkeitsstörung sowohl Aspekte einer genuinen Persönlichkeitsstörung als auch Aspekte einer – möglicherweise auf dem Boden einer spezifischen Vulnerabilität entstandenen – affektiven Störung in sich vereint.

Tab. 6-3 Familiäre Belastungsfaktoren bei Borderline-Persönlichkeitsstörung
(Quelle: Widiger u. Trull 1993, S. 384f)

Studie	Patientenzahl (N)	Diagnostische Kriterien	Vergleichsgruppe	Methode der Datengewinnung (Patientendaten aus Krankenblättern o. aus Patientengespräch)	Prävalenzrate (in %)
Akiskal (1981)*	97	DSM	Schizophrenie Unipolar and. PS	Int	17,5 Major Depression[a] 3,0 Schizophrenie[a]
Akiskal (1981)*	97	DSM	Schizophrenie Bipolar Unipolar and. PS	Int	17,5 Major Depression[a] 17,5 bipolare Strg.[a] 3,0 Schizophrenie[a]
Akiskal et al. (1985)*	24	DSM	Aff. Strg. and. PS nichtpsychot. Kontr.	NCS	33,3 affektive Strg.
Andrulonis et al. (1981)*	91	DSM	keine	NCS	38,5 Drogen-/Alk.-missbr. 35,2 affektive Strg. 20,9 unklare Angabe 4,3 Schizophrenie

Erläuterung der Symbole s. Fußnote S. 157

Tab. 6-3 (Fortsetzung)

Studie	Patientenzahl (N)	Diagnostische Kriterien	Vergleichsgruppe	Methode der Datengewinnung (Patientendaten aus Krankenblättern o. aus Patientengespräch)	Prävalenzrate (in %)
Andrulonis et al. (1984)*	106	DSM	Schizophrenie aff. Strg.	NCS	34,9 Drogen-/Alk.-missbr. 32,1 affektive Strg. 17,9 unsichere Diagnose[c] 3,8 Schizophrenie[b]
Baron et al. (1985)**	17	DSM	schizotypisch normal	Int	17,9 Borderline-PS[d] 13,6 Drogenabh. 13,3 Major Depression 3,1 schizotypische
Cowdry und Gardner (1988)*	16	DSM DIB	keine	Int	43,8 Major Depression 37,5 Alkohol 12,5 Drogenabh. 12,5 Schizophrenie 0,0 bipolare Strg.
Garbutt et al. (1983)*	15	DSM DIB	normal	Int	66,7 Alkohol 26,7 aff. Strg. 6,7 Schizophrenie

Tab. 6-3 (Fortsetzung)

Studie	Patientenzahl (N)	Diagnostische Kriterien	Vergleichsgruppe	Methode der Datengewinnung (Patientendaten aus Krankenblättern o. aus Patientengespräch)	Prävalenzrate (in %)
Jacobsberg et al. (1986)*	22	DSM DIB	schizotypisch and. PS	Int	45,5 aff. Strg. 13,6 Schizophrenie
Lahmeyer et al. (1988)*	21	DSM DIB	Depression	—	9,5 aff. Strg.
Links et al. (1988)***	69	DIB	—	Int	26,6 Major Depression 21,0 Alkohol 15,3 Borderline PS 9,6 Antisoziale PS 4,5 bipolare Strg. 0,0 Schizophrenie
Loranger et al. (1982)**	83	DSM Bipolar	Schizophrenie	Chrt	11,6 Borderline[f] 6,4 Major Depression[f] 0,5 bipolare Strg. 0,0 Schizophrenie
Loranger u. Tulis (1985)**	83	DSM	Schizophrenie Bipolar	Chrt	18,5 Alkohol[g]

Tab. 6-3 (Fortsetzung)

Studie	Patientenzahl (N)	Diagnostische Kriterien	Vergleichsgruppe	Methode der Datengewinnung (Patientendaten aus Krankenblättern o. aus Patientengespräch)	Prävalenzrate (in %)
McGlashan (1986)*	94	DSM DIB	Schizophrenie Unipolar	Chrt	37,0 Drogenabh. 21,0 aff. Strg. 10,9 Schizophrenie
Pope et al. (1983)***	33	DSM	Schizophrenie Bipolar	Chrt	11,5 Alkohol 7,7 Borderline, Histrionische Antisoziale PS[h] 6,2 aff. Strg.[h] 0,0 Schizophrenie
Reich (1989)***	12	DSM	normal and. PS	PDQ	6,5 Borderline
Schulz et al. (1986)**	17	DSM	Depression schizotypisch	Int	50,0 aff. Strg. 16,7 Alkohol 0,0 Antisoziale PS 0,0 Schizophrenie

Tab. 6-3 (Fortsetzung)

Studie	Patientenzahl (N)	Diagnostische Kriterien	Vergleichsgruppe	Methode der Datengewinnung (Patientendaten aus Krankenblättern o. aus Patientengespräch)	Prävalenzrate (in %)
Soloff u. Millward (1983)*	47	DSM DIB	Schizophrenie Depression	Int	40,4 Alkohol 38,3 Major Depression 27,7 Antisoziale PS 17,0 Drogenabh. 10,6 Schizophrenie
Tucker et al. (1987)*	40	DSM	—	Chrt	46,0 Alkohol 27,5 aff. Strg.
Zanarini et al. (1988)**	48	DSM DIB	Depression and. PS Antisoziale PS	Int	31,2 Major Depression[i] 24,9 Borderline[i] 24,3 Alkohol 13,6 Dysthymie 13,6 Antisoziale PS 10,7 Drogenabh. 0,7 bipolar 0,0 Schizophrenie

Fußnote zur Tabelle 6-3
* Studie berichtet Prozentanteil von Patienten mit mindestens einem erstgradigen Verwandten mit der Störung.
** Studie berichtet Erkrankungsrisiko.
*** Studie berichtet Prozentzahl betroffener Verwandter.
a niedrigere Rate für Schizophrenie als in der Schizophrenie-Vergleichsgruppe, höhere Rate für affektive Störungen als in der Schizophrenie-Vergleichsgruppe
b niedrigere Rate für Schizophrenie als in der Schizophrenie-Vergleichsgruppe
c niedrigere Rate für unklare Diagnosen als in der Schizophrenie-Vergleichsgruppe
d höhere Rate für Borderline als in der schizotypischen oder normalen Vergleichsgruppe
e niedrigere Rate für schizotypische Störungen als in der schizotypischen Vergleichsgruppe
f höhere Rate für Depression als in der Schizophrenie-Vergleichsgruppe, höhere Rate für Borderline als in allen Vergleichsgruppen
g höhere Rate für Alkoholmissbrauch als in den Vergleichsgruppen
h höhere Rate für affektive Störungen als in der Schizophrenie-Vergleichsgruppe, höhere Rate für Persönlichkeitsstörungen aus dem Cluster B als in den Vergleichsgruppen
i höhere Rate für Major Depression und Dysthymie als in der antisozialen Vergleichsgruppe, höhere Rate für Borderline als in allen Vergleichsgruppen

Nicht zuletzt konnten Davis und Akiskal (1986) Hinweise darauf geben, dass frühe Objektverluste zu bleibenden Störungen im Stoffwechsel der biogenen Amine und zu stabilen Veränderungen neuraler Verschaltungen führen können, die möglicherweise zur späteren Ausbildung einer Borderline-Symptomatik beitragen.

6.8 Therapie der Borderline-Persönlichkeitsstörung

6.8.1 Pharmakotherapie

Aufgrund der komplexen und wechselhaften Symptomatik von Patienten mit Borderline-Persönlichkeitsstörung kann man kaum allgemein gehaltene Empfehlungen hinsichtlich der Psychopharmakotherapie geben. Mit Soloff (1990; 1993) lassen sich allerdings vier Zielbereiche einer möglichen pharmakologischen Therapie identifizieren:

- kognitive Störungen
- affektive Störungen
- Störungen der Impulskontrolle
- Angst

Hinsichtlich der kognitiven Störungen (Depersonalisation/Derealisation, Illusionen, Beziehungsideen, kurze psychotische Episoden) haben sich in einer Reihe von Studien niedrig dosierte Neuroleptika als überlegen über Plazebo erwiesen. Unterschiedliche Neuroleptika zeigen dabei gut miteinander vergleichbare Effekte. Eine Fortführung einer neuroleptischen Therapie über die Behandlung akuter Symptome und Belastungszustände hinaus ist hingegen nicht von Nutzen und mit dem Risiko von unerwünschten Nebenwirkungen behaftet (Cornelius et al. 1993), was dazu beiträgt, dass diese Medikamente schlecht toleriert werden und es zu einer hohen Abbrecherquote der Medikation kommt (Kapfhammer 1999, S. 106). Insbesondere sind Pseudohalluzinationen neuroleptisch fast unbeeinflussbar (Dulz u. Schneider 1995). Zu betonen ist auch die Gefahr von irreversiblen Spätdyskinesien bei chronischer Fortführung einer neuroleptischen Medikation (Dulz 1994). Es gibt Hinweise auf die therapeutische Relevanz von atypischen Neuroleptika insbesondere hinsichtlich einer angestrebten Angstreduktion (Dulz u. Schneider 1995), welche vermutlich über die 5-HT_2-Rezeptoren vermittelt wird (Hollander et al. 1994; Kennett et al. 1994; Roszinsky-Köcher u. Dulz 1996).

Die pharmakotherapeutische Behandlung affektiver Störungen bei Borderline-Patienten wurde in einer größeren Anzahl von Studien untersucht. Hier fand sich wiederholt, dass trizyklische Antidepressiva keinen positiven Effekt auf eine komorbide depressive Symptomatik haben (Soloff et al. 1986a) und dass es bei den Non-Respondern sogar im Sinne einer paradoxen Wirkung zu gesteigerter Suizidalität, paranoidem Denken und Aggressivität kommen kann (Soloff et al. 1986b). Cowdry und Gardner (1988) sowie Parsons et al. (1989) fanden Hinweise darauf, dass Patienten mit atypischer Depression (insbesondere Patienten mit reaktiven Stimmungsstörungen) von der Behandlung mit MAO-Hemmern profitieren, andererseits fanden Soloff et al. (1993) keinen Hinweis auf eine Überlegenheit eines MAO-Hemmers über Plazebo und Haloperidol hinsichtlich depressiver Symptomatik, es fand sich jedoch ein positiver Effekt hinsichtlich Wut und Feindseligkeit (im Vergleich zu Plazebo).

Die Befunde zur Wirksamkeit von selektiven Serotonin-Wiederaufnahmehemmern (SSRI) sind uneinheitlich. Es gibt Hinweise darauf, dass SSRI wirksam sind, es scheint jedoch so zu sein, dass bei unterschiedlichen Patienten unterschiedliche SSRI erfolgreich eingesetzt werden können, sodass es nicht möglich ist, diesbezüglich eine einheitliche Empfehlung zu geben (Markovitz und Wagner 1995). Insbesondere scheint der Einsatz von SSRI nützlich zu sein, wenn neben der depressiven auch eine zwanghafte Symptomatik vorliegt (Davis et al. 1995).

In der Behandlung der gestörten Impulskontrolle haben sich Phenelzin (Soloff et al. 1993) und Carbamazepin als wirksam erwiesen (Gardner u. Cowdry 1986; Cowdry u. Gardner 1988).

Die empirische Befundlage bezüglich der Angstsymptomatik bei Borderline-Persönlichkeitsstörungen erlaubt es nicht, hier eine empirisch begründete Behandlungsempfehlung auszusprechen. Die klinische Erfahrung weist jedoch darauf hin, dass sich eine anxiolytische Medikation (einschließlich der Benzodiazepine) als hilfreich erweisen kann (Dulz 1997).

Bei der Medikation sind Substanzen mit toxischem Potenzial (z.B. Amitriptylin, Lithium, auch MAO-Hemmer) nur bei fehlender Suizidalität indiziert (Dulz 1994; 1997), da insgesamt die Suizidrate bei Borderline-Störungen als sehr hoch einzuschätzen ist (Stone et al. 1987a; Paris et al. 1987; Paris et al. 1989), besonders bei Vorhandensein einer depressiven Symptomatik (Friedman et al. 1983).

In jedem Fall ist jedoch der Psychodynamik einer Pharmakotherapie Beachtung zu schenken (Dulz 1997). Kapfhammer (1999, S. 110ff) macht in diesem Zusammenhang darauf aufmerksam, dass eine Medikation die Asymmetrie zwischen Therapeut und Patient dokumentieren und typische Abhängigkeits- und Autonomiekonflikte aktivieren kann. Gleichzeitig kann jedoch auch die sich um Verständnis bemühende Begründung einer psychopharmakologischen Behandlung im Sinne eines Arbeitsbündnisses die gesunden Anteile des Ichs des Patienten ansprechen. Die Medikamentengabe kann im Sinne einer „oralen Ambivalenz" sowohl als „gute Nahrung" wie auch als „schlechte Nahrung" aufgefasst werden, verordnete Psychopharmaka können im Zusammenhang mit selbstdestruktiven oder suizidalen Handlungen eine Rolle spielen, die Frage der Wirkungen oder Nebenwirkungen kann Gegenstand eines „Machtkampfes" innerhalb der Therapie werden. Schließlich können Medikamente auch den Status eines „Übergangsobjekts" (Hartkamp u. Heigl-Evers 1988) gewinnen, welche es dem Patienten ermöglichen, schmerzliche Trennungen durchzustehen.

6.8.2 Psychotherapie

Es kann als unstrittig gelten, dass Psychotherapie bei der Borderline-Persönlichkeitsstörung ein kosteneffizientes Vorgehen ist. Jerschke et al. (1998) weisen anhand einer Studie von 45 Borderline-Patientinnen auf die enormen Kosten hin, die durch psychiatrische und psychotherapeutische Behandlung sowie durch die notwendigen Behandlungen der Folgen selbstverletzenden Verhaltens entstehen. Zur Höhe der Kosten trugen auch protrahierte und immer wieder unterbrochene Behandlungen bei. Stevenson und Meares (1999) legten eine Kosten-Nutzen-Rechnung für die ambulante Behandlung von 30 Borderline-Patienten vor, bei der – unter Anrechnung des Aufwands für die Psychotherapie – die Kosten pro Jahr durch die Therapie um mehr als ein Drittel gesenkt wurden.

Stationäre Psychotherapie zeigt sich in mehreren Studien als wirksames Behandlungsverfahren. Stone (1987) fand bei der Nachuntersuchung (nach 10–23 Jahren) von 254 Borderline-Patienten nach stationärer Psychotherapie in ca. 40% eine vollständige Genesung und bei ca. 60% eine klinische Verbesserung (gemessen mit dem Global Assessment of Functioning, GAF). Eine Bewertung dieses Befundes ist jedoch wegen des z.T. außerordentlich langen Zeitabstands zwischen Behandlung und Nachuntersuchung nur mit Einschränkungen möglich.

In jedem Fall spielt die Krankenhausbehandlung eine Rolle im Zusammenhang mit der Bewältigung von krisenhaften Zuspitzungen und regressiven Zuständen. Stone (1990) und McGlashan (1993) empfehlen eine niedrige Schwelle für die Indikation zur stationären Behandlung, andere Autoren (Gunderson u. Links 1995) weisen demgegenüber auf die Gefahr hin, dass der manipulative Aspekt der Suizidalität von Borderline-Patienten nicht verdeutlichend und konfrontierend bearbeitet, sondern mit Hospitalisierung beantwortet wird. Die Beachtung der Interaktionsdynamik der Suizidalität ist dabei von großer Bedeutung (Kind 1997).

Bei der stationären Behandlung von Borderline-Patienten ist grundsätzlich die Gefahr nicht-therapeutischer Regression zu beachten. Diese zeigt sich oftmals in wütendem und negativistischem Verhalten angesichts der in stationärer Behandlung gültigen Regeln und in einem kindhaften, z.T. in psychotisch anmutender Weise vorgetragenen Anspruch auf Befriedigung der jeweiligen Wünsche. Gunderson und Links (1995, S. 2308) nennen als häufige Gründe für diese nicht-therapeutischen Regressionen:

- das Versäumnis, die Fokussierung auf die Situation aufrechtzuerhalten, welche die stationäre Aufnahme erforderlich machte
- das Versäumnis, die psychosozialen Umstände zu thematisieren, vor denen der Patient durch seine stationäre Aufnahme auszuweichen sucht
- die unbemerkte Unterstützung dysfunktionaler anstelle funktionaler Verhaltensweisen

Klinische Erfahrungen belegen die Nützlichkeit von tagesklinischen (und nachtklinischen) teilstationären Behandlungen sowie von Übergangswohneinrichtungen (Gunderson u. Links 1995, S. 2307; Heigl-Evers et al. 1986; Brockmann 1990). Aufgrund der erheblichen Regressionsneigung von Borderline-Patienten ist generell akzeptiert, dass Psychoanalyse im engeren Sinne für diese Patienten in der Regel kontraindiziert ist (Gunderson u. Links 1995, S. 2294). Bei publizierten Kasuistiken psychoanalytischer Behandlungen von Borderline-Patienten (Boyer 1985; 1987; Rosenfeld 1981) bleibt vielfach unklar, ob sie sich auf Patienten beziehen, die auch nach operationalen Kriterien als Borderline-gestört diagnostiziert werden könnten. Davon unberührt bleibt, dass in Einzelfällen (Henseler u. Wegner 1993; Henseler et al. o.J.) die psychoanalytische Therapie bei schweren Störungen – darunter auch Borderline-Störungen – indiziert und erfolgreich durchgeführt werden kann (vgl. Hartkamp 1997).

Emotional instabile Persönlichkeitsstörung

Im Lichte der neueren Befunde zur Trauma-Ätiologie der Borderline-Persönlichkeitsstörung ist es in der psychodynamischen Psychotherapie dieser Störung zu einer Akzentverschiebung in dem Sinne gekommen (Gunderson u. Chu 1993), dass die Aggression der Borderline-Patienten nicht so sehr als Folge konstitutioneller gesteigerter Aggressivität, sondern als Ausdruck einer legitimen Wut verstanden wird, welche sich auf die Eltern oder Ersatzeltern richtet, die dem Kind die für seine Entwicklung notwendigen Bedingungen versagt haben, sich möglicherweise sogar am körperlichen oder sexuellen Missbrauch des Kindes beteiligten. Aus dieser Perspektive kommt der Validierung des Erlebens der Patienten ein zentraler Stellenwert zu.

Die Ergebnisse von psychoanalytischer Einzelpsychotherapie bei Borderline-Persönlichkeitsstörungen sind bisher nur unzureichend untersucht. Waldinger und Gunderson (1987) berichten detailliert über fünf katamnestisch untersuchte, erfolgreich abgeschlossene Behandlungen, bei denen auch nach fünf Jahren bedeutende Veränderungen persönlichkeitsstrukturell relevanter Merkmale gefunden wurden.

In einer Studie von Stevenson und Meares (1992) erwies sich eine ambulante Psychotherapie, die sich konzeptuell an Vorstellungen Kohuts und Winnicotts anlehnte, mit zwei Sitzungen pro Woche als wirksam. Zum Therapieabschluss nach zwölf Monaten erfüllten 30% der Patienten nicht mehr die DSM-III-Kriterien einer Borderline-Persönlichkeitsstörung, und diese Effekte erwiesen sich auch bei einer 1-Jahres-Katamnese als stabil.

Psychodynamische Psychotherapie mit niedriger Stundenfrequenz von ca. einer Sitzung pro Woche – in der angloamerikanischen Literatur oft als „supportive Psychotherapie" bezeichnet – ist, eine ausreichend lange Behandlungsdauer vorausgesetzt, ebenfalls geeignet, zu persönlichkeitsstrukturell bedeutsamen Veränderungen zu führen (Wallerstein 1986; 1989), wobei die Effektivität dieser Behandlungsform jedoch bisher nicht in kontrollierten Studien überprüft wurde.

Der gelegentlich vorgetragene Befund, wonach ein psychodynamisches Vorgehen bei schwer gestörten Borderline-Patienten in einem erheblichen Teil der Betroffenen schon während der Behandlung zu Verschlechterungen führe, weswegen insbesondere in stationären Kontexten die Alternative einer Verhaltenstherapie erwogen werden solle (z.B. Fiedler 1999, S. 69), muss als nicht hinreichend gerechtfertigte Verallgemeinerung auf der Basis einer einzelnen Untersuchung angesehen werden. In dieser Untersuchung (Hull et al. 1993) wurde eine Gruppe von 40 Patientinnen erheblicher Störungsschwere (26% gegenwärtig oder anamnestisch Anorexia nervosa, 62% gegenwärtig oder anamnestisch Bulimie, 58% komorbide „Major Depression", zusätzlich 35% mit einer Vorgeschichte wenigstens einer Episode von „Major Depression", 15% mit manischen Episoden in der Vorgeschichte, 3% mit gegenwärtiger manischer Episode) mit psychodynamisch orientierter Einzelpsychotherapie und einer „Milieu therapy" behandelt, die häufige gruppenpsychotherapeutische Sitzungen und weitere therapeutische Aktivitäten umfasste und darauf fokussierte, ein „genaues Feedback über die aktuellen Beziehungen zu anderen zu geben" einschließlich „direkter Konfrontation mit Agieren und maladaptivem interpersonellen Verhalten" (ebd., S. 504–8). Gemessen wurde der GSI der SCL-90-R in wöchentlichem Abstand; Veränderungen dieser Größe wurden mit drittgradig polynomischen Wachstumskurven approximiert. Patientinnen mit stärker und mit weniger stark ausgeprägten interpersonellen Störungen und Identitätsstörungen bzw. stärkeren und weniger starken Problemen mit affektiver Steuerung wurden miteinander verglichen; diese Gruppen unterschieden sich in der initialen Symptombelastung in der SCL-90-R nicht wesentlich (ebd., S. 507). Mittelwertunterschiede der Symptombelastung über den Verlauf der Therapie werden in der Arbeit nicht wiedergegeben, die Schlussfolgerungen der Autoren stützen sich lediglich auf die Verlaufsgestalt der an die Daten angepassten Polynome, die sich aber wesentlich als Folge der gewählten Methodik ergibt. Auf der Basis der Ergebnisse bleibt weiterhin unklar, ob für die Datenanalyse tatsächlich der GSI- oder nicht vielmehr der PST-Index der SCL-90-R herangezogen wurde. Zusätzlich zu den offenen methodischen Fragen gilt, dass es, wie auch die Autoren anmerken, unklar ist, was die wiederholte Messung der Symptombelastung bei unterschiedlichen Patienten inhaltlich bedeutet (Validitätsaspekt).

Eine kombinierte stationär-ambulante gruppenpsychotherapeutische Behandlung erwies sich bei einer kleinen Stichprobe (n = 16) von frühgestörten Patienten, darunter auch Patienten mit Borderline-Persönlichkeitsstörung, als wirksam (Rüger 1986).

Greene (1990) fand, dass sich in einem gruppenorientierten tagesklinischen Behandlungsprogramm über vier Monate das Selbstbild und die Wahrnehmungen interpersoneller Beziehungen bei 17 Borderline-Patienten verbesserten. In dem Maße wie Spaltungsmechanismen in den Hintergrund traten, kam es auch zur Herausbildung einer wohlwollenderen, mehr „anaklitischen" Sicht der eigenen Person in Relation zu anderen.

Bateman und Fonagy (1999) verglichen die Effekte von tagesklinischer analytisch orientierter Psychotherapie mit einer dem klinischen Standard entsprechenden psychiatrischen Behandlung bei 38 Patienten mit Borderline-Störung und fanden eine im Vergleich hoch signifikante Verringerung von suizidalen Handlungen und Selbstverletzungen sowie von psychotroper Medikation. Signifikante positive Änderungen fanden sich ebenfalls hinsichtlich der „State"- und der „Trait"-Angst – also der situationsabhängigen und der persönlichkeitsstrukturell verankerten Angst –, der mit dem BDI (Beck Depression Inventory) gemessenen Depressivität, der generellen Symptombelastung (SCL-90-R-GSI) und der sozialen Anpassung.

In mehreren kontrollierten Studien konnte Linehan die Effizienz der von ihr entwickelten „Dialektischen Verhaltenstherapie" (DBT) hinsichtlich der Reduktion parasuizidalen Verhaltens und hinsichtlich stationär-psychiatrischer Behandlungstage nachweisen (Linehan et al. 1991; 1994). Diese Effekte blieben auch über einen einjährigen Katamnesezeitraum stabil, unterscheiden sich dann aber nicht mehr von denen der Vergleichsgruppe. Hinsichtlich der Effekte auf Depression, Hoffnungslosigkeit und der „Gründe für das Weiterleben" ist die DBT ebenfalls nicht effektiver als eine Vergleichsgruppe (Linehan et al. 1993). Linehan sieht in einer biologisch begründeten emotionalen Dysregulation die zentrale Störung der Borderline-Patientin. Diese führt, so Linehan, zu typischen interaktionellen Konsequenzen, die sich meist aus der aggressiven Gefühlsreaktionen der Patientin ergeben und in den Konsequenzen – Selbstverletzungen oder parasuizidale Handlungen – darauf abzielen, schmerzliche Gefühle zu verringern, die anderweitig nicht steuerbar sind. Im Sinne eines „Fertigkeitentrainings" zielt dieser therapeutische Ansatz darauf, die Patientin in ihren Affekten und Wahrnehmungen zu validieren, d.h. grundsätzlich zu unterstützen, und ihr gleichzeitig aber auch durch ein spezifisches Training dabei zu helfen, mit spezifischen Problemsituationen umzugehen, ohne dass es durch maladaptive und dysfunktionale Verhaltensweisen zu schädlichen Folgen kommt. Unklar ist bislang jedoch, ob die Ergebnisse der vorliegenden Studien zur DBT auch für Patienten gültig sind, die sich den Erfordernissen dieser Therapieform nur schwer anpassen können (Problemverständnis, das dem Grundprinzip kognitiv-behavioraler Therapie entspricht; Bereitschaft, Copingstrategien zu erlernen; Bereitschaft, Therapeuten in einer „Ausbilder"-Funktion zu akzeptieren; Akzeptanz eines strukturierten Therapieansatzes) (Rothstein u. Vallis 1992).

In jüngster Zeit haben Eckert et al. (2000) eine Untersuchung zum Verlauf der Borderline-Störung nach klientenzentrierter Gruppenpsychotherapie vorgelegt. Dabei wurden 14 teils ambulant, teils stationär behandelte Patienten in einem gemischten Setting gemeinsam mit Patienten „mit anderen Diagnosen" (Eckert et al. 2000, S. 142) behandelt. Als Kontrollen dienten Patienten mit Schizophrenie (n = 13) und Patienten mit Depression (n = 16), die z.T. auch an der Gruppentherapie teilnahmen, die bei den Borderline-Patienten eingesetzt wurde. Katamnesen wurden durchschnittlich nach etwa 40 Monaten durchgeführt, wobei der Katamnesezeitraum erheblich schwankte. Zum Zeitpunkt der Nachuntersuchung wiesen die Borderline-Patienten – gemessen mit dem DIB – bedeutsam weniger Borderline-spezifische Symptome auf. Da sich die beobachteten Veränderungen jedoch vornehmlich auf die Verringerung psychotischer Symptomatik bei den Borderline-Patienten zurückführen ließen, aufgrund der im Mittel erst nach 3,5 Jahren und ebenfalls mit erheblicher Schwankung durchgeführten Katamnese sowie aufgrund weiterer methodischer Einschränkungen muss auch nach Bekunden der Autoren (Eckert et al. 2000, S. 145) offen bleiben, welcher Anteil der Veränderungen auf spontane Remissionen bzw. statistische Regression zurückzuführen ist. Vor diesem Hintergrund vermag das von den Autoren gezogene Fazit, das die Veränderungen auf die Teilnahme an der Gruppentherapie bezieht, nicht zu überzeugen.

Ein in der Behandlung von Borderline-Patienten geläufiges Problem ist der vorzeitige Behandlungsabbruch. Skodol et al. (1983) fanden bei einer kleinen Gruppe (n = 18) von Borderline-Patienten eine Abbruchquote von 67% innerhalb von drei Behandlungsmonaten. Bei der Hälfte der Fälle wurde der Abbruch auf Schwierigkeiten in der Übertragung zurückgeführt, bei der anderen Hälfte blieben die Gründe unklar. Gunderson et al. (1989) fanden bei der Untersuchung von 60 ambulant behandelten Borderline-Patienten eine Abbruchquote von 60% innerhalb von sechs Monaten. In der Mehrzahl der Fälle konnte der Abbruch auf folgende Faktoren zurückgeführt werden:
- ärgerliche Unzufriedenheit mit der Therapie infolge von verstärkter Symptomatik oder mit einem als zu kritisch, zu konfrontierend oder zu beurteilend erlebten Therapeuten
- Widerstände aus der Familie der Patienten
- ein verdecktes Widerstreben gegen die Therapie bei einer Gruppe nur oberflächlich motivierter Patienten mit deutlicher ausgeprägten antisozialen Zügen

Die Patienten, die in Therapie verblieben, unterschieden sich von den Abbrechern vor allem durch eine stärker ausgeprägte Symptomatik und durch einen höheren Anteil psychotherapeutischer Vorerfahrung.
In eine ähnliche Richtung weist die Studie von Smith et al. (1995) an 36 Patientinnen mit Borderline-Persönlichkeitsstörung, die mit psychodynamischer Psychotherapie (zwei Sitzungen pro Woche) behandelt wurden. Hier fanden sich Abbrecherquoten von 31% und 36% nach drei bzw. sechs Monaten. In dieser Studie erwiesen sich jüngeres Lebensalter und ausgeprägtere Feindseligkeit als Prädiktoren des vorzeitigen Abbruchs. Eine weitere Untersuchung an der gleichen Gruppe von Patientinnen (Yeomans et al. 1994) unterstrich darüber hinaus die Bedeutung einer adäquaten Behandlungsvereinbarung, einer vom Therapeuten aktiv gestalteten, positiv getönten therapeutischen Arbeitsbeziehung und einer eher hohen Krankheitsschwere für die Fortführung einer psychotherapeutischen Behandlung und die Bedeutung einer höheren Impulsivität der Patientinnen für den vorzeitigen Behandlungsabbruch. Insgesamt scheint das Ausmaß von interpersoneller Feindseligkeit den Behandlungsverlauf bei Borderline-Patienten wesentlich zu prägen, wie beispielsweise die Studie von Clarkin et al. (1994) an 35 stationär behandelten Borderline-Patientinnen nahe legt – allerdings gelten für diese Arbeit die gleichen Einwendungen, wie sie oben für die aus der gleichen Arbeitsgruppe stammende Untersuchung von Hull et al. (1993) diskutiert wurden.
Kernberg (1995) schlägt ein dreistufiges Vorgehen bei der psychotherapeutischen Behandlung von Borderline-Störungen vor:
- In einer ersten Stufe geht es um die Identifizierung der in der Übertragung auftauchenden primitiven Teil-Objekt-Beziehungen und die Verdeutlichung der Struktur der sich darin ausdrückenden unbewussten Phantasie.

- In der zweiten Stufe geht es um die Identifikation der mit diesen Teil-Objekt-Beziehungen verbundenen Selbst- und Objektrepräsentanzen, die in oszillierender oder alternierender Weise dem Selbst des Patienten oder dem Therapeuten zugeschrieben werden.
- In einer dritten Stufe geht es darum, unterschiedliche und disparate Selbst- und Objektrepräsentanzen durch die interpretierende Aktivität des Psychotherapeuten zu einem neuen Ganzen zusammenzufügen.

Wichtig ist bei dem von Kernberg vorgeschlagenen Vorgehen, dass sich die Interpretation unbewusster Bedeutungen ausschließlich auf das „Hier-und-Jetzt" der therapeutischen Situation beschränkt.
Die mittlerweile hinsichtlich der Ätiologie der Borderline-Störungen unbestreitbare Relevanz von Realtraumatisierungen (Bryer et al. 1987; Byrne et al. 1990; Dulz u. Jensen 1997; 2000; Goldman et al. 1992; Herman et al. 1989; Ludolph et al. 1990; Nigg et al. 1991; Ogata et al. 1990; Paris et al. 1994a; 1994b; Paris 2000; Zanarini et al. 1989a) macht in vielen Fällen eine spezifische Traumatherapie notwendig, als deren Voraussetzung allerdings gilt, dass der Patient hierfür ausreichend belastbar ist, dass eine hinreichende Stärke der Ich-Struktur besteht, dass die therapeutische Beziehung tragfähig, die Therapie ausreichend langfristig möglich und der Therapeut bzw. das Team einer Station entsprechend geschult sind. Die im Rahmen einer Traumatherapie auftretende dramatische Symptomatik wie selbstverletzendes Verhalten, Pseudohalluzinationen etc. ist klinischen Erfahrungen zufolge nicht als Hinweis auf das Fehlschlagen der Therapie anzusehen, sondern kann als typisch für diese Arbeit gelten (Dulz u. Schreyer 1997).
Ein von Gabbard (1990) gegebener Überblick über die Behandlung von Borderline-Persönlichkeitsstörungen lässt erkennen, dass die Ziele einer solchen Behandlung aus psychodynamischer Sicht von verschiedenen Autoren relativ einheitlich formuliert werden:
- Konzentration auf die Stärkung des Ichs, damit der Patient Angst besser ertragen und seine Impulse besser steuern kann.
- Integration abgespaltener Selbst- und Objektrepräsentanzen, um ein kohärentes Selbstbild und Objektkonstanz zu erreichen.
- Etablierung eines beruhigenden und haltenden Introjekts, sodass Trennungen von emotional bedeutsamen anderen besser ertragen werden können.

Wie Janssen (1994) feststellt, besteht keine einheitliche Auffassung zu der Frage, welche psychotherapeutisch-technische Vorgehensweise am ehesten geeignet ist, diese Ziele zu erreichen. Angesichts der Schwierigkeiten, die dem Therapeuten in der Behandlung von Borderline-Patienten begegnen, sei *die* technische Vorgehensweise zu wählen, die am ehesten geeignet erscheint, eine kontinuierliche therapeutische Beziehung mit dem jeweiligen Patienten aufrechtzuerhalten – unabhängig davon, ob es sich um eine eher supportive, interaktionelle, systemische oder deutende Verfahrensweise handelt (Janssen 1994, S. 133).

Im Sinne genereller Therapieprinzipien (vgl. Janssen 1994; Gunderson u. Links 1995), die jedoch nicht durch empirische Studien überprüft sind, gilt:

- Eine komorbide depressive Störung bzw. ein Substanzmissbrauch müssen diagnostiziert und behandelt werden. Katamnestische Studien legen nahe, dass besonders die Behandlung eines komorbiden Substanzmissbrauchs den Verlauf einer Borderline-Persönlichkeitsstörung nachhaltig verbessern kann.
- In der Behandlung von Borderline-Persönlichkeitsstörungen soll eine klare Strukturierung des Settings gegeben sein (Rauchfleisch 1990), wobei es aber gleichzeitig notwendig sein kann, das Setting flexibel der rasch wechselnden aktuellen Befindlichkeit des Patienten anzupassen, wodurch eine haltende Funktion im Sinne Winnicotts gewährleistet werden soll (Dulz u. Schneider 1995; Dulz u. Jensen 2000). Die klare Strukturierung unterstützt den Borderline-Patienten, dessen Innenwelt chaotisch ist, dabei, das Behandlungsbündnis aufrechtzuerhalten. Die Strukturierung umfasst klare Vereinbarungen, z.B. über Sitzungszeiten, die Beendigung von Sitzungen oder über Ausfallregelungen.
- Der Patient soll als verantwortlich handelnder, erwachsener Patient angesehen und respektiert werden, dessen Zusammenarbeit bei der Umsetzung eines Behandlungsplans gesucht wird (Gesichtspunkt der Regressionsbegrenzung; Heigl-Evers u. Henneberg-Mönch 1985).
- Der Therapeut sollte eine die Beziehung aktiv herstellende Haltung einnehmen. Passives Abwarten oder Schweigen des Psychotherapeuten wird von Borderline-Patienten rasch als Zeichen mangelnder Aufmerksamkeit und Zuwendung aufgefasst. Die Bearbeitung der Gegenübertragung ist ein wichtiges Element der therapeutischen Intervention in der Einzelpsychotherapie. Hier ist es besonders wichtig, dass der Therapeut in der Lage ist, in nicht-komplementärer Weise auf maladaptive Beziehungsangebote zu reagieren, um so pathogenetisch relevante Annahmen des Patienten zu diskonfirmieren (Sampson u. Weiss 1986).
- Die Bearbeitung maladaptiver interpersoneller Muster und maladaptiven interpersonellen Funktionierens sollte grundsätzlich ein Fundament der Behandlung sein.
- Ein frühzeitiges und konsequentes Ansprechen selbstdestruktiver Verhaltensweisen ist notwendig, da wegen störungsbedingter Einschränkungen der Antizipationsfähigkeit die Konsequenzen solcher Verhaltensweisen häufig nicht hinlänglich überschaut werden können. Nicht auf Selbsttötung zielende Selbstverletzungen müssen von tatsächlich suizidalen Absichten unterschieden und differenziert gehandhabt werden (Willenberg et al. 1997).
- Die Wahrnehmung der Gegenübertragungsgefühle und ihre Formulierung sind in der Behandlung von Borderline-Störungen von zentraler Bedeutung, da die

dominierenden Objektbeziehungen in der Übertragung aktualisiert werden und dort zur Bearbeitung gelangen können. Die Formulierung von Gegenübertragungsgefühlen muss sich auf das „Hier-und-Jetzt" der therapeutischen Beziehung ausrichten und kann beispielsweise im Sinne des psychoanalytisch-interaktionellen Prinzips der selektiv-expressiven, authentischen „Antwort" (Heigl-Evers u. Nitzschke 1991) erfolgen. Der Therapeut muss für den Borderline-Patienten fassbar und authentisch sein, um seine Entwicklung zu einem kohärenten Selbst und zur Objektkonstanz fördern zu können. Eine sich vorrangig auf die (Re-)Konstruktion der Vergangenheit ausrichtende therapeutische Haltung kann demgegenüber – als emotionale Distanzierung und Flucht vor dem aktuellen Geschehen – Ausdruck eines Gegenübertragungswiderstands sein.

- Die Behandlung sollte sich im Sinne einer längerfristigen Perspektive (d.h. über eine initiale stationäre Behandlung hinaus) auf die Verbesserung von Anpassungsfähigkeit ausrichten (vgl. Links 1993).

Die spezifische Psychotherapie von Borderline-Patienten und insbesondere die Bearbeitung von Realtraumata erscheinen angesichts der hohen Rate von transgenerationaler Perpetuierung von Traumatisierung und gestörter Bindungsfähigkeit (Fonagy et al. 1995) als erfolgversprechende Prävention von sexuellem Missbrauch bzw. körperlicher Misshandlung; sie setzen gleichzeitig aber auch Fähigkeiten seitens der Therapeuten voraus, mit den spezifischen Problemen – etwa der Neigung, Konflikte auszuagieren – bei der Behandlung dieser Patientengruppe umgehen zu können (Trimborn 1983; Janssen 1990b; Dulz u. Nadolny 1998; Hirsch 1998).

7 Histrionische Persönlichkeitsstörung

J. Ott, M. Langenbach, N. Hartkamp, W. Wöller

7.1 Klinische Deskription

Die Histrionische Persönlichkeitsstörung ist charakterisiert durch eine durchgängige Neigung zu übermäßiger Emotionalisierung und Inszenierung zwischenmenschlicher Beziehungen sowie durch ein gesteigertes Verlangen nach Aufmerksamkeit und Beachtung (s. Tab. 7-1).
Die in der Tabelle 7-1 zu lesende Beschreibung der Histrionischen Persönlichkeitsstörung im ICD-10 (Dilling et al. 1994) stimmt in großen Zügen mit den Kriterien im DSM-IV (APA 1994) überein, wo das Geltungsbedürfnis, das theatrali-

Histrionische Persönlichkeitsstörung — Tab. 7-1

- Dramatisierung bezüglich der eigenen Person, theatralisches Verhalten, übertriebener Ausdruck von Gefühlen
- Suggestibilität, leichte Beeinflussbarkeit durch andere Personen oder Umstände
- oberflächliche und labile Affektivität
- andauerndes Verlangen nach Aufregung, Anerkennung durch andere und Aktivitäten, bei denen die betreffende Person im Mittelpunkt der Aufmerksamkeit steht
- unangemessen verführerisch in Erscheinung und Verhalten
- übermäßiges Interesse an körperlicher Attraktivität

sche Verhalten, die Hyperemotionalität und der impressionistische Sprachstil als wichtige Kriterien enthalten sind.
Der Typus der Histrionischen Persönlichkeitsstörung wurde erstmals 1980 im DSM-III (APA 1980) und 1991 in das ICD-10 aufgenommen (Dilling et al. 1994). Fasst man die Vorgeschichte dieser Entwicklung zusammen, so lassen sich gegenwärtig vier Untertypen der Hysterie voneinander abgrenzen:

- die Histrionische Persönlichkeitsstörung, die den alten Begriff der hysterischen Persönlichkeit oder des hysterischen Charakters ersetzt
- der Konversionstyp der Hysterie
- der dissoziative Typ mit den charakteristischen Bewusstseinsstörungen, der gehäuft zusammen mit dem Konversionstyp vorkommt
- der polysymptomatische Typ, der eigentlich als Hysterie, Hysteria, dann als Briquet-Syndrom und, im DSM-II, als Somatisierungsstörung bezeichnet wird (Hoffmann 1996, S. 5)

In der Klassifkation nach DSM-I (APA 1952) wurde zwischen neurotischen Aspekten der Hysterie (Konversionsreaktion) und Persönlichkeitsaspekten (emotional instabile Persönlichkeit) unterschieden.

Im DSM-II (APA 1968) wurde die hysterische Persönlichkeit von den hysterischen Neurosen einschließlich der Konversions- und der dissoziativen Reaktion unterschieden, und schließlich wurde im DSM-III (APA 1980) erstmalig die Kategorie der Histrionischen Persönlichkeitsstörung vorgestellt.

Die Kritik einer zu großen Überlappung mit der Borderline-Persönlichkeitsstörung (Pope et al. 1983) führte zu einer Modifikation im DSM-III-R (Widiger et al. 1988) und schließlich zu den Festlegungen im DSM-IV (APA 1994) und ICD-10 (Dilling et al. 1994).

7.2 Prävalenz und Epidemiologie

Prävalenzraten, die sich auf die Kriterien von DSM-III beziehen, schwanken zwischen 6% (epidemiologische Erhebung zur unbehandelte Prävalenz bei Kass et al. 1985) und 45% (behandelte Prävalenz bei Widiger et al. 1987). Die mittlere Prävalenzrate in den sieben von Widiger und Rogers (1989) untersuchten Studien betrug 24%. Morey (1988a) berichtete von einer Prävalenz von 22% bei einer behandelten Gruppe von 291 Patienten unter Berücksichtigung der DSM-III-R-Kriterien. Zimmerman und Coryell (1989) fanden bei einer nichtklinischen Gruppe eine Prävalenz von 3%. In einer anderen Untersuchung fanden Nestad et al. (1990) eine Prävalenz von 2,1%. In der von Loranger et al. (1994) durchgeführten Studie zum Vorkommen der Persönlichkeitsstörungen bei ambulant und stationär behandelten psychiatrischen Patienten fanden sich 4,3 bis 7,1%.

In den genannten Studien wird die Diagnose der Histrionischen Persönlichkeitsstörung (HPS) weit häufiger bei Frauen gestellt. Es liegen fünf empirische Studien zum Geschlechtsbias vor.

Während sich in zwei Arbeiten (Hamilton et al. 1986; Ford u. Widiger 1989) deutliche Hinweise für den erwarteten Beurteilerbias finden ließen, konnte ein solcher in anderen Studien nicht nachgewiesen werden (Slavney u. Chase 1985; Fuller u. Blashfield 1989; Morey u. Ochoa 1989).

In zwei weiteren epidemiologischen Studien unterscheiden sich die Zahlen der männlichen Patienten nicht signifikant von denen der Patientinnen (Zimmerman u. Coryell 1989; Nestad et al. 1990).

7.3 Komorbidität und Differenzialdiagnose

Das Hauptproblem der diagnostischen und differenzialdiagnostischen Entscheidungen ist die beträchtliche Komorbidität der Persönlichkeitsstörungen untereinander (s. Widiger u. Trull 1993, S. 380).

Differenzialdiagnostisch ist die Abgrenzung zur Borderline-Persönlichkeitsstörung (BPS) schwierig, obwohl psychotisch anmutende Episoden und schwere Identitätsstörungen bei HPS eher selten vorkommen. In der Untersuchung von Morey (1988a) erhielten 56% der Patienten beide Diagnosen. Ähnlich hoch sind die Überlappungen mit der Narzisstischen Persönlichkeitsstörung (NPS), nämlich 54%.

Ähnliche Probleme ergeben sich in der Abgrenzung zur Antisozialen Persönlichkeitsstörung (APS), obwohl hier deviante Verhaltensmuster das Bild bestimmen. Dependente Patienten dürften insgesamt weniger theatralische und aufmerksamkeitsheischende Interaktionsmuster zeigen.

Eine Abgrenzung zu den dissoziativen und den somatoformen (insbesondere Konversions-)Störungen sollte ebenfalls sehr genau durchgeführt werden, obwohl Komorbidität nur bei 10% zu finden ist (Iezzi u. Adams 1993).

Die interaktionellen Merkmale der HPS lassen sich auch bei anderen psychischen Störungen finden; vor allem bei den affektiven, insbesondere dysthymen Störungen (Frances u. Katz 1986), bei den Ängsten und Phobien (Mavissakalian u. Hamman 1988).

7.4 Ätiologie und Pathogenese

Empirische Arbeiten zur Ätiologie der HPS liegen bis auf einige Familienstudien nicht vor.

In Forschungsarbeiten über familiäre Zusammenhänge wird die Vermutung geäußert, dass es sich bei (der eher weiblichen) HPS und der (eher männlichen) APS um geschlechtstypische Ausformungen der gleichen Grundstruktur handeln könnte (Cloninger et al. 1975; Kaplan 1983; Lilienfeld et al. 1986).

HPS entstammen überzufällig häufig Familien, in denen aufseiten der Väter eine APS festgestellt werden konnte. Entsprechend häufig wird über frühkindliche Erfahrungen familiärer Gewalt und Missbrauchs berichtet.

Neurobiologische Hypothesen, die Alterationen des limbischen oder retikulären Systems für die emotionale Steuerungsschwäche verantwortlich machen, können derzeit empirisch nicht belegt werden (Bohus et al 1999).

In der psychoanalytischen Literatur wurde über viele Jahre übereinstimmend der ungelöste Ödipuskomplex als pathogener Zentralkonflikt definiert, d.h. die spezifisch konflikthaften Bindungen zum gleich- und zum gegengeschlechtlichen Elternteil finden keine persönlichkeitsgerechte „Lösung", sondern fallen der Verdrängung anheim (Hoffmann 1984, S. 253f).

Abraham (1924), Wittels (1930; 1931), Reich (1933) und Fenichel (1945) hoben die Bedeutung des Ödipuskomplexes sowie der Kastrationsangst und des Penisneides in der Entwicklung der hysterischen Persönlichkeit hervor.

Aber bereits Wittels hatte auf die Bedeutung prägenitaler Fixierungen aufmerksam gemacht. Die Infragestellung und explizite Ausweitung des genetischen Konzepts der hysterischen Persönlichkeit erfolgten dann durch Marmor (1953). Er betonte die besondere Bedeutung einer gestörten oralen Entwicklung gegenüber der sekundär gestörten genitalen Entwicklung. Diese Auffassung stellt im Kern eine Akzentverschiebung von der ödipalen auf die orale Entwicklungsphase dar. Diese Position, nämlich ödipale Ängste (Kastrationsängste) als Ausdruck und Folge früherer Ängste vor Liebes- und Objektverlust zu sehen, war bereits von Freud (1926) für die Hysterie vertreten worden. Später hat Freud für den „erotischen Typ", den er als den der Hysterie entsprechenden Persönlichkeitstyp definiert hatte, die Angst vor Liebesverlust zum entscheidenden Charakteristikum erklärt, wodurch sich die besondere Art der Abhängigkeit erkläre (Freud 1931, S. 150).

Diese Position wurde von zahlreichen Autoren aufgenommen und vertieft (Chodoff u. Lyons 1958; Winter 1964; Easser u. Lesser 1965; Zetzel 1968; Lazare 1971; Abse 1974; Lerner 1974). Diese Autoren beschrieben einen frühen Liebesentzug durch die Mutter oder reale Verluste sowie die starke (oft reaktive) orale Verwöhnung als wesentliche Bedingungen für die Entstehung dieser Persönlichkeitsstörung.

Eine mittlere Position nehmen Edgecumbe und Bugner (1975) ein, indem sie die Bedeutung der Störung in der phallisch-narzisstischen Entwicklungphase betonen. Als Folge dieser genetischen Revision und in Übereinstimmung mit den klinischen Erfahrungen wurden in der Folgezeit zwei Formen des hysterischen Charakters voneinander abgegrenzt: hysterische und hysteroide Persönlichkeiten (Easser u. Lesser 1965), hysterische und infantile Persönlichkeit (Kernberg 1967), „true hysteric" und „so-called good hysteric" (Zetzel 1968) und „histrionic" versus „hysterical" (Gabbard 1994).

Histrionische Persönlichkeitsstörung

Diese beiden klinischen Formen werden von allen Autoren in den relevanten Triebkonflikten, in den Objektbeziehungen, in der Ich-Struktur und den Ich-Funktionen deutlich unterschieden angesehen – mit entsprechenden Konsequenzen für die Therapie und die Prognose.

Hoffmann (1984) kommt aufgrund seiner ausführlichen und kritischen Analyse der Literatur zu der Auffassung, dass der hysterische Charakter regelmäßig bestimmte Konflikte (ödipale Konflikte, Abhängigkeits- und Selbstwertkonflikte) szenisch darstelle und dass dabei in der Regel folgende dynamischen Mechanismen als Lösungsversuche auftreten:

- eine spezifische (unbewusste) Veränderung des Selbstbildes
- eine spezifische Verwendung von Emotionen
- ein massiver Einsatz von Identifizierungen
- ein besonderer Umgang mit Phantasien und Symbolen und die spezifische Rolle von Verdrängung und Verleugnung

Diese Mechanismen bedingen zusammen wesentlich jenen Wahrnehmungs-, Kognitions- und Verhaltensstil, den Shapiro (1965) als „neurotischen" Stil der Hysterie beschrieben hat.

Millon und Davis (1996) betonen in ihrer biosozialen Lerntheorie die Bedeutung sich verstärkender Interaktionsmuster im frühen sozialen Umfeld. Extravertierte, lebhafte Kinder, die von häufig wechselnden Bezugspersonen mit starken, aber kurzen emotionalen Kontakten konfrontiert werden, lernen, dass Zuwendung und Aufmerksamkeit anderer durch gefällige „Darbietungen" zu bekommen sind. Insbesondere wenn die Entwicklung eigener Kompetenzen und Wertmaßstäbe nicht gefördert, sondern – im Gegenteil – negiert wird, ist das Kind darauf angewiesen, sich aktiv um die Aufmerksamkeit und Beachtung durch Außenstehende zu bemühen, ohne dabei Regelmäßigkeit zu erfahren, sodass die Aneignung von Normen und klaren Regeln unterbleibt. Das daraus resultierende histrionische Rollenverhalten verhindert die Entwicklung eines stabilen sozialbezogenen Selbstkonzeptes. Die Folge sei, dass den Betroffenen angesichts einer bedrohlichen Zuspitzung zwischenmenschlicher Konflikte und Krisen nur die Inszenierung gelernter Rollen als Selbstschutz bleibe.

Aus der Perspektive eines interpersonellen Erklärungsmodells (Benjamin 1993) wurde der Betreffende als Kind wegen seines hübschen Äußeren, wegen seines als „süß" empfundenen Verhaltens oder seiner unterhaltenden geselligen Qualitäten geliebt. Andere Kompetenzen wurden als unwichtig abgelehnt und nicht gefördert. Oft wurde das Kind vom gegengeschlechtlichen Elternteil dem gleichgeschlechtlichen vorgezogen. Das Äußere und das charmante Verhalten reichten aus, um die Hauptbezugsperson zu kontrollieren. Reichte dies nicht aus, so konnte über Kränklichkeit und Bedürftigkeit die versorgende Person erreicht werden. Prototypisch bestand eine oberflächlich-flirtende Atmosphäre im Haushalt, die ständigen Charme erforderte bei gleichzeitiger Vernachlässigung der eigentlichen kindlichen Bedürfnisse. Dadurch wurden die Entwicklung eines falschen Selbst und der Rückzug begünstigt. Die Folgen daraus sind: Eigene Kompetenz wird vermieden bzw. nicht entwickelt, die Abhängigkeit anderer wird als bedrohlich erlebt. Befürchtet werden basale Vernachlässigung und Missachtung, verbunden mit einem starken Wunsch nach Liebe und Fürsorge, möglichst durch ein starkes Objekt, das dennoch durch den Charme und die unterhaltsamen Qualitäten des Histrionischen kontrolliert werden kann. Die resultierende Grundhaltung ist die eines Anvertrauens, begleitet von einer versteckt-entwertenden Motivation, sich die erwünschte Versorgung und Liebe zu erzwingen. Beispiele dafür sind das unangepasste verführerische Verhalten oder der manipulative Suizidversuch (Benjamin 1993; Tress et al. 1997).

Die kognitiv orientierten Autoren beschäftigen sich mit der Frage, welche Bedeutung den Kognitionen bzw. Affekten im Zusammenhang mit den histrionischen Interaktionsmustern zukommt. Beck et al. (1989) postulieren eine Vorordnung tief greifender kognitiver Schemata, die das Rollenverhalten, die Affekte und die Interaktionsmuster der Betroffenen bestimmen. Sie seien durch ihre frühkindliche Erziehung dazu angeleitet worden, interaktionell ängstigende und bedrohliche Situationen vor allem durch ihre äußere Erscheinung und exzellentes Rollenverhalten zu vermeiden, zu verändern oder ihnen zu entfliehen.

Eine der Grundannahmen lautet: „Ich bin unzulänglich und unfähig, mein Leben selbst zu bewältigen". Sie kommen zu dem Schluss, dass sie andere dazu bringen müssen, sich um sie zu kümmern und zu sorgen. Daraufhin machen sie sich aktiv auf die Suche nach Aufmerksamkeit und Anerkennung.

Eine weitere Grundannahme lautet, dass es wichtig sei, aufgrund aller Handlungen von jedem geliebt zu werden. Dies ist verbunden mit einer großen Angst vor Ablehnung und Zurückweisung. Hysterische Persönlichkeiten fühlen sich ständig gedrängt, die Aufmerksamkeit und Anerkennung auf die Art und Weise zu erlangen, die sie am besten gelernt haben, nämlich einem extremen Stereotyp ihrer geschlechtlichen Rolle gerecht zu werden.

Sie scheinen von Kindheit an eher für ein reizendes Wesen, körperliche Attraktivität und Charme belohnt worden zu sein als für Kompetenz oder Bemühungen, systematisch zu denken und zu planen. Sie haben vor allem gelernt, sich auf eine Rolle und ihren Auftritt vor anderen zu konzentrieren. Deshalb organisieren sie ihre Beziehungen vorrangig auf der Grundlage einer kontinuierlichen Suche und Anpassung ihres Rollenverhaltens. Bei interaktionellen Krisen und Konflikten stehe ihnen unter einem kognitiven Primat der Rollenanpassung („möglichst gut erscheinen", „möglichst von allen geliebt werden") nurmehr die Präsentation einer jeweils neuen Rolle zur Verfügung, so Beck et al. (1989).

Diese ständige Orientierung an externen Begebenheiten führe zu einer Vernachlässigung ihres Innenlebens (der Bedürfnisse, Wünsche, Affekte und Werte) und damit zu einer Störung des Identitätssinnes. Das Betonen des Äußeren und der Dramatik führe zu dem von Shapiro (1965) beschriebenen charakteristischen Denkstil

(„globale, relativ diffuse, unscharfe, impressionistische Denkstruktur"). Ohne eine komplexe kognitive Integration sind die globalen und übertriebenen Affekte schwer zu kontrollieren. Sie neigen auch zu übergeneralisierenden Verzerrungen und entsprechend extremen Schlussfolgerungen, die ihre Grundannahmen bestätigen.

Shapiro (1965) und Horowitz (1991a) betonen ebenfalls die Insuffizienz integrativer Prozesse. Sie sehen die Ursache jedoch eher in einem Eingeordnetsein der Kognitionen in einer insgesamt routinierten Theatralik, die sich vorwiegend über eine situationsabhängige Affektivität steuert und sich so der bewussten Kontrolle entzieht.

Die handlungsleitende kognitive Schematik entspringt genau wie der Affekt aus einer scheinbar passenden Interaktionsroutine als Antwort. Der präsentierten Rolle fehlen damit ein situationsspezifisch begründeter mentaler Inhalt und eine entsprechend gut differenzierende Wahrnehmung. Die Rolle dominiert global und unvermittelt das interpersonale wie intrapsychische Geschehen.

7.5 Therapie der Histrionischen Persönlichkeitsstörung

7.5.1 Allgemeines

Aufgrund der Tatsache, dass die HPS erst vor wenigen Jahren als eigenständige Kategorie in die Klassifikationssysteme eingeführt worden ist, steht die empirische Therapieforschung noch ganz am Anfang. Bisher gibt es vor allem konzeptuelle Vorschläge, kaum Therapiestudien und nur wenige substanzielle Einzelfallstudien.

In den meisten Fällen wurde das ursprünglich für die Behandlung sonstiger psychischer Störungen entwickelte therapeutische Konzept für die Behandlung der HPS modifziert.

7.5.2 Psychoanalytisch-psychodynamische Behandlungsverfahren

Die Psychoanalyse hat sich im Rahmen der Behandlung von hysterischen Neurosen entwickelt. Es ist daher verständlich, dass die Therapie dieser Störungen auch das zentrale Anwendungsgebiet der psychoanalytischen Behandlungsmethoden gewesen und bis heute geblieben ist (Mentzos 1980).

Im auffälligen Widerspruch zu dieser Aussage steht der Sachverhalt, dass es nur wenige Beiträge zur psychoanalytischen Behandlung dieser Störung gibt (Allen

1991; Chodoff 1978; 1989; Gabbard 1990; 1994; Horowitz 1991a; 1991b; 1995; 1997; Mentzos 1980).

Entsprechend der o.g. Differenzierungen zwischen Patienten mit einem höheren Strukturniveau und vorwiegend triangulär-ödipaler Konflikthaftigkeit und Patienten mit einem niedrigen Strukturniveau und präödipalen Konflikten ergeben sich aus psychoanalytischer Perspektive unterschiedliche Indikationsstellungen und entsprechende Modifikationen der psychoanalytischen Einstellungen und Techniken.

Die Patienten mit einem höheren (neurotischen) Strukturniveau (mit „Hysterischer Persönlichkeitsstörung") sind für eine individuelle analytische Psychotherapie oder Psychoanalyse gut geeignet (Gabbard 1994; Horowitz 1995; 1997).

Für die Patienten mit einer Histrionischen Persönlichkeitsstörung im Sinne der DSM-IV- bzw. ICD-10-Kriterien werden Modifikationen der psychoanalytischen Einstellungen und Techniken beschrieben (Gabbard 1994; Kernberg 1984).

Horowitz (1991a; 1991b; 1995; 1997) hat eine integrative Therapiemodifikation publiziert, in der das psychoanalytische Vorgehen zur Gestaltung der therapeutischen Beziehung, zum Verstehen und Umgehen mit den verschiedenen Übertragungs-Gegenübertragungskonstellationen und zum therapeutischen Umgang mit den Widerständen durch kognitiv-behaviorale Behandlungsstrategien und -techniken ergänzt wird. Es werden längerfristig angelegte Therapien empfohlen, die darauf abzielen, die phantasiebestimmten histrionischen Eigenarten (Selbstbezogenheit, unmittelbare Bedürfnisbefriedigung und das dependent anmutende ständige Verlangen nach Aufmerksamkeit und Bewunderung) mit der Interaktionsrealität zu konfrontieren. Es sollte dem Patienten ermöglicht werden, eine kontextgebundene Unterscheidungsfähigkeit hinsichtlich sozial erfüllbarer und sozial nicht erfüllbarer Wünsche und Bedürfnisse zu erarbeiten. Der Therapeut sollte dabei ständig ein Modell für Sicherheit, Ehrlichkeit und Respekt im Umgang mit anderen abgeben und diese Haltungen dem Patienten gegenüber authentisch vorleben, um auf diese Weise die Emotionalisierungsneigung zu modulieren (Chodoff 1989).

Eckhardt-Henn und Hoffmann (2000) haben eine differenzierte Zusammenschau eigener Erfahrungen und neuerer Behandlungsempfehlungen publiziert. In Übereinstimmung mit dem Behandlungsphasenkonzept von Horowitz (1997) weisen sie auf die Notwendigkeit der Fokussierung auf die folgenden Themen hin.

Im Anfang der Therapie steht vor allem der Umgang mit dem agierenden Verhalten im Mittelpunkt der Behandlung. Es sei notwendig, das agierende Verhalten in seiner Funktion und Bedeutung zu verstehen, zu respektieren und therapeutisch so damit umzugehen, dass sich eine verlässliche therapeutische Beziehung entwickeln kann. Es sei notwendig, strukturierend und supportiv zu intervenieren, vor allem die schädigenden und selbstschädigenden Interaktionen und Handlungen zu beeinflussen.

Von besonderer Bedeutung sind in diesem Zusammenhang das Verstehen der mit heftigen Affekten und Impulsen verbundenen Übertragungen und die Reflexion

heftiger Gegenübertragungsgefühle, -phantasien und -impulse des Therapeuten. W. D. Allen hat die spezifischen Schwierigkeiten in folgender Weise treffend formuliert: „Entweder Sie geben mir alles oder ich breche die Behandlung ab; wenn Sie mir aber alles geben, wird es uns zerstören!" (Allen 1991, S. 161)
Beim therapeutischen Umgang mit der spezifischen Emotionalität (Hyperemotionalität, „falsche" Affekte) kommt es vor allem darauf an, zu verstehen, welche intrapsychischen Regulierungsnotstände, Ängste und frühen Beziehungserfahrungen hinter diesen Emotionalisierungen „verborgen" sind und abgewehrt werden müssen. Wenn es gelungen ist, den inneren Adressaten und die mit Ängsten, Scham und Schuld verbundenen inneren Regulierungsnotstände in Zusammenarbeit mit dem Patienten zu verstehen, wird es zunehmend möglich, diese Affekte auszuhalten, das „innere Theater in ein äußeres zu verwandeln" und bessere Lösungen für diese Konflikte zu finden (Eckhardt-Henn u. Hoffmann 2000).
Der Umgang mit der spezifischen Wahrnehmungsverzerrung, mit den Dissoziationen und den projektiven Mechanismen macht spezifische therapeutische Techniken erforderlich. Auch hier geht es zunächst darum, diesen spezifischen perzeptiv-kognitiven Stil sowie die Abwehrformen in ihrer Bedeutung und Funktion zu verstehen und den Patienten allmählich so damit zu konfrontieren, dass eine Veränderung möglich wird. In diesem Zusammenhang haben sich die von Heigl-Evers und Heigl (1987) im Rahmen der psychoanalytisch-interaktionellen Therapie vorgeschlagenen Interventionsprinzipien der authentischen Antwort und der passageren Übernahme von Hilfs-Ich-Funktionen bewährt (Heigl-Evers u. Ott 1998).
In späteren Phasen der Behandlung wird die therapeutische Arbeit an dem gestörten Selbstkonzept zum Fokus der gemeinsamen Bemühungen. Die therapeutische Arbeit ist durch „Versöhnung der gegensätzlichen Selbstanteile" gekennzeichnet. Realistischerweise wird man sich auch bei langen psychoanalytischen Behandlungen mit Teilerfolgen zufrieden geben müssen, was für die Behandlung aller schweren Persönlichkeitsstörungen gilt.

7.5.3 Interpersonelle Verfahren

Benjamin (1993) hat ihren interpersonellen Ansatz der Therapie von Persönlichkeitsstörungen für die einzelnen Typen an zahlreichen Fallbeispielen beschrieben; empirische Studien zur Überprüfung der Wirksamkeit liegen bis heute nicht vor. Das Ziel der interpersonellen Therapie besteht im Erkennen der Transaktionsmuster und im Erlernen von Alternativen zu den bisher dominierenden maladaptiven Interaktionsstilen. Interpersonelle Therapie ist Anregung und Unterstützung beim Erwerb interaktioneller Möglichkeiten und befriedigenderer zwischenmenschlicher Erfahrungen.
Bei der Behandlung von HPS ist bei der Entwicklung einer tragfähigen Arbeitsbeziehung besonders die geschlechtsspezifische Besonderheit zu beachten.

Es ist wichtig, eine gemeinsame therapeutische Beziehung gegen das „it" (das maladaptive Muster) gemeinsam aufzubauen, statt die dependente Position zu unterstützen. Es geht darum, die Erwartung des Patienten („Der Therapeut wird mein Problem schon lösen, wenn ich nur hinreichend attraktiv, charmant, verführerisch und anhänglich bin") zu verändern, und zwar in eine Einstellung, dass in der gemeinsamen therapeutischen Beziehung eine persönliche Entwicklung hin zu mehr Selbstständigkeit und Kompetenz ermöglicht wird.

Bei der Förderung der Bereitschaft des Patienten, die maladaptiven Interaktionsmuster als Wiederholungen früherer Beziehungserfahrungen zu erkennen, tauchen erwartungsgemäß Widerstände auf, die es zunächst zu respektieren und zu verstehen gilt. Es ist für diese Patienten aufgrund ihrer strukturellen Störung schwer, die Position des „beobachtenden Ich" einzunehmen.

Bei der gemeinsamen Arbeit, die maladaptiven Interaktionsmuster zu unterbrechen und zu verändern, ist es immer wieder notwendig, an aktuellen Beziehungsepisoden auf die Tendenz des Patienten zu fokussieren und aufgrund der basalen Wünsche und Befürchtungen das maladaptive Muster wieder einzusetzen. Diese Wiederholungen der unbewussten Inszenierungen sollen nicht durch Ratschläge beendet werden. Es geht stattdessen darum, die aktuellen und genetischen Determinanten dieser Muster immer besser zu verstehen und den Patienten geduldig und akzeptierend immer wieder anzuregen und zu ermutigen, diese Muster allmählich zu verändern. Das bedeutet das Aufgeben bisher wichtiger Wünsche und Ziele, d.h. auf die Abhängigkeitswünsche zu verzichten und die wachsende interpersonelle und soziale Kompetenz und Autonomie zu erproben.

7.5.4 Kognitiv-verhaltenstherapeutische Vorgehensweisen

Aus verhaltenstherapeutischer Sicht liegen bisher nur wenige Veröffentlichungen vor. Kass et al. (1982) beschreiben eine stationäre verhaltensorientierte Gruppentherapie von fünf Frauen. Spezifische Therapietechniken waren positives und negatives Feedback, Selbstsicherheitstraining, Desensibilisierung und die Bewältigung unvorhergesehener sozialer Situationen. Die erreichten Ergebnisse zeigten nach 18 Monaten ein Nachlassen der Symptome und adaptivere Verhaltensmuster. In den Fallberichten mit der Kognitiven Therapie von Beck et al. (1998) wird von einer langfristigen Therapieperspektive (zwischen ein und drei Jahren) ausgegangen. Als ein wichtiges Ziel der Therapie wird der Wechsel vom globalen impressionistischen Denkstil zu einem systematischeren problemfokussierten Denken angesehen.

Die wichtigste Herausforderung der Kognitiven Therapie mit HPS besteht für den kognitiv arbeitenden Therapeuten darin, stetig und konsequent vorzugehen und ausreichend flexibel zu sein, um die Patienten allmählich zu befähigen, einen Ansatz zu akzeptieren, der ihnen zu Beginn der Behandlung so unnatürlich und frustrierend erscheint; denn er konfrontiert den Patienten mit einem völlig neuen Ansatz zur Wahrnehmung und Verarbeitung von Erfahrungen.

Das therapeutische Konzept geht davon aus, dass die grundlegenden Annahmen („Ich bin unzulänglich und unfähig, mein Leben auf eigene Faust zu bewältigen" und „Es ist notwendig, von allen Menschen zu jeder Zeit geliebt zu werden") in Angriff genommen werden müssen, um nachhaltige Änderungen herbeizuführen.

Offenbar kann die gesamte Palette kognitiv-verhaltenstherapeutischer Techniken bei der Arbeit an spezifischen Problemsituationen von Nutzen sein. Je nachdem, welche Ziele der Patient hat, ist es sinnvoll, eine Vielzahl dieser Techniken einzusetzen, einschließlich der Identifikation und Bekämpfung automatisierter kognitiver Muster, verhaltenstherapeutischer Übungen zur bewussten Lenkung und Überprüfung handlungsleitender Kognitionen, Übungen zur Identifizierung, Differenzierung und Steuerung der Emotionen, zur Aktivitätsplanung sowie Entspannungs-, Problemlösungs- und Selbstbehauptungstraining (Beck et al. 1993).

7.5.5 Integrative Psychotherapie

Fiedler (2000) hat ein umfassendes integratives Konzept für die Behandlung von Persönlichkeitsstörungen vorgelegt. Neben den Grundprinzipien der Therapie werden auch spezifische Behandlungsvorschläge für die unterschiedlichen Störungsformen gemacht.

Eine der wichtigsten Aufgaben zu Beginn der Behandlung bestehe darin, mit dem Patienten möglichst klar und transparent die Möglichkeiten, Aufgaben und Ziele der Behandlung abzustecken (Fleming 1996).

Die besondere Kunst der Behandlung liege darin, eine gute komplementäre Balance zwischen den bisher vom Patienten vernachlässigten Bedürfnissen nach Selbstkontrolle und Bindung zu finden.

Die wichtigsten Therapieziele nach Fiedler (2000) sind:
- Aufbau eines stabilen Selbstwertgefühls
- Verhaltenskontrolle
- das Erlernen eines stabilen Bindungsverhaltens
- das Erproben von Möglichkeiten, etwas allein zu unternehmen

Das therapeutische Vorgehen sollte klar strukturiert sein und von Anfang an möglichst viele Möglichkeiten zum Erproben einer Selbstkontrolle beinhalten (Hausaufgaben, Selbstbeobachtung, Selbstevaluation, Selbstmanagement).

Weiterhin kommt es Fiedler zufolge darauf an, am Beispiel von Beziehungsepisoden die bisherigen Beziehungsmuster zu reflektieren und neue Beziehungsformen im Privatleben und im Beruf auszuprobieren.

Zur Reflexion und Erprobung von Möglichkeiten, etwas allein zu unternehmen, müssen die Übungen darauf ausgerichtet sein, Langeweile zu tolerieren, angefangene Projekte zu Ende zu bringen und den Verlockungen spontaner Ideen und Ablenkungen zu widerstehen.

Bei der Analyse und Begründung persönlicher Rollen kommt es, so Fiedler, darauf an, die durch die bisherige Rollenroutine bedingte aktive Negation der Bewusstheit zu thematisieren und zu überwinden.

Und schließlich geht es um psychosoziales Konflikt- und Krisenmanagement sowie die Akzeptanz des persönlichen Stils.

Es geht in der therapeutischen Arbeit darum, den Interaktionsstörungen einen Sinn (zurück) zu geben und durch die Erarbeitung neuer (alter) Sinnsetzungen und Interaktionskompetenzen aus dem beherrschenden Gefühl der Sinnentleerung herauszukommen und mit den konkret gegebenen Beziehungskonflikten auf eine partnerbezogene Weise umzugehen.

8 Anankastische (Zwanghafte) Persönlichkeitsstörung (F60.5)

M. Langenbach, N. Hartkamp, W. Wöller, J. Ott

8.1 Klinische Deskription

Die Anankastische Persönlichkeitsstörung ist durch Gefühle von Zweifel, Perfektionismus, übertriebene Gewissenhaftigkeit, ständige Kontrollen, Halsstarrigkeit, Vorsicht und Starrheit gekennzeichnet. Es können beharrliche und unerwünschte Gedanken oder Impulse auftreten, die jedoch nicht die Schwere einer Zwangsstörung (F42) erreichen (DIMDI 1994, S. 344). Gebräuchliche Synonyme für diese Persönlichkeitsstörung sind Zwanghafte Persönlichkeitsstörung und Zwangspersönlichkeitsstörung. Die ICD-10-Kriterien der Anankastischen Persönlichkeitsstörung (F60.5) sind:
- Gefühle starken Zweifels und verstärkter Vorsicht
- Vorliebe für Details, Regeln, Listen, Ordnung, Organisation oder Schemata
- Perfektionismus, der Aufgabenerfüllung erschwert bzw. unmöglich macht
- übertriebene Gewissenhaftigkeit, Skrupel und Vorliebe für Produktivität auf Kosten von Genussfähigkeit und zwischenmenschlichen Beziehungen
- Pedanterie und übertriebene Anpassung an soziale Konventionen
- Rigidität und Sturheit
- übertriebenes Bestehen darauf, dass andere sich völlig der Art und Weise unterwerfen, in der der Betreffende seine Aufgaben verrichtet, bzw. übertriebene Zurückhaltung, Aufgaben an andere zu delegieren
- Auftreten von beharrlichen und unerwünschten Gedanken oder Impulsen

Der Typus der Zwanghaften Persönlichkeitsstörung wurde erstmals im Rahmen der 9. Revision in die Internationale Klassifikation der Krankheiten (ICD-9, WHO 1978; Degkwitz u. Helmchen 1980) als Kategorie 301.4 („Anankastische Persönlichkeitsstörung") aufgenommen. Die Beschreibung dort ist angelehnt an das Konzept der selbstunsicheren Persönlichkeit nach Schneider (Schneider 1923). Eine weitere wichtige historische Wurzel des Idealtypus der Zwanghaften Persönlichkeitsstörung ist die psychoanalytische Modellbildung des „analen Charakters", der auf Freuds Arbeit „Charakter und Analerotik" (Freud 1908) zurückgeht. Freud hatte bereits die Trias Sparsamkeit (mit Entwicklung zum Geiz), Eigensinn (bis hin zum Trotz) und Ordnungsliebe (gesteigert bis zur Pedanterie) beschrieben. Abraham (1923) hatte diese Beschreibung ergänzt mit Hinweisen auf die Ausdauer des analen Charakters, seine Neigung zur Zurückweisung anderer, seine Nähe zu sadistischen Impulsen und zu Herrschsucht und Neid, den ausgeprägten Sammeltrieb und die Neigung des Analerotikers, den Gewohnheiten anderer entgegenzuhandeln.

In der Klassifikation nach DSM-I taucht die Kategorie der „compulsive personality" 1952 auf (APA 1952). Diese Kategorie wurde fast unverändert als „obsessive-compulsive personality" in DSM-II übernommen (APA 1968). Die Kriterien dieser beiden Klassifikationen betonen den „ordentlichen" Charakter der Zwanghaften Persönlichkeitsstörung. Seit DSM-III („compulsive personality disorder", Kategorie 301.40) wird von den Autoren mehr auf die Verhaltensebene der zwanghaften Persönlichkeit und ihre psychosozialen Probleme im Umgang mit anderen abgehoben, während die ICD-Klassifikation seit ICD-9 (in der Nachfolge Schneiders) die intrapsychische Verfasstheit der jeweiligen Individuen betont (Tölle 1986). Jedoch hat sich ICD-10 (WHO 1992) an die mehr interpersonelle Beschreibung der DSM-Autoren angenähert.

8.2 Differenzialdiagnose

Differenzialdiagnostisch ist die Anankastische Persönlichkeitsstörung einerseits von der zwanghaften Persönlichkeit im weiteren Sinne, die (noch) nicht die Kriterien einer Persönlichkeitsstörung erfüllt, andererseits von der Zwangsstörung (F42) abzugrenzen.

Wie bei den meisten Persönlichkeitsstörungen, so ist auch für diese Kategorie die Abgrenzung von der Normalität schwierig, zumal sich sowohl unter Forschern als auch unter Klinikern der Gedanke durchgesetzt hat, dass normale und abnormale Persönlichkeitszüge eher dimensional als kategorisch voneinander abgegrenzt sind (Strack u. Lorr 1997; Frances et al. 1991; Livesley 1995), die Unterschiede zwischen normalen Persönlichkeitsentwicklungen und Persönlichkeitsstörungen also eher graduell sind und nicht durch das Vorliegen bestimmter Züge gekennzeichnet und darzustellen sind. Im Fall anankastischer Züge wird diese Abgrenzungsproblematik noch einmal dadurch verschärft, dass gewisse Züge aus dem diagnostischen Spektrum der Zwanghaftigkeit (Ausdauer, Ordnungssinn, Zuverlässigkeit) in der westlichen Gesellschaft positiv konnotiert werden (Fiedler 1994). So fand z.B. Gabbard in einer Studie unter Ärzten, dass zwanghafte Züge deutlich zum beruflichen Erfolg beitragen (Gabbard 1985). Von einer Anankastischen Persönlichkeitsstörung spricht man nach DSM-IV und ICD-10 erst dann, wenn die zwanghaften Merkmale so extrem zum Ausdruck kommen, dass entweder eine erhebliche funktionale Beeinträchtigung oder subjektives Leid resultieren.

Bezüglich der Zwangsstörung (F42) unterscheidet die ICD-10-Deskription die Zwanghafte Persönlichkeitsstörung nach dem im Vergleich zur Zwangsstörung geringeren Schweregrad der „beharrlichen und unerwünschten Gedanken oder Impulse". Handelt es sich bei den Anankastischen Persönlichkeitsstörungen um überdauernde, lebenslang bestehende und Ich-syntone Charakterzüge, so haben die Symptome der Zwangsstörung den Charakter des rekurrierend Unangenehmen und Rituellen, was vom Patienten als unangenehmes Problem und Ich-dyston erlebt wird (Gabbard 1994).

Differenzialdiagnostisch besteht gegenüber den anderen Persönlichkeitsstörungen nach Morey (1988a) eine Überlappung der Kriterien mit denen der Ängstlich-vermeidenden und der Narzisstischen Persönlichkeitsstörung.

8.3 Epidemiologie und Komorbidität

Die Angaben zur Prävalenz der Anankastischen Persönlichkeitsstörung in der neueren Literatur schwanken zwischen 1,7 und 6,4% der Allgemeinbevölkerung (Weissman 1993). Dabei basieren die niedrigeren Zahlen auf Strukturierten Interviews (Zimmerman u. Coryell 1990: 1,7%; Maier et al. 1992: 2,2%), die höheren auf Selbstbeurteilungsfragebögen (Zimmerman u. Coryell 1990: 4,0%; Reich et al. 1989: 6,4%). Die auf Interviews basierenden Zahlen erlauben dabei wahrscheinlich den angemesseneren Überblick über klinisch relevante epidemiologische Verhältnisse in der Allgemeinbevölkerung (Lenzenweger et al. 1997). Die APA geht im DSM-IV von einer Prävalenz unter psychiatrischen ambulanten Patienten von 3–10% aus (APA 1994). Die anankastische Persönlichkeit ist die häufigste Persönlichkeitsstörung unter Männern und tritt bei Männern häufiger auf als bei Frauen (Maier et al. 1992) (s. Tab. 8-1).

Bezüglich der Komorbidität mit der Zwangsstörung bestehen unterschiedliche Befunde. Es kann mittlerweile als gesichert gelten, dass die meisten Patienten mit einer Zwangsstörung nicht die Kriterien einer Anankastischen Persönlichkeitsstörung erfüllen (APA 1994). In einer Studie von Rasmussen und Tsuang (1986) hatten weniger als 50% der Patienten mit Zwangsstörung nach den Kriterien von DSM-III eine Zwanghafte Persönlichkeitsstörung. Joffe et al. (1988) fanden unter 23 Patienten mit einer Zwangsstörung nur einen, der die DSM-III-R-Kriterien für eine Zwanghafte Persönlichkeitsstörung erfüllte. Die häufigste Achse-II-Diagnose in dieser Untersuchung war eine gemischte Störung mit Zügen der Ängstlich-vermeidenden, der Abhängigen und der Passiv-aggressiven Persönlichkeitsstörung (nach DSM-III-R). Baer et al. (1990) fanden unter 96 Patienten mit einer Zwangsstörung nur sechs mit Zwanghafter Persönlichkeitsstörung, dagegen öfter das Vorliegen einer gemischten, einer Abhängigen sowie einer Histrionischen Persönlichkeitsstörung. Munich (1986) belegt in einer Einzelfallstudie, dass während der psychoanalytischen Behandlung einer Anankastischen Persönlichkeitsstörung transitorisch die Symptome einer Zwangsstörung auftreten können.

Nach APA (1994) ergibt sich für die Anankastische Persönlichkeitsstörung eine Überlappung mit den diagnostischen Kriterien der aus der Myokardinfarkt-Forschung bekannten „Typ-A-Persönlichkeit" („Feindseligkeit, Konkurrenzverhalten, Zeitdruck"), sodass möglicherweise für Patienten mit Zwanghafter Persönlichkeitsstörung ein erhöhtes Myokardinfarkt-Risiko besteht. Generell muss von einer erhöhten Komorbidität mit affektiven Störungen und Angststörungen ausgegangen werden (APA 1994).

8.4 Ätiologie und Pathogenese

Die Kenntnisse zur Ätiologie und Psychodynamik der Anankastischen Persönlichkeitsstörung beruhen ganz überwiegend auf kasuistischen Mitteilungen, die ein übereinstimmendes und einheitliches Bild ergeben und z.T. auch empirisch-induktiv überprüft werden konnten.

Tab. 8-1 Prävalenz der Anankastischen Persönlichkeitsstörung

Autor	Jahr	N	Methode	Prävalenz (in %)
Reich et al.	1989	235	PDQ	6,4
Zimmerman u. Coryell	1990	697	PDQ, SIDP	1,7
Maier et al.	1992	447	SCID	2,2

PDQ = Personality Diagnostic Questionnaire-Revised (Hyler et al. 1983; 1988; 1990a; 1990b)
SIDP = Structured Interview for DSM-III Personality Disorders SIDP, Zimmerman u. Coryell 1990)
SCID = Structured Clinical Interview for DSM-III-R Personality Disorders (SCID-II, Spitzer u. Williams 1986)

Anankastische (Zwanghafte) Persönlichkeitsstörung

Historisch gehen diese kasuistischen Befunde zurück auf psychoanalytische Arbeiten, insbesondere auf S. Freud (1908), K. Abraham (1923), W. Menninger (1943) und E. Jones (1948), die bestimmte Charakterzüge (die anale Trias Sparsamkeit, Eigensinn und Ordnungsliebe) auf die anale psychosexuelle Entwicklungsphase bezogen hatten. Freud und Abraham waren ursprünglich davon ausgegangen, dass eine zu frühe und zu rigorose Reinlichkeitserziehung zur Entwicklung eines analen Charakters beitrage. Die Schwierigkeiten zwanghafter Persönlichkeiten mit dem Ausdruck aggressiver Gefühle wurden in Verbindung gebracht mit den analen Machtkämpfen mit der Mutter um die Reinlichkeitserziehung. Die Fixiertheit in den analen Machtkämpfen wird als ein Ergebnis der Regression aus der (prä-)ödipalen Phase mit heftiger Kastrationsangst in die relative Sicherheit der analen Phase gesehen.

Die Bedeutung des Sauberkeitstrainings für die Entwicklung einer Anankastischen Persönlichkeitsstörung konnte in empirischen Arbeiten nicht konsistent belegt werden und spielt heute in der psychoanalytischen Literatur keine vorrangige Rolle mehr. Wilhelm Reich (1945), der die Charakterneurosen systematisch untersuchte, hatte für die analen Charaktere von „lebenden Maschinen" gesprochen. Die psychoanalytische Theorie des analen Charakters wurde von späteren Autoren als heuristisches Modell für eigene (meist Einzelfall-)Beobachtungen herangezogen (s. Erikson 1950; Sullivan 1956; Shapiro 1965; Salzman 1968; 1983; Mentzos 1982; Hoffmann 1984; Gabbard 1985; Horowitz 1988). Im Zuge dieser Entwicklung verlagerte sich das Schwergewicht der ätiologischen und pathogenetischen Modelle immer mehr hin zur Betonung der Bedeutung interpersoneller Beziehungserfahrungen, Selbstwertregulationsmechanismen und bestimmter kognitiver Stile. Von verhaltenstheoretischer Seite wurde nur wenig zur Modellbildung der Anankastischen Persönlichkeitsstörung beigetragen (Beck et al. 1993).

Gabbard (1994) beschreibt aufgrund der Erfahrung klinisch-psychoanalytischer Interviews das hohe Konfliktpotenzial intimer Beziehungen für die zwanghafte Persönlichkeit. Der Konflikt, in der Intimität von den eigenen Abhängigkeitswünschen überwältigt zu werden, ihnen ohne Kontrolle ausgeliefert zu sein und in diesen Wünschen frustriert werden zu können, führe oft zu Hass- und Rachegefühlen. Auch die Tendenz, andere kontrollieren zu wollen, kann so als Konsequenz des Bestrebens gesehen werden, intrapsychische und interpersonelle Konstellationen zu schaffen, die Abhängigkeit erträglich machen oder weitgehend verhindern.

Nach Benjamin (1993) geht die gehorsame, aber persönlich unzugängliche Struktur mit einer restriktiven Zügelung warmer Gefühle auf entsprechende Erfahrungen in der Kindheit zurück, als Regeln ohne jede persönliche Anteil- und Bezugnahme gelehrt worden seien. Typische Konflikte der anankastischen Persönlichkeit entstehen somit nach Benjamin bei ungezügelter Kontroll- und Machtausübung anderen gegenüber sowie intrapsychisch zwischen Autonomie- und Abhängigkeitsbedürfnissen.

Wurden die ersten Beschreibungen des analen Charakters als idealtypische Beschreibungen nach der klinischen Erfahrung angelegt, so machten erst Lazare et al. (1966) den Versuch, die psychoanalytischen Kategorien des analen Charakters unter Anwendung der Faktorenanalyse systematisch empirisch-induktiv zu untersuchen. Sie stellten eine „obsessional dimension" des Charakters fest, die durch folgende Faktoren gekennzeichnet ist:

- Ordnungsliebe
- strenges Über-Ich
- Ausdauer
- Starrsinn
- Rigidität
- Zurückweisung anderer
- Geiz
- Selbstzweifel
- emotionale Einengung

Diese Dimension konnte durch zwei Replikationsstudien bestätigt werden (Lazare et al. 1970; Torgersen 1980). Der Faktor „Selbstzweifel" war nicht konsistent in allen drei Studien nachweisbar, der Faktor „Zurückweisung anderer" war bei Torgersen nur für Männer, nicht aber für Frauen nachweisbar. Auch Hill (1976) konnte in seiner Studie belegen, dass die Merkmale des analen Charakters zusammen auftreten.

Auch für die Bedeutung genetischer Faktoren für die Entwicklung einer Anankastischen Persönlichkeitsstörung finden sich Belege (Clifford et al. 1980).

8.5 Psychodynamik

Aufgrund einer unzureichenden Sicherheit in den interpersonellen Beziehungserfahrungen und Selbstwertregulationsmechanismen neigen zwanghafte Persönlichkeiten zu starker Angstentwicklung. Nach Erikson (1950) dient bereits das Ritualisieren im kindlichen Spiel während der analen Phase dazu, Strukturen im Verhalten, insbesondere im zwischenmenschlichen Umgang, festzulegen und zu erhalten. Solche „zwanghaften" Verhaltensmuster tragen damit zum Aufbau eines festen Realitätsbezuges bei. Hypothetisch kann davon ausgegangen werden, dass Erschütterungen des Realitätsbezuges und der Mangel im Aufbau von Sicherheit im zwischenmenschlichen Austausch in dieser oder der ödipalen Phase dazu führen können, dass eine zwanghafte Angst (Liebesverlust-, Kastrationsangst, Über-Ich-Angst usw.) entsteht, die durch die „überwertige Sicherungstendenz von zentripetal-bewahrendem Charakter" (Elhardt 1990) und das überstarke Bedürfnis nach Ordnung und verbindlicher Orientierung bekämpft wird. Sullivan vermutete bezüglich der Aufwachsbedingungen aufgrund klinischer Beobachtungen viel el-

Anankastische (Zwanghafte) Persönlichkeitsstörung

terliche Wut und Hass bei oberflächlicher Freundlichkeit (Sullivan 1956). Salzman (1983) sieht die Grunderfahrung der Anankastischen Persönlichkeitsstörung in den leidvollen Gefühlen von Hilflosigkeit, die durch beherrschende Kontrolle und das Anstreben von Allwissenheit vermieden werden sollen.

Gabbard (1994) folgert aus psychoanalytischen Einzelbeobachtungen, dass die typischen Kindheitserlebnisse von Patienten mit Anankastischer Persönlichkeitsstörung davon gekennzeichnet sind, dass sich die Patienten von ihren Eltern nicht ausreichend geschätzt und geliebt fühlten. Während psychoanalytischer Behandlungen begegne man daher einer starken unerfüllten Sehnsucht nach Abhängigkeit und einer heftigen, auf die Eltern gerichteten Wut, weil diese als nicht ausreichend emotional verfügbar erlebt wurden. Sowohl die Abhängigkeitsbedürfnisse als auch die Wut würden von Patienten mit Anankastischer Persönlichkeitsstörung aber als unakzeptabel erlebt, sodass diese Strebungen durch Reaktionsbildung und Affektisolierung abgewehrt werden müssten.

Benjamin (1993) beschreibt als typische Merkmale anankastischer Beziehungsgestaltung die Neigung zu rücksichtsloser Dominierung und Kontrolle anderer. Ebenso wie der Perfektionismus, der eine ausgewogene und angemessene Selbstsicht verhindere, und die Gefügigkeit Autoritäten und moralischen Prinzipien gegenüber verdanke sich diese Kontrolltendenz dem ständigen Zwang durch die primären Beziehungspersonen, zu funktionieren, korrekt zu sein und den Regeln zu folgen, ohne auf persönliche Folgen Rücksicht zu nehmen. Die Tendenz anankastischer Persönlichkeiten, andere zu strafen und auf ihre Fehler zu achten, gehe auf das Erziehungsprinzip der Strafe für nicht perfektes Verhalten und der Verantwortungszuteilung ohne tatsächliche Teilhabe an Entscheidungen zurück, dem diese Personen in der Kindheit unterworfen gewesen seien.

In der Formulierung des zyklisch-maladaptiven Beziehungszirkels (CMP, Strupp u. Binder 1984; Tress 1993) stellt sich die Problematik der Anankastischen Persönlichkeitsstörung wie folgt dar: Als Folge der beschriebenen elterlichen Verhaltensweisen entsteht die internalisierte pathogene Erwartung, nur für vollbrachte Leistungen geliebt und für Fehler unerbittlich verantwortlich gemacht zu werden. Im Einklang mit diesen Erwartungen bilden sich die Selbstmerkmale und die andere kontrollierenden, vorsichtigen und perfektionistischen Persönlichkeitsmerkmale heraus. Gleichzeitig sind das Verhalten und die intrapsychische Einstellung durch eine Identifikation mit den emotionsabwehrenden und rigiden Eltern gekennzeichnet, die sich in der Neigung zu übertriebener Gewissenhaftigkeit und Rationalität sowie in dem Streben nach Perfektion äußert. Die Folge der kontrollierenden und starren Haltung ist typischerweise die ablehnende und kritisierende Einstellung der anderen, worauf die anankastische Persönlichkeit mit erneuten Kontrollversuchen und Halsstarrigkeit reagiert. Durch Introjektion der kontrollierenden und entwertenden elterlichen und fortlaufenden Beziehungsmuster entwickelt sich eine Introjektstruktur, die durch kontrollierenden und entwertenden Umgang mit sich selbst geprägt ist, der ständigen Selbstzweifeln Nahrung gibt.

Bindungstheoretisch fundierte empirische Studien ergaben häufig Hinweise auf das Vorliegen pathologisch unaufgelöster Bindungen. So fanden Fonagy et al. (1996) (wie für das gesamte Cluster C) einen eher überprotektiven Erziehungsstil der primären Bindungspersonen im Vergleich zu anderen Persönlichkeitsstörungen oder Achse-I-Erkrankungen.

Zwanghafte Persönlichkeiten erleben sich selbst oft als nicht perfekt und leiden unter ihren starken Leistungsanforderungen und den oft unerwünschten Gedanken und Selbstzweifeln. Durch die Ich-Syntonie der Leistungsanforderungen werden diese selbst aber nicht infrage gestellt. Oft drängen die Angehörigen auf eine Behandlung, da sie das Leben mit den Perfektionismusansprüchen des Patienten als anstrengend und zermürbend empfinden. Subjektiv führen oft erst Gefühle von Depression, Hilflosigkeit und innerer Leere zur Behandlung – Gefühle, die sich einerseits der intrapsychischen Abwehr (Affektisolierung, Reaktionsbildung), andererseits der interpersonellen Verarmung bzw. interpersonellen Konflikten (Kontroll- und Machtkonflikte, übermäßige Distanz und „Steifheit") verdanken. So geben Patienten mit Anankastischen Persönlichkeitsstörungen häufig an, „emotional und kognitiv blockiert" zu sein (Beck et al. 1993). Unangenehme Gefühle innerer Leere sind oft erst in psychoanalytischen Interviews zu erheben, da sie sich im Alltag häufig hinter Perfektionismus und Leistungsstreben verbergen und dem betreffenden Individuum dann gar nicht bewusst werden.

Die depressiven, aggressiven oder angespannten Affekte können auch im Rahmen einer psychosomatischen Symptomatik, z.B. Migräne, Spannungskopfschmerz, gastrointestinalen Symptomen (wie chronischer Diarrhö oder Obstipation) oder einem chronischen Schmerzsyndrom, gebunden sein (Wilson u. Mintz 1989). Diese führen dann in der Regel zunächst zur Konsultation eines Hausarztes oder internistischen Spezialisten und nur gelegentlich zum Aufsuchen eines Psychotherapeuten.

Die Abwehr und Struktur der Patienten mit Anankastischer Persönlichkeitsstörung stehen im Dienst des Selbsterhaltes und einer Beziehungsregulation, die als bedrohlich und überwältigend phantasierte Abhängigkeitstendenzen durch eine forcierte und rigide Autonomiebetonung und durch Autarkie-Ideale bekämpft. Das hypertrophierte Über-Ich geht zu Lasten einer Balance zwischen den psychischen Instanzen. Es ist zu bedenken, dass sich hinter der zwanghaften Abwehr ein Entwicklungsdefizit mit defizitärer Ich- und Selbst-Entwicklung verbergen kann. Die zwanghafte Struktur hat dann einen autoprotektiven Sinn (Lang 1986) und dient der Stabilisierung des Ich. Zur Stabilisierung wird insbesondere der für die Anankastische Persönlichkeitsstörung typische „kognitive Stil" eingesetzt, der rigide und dogmatisch ist (Shapiro 1965) und ein Pendant zu dem „internalisierten Aufseher" ist, der ständig anordnet, was zu tun ist und damit die Autonomie bedroht (Gabbard 1994).

8.6 Therapeutische Verfahren

8.6.1 Psychodynamisch orientierte Verfahren

Empirische Therapiestudien sind für diese Patientengruppe nicht sehr zahlreich. Hier besteht ein erheblicher Forschungsbedarf, insbesondere an kontrollierten, randomisierten Behandlungsuntersuchungen. Es gibt Hinweise darauf, dass eine psychodynamische Kurzzeitpsychotherapie wirksam ist. Winston et al. fanden in zwei größeren Studien (Winston et al. 1991; 1994) signifikante Ergebnisse einer Behandlung von Persönlichkeitsstörungen des Clusters C mittels zweier Formen von psychodynamischer Kurzzeittherapie im Vergleich zu einer Warteliste: „Short-Term Dynamic Psychotherapy" (STDP, nach Davanloo 1980) und „Brief Adaptational Psychotherapy" (BAP, nach Flegenheimer 1989; Pollack u. Horner 1985; Pollack et al. 1991). In beiden Therapieformen wurden zentrale psychodynamische Elemente wie Klarifikation und Interpretation von zentralen Affekten und Abwehrmechanismen verwendet und der Versuch gemacht, maladaptive Muster der Gegenwart in Bezug zum Übertragungsgeschehen und zur Biografie zu verstehen und zu deuten.

> **BAP** ist eine eher kognitiv vorgehende Therapie, in der maladaptive Muster aus Vergangenheit und Gegenwart unter Heranziehung der therapeutischen Übertragungsbeziehung gedeutet werden.
> **STDP** ist eine mehr aktiv konfrontierende und Widerstandsdeutungen einschließende Behandlungsform, in der die Affektklarifikation eine zentrale Stellung einnimmt.

Die Untersuchungen differenzieren leider die Persönlichkeitsstörungen nicht weiter, sodass für Anankastische, Ängstlich-vermeidende und Abhängige Persönlichkeitsstörungen keine differenzialtherapeutischen Effekte gemessen werden können. In einer Pilotstudie (Winston et al. 1994) ergab sich das differenzialtherapeutische Ergebnis, dass Zwanghafte Persönlichkeitsstörungen mehr von der STDP mit Betonung von Affekten und Konfrontation profitierten als von der BAP, die mehr kognitiv vorgeht (im Unterschied etwa zu Histrionischen Persönlichkeitsstörungen). Eine Komplizierung der Ergebnisse ergibt sich daher, dass gleichzeitig bestehende Achse-I-Störungen (z.B. Angststörungen, affektive Störung oder Anpassungsstörung) nicht vom Design ausgeschlossen wurden. Die Autoren halten insbesondere die hochfokussierte interpersonelle Vorgehensweise unter dem Zeitdruck einer Therapielimitierung in beiden dynamischen Therapieformen für wirksame Faktoren. In einer katamnestischen Studie (Winston et al. 1994) konnten diese Effekte auch 1,5 Jahre nach Behandlungsende noch nachgewiesen werden.

Längerfristige psychotherapeutische Behandlungen von Cluster-C-Persönlichkeitsstörungen sind leider bisher nicht Gegenstand einer umfangreichen empirischen Studie geworden. In den Textbüchern von Gunderson (1988), Horowitz (1988) und Salzman (1980) wird, basierend auf Einzelfallschilderungen und klinische Erfahrung, die Wirksamkeit von Psychoanalyse und expressiven psychodynamischen Therapien belegt. Munich (1986) berichtet von einer erfolgreichen fünfjährigen psychoanalytischen Behandlung eines 28-jährigen Patienten mit Zwanghafter Persönlichkeitsstörung.

Zentrale Elemente psychodynamischer Therapie der Anankastischen Persönlichkeitsstörung sind folgende Grundsätze:

- Der Therapeut sollte die Implikationen empathisch nachvollziehen, die eine psychodynamische Therapie für Patienten mit einer Anankastischen Persönlichkeitsstörung haben kann. Die Vorstellung unbewusster Prozesse und das therapeutische Ziel der Veränderung von Denk- und Verhaltensmustern bedrohen das dem Patienten wichtige Gefühl von Kontrolle (Salzman 1983). Es kann daher zu Beginn der Therapie besonders förderlich sein, den Patienten am gemeinsamen Entwickeln von Therapieregeln zu beteiligen (Tress et al. 1997).
- Der Widerstand gegen den therapeutischen Prozess kann verschiedene Formen annehmen (die Interventionen des Therapeuten werden als „nichts Neues" abgetan; Affektisolierung auch in der therapeutischen Beziehung; obsessives „Schwafeln" [Gabbard 1994] soll dem Therapeuten keine Interventionen erlauben oder ihn einschläfern; der Versuch, ein perfekter Patient zu werden; Re-Inszenierungen von Machtkämpfen aus der Infantilzeit) und erfordert eine sorgfältige Beachtung der Gegenübertragung, die oft ärgerlicher oder aversiver Art sein kann.
- Erst allmählich und mit hinreichender Beachtung der Toleranzgrenzen kann zunehmend Affektklarifizierung versucht werden, indem die Gefühle zu den berichteten Fakten und in der Übertragungsbeziehung angesprochen werden. Ebenso sollte das „Schwafeln" gelegentlich unterbrochen werden, um zum „Hier-und-Jetzt" zurückzukehren, das durch die rhetorische Technik vermieden werden soll (Salzman 1983).
- Angesichts der Bedeutung interaktioneller und intersubjektiver Prozesse für die zwanghafte Persönlichkeit ergibt sich die Bedeutung analytisch-gruppentherapeutischer Behandlungsverfahren. Die Gefahr sadistischer Gegenübertragung, die Quint (1993) für die einzeltherapeutische Behandlung Zwangskranker beschrieben hat und die auch für die Behandlung Zwanghafter Persönlichkeitsstörungen Bedeutung hat, relativiert sich im Gruppensetting durch die Vielfalt der Übertragungsbeziehungen und das große Spektrum positiver und negativer Beziehungen der Gruppenmitglieder untereinander (Csef 1993).

Tab. 8-2 Behandlungsgrundsätze der Anankastischen Persönlichkeitsstörung aus psychodynamischer Sicht (nach Salzman 1983 und Gabbard 1994)

- Aufbau eines therapeutischen Arbeitsbündnisses nach dem Grundsatz gemeinsamen Arbeitens
- Schaffung einer respektvollen und kreativen Atmosphäre („Spielraum")
- zuverlässige Neutralität des Therapeuten (gleiche Distanz zu Über-Ich, Ich und Es)
- Ansprechen von Affekten und innerer Welt des Patienten
- Vermeiden herabsetzender Kritik
- Bezug auf das „Hier-und-Jetzt" der therapeutischen Beziehung, einschließlich der wirksamen Übertragung
- Vermeiden komplexer latent feindseliger oder sadistischer Äußerungen
- Einbeziehung des Patienten bei der Planung von Inhalt und Frequenz der Sitzungen

- Hauptziel der psychodynamischen Behandlung der anankastischen Persönlichkeit ist die abmildernde Modifikation des Über-Ich und die Entwicklung eines weniger konfliktanfälligen Ich. Dies wird erreicht durch minutiöse Interpretation der Konflikte, die sich für den Patienten bei den Themen Abhängigkeit, Sexualität und Aggression ergeben, auf dem Hintergrund der zuverlässigen Neutralität des Therapeuten im Sinne der Äquidistanz zu Über-Ich, Ich und Es (Gabbard 1994) (s. Tab. 8-2).

8.6.2 Kognitiv-behaviorale Verfahren

Nach Shapiro (1981) muss eine kognitive Therapie der Anankastischen Persönlichkeitsstörung vor allem den spezifischen kognitiven Stil dieser Störung fokussieren, also die rigide, intensive und (über-)fokussierte Denkweise, die Verzerrung des Autonomiegefühls mit dem „Ich sollte" als zentrale Denkfigur und den Verlust eines sicheren Realitätssinnes und Weltbildes (s. Tab. 8-3).
Empirische Untersuchungen kognitiver oder behavioraler Therapien der Anankastischen Persönlichkeitsstörung liegen so gut wie nicht vor. Nur eine naturalistische Einzelfallstudie, die 15 Stunden über einen Zeitraum von einem halben Jahr nach dem kognitiven Modell dokumentiert und dabei einen Erfolg im Sinne einer Symptomreduktion (Rückenschmerzen) darstellt, ist publiziert (Beck et al. 1993, S. 288–93). Der Patient dieser Studie wurde jedoch vor der kognitiven Therapie bereits psychodynamisch mit Symptombesserung und Besserung des allgemeinen Wohlbefindens behandelt, sodass differenzialtherapeutische Aussagen nicht statthaft sind.

Tab. 8-3 Behandlungsgrundsätze der Anankastischen Persönlichkeitsstörung aus kognitiv-verhaltenstherapeutischer Sicht (nach Turkat u. Maisto 1985; Beck et al. 1993)

- Aufbau von Rapport zum Patienten zunächst auf sachlicher, weniger auf emotionaler Ebene
- die eigenen Kontrollbedürfnisse reflektieren
- eine „experimentelle" Atmosphäre herstellen
- den Patienten informieren; das kognitive Modell vorstellen
- nach typischen Kognitionen fragen und diese infrage stellen
- wöchentliche Protokolle dysfunktionaler Gedanken erstellen
- bei Bedarf: Einsatz von Entspannungstechniken
- Lehren von Gedankenstopp und Ablenkungstechniken
- Ziele genau und beschränkt auf typische und lösbare Probleme formulieren und in eine hierarchische Reihenfolge bringen
- Therapiesitzungen strukturieren (Therapieplan mit Problemprioritäten)
- eher niederfrequent

8.6.3 Pharmakotherapie

Die Anankastische Persönlichkeitsstörung gilt als pharmakotherapeutisch nicht beeinflussbar. Pharmakotherapie ist nur bei besonderen Zielsymptomen empfehlenswert, meist bei Vorliegen einer zusätzlichen Achse-I-Störung, wie depressive Zustände oder Angst, und dann auch nur im Zusammenhang eines Gesamtbehandlungsplans mit psychotherapeutischen Elementen. Unter den beiden Hauptsymptomgruppen der affektiven Störungen und Impulskontrollstörungen, die auf psychopharmakologische Therapie ansprechen (Cowen 1990), ist bei der Anankastischen Persönlichkeitsstörung mehr mit dem Auftauchen affektiver Symptome zu rechnen, die bei hinreichender Schwere selten den Einsatz von Antidepressiva erforderlich machen können. Die im Rahmen der Anankastischen Persönlichkeitsstörung selten auftretenden Wutdurchbrüche sind im Allgemeinen keine Indikation für Pharmakotherapie, sondern für eine verstehende Bearbeitung im Rahmen einer psychodynamisch orientierten Psychotherapie zugänglich. Eine neuere kontrollierte und randomisierte Studie über den Einfluss von Serotonin-Reuptake-Hemmern in der Behandlung von impulsiv-aggressivem Verhalten bei Persönlichkeitsstörungen findet positive Effekte auch für die Persönlichkeitsstörungen des Clusters C; jedoch leiden die Ergebnisse unter kleinen Zahlen (neun Patienten mit Anankastischer Persönlichkeitsstörung, davon sechs in der Behandlungsgruppe und drei in der Plazebo-behandelten Kontrollgruppe) und werden nicht näher für die einzelnen Persönlichkeitsstörungen spezifiziert (Coccaro u.

Kavoussi 1997). Davis, Janicak und Ayd erwägen in einem Übersichtsartikel, ob das Auftreten einer manifesten Zwangsstörung bei Anankastischer Persönlichkeitsstörung auch das Verabreichen von Antipsychotika (Neuroleptika) rechtfertigt (Davis et al. 1995).

9 Ängstliche (Vermeidende) Persönlichkeitsstörung (F60.6)

M. Langenbach, J. Ott, N. Hartkamp, W. Wöller

9.1 Klinische Deskription

Die Ängstliche (Vermeidende) Persönlichkeitsstörung ist durch Gefühle von Anspannung und Besorgtheit, Unsicherheit und Minderwertigkeit gekennzeichnet. Es besteht eine andauernde Sehnsucht nach Zuneigung und Akzeptiertwerden, eine Überempfindlichkeit gegenüber Zurückweisung und Kritik mit eingeschränkter Beziehungsfähigkeit. Die betreffende Person neigt zur Überbetonung potenzieller Gefahren oder Risiken alltäglicher Situationen bis zur Vermeidung bestimmter Aktivitäten (DIMDI 1994, S. 344).
Möglicherweise ist es klinisch sinnvoll, da die Therapieempfehlung beeinflussend, die Ängstliche Persönlichkeitsstörung weiter zu differenzieren in einen misstrauisch-wütenden und einen durchsetzungsunfähigen Typus (Alden u. Capreol 1993). Die ICD-10-Kriterien der Ängstlichen (Vermeidenden) Persönlichkeitsstörung (F60.6) sind:
- andauernde intensive Gefühle von Anspannung und Besorgtheit
- Vorstellung, sozial minderwertig, unattraktiv oder anderen unterlegen zu sein
- übertriebene Erwartung, von anderen kritisiert oder zurückgewiesen zu werden
- Unwille, sich mit anderen Personen einzulassen, wenn der Betreffende nicht sicher ist, von ihnen gemocht zu werden
- Einschränkungen im Lebensstil durch das Bedürfnis nach Sicherheit
- Vermeiden sozialer oder beruflicher Aktivitäten, die zwischenmenschlichen Kontakt voraussetzen, aus Furcht vor Kritik, Missbilligung oder Zurückweisung

Diese Kategorie der Persönlichkeitsstörungen wurde erstmals unter dem Namen „avoidant personality disorder" in DSM-III aufgenommen (301.82, APA 1980) und geht dort auf die Beschreibung durch Millon (1969) zurück, der sich wiederum auf Bleuler (1911), Burnham et al. (1969), Fenichel („soziale Angst", 1931), Horney („detached type", 1945), Kretschmer (1921) und Winnicott („false" und „lost self", 1965) bezieht. Millon hält diese Störung für den hyperästhetischen Pol der psychästhetischen Proportion nach Kretschmer, deren anderer Pol durch die Schizoide Persönlichkeitsstörung gebildet werde. Beide hätten den sozialen Rückzug gemeinsam, aber während bei der Schizoidie die Ursache in sozialer Indifferenz liege, resultiere die Neigung der Ängstlich-vermeidenden Persönlichkeit, sich von anderen zu distanzieren, aus interpersoneller Angst. In ICD-9 gibt es keine entsprechende nosologische Gruppierung, jedoch besteht eine gewisse Nähe zur dortigen Beschreibung der Asthenischen Persönlichkeitsstörung (Tölle 1986). Eine weitere historische Wurzel der Klassifikation nach ICD-10 liegt in Kurt Schneiders Darstellung der selbstunsicheren Persönlichkeit (Schneider 1950).

Die Eigenständigkeit dieser Kategorie, sowohl in Abgrenzung von bestimmten Achse-I-Störungen, besonders phobischen Störungen, als auch von anderen Persönlichkeitsstörungen, insbesondere der Schizoiden, ist wiederholt von verschiedenen Autoren in Zweifel gestellt worden (Gunderson 1983; Herbert et al. 1992; Holt et al. 1992; Kernberg 1984; Liebowitz et al. 1985; Livesley et al. 1985; Livesley u. West 1986; Trull et al. 1987; Turner et al. 1986; 1992; Widiger 1992). Wegen der erheblichen syndromalen Überlappungen mit anderen Persönlichkeitsstörungen (s.u.) wurden die diagnostischen Kriterien von DSM-III über DSM-III-R zu DSM-IV zunehmend spezifiziert, wenig spezifische Kriterien wie „niedriges Selbstwertgefühl" und „Wunsch nach Zuneigung und Anerkennung" gestrichen und die Angst vor Demütigung und Ablehnung mit resultierendem sozialen Rückzug als Schlüsselkriterien der Ängstlich-vermeidenden Persönlichkeitsstörung (auch in ICD-10) festgelegt.

9.2 Differenzialdiagnose

Differenzialdiagnostisch muss die Ängstlich-vermeidende Persönlichkeitsstörung gegen die ängstliche Persönlichkeit, die noch keinen Störungswert hat, die phobischen und anderen Angststörungen (F40 und F41) und gegen andere Persönlichkeitsstörungen, besonders die Paranoide (F60.0), Schizoide (F60.1) und Abhängige (F60.7), sowie die schizotype Störung (F21) abgegrenzt werden.

Bezüglich der Unterschiede zwischen normaler Persönlichkeitsentwicklung und Ängstlich-vermeidender Persönlichkeitsstörung gilt das oben allgemein Angemerkte zur Abgrenzung der Persönlichkeitsstörungen von den nicht als Störung verstandenen Akzentuierungen der Persönlichkeit, dass also diese Unterschiede eher graduell und nicht durch das Vorliegen bestimmter Züge gekennzeichnet und darstellbar sind. Entscheidend für eine Einordnung unter die Kategorie der Ängstlichen Persönlichkeitsstörung sind nach DSM-IV und ICD-10 die erhebliche funktionale Beeinträchtigung bzw. das Vorliegen subjektiven Leides.

Die phobischen Störungen, besonders die soziale Phobie (F40.1), zeigen eine Reihe von Symptomgemeinsamkeiten mit der Ängstlich-vermeidenden Persönlichkeitsstörung, können aber auch unterschieden werden. Nach Millon (1996) ist für die Ängstlich-vermeidende Persönlichkeitsstörung eine größere Anzahl möglicher Angstauslöser als für die soziale Phobie charakteristisch, was dazu führe, dass Patienten mit Ängstlich-vermeidender Persönlichkeitsstörung sozial wesentlich zurückgezogener lebten als Patienten mit sozialer Phobie, die meist einige befriedigende Beziehungen mit anderen hätten. Während die Ängstlich-vermeidende Persönlichkeitsstörung als Störung des Sich-auf-andere-Beziehens konzeptualisiert sei, sei die soziale Phobie eine Störung der sozialen Performanz in bestimmten Situationen. Prototypisch erfordere die Diagnose der Ängstlich-vermeidenden Persönlichkeitsstörung das Vorliegen geringen Selbstwertgefühls, während dies für die soziale Phobie nicht zutreffe. Dennoch gibt es in der Literatur eine erhebliche Anzahl von berichteten Überlappungen der Diagnosen „soziale Phobie" und „Ängstlich-vermeidende Persönlichkeitsstörung" (Herbert et al. 1992; Holt et al. 1992; Turner et al. 1992). Turner et al. (1986) fanden in einer vergleichenden Studie, dass Patienten der Gruppe mit einer Ängstlich-vermeidenden Persönlichkeitsstörung sensitiver im interpersonellen Kontakt waren und geringere soziale Fertigkeiten aufwiesen als eine Gruppe mit sozialer Phobie. Nach DSM-IV (APA 1994) treten oft affektive und Angststörungen (besonders generalisierte soziale Phobien) bei einer Ängstlich-vermeidenden Persönlichkeitsstörung auf.

Differenzialdiagnostisch bezüglich der anderen Persönlichkeitsstörungen fand Morey (1988) eine substanzielle Syndromüberlappung mit anderen dependent akzentuierten Persönlichkeitsstörungen, besonders der Borderline- und der Dependenten Persönlichkeitsstörung, aber auch mit der Paranoiden, der Schizoiden und der Schizotypischen Persönlichkeitsstörung nach DSM-IV. Reich und Noyes (1986) stellten fest, dass ein großer Prozentsatz von Patienten, deren Persönlichkeitsstörung als schizoid diagnostiziert worden war, auch die Kriterien der Ängstlich-vermeidenden Persönlichkeitsstörung erfüllten. Angesichts ihrer Daten erörtern die Autoren, ob die Schizoide Persönlichkeitsstörung nicht als Variante der Ängstlich-vermeidenden aufzufassen ist. Kass et al. (1985) und Trull et al. (1987) fanden eine größere Überlappung zwischen der Ängstlich-vermeidenden und der Abhängigen Persönlichkeitsstörung als zwischen Ängstlich-vermeidender und Schizoider. Angesichts der idealtypischen Form der Klassifikation der Persönlichkeitsstörungen sind solche Überlappungen der Syndrombereiche für Persönlichkeitsstörungen charakteristisch (s. auch Abb. 4, S. 21).

9.3 Epidemiologie und Komorbidität

Die Angaben zur Prävalenz in der Allgemeinbevölkerung schwanken zwischen 0,4% (Zimmerman u. Coryell 1990, Selbstbeurteilungs-Fragebogenstudie) und 1,1% (Maier et al. 1992, strukturiertes Interview) bzw. 1,3% (Zimmerman u. Coryell 1990, strukturiertes Interview) (s. Tab. 9-1).

Die APA (1994) geht von einer Prävalenz in der Allgemeinbevölkerung zwischen 0,5 und 1,0% aus und schätzt die Prävalenz bei ambulanten psychiatrischen Patienten mit 10% ein. Männer und Frauen sind nach vorliegenden Daten etwa gleich häufig betroffen (Maier et al. 1992), jedoch leiden diese Angaben unter kleinen Fallzahlen, die Generalisierungen nur beschränkt zulassen. Seit die Kategorie in DSM-III eingeführt wurde, ist anscheinend die Diagnosehäufigkeit der Schizoiden Persönlichkeitsstörung zurückgegangen (Millon 1996).

Zur Komorbidität liegen keine gesicherten Daten vor, möglicherweise aufgrund der relativen Neuheit der Diagnose und ihrer Kriterien. In der klinischen Praxis ist die Ängstlich-vermeidende Persönlichkeitsstörung selten der Hauptgrund der Präsentation, sie tritt stattdessen meist als Begleitdiagnose einer Achse-I-Störung oder bei einer anderen Persönlichkeitsstörung (Gunderson 1988) auf. Typischerweise stellt sich die Symptomatik der ängstlich-vermeidenden Persönlichkeit in vermeidend-zurückgezogenem Verhalten und in einer Anamnese scheuer Beziehungsepisoden oder sozialer Isolierung dar. Dies kann depressive Verstimmungen und suizidales Verhalten bedingen. Oft leiden die ängstlich-vermeidenden Patienten unter ihrer Störung auch in Ich-dystoner Weise.

Tab. 9-1 Prävalenz der Ängstlichen Persönlichkeitsstörung

Autor	Jahr	N	Methode	Prävalenz (in %)
Zimmerman u. Coryell	1990	697	PDQ, SIDP	0,4–1,3
Maier et al.	1992	447	SCID	1,1

PDQ = Personality Diagnostic Questionnaire-Revised (Hyler et al. 1983; 1988; 1990a; 1990b)
SIDP = Structured Interview for DSM-III Personality Disorders (SIDP, Zimmerman u. Coryell 1990)
SCID = Structured Clinical Interview for DSM-III-R Personality Disorders (SCID-II, Spitzer u. Williams 1986)

9.4 Ätiologie und Pathogenese

Auch bei der Ängstlich-vermeidenden Persönlichkeitsstörung beruhen die Kenntnisse zur Ätiologie und Pathogenese ganz überwiegend auf kasuistischen Mitteilungen, die ein übereinstimmendes und einheitliches Bild ergeben und z.T. auch empirisch-induktiv überprüft werden konnten.

Neben dispositionellen Faktoren wie einer übermäßigen Ängstlichkeit werden in neueren Arbeiten äußeren Umwelteinflüssen, insbesondere durch die primären Versorgungsobjekte, eine große Bedeutung zugeschrieben. Aus empirischen Arbeiten zum Bindungsverhalten ergeben sich Hinweise darauf, dass ängstlich-vermeidende Persönlichkeiten wie die anderen Persönlichkeitsstörungen des Clusters C häufig pathologisch unaufgelöste Bindungen aufweisen. Fonagy et al. (1996) beschreiben allgemein für die Persönlichkeitsstörungen des Clusters C einen eher überprotektiven Erziehungsstil der primären Bindungspersonen im Vergleich zu anderen Persönlichkeitsstörungen oder Achse-I-Erkrankungen.

Benjamin (1993) verweist auf eine typische Abfolge von frühkindlich zunächst erfahrener Fürsorge durch die primären Versorgungsobjekte, die zunehmend abgelöst wird von einer elterlichen Kontrollhaltung, die soziale Anpassung anstrebt und das Kind kognitiv und affektiv massiv überfordert. Überzogene Vorwürfe seitens der Eltern bedingen eine starke Selbstkontrolle, um soziale Beschämung zu vermeiden, mit einer resultierenden tiefen Selbstunsicherheit und einer extremen Empfindlichkeit für Kritik. Dieser (allzu) frühzeitigen Forcierung der Autonomie-Entwicklung des Kindes entsprechen nach Benjamin spätere übermäßige Anstrengungen des Heranwachsenden, anderen zu gefallen, bei prinzipieller Zurückgezogenheit und starken Sicherheitsbedürfnissen.

9.5 Psychodynamik

Als Folge des Mangels an konstant und verlässlich fürsorglichen primären Bezugspersonen werden für Personen mit Ängstlicher (Vermeidender) Persönlichkeitsstörung charakteristische intrapsychische und interpersonelle Konstellationen auf der Ebene der Beziehungsgestaltung, der Konfliktanfälligkeit und der strukturellen Regulation sichtbar.

Schon Karen Horney (1945) hatte aufgrund ihrer Erfahrungen aus psychoanalytischen Behandlungen zwischenmenschliches Vermeidungsverhalten als Ausdruck ursprünglicher Angstgefühle verstanden, die der Hilflosigkeit dem elterlichen Erziehungsstil gegenüber entstammten. Die Beziehungen der Patienten mit Ängstlicher Persönlichkeitsstörung sind meist hinsichtlich Intensität und Reichhaltigkeit verarmt, gelegentlich gibt es Übergänge zur abhängigen Persönlichkeit mit anklammerndem Verhalten an ein gewähltes, als stark wahrgenommenes Objekt. In der Beziehungsgestaltung finden sich deutliche, wenn auch oft verborgene Bedürfnisse nach sozialem Kontakt und Fürsorge, die nach Benjamin (1993) auf die oben beschriebene frühkindlich tatsächlich zunächst erfahrene liebevolle Fürsorge zurückgehen. Die von den primären Versorgungsobjekten zunehmend eingebrachte Kontrolle und hohe Wertschätzung sozialer Anpassung führt, wie oben beschrieben, zu einer Mischung aus starker Selbstkontrolle, tiefer Selbstunsicherheit und extremer Empfindlichkeit für Kritik. Gelegentlich kann es nach Benjamin zu imitativen Vorwurfsausbrüchen anderen gegenüber kommen. Die paranoid gefärbte Furcht vor neuen Bekanntschaften und die extreme Familienloyalität gehen auf die frühkindlichen Erfahrungen von ständigen Warnungen vor Fremden und das grundsätzliche Gutheißen sozialen Rückzugs zurück.

In der Formulierung des zyklisch-maladaptiven Beziehungszirkels (CMP, Strupp u. Binder 1984; Langenbach et al. 1999) kann die Problematik der Ängstlichvermeidenden Persönlichkeitsstörung so beschrieben werden: Als Folge der beschriebenen elterlichen Verhaltensweisen mit Betonung der sozialen Anpassung auf Kosten optimaler Autonomieförderung entsteht die internalisierte pathogene Erwartung, nur für Folgsamkeit und Unterwerfung geliebt und für unbekümmerte Initiative verantwortlich gemacht und mit heftigen Vorwürfen bestraft zu werden. Im Einklang mit diesen Erwartungen bilden sich die ängstlich beobachtenden, vorsichtigen und vermeidenden Persönlichkeitsmerkmale heraus. Zugleich sind das Verhalten und die intrapsychische Einstellung durch eine Identifikation mit den Fremdes misstrauisch abwehrenden und angespannten Eltern gekennzeichnet, die sich in der Neigung zu Selbstunsicherheit, sozialem Rückzug und der Sehnsucht nach Anerkennung und Liebe äußert. Die Folge der Rückzugstendenzen und Unsicherheit ist typischerweise die zurückhaltende oder zurückweisende Einstellung der anderen, worauf die ängstliche Persönlichkeit mit Gekränktheit und verstärktem Rückzug reagiert. Durch Introjektion der vermeidenden und vorwurfsvollen elterlichen und späteren Beziehungsmuster entwickelt sich eine Introjektstruktur, die durch unsicheren und überkritischen Umgang mit sich selbst geprägt ist, der ständigen Selbstzweifeln Nahrung gibt.

Das ängstliche Vermeiden der in dieser Weise gestörten Patienten schützt davor, gedemütigt, abgelehnt und in Verlegenheit gebracht zu werden. Der für diese Störungsgruppe nach klinischen Beobachtungen zentrale Affekt der Scham weist auf die wichtige und konflikthafte Bedeutung des Sich-Zeigens gegenüber anderen hin (Gabbard 1994; Wurmser 1981). Häufig fürchten Patienten mit Ängstlich-vermeidender Persönlichkeitsstörung Situationen, in denen sie gezwungen sein könnten, Aspekte ihrer Persönlichkeit oder ihres Selbst vor anderen zu entblößen. Solche Situationen erleben diese Personen konflikthaft, da sie sich verwundbar fühlen und die Standards ihres Ich-Ideals nicht zu erreichen meinen (Gabbard 1994). Die Schamquelle kann dabei individuell sehr unterschiedlich sein, kann nicht mit einer bestimmten Entwicklungsphase fest assoziiert werden und muss in jedem Fall vom Therapeuten oder Diagnostiker in der individuellen Bedeutsamkeit exploriert werden. Gleichzeitig mit den vermeidenden Tendenzen besteht bei der Ängstlich-vermeidenden Persönlichkeitsstörung der sehnsüchtige Wunsch, von anderen gesehen, akzeptiert und anerkannt zu werden, um die ständig andrängenden Minderwertigkeitsgefühle zu mildern und abzuschwächen.

Nach Gabbard zeigt die Ängstlich-vermeidende Persönlichkeitsstörung eine Nähe zur narzisstischen Struktur, insbesondere dem phänomenologisch hypervigilanten Typus (Gabbard 1994). Jedoch hätten Patienten mit Narzisstischer Persönlichkeitsstörung eine wesentlich ausgeprägtere Tendenz zu Anspruchsdenken und „stiller Grandiosität". Bei der Ängstlich-vermeidenden Persönlichkeitsstörung findet man demgegenüber eher ein hypertrophiertes Ich-Ideal zu Lasten einer Balance zwischen den intrapsychischen Instanzen.

9.6 Therapeutische Verfahren

Die Ängstlich-vermeidende Persönlichkeitsstörung kann neben der Borderline-Störung als bestuntersuchte Gruppe der Therapie-Effekte bei Persönlichkeitsstörungen gelten (Shea 1993). Jedoch sind die Ergebnisse der veröffentlichten kontrollierten und unkontrollierten Untersuchungen keineswegs eindeutig. Möglicherweise liegt dies daran, dass die Phänomenologie der ängstlichen Persönlichkeit in ausführlichen Interviews weiter differenziert werden müsste, um zu mehr spezifischen und individualisierten Therapieindikationen und -verfahren zu gelangen. Roth und Fonagy (1996) empfehlen ein besseres „targeting" der spezifischen, jeweils individuellen Problematik mit der entsprechenden Identifizierung eines Therapiefokus und geeigneten Therapieverfahrens. Beim Überblick über die einschlägige Literatur stellt sich ein deutlicher Mangel an empirischen Untersuchungen, insbesondere an kontrollierten Behandlungsstudien dar.

9.6.1 Psychodynamisch orientierte Verfahren

Henry et al. (1990) behandelten in einer unkontrollierten, naturalistischen Studie 54 Patienten mit Ängstlich-vermeidender Persönlichkeitsstörung allein oder in Verbindung mit einer anderen Persönlichkeitsstörung mit einer Form dynamischer Kurzzeitpsychotherapie über 25 Stunden nach Strupp und Binder (1984) und beschreiben eine signifikante Verbesserung des globalen Funktionsniveaus. Da die meisten dieser Patienten jedoch außerdem eine Achse-I-Erkrankung aufwiesen, kann die beschriebene globale Besserung auch auf eine klinische Besserung der Achse-I zurückgehen.

Tab. 9-2 Behandlungsgrundsätze der Ängstlichen (Vermeidenden) Persönlichkeitsstörung aus psychodynamischer Sicht (nach Gabbard 1994; Tress et al. 1997)

- Aufbau eines therapeutischen Arbeitsbündnisses mit überwiegend supportiver Initialphase
- Vermittlung von Sicherheit durch zuverlässige Verfügbarkeit
- Vermeidung einer überfürsorglichen Haltung
- stützende und selbstwertstabilisierende Äußerungen
- vorsichtiges gemeinsames Explorieren schambesetzter Situationen
- Vermeiden herabsetzender Kritik
- Bezug auf das „Hier-und-Jetzt" der therapeutischen Beziehung einschließlich der wirksamen Übertragung
- Vermeiden komplexer oder latent feindseliger oder sadistischer Äußerungen
- Verbesserung der Konfliktfähigkeit und Autonomie
- feste Struktur und Frequenz der Sitzungen
- initial eher höhere Sitzungsdichte

Frances und Nemiah (1983) beschreiben an einem Einzelfall die wichtigen Bestandteile einer dynamischen Kurzzeittherapie, wobei sie insbesondere der Fokussuche (in diesem Fall dem Fokus der Beziehungsaufnahme) einen zentralen Platz einräumen.

Argyle et al. (1974) beobachteten in einer kontrollierten Studie signifikant positive Effekte einer Kombination von „Social-Skills-Training" mit psychodynamischer Therapie (die aber nicht näher beschrieben wird) im Vergleich zu einer Phase der Wartezeit bei der Hälfte derselben Patienten vor der Behandlung.

Aufgrund klinischer Erfahrung unter Sichtung der einschlägigen Literatur empfiehlt Gabbard (1994) sowohl psychodynamische Einzel- als auch Gruppentherapien mit supportiven Elementen (empathische Anerkennung der schambesetzten Erlebnisse und Ermunterung, dennoch die gefürchteten Situationen nicht zu vermeiden) und expressiven Elementen (Exploration von Scham auslösenden Situationen, ihrer biografischen Genese und der mit bestimmten Situationen verbundenen Affekte) (s. Tab. 9-2).

9.6.2 Kognitiv-behaviorale Verfahren

Erfolgreiche behaviorale oder kognitiv-behaviorale Behandlungsverfahren werden von Alden (1989), Cappe und Alden (1986) und Marzillier et al. (1976) beschrieben. Bei diesen behavioralen Therapien handelt es sich im Wesentlichen um Kombinationspakete verschiedener Therapiemethoden mit Expositiontraining,

„Social-Skills-Training" und systematischer Desensibilisierung, die im Vergleich mit einer unbehandelten Kontrollgruppe positiv abschnitten. Positive Effekte werden insbesondere für die Erfolgsmaße „Frequenz und Spektrum der sozialen Kontakte", „Vermeidungsverhalten" und „Zufriedenheit mit den sozialen Aktivitäten" bestimmt. Stravynski et al. (1982; 1994) beschreiben positive Effekte einer Kombination von „Social-Skills-Training" mit kognitiver Therapie – sowohl im stationären Setting als auch in ambulanter Therapie im tatsächlichen Lebensraum im Vergleich zu einer Wartezeitperiode. Turkat und Maisto (1985) berichten in einer experimentellen Einzelfallstudie über den positiven Therapieverlauf einer Ängstlich-vermeidenden Persönlichkeitsstörung ohne Kontrollgruppe in einem kognitiv-behavioralen Setting. In zwei Studien wird über die Wirksamkeit von „Social-Skills-Training" mit oder ohne graduelle Exposition im Vergleich zu anderen Therapieverfahren berichtet (Cappe u. Alden 1986; Trower et al. 1978). Alden (1989), Argyle et al. (1974), Marzillier et al. (1976) und Stravynski et al. (1982) fanden keine Unterschiede zwischen verschiedenen Behandlungsverfahren bezüglich der Wirksamkeit. Einige Autoren weisen auf die doch deutlichen Beschränkungen der Therapieerfolge hin, die in den Untersuchungen messbar waren. Cappe und Alden (1986) z.B. bemerken in ihrer Untersuchung, dass die Patienten während der Therapie keine Verbesserung der subjektiv wahrgenommenen Einsamkeit erzielten. Alden (1989) stellt fest, dass die untersuchten Patienten zwar eine Zunahme sozialer Fähigkeiten, nicht aber einen „normalen" Grad sozialer Funktionsfähigkeit erreichten. Die Veränderungen sozialer Beziehungsfähigkeit bezog sich überwiegend auf flüchtige und oberflächliche Beziehungen. Für die differenzialtherapeutischen Unterschiede ist anzumerken, dass nicht in allen Untersuchungen signifikante Unterschiede zwischen der aktiven Behandlungsgruppe und der Warteliste-Kontrollgruppe festzustellen waren. Insbesondere Verhaltensbeobachtungsdaten zeigten hier keine Unterschiede (Cappe u. Alden 1986). In der kontrollierten Untersuchung von Marzillier et al. (1976) ergab sich kein signifikanter Unterschied für eine ganze Anzahl von Beobachtungsdaten wie Angstreduktion, Zunahme sozialer Fertigkeiten und allgemeine klinische Anpassung zwischen Behandlungsgruppe und Wartelistegruppe. Einige der Untersuchungen leiden unter dem Fehlen einer Kontrollgruppe (Warteliste). Bisher gibt es keine Studie mit Einschluss einer Kontrollgruppe, die unspezifische Faktoren wie Aufmerksamkeitszuwendung oder Plazeboeffekte aufklären könnte. Hier besteht weiterer Forschungsbedarf (s. Tab. 9-3).

9.6.3 Pharmakotherapeutische Verfahren

Eine neuere kontrollierte und randomisierte Studie über den Einfluss von Serotonin-Reuptake-Hemmern in der Behandlung von impulsiv-aggressivem Verhalten bei Persönlichkeitsstörungen findet positive Effekte auch für die Persönlichkeitsstörungen des Clusters C; jedoch leiden die Ergebnisse unter kleinen Zahlen (fünf Patienten mit Ängstlich-vermeidender Persönlichkeitsstörung, davon zwei in der Behandlungsgruppe und drei in der Plazebo-behandelten Kontrollgruppe) und werden für die einzelnen Persönlichkeitsstörungen nicht näher spezifiziert (Coccaro u. Kavoussi 1997). In einem Einzelfall berichten Daltito und Perugi (1988) über die erfolgreiche Behandlung einer sozialen Phobie mit dem MAO-Hemmer Phenelzin, in deren Gefolge auch die vor der Behandlung noch erfüllten Kriterien einer Ängstlich-vermeidenden Persönlichkeitsstörung nicht mehr vorlagen.

Tab. 9-3 Behandlungsgrundsätze der Ängstlichen (Vermeidenden) Persönlichkeitsstörung aus kognitiv-verhaltenstherapeutischer Sicht (nach Turkat u. Maisto 1985; Beck et al. 1993)

- Ausgehen von den Beschwerden
- Aufbau einer vertrauensvollen Beziehung
- den Patienten informieren; das kognitive Modell vorstellen
- nach typischen Kognitionen fragen und diese infrage stellen
- Ziele genau und beschränkt auf typische und lösbare Probleme formulieren und in eine hierarchische Reihenfolge bringen
- „Sokratische Methode" zur Überprüfung automatischer Gedanken
- das Vermeidungsverhalten immer wieder ansprechen
- bei Bedarf: Einsatz von (sozialem) Fertigkeitstraining
- Toleranz von negativen Emotionen erhöhen
- Therapiesitzungen strukturieren (Therapieplan mit Problemprioritäten)
- eher niederfrequent
- gegebenenfalls: Erweiterung zur Partner- oder Familientherapie

10 Abhängige (Asthenische) Persönlichkeitsstörung (F60.7)

M. Langenbach, N. Hartkamp, J. Ott, W. Wöller

10.1 Klinische Deskription

Personen mit Abhängiger (Asthenischer) Persönlichkeitsstörung verlassen sich bei kleineren oder größeren Lebensentscheidungen passiv auf andere Menschen. Die Störung ist ferner durch große Trennungsangst, Gefühle von Hilflosigkeit und Inkompetenz, durch eine Neigung, sich den Wünschen anderer (vor allem Älterer) unterzuordnen, sowie durch ein Versagen gegenüber den Anforderungen des täglichen Lebens gekennzeichnet. Die Kraftlosigkeit kann sich im intellektuellen (und) emotionalen Bereich zeigen; bei Schwierigkeiten besteht die Tendenz, die Verantwortung anderen zuzuschieben (DIMDI 1994, S. 344).
Ebenfalls gebräuchliche Synonyme für diese Persönlichkeitsstörung sind Asthenische, Dependente, Inadäquate, Passive und Selbstschädigende Persönlichkeitsstörung.
Die ICD-10-Kriterien der Abhängigen (Asthenischen) Persönlichkeitsstörung (F60.7) sind:
- Forderung gegenüber anderen (oder die entsprechende Erlaubnis), die meisten wichtigen Lebensentscheidungen für sich zu treffen
- Unterordnung der eigenen Bedürfnisse unter die von anderen, von denen Abhängigkeit erlebt wird, und übertriebene Gefügigkeit ihren Wünschen gegenüber
- Unwille, auch angemessene Forderungen an andere, von denen Abhängigkeit besteht, zu stellen
- Gefühle von Unwohlsein oder Hilflosigkeit (wenn allein), aus übertriebener Angst, nicht für sich selbst sorgen zu können

- Neigung zur Furcht, von einer anderen Person, zu der eine enge Beziehung besteht, verlassen zu werden und für sich selbst sorgen zu müssen
- eingeschränkte Fähigkeit, Alltagsentscheidungen ohne erhebliches Maß an Rat und Versicherung von anderen zu treffen

Die Kategorie der Dependenten Persönlichkeitsstörung wurde erstmals als passiv-abhängiger Gegenpol zur aktiv-abhängigen Charakteristik der Histrionischen Persönlichkeitsstörung in DSM-III eingeführt (Gunderson 1983). Vorläufer dieser Kategorie waren in DSM-I (APA 1952) der passiv-dependente Subtyp der passiv-aggressiven Störung und das passiv-dependente Verhaltensmuster bzw. die unterwürfige Persönlichkeit nach Millon (1969). An der Beschreibung nach DSM-III wurden die Vagheit der lediglich drei diagnostischen Kriterien und der Geschlechtsbias kritisiert, der dazu führe, dass nahezu nur Frauen die Kriterien der Dependenten Persönlichkeitsstörung erfüllten (Widiger et al. 1988; Widiger u. Spitzer 1991). In DSM-III-R wurden daraufhin neun Kriterien formuliert und die Fallvignetten geschlechtsneutral formuliert. Im Übergang zu DSM-IV wurde versucht, die diagnostische Trennschärfe zu erhöhen – insbesondere in Abgrenzung von Borderline- und Ängstlich-vermeidender Persönlichkeitsstörung. Gewisse Züge der ursprünglichen Beschreibung waren von der psychoanalytischen Tradition des „oralen" Charakters hergeleitet. Diese Tradition wirkt auch noch in DSM-IV und ICD-10 hinein. So beschreiben Hirschfeld et al. (1991) in der vorbereitenden Arbeitsgruppe für die Neufassung der Persönlichkeitsstörungen in DSM-IV als Schlüsselkriterien der Dependenten Persönlichkeitsstörung das anklammernd-unterwürfige Verhalten als Ausdruck des exzessiven Wunsches nach Bindung.

Die Kategorie der Abhängigen Persönlichkeitsstörung wird selten als Einzeldiagnose, meist dagegen in Zusammenhang mit einer dysthymen Störung, einer Depression oder einer Angststörung gestellt (Gabbard 1994).

10.2 Differenzialdiagnose

Die Abhängige Persönlichkeitsstörung muss abgegrenzt werden von der normalen und alltäglichen Abhängigkeit, verschiedenen anderen Persönlichkeitsstörungen, insbesondere der Borderline- und der Ängstlich-vermeidenden Persönlichkeitsstörung, und von einzelnen ängstlich konfigurierten Achse-I-Störungen.

Bezüglich der Abgrenzung vom Nicht-Pathologischen gilt, wie bei den anderen Cluster-C-Persönlichkeitsstörungen, dass der Unterschied eher gradueller als kategorialer Natur ist. Abhängigkeit an sich ist nicht als Störung, sondern als eine allgemein-menschliche Verhaltensform anzusehen, und die Fähigkeit, sich als abhängig von einem Objekt (psychoanalytisch gesprochen) erleben zu können, gilt als Ausdruck der Fähigkeit, überhaupt tragfähige Bindungen eingehen zu können (Hirschfeld et al. 1996), bzw. als kennzeichnendes adaptives Vermögen von Säugetieren allgemein (Frances 1988). Entscheidend für die Einordnung bestimmter abhängiger Persönlichkeitszüge als Dependente Persönlichkeitsstörung nach ICD-10 und DSM-IV ist das Vorliegen erheblicher funktionaler Beeinträchtigung und/oder subjektiven Leides.

Differenzialdiagnostisch zu den anderen Persönlichkeitsstörungen bestehen nach Morey (1988a) substanzielle Überlappungen mit den Kriterien der Borderline- und der Vermeidenden Persönlichkeitsstörung. Wiggins und Pincus (1990) sehen die abhängige Persönlichkeit zirkumplex in der Nähe von vermeidender und schizoider Persönlichkeit. Nach Hirschfeld et al. (1996) besteht außerdem eine Nähe zur Histrionischen Persönlichkeitsstörung.

10.3 Epidemiologie und Komorbidität

In auf Selbstbeurteilungsfragebogen gestützten Untersuchungen lag die Prävalenz in der Allgemeinbevölkerung zwischen 6,7% (Zimmerman u. Coryell 1990) und 5,1% (Reich et al. 1989), bei strukturierten Interviews ließ sich eine Prävalenz von 1,6% (Maier et al. 1992) bzw. 1,7% (Zimmerman u. Coryell 1990) nachweisen (s. Tab. 10-1.) Die Abhängige Persönlichkeitsstörung ist nach Maier et al. (1992) die häufigste Persönlichkeitsstörung unter Frauen, und Frauen sind deutlich häufiger betroffen als Männer.

Nach Bornstein (1995) besteht eine hohe Komorbidität mit bestimmten Achse-I-Erkrankungen, besonders mit Ess-Störungen. Bezüglich der Korrelation mit Depression ließen sich in verschiedenen Untersuchungen keine eindeutigen oder einander widersprechende Befunde feststellen, wobei die meisten Untersuchungen bei etwa 10–20% der Abhängigen Persönlichkeitsstörungen eine Depression fanden. Bezüglich einer Komorbidität mit Genussmittelabhängigkeit und Sucht findet sich im Allgemeinen keine starke Korrelation. Nur bei einer kleinen Anzahl dependenter Persönlichkeiten (ca. 3–10%) ist die Achse-I-Diagnose eines Substanzmissbrauches gerechtfertigt, eine Zahl, die unter dem Anteil anderer Persönlichkeitsstörungen liegt (besonders dem bei Dissozialer, Narzisstischer, Histrionischer und Borderline-Persönlichkeitsstörung). Diese Befunde stehen im Widerspruch zu den Angaben von Tölle (1994), der eine häufige Komorbidität mit Alkoholabhängigkeit beschreibt. Angststörungen und Somatisierungsstörungen korrelieren nach Bornstein (1995) hoch mit dem Vorliegen einer Dependenten Persönlichkeitsstörung. Es ergeben sich signifikante Korrelationen mit der Schizoiden, Schizotypischen, Vermeidenden, Borderline- und Histrionischen Persönlichkeitsstörung.

Tab. 10-1 Prävalenz der Abhängigen (Asthenischen) Persönlichkeitsstörung

Autor	Jahr	N	Methode	Prävalenz (in %)
Reich et al.	1989	235	PDQ	5,1
Zimmerman u. Coryell	1990	697	PDQ, SIDP	6,7 1,7
Maier et al.	1992	447	SCID	1,6

PDQ = Personality Diagnostic Questionnaire-Revised (Hyler et al. 1983; 1988; 1990a; 1990b)
SIDP = Structured Interview for DSM-III Personality Disorders (SIDP, Zimmerman u. Coryell 1990)
SCID = Structured Clinical Interview for DSM-III-R Personality Disorders (SCID-II, Spitzer u. Williams 1986)

10.4 Ätiologie und Pathogenese

Die Kenntnisse zu Ätiologie und Pathogenese der Abhängigen Persönlichkeitsstörung beruhen überwiegend auf kasuistischen Berichten, die ein weitgehend übereinstimmendes und einheitliches Bild ergeben und z.T. auch empirisch überprüft werden konnten.

Levy hatte in seiner Studie über mütterliche Überbesorgtheit (Levy 1966) geschlussfolgert, dass ein übermäßig befriedigender Erziehungsstil zu überdependenten Verhaltenszügen und Erwartungen führe, wie z.B. zu fordernd-anspruchlichem Verhalten, mangelnder Initiative und dem selbstverständlichen Wunsch, dass andere für den Betreffenden Dinge erledigen, die sie ihrer Meinung nach nicht selbst tun können. Esman (1986) sah aufgrund einzelner Fallstudien die übermäßige Dependenz von weiblichen Patienten als Ausdruck des regressiven Wunsches nach einem Penis, der durch eine dependente Bindung vielleicht zu erlangen sei. Esman interpretiert dabei die übermäßige Freundlichkeit und Unterwürfigkeit der dependenten Persönlichkeit zugleich als Reaktionsbildung gegen den Ausdruck latenter feindseliger Gefühle, die als gefährlich für den Bestand der dependenten Beziehung erachtet werden.

Nach Benjamin (1993) entsprechen die selbstverständliche Erwartung und das Bedürfnis der abhängigen Persönlichkeit nach Fürsorge und Kontrolle interpersoneller Situationen der ursprünglichen Erfahrung einer wunderbaren Kindheit mit guter protektiver Versorgung, die aber von den primären Beziehungspersonen nicht entwicklungsgemäß aufgegeben wurde. Dadurch konnten in der Kindheit Autonomie und Kompetenz nicht ausreichend geübt und beherrscht werden, was

zur Ausbildung gefügigen, abhängigen Verhaltens führte. Das Selbstbild ist demnach bereits früh von Gefühlen von Inkompetenz und Selbstvorwürfen geprägt, was z.T. durch Hänseleien durch Altersgenossen weiter gefestigt wird. Als alternative Kindheitserfahrung berichtet Benjamin über dependente Persönlichkeiten, die offener, missbräuchlicher Kontrolle ausgesetzt waren, wobei gleichzeitig die unbedingt lebensnotwendigen Fürsorgeleistungen zuverlässig erbracht wurden.
Livesley et al. (1990) vermuten eine direkte Beziehung der Abhängigen Persönlichkeitsstörung zum Kindheitsmuster des „insecure attachment" nach Bowlby (1977). Pilkonis (1988), Fonagy et al. (1996) sowie Rosenstein und Horowitz (1996) bestätigen diese Entstehungshypothese mit z.T. eigenen empirischen Untersuchungen. Nach Rosenstein und Horowitz zeigen die dependenten Persönlichkeiten besonders einen abweisenden („dismissive") oder besorgten („preoccupied") Bindungsstil. Demnach neigen dependente Persönlichkeiten zu Beziehungsschilderungen der Vergangenheit, die entweder eine stark idealisierende Beschreibung der tatsächlichen Verhältnisse darstellen und durch spezifische Erinnerungsinhalte nicht gestützt werden (häufig widersprechen diese Inhalte sogar deutlich den Beschreibungen), oder die Schilderungen sind beherrscht von Gefühlen wie Ärger und Wut, z.T. auch Furcht oder Überwältigung bezüglich frühkindlicher Erlebnisse. West und Sheldon (1988) beschreiben die Abhängige Persönlichkeitsstörung ebenfalls als Ausdruck gestörten Bindungsverhaltens, und zwar nach dem Muster der „angstbeladenen" Bindung nach Bowlby (1977). Die betreffenden Patienten hätten meist Erfahrungen mit ihren Hauptbezugspersonen gemacht, die sie an der Verfügbarkeit und Zuverlässigkeit wichtiger Objekte zweifeln ließen.
Die entwicklungspsychologische Beziehungsgestaltung durch überprotektive und eindringend-penetrante Erziehungspersonen, die Verselbstständigung und aversive Reaktionen des Kindes als Beziehungsbedrohung unbewusst oder auch offen konnotierten, führt zu einer konflikthaften Besetzung autonomer Regungen, die ihrerseits als bedrohlich und unerwünscht empfunden werden. Loslösung, Individuation und Autonomie werden somit als schuldhaft erlebt.
Pilkonis (1988) unterscheidet in seiner Arbeit über depressive Prototypen zwischen „angstgeladen gebundenen" und Borderline-artigen Charakteren. Die Untergruppe der „angstgeladen gebundenen" Patienten zeigt Strukturmerkmale der Dependenten Persönlichkeitsstörung (Neigung zur übermäßigen Abhängigkeit von anderen, Verlust von Selbstvertrauen und Selbstachtung bei Ablehnung durch andere, Hilflosigkeitsgefühle).

10.5 Psychodynamik

Livesley et al. (1990) beschreiben auf der Grundlage einer faktorenanalytischen Auswertung die dependente Persönlichkeit als stark gebunden und abhängig. Die konflikthaft erlebte Individuation und gestörte Autonomie-Entwicklung gehen einher mit einem Mangel an Selbstwertgefühl und einem übermäßigen Bedürfnis nach fürsorglicher Zuwendung durch ein starkes Objekt. Im Anschluss an Winnicott (1965) wird hier von der Folge der Entwicklung eines „falschen Selbst" gesprochen. H. Deutsch umschrieb ähnliche Entwicklungen mit dem Begriff „Als-ob-Persönlichkeiten" (Deutsch 1965), um eine äußerlich gute und angepasste Hülse zu kennzeichnen, die jedoch von der eigenen Gefühlswelt entfremdet sei. Nach Greenberg und Bornstein (1988) besteht eine ausgeprägte theoretische Beziehung der Konzeptualisierung der dependenten Persönlichkeit zum oralen Charakter, wie er von Freud (1905a), Abraham (1925) und Glover (1925) beschrieben wurde. Passivität, Abhängigkeit, Unterwürfigkeit autoritären oder dominierenden Figuren gegenüber und das Bedürfnis nach Unterstützung und Bestätigung seien das Hauptcharakteristikum sowohl der Dependenten Persönlichkeitsstörung wie des oral-rezeptiven Charakters (Abraham 1925).

Abwehr und Struktur der abhängigen Persönlichkeit stehen im Dienst der Beziehungsregulation und Sicherung der Abhängigkeit von einem als stark erlebten Objekt. Typischerweise kommen abhängige Persönlichkeiten dann in Behandlung, wenn ihre bisherigen interpersonellen und intrapsychischen Muster einer anklammernd-abhängigen Bezogenheit auf ein als stark erlebtes Objekt aus verschiedenen Gründen (Tod, interpersoneller Konflikt, Trennung, schwere Krankheit und ähnliches) nicht mehr funktionieren. Dann kommt es zu starkem Leidensdruck mit depressiven und ängstlichen Zuständen bis hin zur Suizidalität. Oft ist die psychische Konfliktkonstellation maskiert durch eine vorwiegend körperliche oder eine andersartige psychische Symptomatik, z.B. Adipositas oder Suchtverhalten (Greenberg u. Bornstein 1988). Da sich Patienten mit einer Abhängigen Persönlichkeitsstörung instrumentell inkompetent fühlen und damit rechnen, ohne ein sie führendes Objekt nicht überleben zu können, stellt sich in Therapien oft das Problem, dass die dependenten Patienten zunächst sehr kooperativ sind und ihr Abhängigkeitsmuster in die therapeutische Beziehung hineintragen. Im Verlauf der Therapie kommt es oft zu Frustrationen des Therapeuten, wenn die Patienten dieses Muster nicht aufgeben, sich an die Behandlung klammern und Widerstand gegen alle Bemühungen des Therapeuten entwickeln, sie zu größerer Autonomie zu bewegen (Beck et al. 1993).

10.6 Therapeutische Verfahren

Es liegen wenige empirische Untersuchungen zur Therapie der Abhängigen Persönlichkeitsstörung vor. Es besteht erheblicher Forschungsbedarf, insbesondere nach kontrollierten Therapiestudien.

Tab. 10-2 Behandlungsgrundsätze der Abhängigen (Asthenischen) Persönlichkeitsstörung aus psychodynamischer Sicht (nach Gabbard 1994; Tress et al. 1997)

- Aufbau eines therapeutischen Arbeitsbündnisses unter Ausnutzung und Reflexion der Abhängigkeitsbedürfnisse
- Vermeidung einer überfürsorglichen oder Unterwürfigkeit fördernden Haltung
- Bezug auf das „Hier-und-Jetzt" der therapeutischen Beziehung, einschließlich der wirksamen Übertragung mit frühzeitigen Hinweisen auf Begrenztheit und Ende der Therapie

10.6.1 Psychodynamisch orientierte Verfahren

Gunderson (1988) berichtet über erfolgreiche Resultate von dynamischer Kurzzeittherapie mit 12–20 Sitzungen und formuliert die Hypothese, dass dies darauf beruht, dass die Patienten von Anbeginn der Therapie erheblich mit der Begrenztheit von Therapie und damit mit ihren Ängsten vor Verlust eines starken Objekts und vor Unabhängigkeit konfrontiert würden.

Winston et al. (1991) behandelten in einer Untersuchungsreihe 32 Patienten mit unterschiedlichen Persönlichkeitsstörungen, die meist als zum Cluster C gehörig zu klassifizieren waren. Dabei erzielten auch Patienten mit Abhängiger Persönlichkeitsstörung sowohl auf der Symptomebene als auch bezogen auf ihr allgemeines Wohlbefinden bei psychodynamischer Kurzzeittherapie und bei der „Brief Adaptational Psychotherapy" (BAP, nach Flegenheimer 1989), die ebenfalls als psychodynamische Therapie beschrieben wird, aber auch kognitive Elemente enthielt, gute Resultate (vgl. zur BAP Kap. 8). Beide Therapieformen wurden über 40 Wochen mit einer Frequenz von einer Sitzung pro Woche angewendet. Als Kontrolle dienten Patienten auf einer Warteliste. Die Erfolge wurden bei einer 18-Monatskatamnese als konstant nachgewiesen. Die Autoren replizierten ihre Ergebnisse in einer größeren Studie, wobei die Patienten erneut vornehmlich dem Cluster C zuzuordnen waren (Winston et al. 1994) (s. Tab. 10-2).

10.6.2 Kognitiv-behaviorale Verfahren

In der experimentellen Einzelfallstudie von Turkat und Maisto (1985) wird von einer erfolgreichen kognitiv-behavioralen Therapie einer dependenten Persönlichkeit, jedoch ohne Kontrollgruppe, berichtet (s. Tab. 10-3).

Tab. 10-3 Behandlungsgrundsätze der Abhängigen (Asthenischen) Persönlichkeitsstörung aus kognitiv-verhaltenstherapeutischer Sicht (nach Beck et al. 1993)

- Übergang von mehr aktivem therapeutischen Stil zur gemeinsamen Problemlösung
- ständiges Reflektieren der Therapeut-Patienten-Beziehung
- Identifikation und Bekämpfung dysfunktionaler automatischer Gedanken
- bei Bedarf: Fertigkeitstraining
- langfristiges Vorbereiten auf das Ende der Therapie
- eher geringe Sitzungsdichte

10.6.3 Pharmakotherapeutische Verfahren

Eine neuere kontrollierte und randomisierte Studie über den Einfluss von Serotonin-Reuptake-Hemmern in der Behandlung von impulsiv-aggressivem Verhalten bei Persönlichkeitsstörungen findet positive Effekte auch für die Persönlichkeitsstörungen des Clusters C; jedoch leiden die Ergebnisse unter kleinen Zahlen (zwei Patienten mit Abhängiger Persönlichkeitsstörung, davon zwei in der Behandlungsgruppe und keiner in der Plazebo-behandelten Kontrollgruppe), und sie werden für die einzelnen Persönlichkeitsstörungen nicht näher spezifiziert (Coccaro u. Kavoussi 1997).

11 Narzisstische Persönlichkeitsstörung

N. Hartkamp, W. Wöller, M. Langenbach, J. Ott

11.1 Die Datenbasis

Der nachfolgende Quellentext stützt sich zum einen auf eine den Zeitraum von 1980 bis 1998 umfassende Literaturrecherche in den Datenbanken Medline, PsycLit und PSYNDEX, welcher die Begriffe „Narzisstische Persönlichkeitsstörung" und „narcissistic personality disorder" zugrunde lagen, und zum anderen auf Monografien und auf dieses Thema bezogene Abschnitte ausgewählter Lehrbücher.

11.2 Klinische Deskription

Das Hauptmerkmal der Narzisstischen Persönlichkeitsstörung ist ein die Persönlichkeit bestimmendes Muster von Großartigkeit, ein Bedürfnis nach Bewunderung und ein Mangel an Einfühlungsvermögen. Darüber hinaus sind narzisstisch gestörte Persönlichkeiten durch ein durchgängiges Muster von sozialem Unbehagen und durch die Angst vor negativer Beurteilung durch andere gekennzeichnet. Narzisstisch gestörte Persönlichkeiten kommen üblicherweise nicht unmittelbar wegen ihrer Persönlichkeitsstörung in Behandlung. Vielmehr suchen sie ärztliche Behandlung aufgrund von Symptomen, die im Zusammenhang stehen mit der Bedrohung oder dem Zusammenbruch von narzisstisch-grandiosen, der Abwehr dienenden Persönlichkeitszügen. Dazu zählen beispielsweise aufgrund einer ausbeuterischen Grundhaltung des Patienten und seines Empathiemangels ruinierte oder sich verschlechternde zwischenmenschliche Beziehungen, die zum Verlust eines stets bewundernden Gegenübers und zu einem wütenden Gefühl innerer Leere, zu depressiven Verstimmungen bis hin zur Suizidalität und zu psychosomatischen Erkrankungen führen können (Horowitz 1989).

11.3 Definition und Klassifikation

Die Narzisstische Persönlichkeitsstörung wird von vielen Klinikern als eine der charakteristischen Formen schwerer Persönlichkeitsstörungen angesehen. Gleichwohl wurde dieses Störungsbild nicht in die Klassifikation nach ICD-10 aufgenommen, sodass innerhalb dieses diagnostischen Klassifikationssystems eine Verschlüsselung nur unter F60.8 („andere spezifische Persönlichkeitsstörungen") möglich ist. Der Grund dafür, die Narzisstische Persönlichkeitsstörung nicht in die ICD-10 aufzunehmen, war die niedrige Reliabilität der Diagnose „Narzisstische Persönlichkeitsstörung" in einzelnen empirischen Untersuchungen (Morey u. Ochoa 1989) – mit Saß et al. (1999, S. 10) kann man hier von „unverständlichen

Tab. 11-1 Klassifikation der Narzisstischen Persönlichkeitsstörung (nach Arbeitskreis OPD 1996)

A. Die allgemeinen Kriterien für eine Persönlichkeitsstörung (F60) müssen erfüllt sein.
B. Mindestens fünf der folgenden Merkmale müssen vorliegen: (1) Größengefühl in Bezug auf die eigene Bedeutung (z.B. die Betroffenen übertreiben Leistungen und Talente, erwarten, als bedeutend angesehen zu werden – ohne entsprechende Leistungen) (2) Beschäftigung mit Phantasien über unbegrenzten Erfolg, Macht, Scharfsinn, Schönheit oder ideale Liebe (3) Überzeugung, „besonders" und einmalig zu sein, nur von anderen besonderen Menschen oder solchen mit hohem Status (oder von höheren Institutionen) verstanden zu werden oder mit diesen zusammen sein zu können (4) Bedürfnis nach übermäßiger Bewunderung (5) Anspruchshaltung; unbegründete Erwartung besonders günstiger Behandlung oder automatische Erfüllung der Erwartungen (6) Ausnutzung von zwischenmenschlichen Beziehungen; Vorteilsnahme gegenüber anderen, um eigene Ziele zu erreichen (7) Mangel an Empathie; Ablehnung, Gefühle und Bedürfnisse anderer anzuerkennen oder sich mit ihnen zu identifizieren (8) häufiger Neid auf andere oder Überzeugung, andere seien neidisch auf die Betroffenen (9) arrogante, hochmütige Verhaltensweisen und Attitüden

Gründen" sprechen. Da sich andererseits aber zeigte, dass es mithilfe spezieller, strukturierter Interviews durchaus möglich ist, diese Form der Charakterpathologie zuverlässig zu diagnostizieren (vgl. Gunderson et al. 1990), wurde die Narzisstische Persönlichkeitsstörung in der Klassifikation DSM-IV in Fortsetzung der Traditionen des DSM-III und DSM-III-R belassen.

Die Aufnahme der Narzisstischen Persönlichkeitsstörung in das DSM-III erfolgte seinerzeit als Antwort auf das wachsende Interesse, das insbesondere psychodynamisch orientierte Kliniker an narzisstischen Charakterstörungen entwickelt hatten. Dieses wachsende Interesse entstand vor dem Hintergrund der vermuteten Steigerung der Inzidenz narzisstischer Störungen speziell in westlichen Gesellschaften – eine Vermutung, die durch Untersuchungen in den Folgejahren nicht bestätigt werden konnte.

Um dem aus klinischer Sicht unbefriedigenden Zustand abzuhelfen, der durch das Fehlen der Kategorie „Narzisstische Persönlichkeitsstörung" in der ICD-10 entstanden war, hat der Arbeitskreis OPD (1996, S. 245f) einen Vorschlag für die

Narzisstische Persönlichkeitsstörung: Kriterien nach DSM-IV — Tab. 11-2

Ein tiefgreifendes Muster von Großartigkeit (in Phantasien oder Verhalten), Bedürfnis nach Bewunderung und Mangel an Empathie. Der Beginn liegt im frühen Erwachsenenalter und zeigt sich in verschiedenen Situationen. Mindestens fünf der folgenden Kriterien müssen erfüllt sein:
(1) hat ein grandioses Gefühl der eigenen Wichtigkeit (übertreibt z.B. die eigenen Leistungen und Talente); erwartet, ohne entsprechende Leistungen als überlegen anerkannt zu werden.
(2) ist stark eingenommen von Phantasien grenzenlosen Erfolgs, Macht, Glanz, Schönheit oder idealer Liebe
(3) glaubt von sich, „besonders" und einzigartig zu sein und nur von anderen besonderen oder angesehenen Personen (oder Institutionen) verstanden zu werden oder nur mit diesen verkehren zu können
(4) verlangt nach übermäßiger Bewunderung
(5) legt ein Anspruchsdenken an den Tag, d.h. übertriebene Erwartungen an eine besonders bevorzugte Behandlung oder automatisches Eingehen auf die eigenen Erwartungen
(6) ist in zwischenmenschlichen Beziehungen ausbeuterisch, d.h. zieht Nutzen aus anderen, um die eigenen Ziele zu erreichen
(7) zeigt einen Mangel an Empathie; ist nicht willens, die Gefühle und Bedürfnisse anderer zu erkennen oder sich mit ihnen zu identifizieren
(8) ist häufig neidisch auf andere oder glaubt, andere seien neidisch auf ihn/sie
(9) zeigt arrogante, überhebliche Verhaltensweisen oder Haltungen

Klassifikation dieser Persönlichkeitsstörung unterbreitet, der unter der Schlüsselnummer F60.81 kodiert werden sollte und der in Tabelle 11-1 (s. S. 214) wiedergegeben wird.

Der Vorschlag der Arbeitsgruppe OPD schließt sich damit relativ eng an die Formulierungen des DSM-IV an.

Die DSM-IV-Kriterien unterscheiden sich von den früheren DSM-III-R-Kriterien dadurch, dass das „Bedürfnis nach übermäßiger Bewunderung" aufgenommen wurde, welches das DSM-III-R-Kriterium der „Überempfindlichkeit gegenüber der Bewertung durch andere" ersetzte. Das DSM-III-R-Kriterium „reagiert auf Kritik mit Gefühlen von Wut, Beschämung oder Demütigung" wurde fallen gelassen, da es hinsichtlich der Differenzierung von der Paranoiden Persönlichkeitsstörung und der Borderline-Persönlichkeitsstörung als zu unspezifisch erschien. Hinzugekommen ist das Kriterium „zeigt arrogante, überhebliche Verhaltensweisen oder Haltungen", welches sich stärker am direkt beobachtbaren Verhalten orientiert und in der Auffassung von Gunderson et al. (1991) die differenzialdiagnostische Abgrenzung von Histrionischer, Antisozialer und Borderline-Persönlichkeitsstörung erleichtert.

Sowohl für das DSM-IV als auch für die ICD-10 gilt, dass sie vor allem die manifeste Grandiosität und den Exhibitionismus der offen narzisstischen Persönlichkeiten abbilden, ihre arroganten, in ihrer ausbeuterischen Haltung auch aggressiven, von sich selbst eingenommenen, unempathischen und sich in den Vordergrund drängenden Verhaltensweisen. Eine andere Seite narzisstischer Störung der Persönlichkeit, welche sich beispielsweise in einer übermäßig misstrauischen Haltung, in einer Neigung, Gefühle der Beschämung und Demütigung zu empfinden und sich übermäßig rasch gekränkt zu fühlen, oder in dem manifesten Versuch manifestiert, jeglicher Aufmerksamkeit anderer aus dem Weg zu gehen, wird in diesen diagnostischen Systemen nicht hinlänglich abgebildet (Akthar 1989; Gabbard 1989).

So stützt sich aus klinischer Sicht die Diagnose einer Narzisstischen Persönlichkeitsstörung neben den operationalen Diagnosesystemen vielfach auch auf bestimmte Muster intrapsychischer Affekte, Abwehrmechanismen und Objektbeziehungen bzw. auf bestimmte Formen der Übertragung, wie sie sich in der Therapie entwickeln.

11.3.1 Geschichtliche Anmerkungen

Der Begriff „Narzissmus" geht auf den britischen Sexualforscher Havelock Ellis zurück, der in einer Arbeit über „Auto-Erotism" (1898, S. 280) von „Narcissus-like tendencies" sprach. Aus historischer Perspektive (vgl. May-Tolzmann 1991) ist es interessant zu vermerken, dass der Auto-Erotismus-Begriff von Ellis sehr weit gefasst war – er schloss auch die „normalen Äußerungen von Kunst und Poesie, die

Narzisstische Persönlichkeitsstörung

dem ganzen Leben erst mehr oder weniger Reiz verleihen", ein (Ellis 1900, S. 163). Diese Wendung wurde von dem deutschen Psychiater und Sexualforscher Paul Näcke mit dem Begriff „Narzissmus" (1899, S. 375) wiedergegeben, um damit eine sexuelle Perversion zu kennzeichnen, bei der eine Person den eigenen Körper so behandelt, als handele es sich um ein Sexualobjekt. Gleichzeitig bezeichnete er mit diesem Begriff eine allgemeine Haltung der Selbstbewunderung.

Freud entwickelte 1914 in der Arbeit „Zur Einführung des Narzissmus" das Konzept zweier Stadien der Entwicklung des Narzissmus: den „primären" und den „sekundären", verstanden als libidinöse Besetzung des Ich. Mit dem „primären" Narzissmus war der Zustand der initialen libidinösen Besetzung eines noch undifferenzierten Ich gemeint, welcher unausweichlich enden muss, sobald sich die libidinöse Besetzung vom Ich zu den Objekten verlagert. „Sekundärer" Narzissmus bezieht sich hier auf einen Zustand, in welchem die Libido von äußeren Objekten abgezogen wird und sich erneut dem Ich zuwendet oder an internalisierte Objekte geknüpft wird. In dieser Arbeit stellte Freud auch Überlegungen zur Rolle des Ich-Ideals an, welches er als Nachfolger der verloren gegangenen Perfektion des primären Narzissmus ansah.

Schon zuvor hatten Sadger (1908) und Rank (1911; 1914) auf den Narzissmus als normale Entwicklungsphase auf dem Weg zur Entwicklung der Objektliebe Bezug genommen. Reich (1933) beschrieb die Charakterstruktur als wesentlich narzisstischen Schutzmechanismus gegen bedrohliche Triebimpulse und äußere Wahrnehmungen.

Erst mit der Weiterentwicklung der Ich-Psychologie kam es jedoch zu nachhaltigen Fortschritten in der Entwicklung der Theorie des normalen und pathologischen Narzissmus, welche an Hartmanns (1950, S. 132) Formulierung anknüpften, wonach der Narzissmus als libidinöse Besetzung des Selbst anzusehen sei.

In den 50er und 60er Jahren beschäftigten sich verschiedene metapsychologische Beiträge mit primärem und sekundärem Narzissmus, der Rolle der Objektrepräsentanzen im Zusammenhang mit der Aufrechterhaltung des Selbstwertgefühls, mit narzisstischen „Berechtigungsgefühlen" und dem Ich-Ideal. Vor allem die objektbeziehungstheoretischen Überlegungen beeinflussten in der Folgezeit die weitere Untersuchung narzisstischer Phänomene, insbesondere im Zusammenhang mit den Beiträgen Kernbergs.

In jüngerer Zeit wird einhellig die Auffassung vertreten, dass Narzissmus an sich ein gesunder, normaler und notwendiger Teil der seelischen Entwicklung und des Seelenlebens darstellt, womit die pejorative Bedeutung vermieden wird, welche dem Begriff „Narzissmus" oftmals anhing. Narzisstische Störungen finden sich in einem weiten Bereich unterschiedlicher klinischer und funktioneller Ausprägungen. Diese reichen vom arrogant und prahlerisch auftretenden, sich selbst stets in den Mittelpunkt stellenden Individuum bis hin zu der schüchternen und leicht kränkbaren Person, die es vermeidet, zum Ziel der Aufmerksamkeit anderer zu werden.

Insgesamt verschob sich somit das Schwergewicht der Theoriebildung vom Narzissmus als Ausdruck libidinöser Besetzungen und Triebmanifestationen hin zur Betrachtung der Wichtigkeit von Objektbeziehungen oder Selbstobjekt-Funktionen und den Notwendigkeiten der Gewinnung und Aufrechterhaltung von Selbst-Kohäsion. Mit der zunehmend größeren Bedeutung deskriptiv-klassifikatorischer Diagnosesysteme in den 80er Jahren wurde auch ein zunehmendes Gewicht auf die exakte Bestimmung des Narzissmus anhand von Symptomen und pathologischen Charakterzügen sowie auf differenzialdiagnostische Abgrenzungen gelegt.

11.4 Prävalenz und Epidemiologie

Die Angaben zur Prävalenz der Narzisstischen Persönlichkeitsstörung sind insgesamt spärlich. Frances et al. (1984) fanden einen Anteil von 16% Narzisstischer Persönlichkeitsstörungen in der von ihnen untersuchten Population von 76 ambulanten psychiatrischen Patienten mit Persönlichkeitsstörung gemäß DSM-III. Kass et al. (1985) führten eine Studie zu der Frage durch, wie sich die Prävalenz von Persönlichkeitsstörungen darstellt, wenn nicht lediglich das Vorhandensein oder Nicht-Vorhandensein einer Persönlichkeitsstörung diagnostiziert wird, sondern die Möglichkeit besteht, graduelle Ausprägungen von gestörter Persönlichkeit im Sinne von DSM-III-Diagnosen zu skalieren, und sie fanden, dass 3% von insgesamt 609 untersuchten Patienten die Kriterien für die Narzisstische Persönlichkeitsstörung gemäß DSM-III vollständig erfüllten, während 6% diese Kriterien nahezu vollständig erfüllten.
Dahl (1986) fand unter Anwendung der DSM-III-Kriterien bei der Untersuchung von 231 stationären psychiatrischen Patienten 1,6% mit Narzisstischer Persönlichkeitsstörung. Pfohl et al. (1986) fanden (ebenfalls bei Anwendung des DSM-III) unter 78 nicht-psychotischen stationär behandelten Depressiven 4% mit Narzisstischer Persönlichkeitsstörung. Loranger et al. (1987) fanden unter 60 nicht-psychotischen stationär behandelten psychiatrischen Patienten eine Rate von 5% narzisstischen Störungen gemäß DSM-III. Alnaes und Torgersen (1988a) fanden bei der Untersuchung von 298 ambulanten psychiatrischen Patienten eine Prävalenzrate für Narzisstische Persönlichkeitsstörungen (DSM-III) von 5%. Hyler und Lyons (1988) fanden bei einer Replikation der Studie von Kass et al. (1985) unter 358 Patienten eine Prävalenzrate von 6% unter Anwendung der DSM-III-Kriterien. Morey (1988a) fand unter 291 Patienten mit klinisch diagnostizierten Persönlichkeitsstörungen eine Quote von 6% mit Narzisstischer Persönlichkeitsstörung gemäß DSM-III; legt man bei der gleichen Patientengruppe die Kriterien von DSM-III-R zugrunde, erhöht sich diese Rate auf 22%.
Zimmerman und Coryell (1989) untersuchten 797 Personen, z.T. erstgradige Verwandte von Patienten mit unterschiedlichen psychischen Störungen und z.T. Angehörige gesunder Kontrollpersonen (n = 185), mittels eines strukturierten Inter-

views, welches zum überwiegenden Teil als Telefoninterview und zum kleineren Teil als persönliches Interview (n = 227) durchgeführt wurde. In diesem Sample fand sich keine einzige Narzisstische Persönlichkeitsstörung. Es bleibt aber fraglich, inwieweit es sich bei diesem Befund nicht auch um ein Artefakt des Vorgehens der Untersucher handeln könnte.

In einer Übersicht zur Frage der Prävalenz und der Komorbidität von Persönlichkeitsstörungen gemäß DSM-III fassten Widiger und Rogers (1989) acht Studien aus den Jahren 1984–1987 zusammen, bei denen insgesamt 1397 Patienten, die sich teils in ambulanter, teils in stationärer Behandlung befanden und mit unterschiedlichen Methoden (Chart Review, klinische Diagnostik, strukturiertes Interview) untersucht wurden. Die Prävalenzrate von Narzisstischer Persönlichkeitsstörung in diesen Studien schwankte zwischen 2% und 11%. In einer weiteren Übersicht fasste Widiger (1991) zwölf Studien mit insgesamt 2170 Patienten zusammen und fand eine Prävalenzrate für Narzisstische Persönlichkeitsstörung von 2–35%. Weissman (1993) kam in einer Übersichtsarbeit zu dem Ergebnis, dass Narzisstische Persönlichkeitsstörungen insgesamt selten auftreten. In den drei Studien, die sie referiert, darunter die von Zimmerman und Coryell (1989), finden sich Prävalenzraten von 0–0,4%.

Insgesamt bleibt der Befund festzuhalten, dass Narzisstische Persönlichkeitsstörungen im Sinne operationalisierter Diagnosesysteme wie des DSM oder der ICD-10 als selten anzusehen sind. Ihre Rate in Populationen psychiatrischer Patienten beträgt 2% (Dahl 1986) bis 22% (Morey 1988a), in der Allgemeinbevölkerung liegt ihre Häufigkeit mit unter 1% deutlich darunter. Hiermit ist allerdings keinesfalls ausgesagt, dass narzisstische Probleme selten oder von geringer Bedeutung sind. So ist es durchaus plausibel, anzunehmen, dass die geringe Prävalenzraten auch die noch unzureichende Eignung operationaler Diagnosekriterien widerspiegeln, narzisstische Pathologie adäquat zu erfassen.

Empirische Studien zur Frage der unterschiedlichen Häufigkeit der Diagnose „Narzisstische Persönlichkeitsstörung" bei Männern und bei Frauen konnten wir in der Literatur nicht identifizieren. Zwar findet sich im DSM-IV der Hinweis, Narzisstische Persönlichkeitsstörungen träten in 50% bis 75% bei Männern auf, im dazugehörigen Quellentext findet sich diesbezüglich jedoch keine Angabe (Gunderson et al. 1996). Eine Studie von Richman und Flaherty (1988), welche die Geschlechtsverteilung narzisstischer Persönlichkeitszüge und ihre Beziehung zu verringertem Selbstwertgefühl und zu dysphorischen Verstimmungen untersuchte, fand bei der Befragung von 180 Medizinstudenten im ersten Studienjahr keinen generellen Unterschied bezüglich der Ausprägung narzisstischer Persönlichkeitszüge. Es fand sich allerdings, dass die Relation von narzisstischen Persönlichkeitszügen einerseits und Veränderungen von Selbstwertgefühl bzw. Verstimmungszuständen andererseits durchaus eine Geschlechtsabhängigkeit offenbarte: Unter den männlichen Befragten fanden sich häufiger Züge von Grandiosität, Phantasien von unbegrenztem Erfolg und mangelnde Einfühlungsfähigkeit.

Verschiedentlich finden sich in der Literatur allerdings Studien zu der Frage, ob der Prozess der Diagnosestellung selbst eine Geschlechtsabhängigkeit aufweist. Das prototypische Untersuchungsdesign zu dieser Frage besteht darin, den Untersuchten Fallgeschichten vorzulegen, die sich nur darin unterscheiden, dass der „Patient" (meist handelt es sich um fiktive Fallgeschichten) entweder männlichen oder weiblichen Geschlechts ist. In einer solchen Studie von Rienzi et al. (1995) an 82 Universitätsstudenten zeigte sich, dass die Diagnose einer Narzisstischen Persönlichkeitsstörung von den Untersuchten eher mit dem männlichen Geschlecht assoziiert wurde. In die gleiche Richtung weisen die Befunde einer Untersuchung von Adler et al. (1990), wobei diese Studie zusätzlich noch die Tendenz von Klinikern belegt, sich im Prozess der Diagnosefindung auf eine einzelne klinische Diagnose zu beschränken.

11.5 Komorbidität

Wie bei den anderen Persönlichkeitsstörungen der „dramatischen, emotionalen, launischen" Gruppe (Cluster B gemäß DSM) gibt es auch bei den Narzisstischen Persönlichkeitsstörungen erhebliche Überlappungen mit den anderen Störungsbildern dieser Gruppe (Dahl 1986). So fand Morey (1988a) auf der Grundlage des DSM-III-R, dass bei 46,9% der als „Narzisstische Persönlichkeitsstörung" diagnostizierten Patienten aus einer Stichprobe von 291 persönlichkeitsgestörten psychiatrischen Patienten ebenfalls die Kriterien für die Borderline-Persönlichkeitsstörung erfüllt waren, bei 53,1% war dies für die Histrionische und bei 15,6% für die Antisoziale Persönlichkeitsstörung der Fall. Ebenfalls beträchtliche Überschneidungen bestanden mit der Vermeidenden und der Paranoiden Persönlichkeitsstörung. Ebenso wie die Befunde von Morey beziehen sich auch die vergleichbaren Befunde von Pfohl et al. (1986) oder von Widiger et al. (1987) auf die Klassifikation gemäß DSM-III. Insgesamt kommen Gunderson et al. (1996) aufgrund ihrer Übersicht von elf Studien zur Frage der Komorbidität, welche DSM-III oder DSM-III-R zugrunde legten, zu der Ansicht, dass es nur selten der Fall ist, dass Patienten, welche die Kriterien für die Narzisstische Persönlichkeitsstörung erfüllen, nicht gleichzeitig auch Kriterien für eine andere Persönlichkeitsstörung erfüllen.
Studien, welche die Komorbidität vor dem Hintergrund der DSM-IV-Kriterien untersuchten, liegen nicht vor; aufgrund des Fehlens der Kategorie in der ICD-10 liegen entsprechende Studien ebenfalls nicht vor.
Die beträchtliche Überlappung der Narzisstischen Persönlichkeitsstörung mit anderen Persönlichkeitsstörungen des DSM Clusters B kann dabei nicht alleine auf die diese Gruppe definierenden Persönlichkeitszüge zurückgeführt werden, insofern narzisstisch gestörte Persönlichkeiten nicht typischerweise als „dramatisch, emotional und launisch" gekennzeichnet werden können. Es ist wohl eher davon

auszugehen, dass sich einzelne Züge von narzisstisch gestörten Persönlichkeiten mit charakteristischen Merkmalen der anderen Persönlichkeitsstörungen überschneiden. So kann die Überschneidung mit der antisozialen Persönlichkeit auf den Mangel an Einfühlungsfähigkeit sowie auf die ausbeuterische und anspruchliche Haltung der narzisstischen Persönlichkeiten zurückzuführen sein. Gleichzeitig spielt hier sicherlich die mangelhafte diagnostische Spezifität der DSM-Kriterien eine Rolle: So fanden Blashfield und Breen (1989), dass lediglich 69% der DSM-III-Kriterien für die Narzisstische Persönlichkeitsstörung dieser Störung korrekt zugeordnet wurden, wenn Beurteilern alle DSM-Kriterien in zufälliger Reihenfolge vorgelegt wurden.

Ein weiteres, hier noch nicht berührtes Problem ist das der unterschiedlichen Verwendung der Diagnose „Narzisstische Persönlichkeitsstörung" im klinischen und im forschungsbezogenen Kontext. So zeigte sich in der Untersuchung von Morey und Ochoa (1989), dass Kliniker die Diagnose einer Narzisstischen Persönlichkeitsstörung etwa doppelt so häufig verwenden, wie es der Prävalenz entspricht, wenn man dieser die DSM-III-Kriterien zugrunde legt. Gunderson et al. (1996) berichten, dass Untersuchungen von Millon et al. (1989) ebenso wie eigene Untersuchungen (Ronningstam u. Gunderson 1990) zeigten, dass auch bei der Verwendung der weiter reichenden DSM-III-R-Kriterien häufig Patienten nicht identifiziert werden, denen aus klinischer Sicht die Diagnose „Narzisstische Persönlichkeitsstörung" gegeben worden war.

Bezüglich der Komorbidität der Narzisstischen Persönlichkeitsstörung, so wie sie durch die ICD-10 definiert wurde, lassen sich keine fundierten Angaben machen, da die Narzisstische Persönlichkeitsstörung als solche nicht in der ICD-10 enthalten ist. Eine vergleichende Untersuchung von Persönlichkeitsstörungen, die nach ICD-10 und nach DSM-III-R definiert wurden (Blashfield 1990), zeigte, dass ein erheblicher Teil der Histrionischen und der Paranoiden Persönlichkeitsstörungen gemäß ICD-10 nach DSM als Narzisstische Persönlichkeitsstörungen klassifiziert werden.

11.5.1 Komorbidität mit Suizidalität

Die Angaben über die Suizidalität von Patienten mit Narzisstischer Persönlichkeitsstörung sind insgesamt recht lückenhaft, obwohl seit längerem bekannt ist, dass es im Zusammenhang mit narzisstischen Krisen (Henseler 1974) zu Suizidhandlungen kommen kann. Stone (1989a, S. 139) berichtet über 12,1% Suizide bei 33 Patienten mit Narzisstischer Persönlichkeitsstörung und Borderline-Persönlichkeitsstörung; insgesamt sei die Suizid-Mortalität bei Narzisstischer Persönlichkeitsstörung mit 8% nur wenig geringer als bei der Borderline-Persönlichkeitsstörung (Stone et al. 1987b). Suizidneigungen bei Narzisstischer Persönlichkeitsstörung können gelegentlich Ich-synton sein (Kernberg 1989, S. 62), in seltenen Fällen kann ein vollzogener Suizid auch die Form eines „Sensationssuizids" (Felber 1989) annehmen.

11.6 Diagnostik

Ein grundlegendes Problem in der Diagnostik der Narzisstischen Persönlichkeitsstörung gemäß DSM-IV – oder ICD-10, wenn man dem Vorschlag der OPD-Arbeitsgruppe folgt – besteht darin, dass die Mehrzahl der operationalen Kriterien auf Erlebensweisen und innere Zustände des Betreffenden Bezug nimmt, deren Kenntnis allenfalls nach einem längeren therapeutischen Prozess vorausgesetzt werden kann. Dieser Umstand kann zweifellos zu einer mangelhaften Reliabilität der Diagnose „Narzisstische Persönlichkeitsstörung" beitragen.

Gleichwohl sind verschiedene Versuche unternommen worden, durch die Entwicklung geeigneter Fragebogenverfahren oder standardisierter Interviews die Zuverlässigkeit der Diagnose einer Narzisstischen Persönlichkeitsstörung zu verbessern. Ronningstam und Gunderson (1989) entwickelten ein semistrukturiertes Interview (DIN), welches 33 unterschiedliche Persönlichkeitszüge erfasst, von denen elf mit den diagnostischen Kriterien gemäß DSM-III-R korrespondieren. Die Hinzunahme zusätzlicher Persönlichkeitsmerkmale ist insofern von Vorteil, als sie es dem Diagnostiker und Forscher erlaubt, die Beobachtung über den Bereich der begrenzten Zahl der DSM-Kriterien hinaus auszudehnen. Nach Auffassung dieser Autoren erlauben insbesondere folgende Kriterien die Diagnose einer Narzisstischen Persönlichkeitsstörung:

- das Gefühl der Überlegenheit
- ein Gefühl von Einzigartigkeit
- eine Entwertungsneigung anderen gegenüber
- feindliche und misstrauische Reaktionen auf den Neid anderer
- eigener Erfolg in Schule und Beruf

In einer Studie zur differenzialdiagnostischen Abgrenzung von Narzisstischer und Borderline-Persönlichkeitsstörung erwies sich insbesondere der Persönlichkeitszug der „Grandiosität" in differenzieller Hinsicht als brauchbar.

Im englischen Sprachraum entwickelte Raskin einen Fragebogen (Narcissistic Personality Inventory, NPI), welcher in einer 47-Item-Version auf sieben Skalen wesentliche Merkmale der narzisstisch gestörten Persönlichkeit zu erfassen sucht (Raskin u. Terry 1988).

Untersuchungen zur Frage der Übereinstimmung verschiedener semistrukturierter Interviews und unterschiedlicher Fragebogenverfahren zur Diagnose der Narzisstischen Persönlichkeitsstörung gemäß DSM erbrachten unterschiedliche Ergebnisse mit z.T. recht hohen und z.T. geringeren Übereinstimmungen verschiedener Instrumente (McCann 1989; Auerbach 1984). Hyler et al. (1989) berichten von einem Kappa von 0,10 bezüglich der Übereinstimmung der klinisch gestellten Diagnose einer Narzisstischen Persönlichkeitsstörung und der mit dem diagnostischen Fragebogen PDQ (Personality Diagnostic Questionnaire) gestellten Diagnose. In dieser Untersuchung an 552 Patienten war die Diagnose der Narzisstischen Persönlichkeitsstörung die einzige Diagnose, die von den klinischen Diagnostikern häufiger gestellt wurde als auf der Basis des Fragebogenverfahrens. Skodol et al. (1988) fanden eine Übereinstimmungsrate von 0,45 zwischen klinischen Diagnosen und Diagnosen, die mit dem SCID-II gestellt wurden. Morey und Ochoa (1989) errechneten ein Kappa von 0,31 für die Übereinstimmung klinisch gestellter Diagnosen einer Narzisstischen Persönlichkeitsstörung und Diagnosen, wie sie unter Anwendung der DSM-III-Kriterien gestellt worden waren.

Auch projektive Testverfahren können bei der Diagnostik narzisstischer Störungen zum Einsatz kommen. Shulman et al. (1988) verwendeten zwei TAT-Tafeln in Kombination mit zwei frei berichteten Kindheitserinnerungen, deren Protokollierungen gemäß der DSM-III-Kriterien geratet wurden.

Im deutschen Sprachraum berichteten Zielke und Anhäuser (1992) über Untersuchungen mit dem 158 Items umfassenden Narzissmusfragebogen von Müller (1984), der an 146 Patienten einer verhaltensmedizinisch orientierten Psychosomatischen Fachklinik validiert wurde. Eine zusätzliche Evaluationsstudie mittels dieses Instruments an 41 Patienten erbrachte deutliche Veränderungen im narzisstischen Persönlichkeitssystem der Patienten im Laufe ihrer stationären Verhaltenstherapie.

Wesentlich mehr Verbreitung als dieses Instrument hat seine Weiterentwicklung zum Narzissmus-Inventar durch Deneke und Hilgenstock (1989) gefunden. Es handelt sich um einen 163 Items umfassenden Fragebogen, welcher auf 18 Skalen, die zu vier Dimensionen zusammengefasst werden können, wesentliche Aspekte der narzisstischen Regulation zu erfassen sucht. Bei den vier Dimensionen des Narzissmus-Inventars handelt es sich um:
- das bedrohte Selbst
- das „klassisch" narzisstische Selbst
- das idealistische Selbst
- das hypochondrische Selbst

Seine Validität kann einer Studie von Horlacher et al. (1991) zufolge als gut angesehen werden. In einer Studie von Rauchfleisch et al. (1995) konnte insbesondere die Validität der ersten Dimension („das bedrohte Selbst") bestätigt werden. Der wesentliche Nachteil des Instruments besteht in dem für den klinischen Routinegebrauch nicht unproblematischen Umfang; in jüngster Zeit sind allerdings erfolgversprechende Versuche publiziert worden, die Anzahl der Items auf 90 zu reduzieren (Schoeneich et al. 1997).

11.7 Ätiologie und Pathogenese

11.7.1 Klinisch abgeleitete Hypothesen

Objektbeziehungstheoretische Auffassung (Kernberg)

Die Konzipierung der Narzisstischen Persönlichkeitsstörung durch Kernberg (1970b) stellt eine Reihe von widersprüchlichen Beziehungskonfigurationen und Affektzuständen in den Mittelpunkt. Nach seiner Auffassung ist das zentrale Moment ihrer Psychodynamik die Projektion oraler Wut, repräsentiert als Ärger, Zorn und Ressentiment anderen gegenüber. In Kernbergs Sicht existiert ein grandioses, aufgeblähtes Selbst unverbunden neben einem unbegrenzten Bedürfnis nach Anerkennung. Eine gefällig wirkende und auf den anderen bezogene Oberfläche verdeckt ein rücksichtsloses Inneres, und eine scheinbare Zufriedenheit mit der eigenen Person dient dazu, heftige Gefühl des Neides abzuwehren (Kernberg 1970b; Akhtar 1989). Folgt man Kernberg, so hängt die Diagnose „Narzisstische Persönlichkeitsstörung" nicht nur von der symptomatischen Phänomenologie, sondern auch von der Qualität der Objektbeziehungen und der intrapsychischen Abwehrmechanismen der betreffenden Person ab. Die Beziehungen von narzisstisch gestörten Persönlichkeiten haben, so Kernberg, einen ausbeuterischen und parasitären Charakter. Sie teilen die Welt auf in diejenigen, die über etwas verfügen, was sich anzueignen lohnt, und diejenigen, bei denen dies nicht der Fall zu sein scheint. Sie unterscheiden zwischen außerordentlichen Menschen einerseits – Menschen, in deren Nähe narzisstisch gestörte Individuen ein Gefühl der Größe erfahren – und mediokren und wertlosen Menschen auf der anderen Seite. Während Letztere verachtet werden, werden die „außerordentlichen" Menschen hoch geschätzt und idealisiert. Die von den narzisstisch gestörten Individuen idealisierten anderen werden dabei gleichzeitig gefürchtet, da sie infolge der Projektion der eigenen ausbeuterischen Wünsche als möglicherweise beherrschend und als potenzielle Angreifer wahrgenommen werden. So sind narzisstisch gestörte Personen unfähig, sich auf andere Menschen zu verlassen, und sie fürchten, von anderen abhängig zu werden. Letztlich bleiben somit all ihre Objektbeziehungen leer und unbefriedigend.

Selbstpsychologische Auffassung (Kohut)

Kohut (1971) und die ihm folgenden selbstpsychologisch orientierten Autoren innerhalb der Psychoanalyse erarbeiteten eine Neukonzeption der narzisstischen Entwicklung unabhängig von objektbeziehungstheoretischen Überlegungen. In dieser Sicht ist die narzisstisch gestörte Persönlichkeit wesentlich durch die Übertragungen und Gegenübertragungen charakterisiert, die in Behandlungen solcher Personen zu Tage treten. In Freuds Sicht waren Patienten mit narzisstischen Neurosen, die den Psychosen im heutigen Verständnis entsprechen, dadurch gekennzeichnet, dass sie außer Stande waren, sich in der Übertragung an den behandelnden Arzt zu binden, sodass sie für psychoanalytische Behandlungen ungeeignet schienen (Freud 1916/17, S. 438). Kohut betonte demgegenüber, dass narzisstisch gestörte Patienten sehr wohl in der Lage seien, Übertragungen herauszubilden, wenngleich diese durch emotionale Zurückhaltung und ein scheinbar fehlendes Sich-Einlassen sowie durch einen Umgang mit dem Therapeuten gekennzeichnet seien, der sich dadurch auszeichne, dass dieser wie eine Erweiterung des eigenen Selbst behandelt werde und nicht als ein eigenständiges, unabhängiges Individuum.

Kohut formulierte sein Konzept vom „Selbstobjekt" mit Blick auf diese Übertragungsphänomene. Als „Selbstobjekt" wird dabei ein Beziehungspartner verstanden, welcher notwendige Aufgaben und Funktionen in der Entwicklung und bezüglich eines kohärenten und gesunden Selbstgefühls wahrnimmt. In der Entwicklung des Kindes werden die Eltern als wichtige Selbstobjekte angesehen. Ihre Funktion ist es, dem Kind das Gefühl des Akzeptiertseins und der Bestätigung zu vermitteln und seinen Wünschen nach widerspiegelnder Bewunderung seines frühen Exhibitionismus zu entsprechen, wodurch sie das Kind in seinem Streben nach Stärke und Erfolg unterstützen. Die Eltern werden gleichzeitig zum Ziel der kindlichen Bedürfnisse nach Idealisierung, wodurch sie die Entwicklung von Zielen, Normen und Werthaltungen beim Kind unterstützen. In Kohuts Sicht unterliegen die Selbstobjekt-Bedürfnisse einem Reifungsprozess, wodurch sie einen weniger absoluten und kompromisslosen und flexibleren Charakter gewinnen, sodass es in zunehmendem Maße möglich wird, Selbstobjekt-Bedürfnisse auch intrapsychisch zu befriedigen. Dem reifen Individuum ist es möglich, dem Selbstobjekt in vollem Umfang Autonomie zu gewähren; die eigenständigen Bedürfnisse des anderen werden anerkannt, dabei bleibt der andere jedoch weiterhin Teil des eigenen inneren Lebens, die Beziehung zum anderen führt so zur Stärkung und Ausweitung des eigenen Selbst. Die Entwicklung des gesunden Narzissmus führt in Kohuts Konzeption nicht nur zu reifen Formen der Objektliebe, sondern auch zu zunehmend reiferen Formen des Narzissmus, welche Humor, Kreativität, Empathie und Weisheit einschließen.

Bei primären Störungen des Selbst, beispielsweise bei der Narzisstischen Persönlichkeitsstörung, zeigen sich Defizite der Selbst-Struktur darin, dass andere Menschen, dies gilt auch für den Psychotherapeuten in der Übertragungssituation, als primitive oder archaische Selbstobjekte behandelt werden. Die typischen, eine solche archaische Selbstobjektbeziehung kennzeichnenden interpersonellen Muster sind:

- die Spiegel-Übertragung
- die idealisierende Übertragung
- die „Zwillings"-Übertragung

Diese primitiven und archaischen Selbstobjekt-Übertragungen sind dadurch gekennzeichnet, dass die betreffende Person ihr Gegenüber als Extension des eigenen Selbst zu behandeln sucht, als bewundernden Spiegel für die eigenen grandios-exhibitionistischen Sehnsüchte, als ideales Objekt also, mit dem die betroffene Person zu verschmelzen sucht, um so Beruhigung und Kraft zu finden, oder als Alter Ego, durch dessen Imitation der Narzisst ein Gefühl der Zugehörigkeit und der Kohärenz gewinnen kann.

Pathologischer Narzissmus als Folge fehlerhafter sozialer Lernvorgänge (Millon)

Während Kohut und Kernberg die Bedeutung von Enttäuschungserlebnissen und elterlichem Versagen betonen, schlägt Millon (1981) vor, die Entwicklung einer Narzisstischen Persönlichkeitsstörung als direktes Ergebnis einer Überschätzung des Kindes durch seine Eltern anzusehen. Er vertritt die Auffassung, dass es Eltern gibt, die ihre Kinder im Übermaß verzärteln und nachgiebig behandeln, was diesen die Erfahrung vermittelt, dass jeder eigene Wunsch so etwas wie ein Befehl ist und dass sie einen Anspruch darauf erheben können, alles, was sie sich wünschen, zu empfangen, ohne etwas dafür geben zu müssen, und dass sie eine herausragende Stellung einnehmen dürften, ohne sich diese durch eigene Anstrengung verdient zu haben.

Narzisstische Persönlichkeitsstörung als Folge pathogener interpersoneller Beziehungen (Benjamin)

Benjamin (1987; 1993) zufolge ist die Trias aus „selbstloser", nicht-kontingenter, situationsunabhängiger Liebe, sich unterordnender Fürsorge und einer Verbindung aus impliziter Verachtung und explizit gezeigter Enttäuschung über jegliches Anzeichen mangelnder Perfektion charakteristisch für die interpersonelle Erfahrung eines später an Narzisstischer Persönlichkeitsstörung erkrankenden Kindes. Wenn die Autorin dabei von der „Selbstlosigkeit" der elterlichen Liebe spricht, ist damit ein elterlicher Erziehungsstil gemeint, bei welchem die Eltern als unabhängige Individuen mit eigenen Gefühlen und Bedürfnissen nicht in Erscheinung treten. So sehr ein solcher elterlicher Erziehungsstil von den besten Absichten getragen sein mag, bleibt doch der Umstand bestehen, dass sich ein solches Verhalten schädigend auswirkt, sobald es über die Säuglings- und Kleinkindzeit hinaus ausgedehnt wird. Immer dann, wenn das solchermaßen überschätzte Kind als Selbstobjekt seiner Eltern, als deren „Extension" fungiert, kann erwartet werden, dass diese Überschätzung dann unmittelbar zusammenbricht oder sich sogar in ihr Gegenteil, die schlecht verhohlene Verachtung, verkehrt, wenn das Kind dem ihm zugedachten Bild bzw. der ihm zugedachten Erwartung nicht entspricht. Insofern sind die interpersonellen Erfahrungen, welche zur Ausbildung einer Narzisstischen Persönlichkeitsstörung beitragen, immer auch durch eine spezifische Art der Vernachlässigung mit geprägt.

Narzisstische Persönlichkeitsstörung in der Sicht des 5-Faktoren-Modells der Persönlichkeit

Trull und McCrae (1994) kommen in einer Zusammenfassung verschiedener Studien zur Frage der Anwendbarkeit des 5-Faktoren-Modells der Persönlichkeit auf narzisstische Störungen zu der Auffassung, dass die Narzisstische Persönlichkeitsstörung vor allem durch hohe Extraversionswerte, niedrige Verträglichkeit und niedrige Neurotizismuswerte gekennzeichnet ist. Hier ist allerdings anzumerken, dass sich eine solche Konzeptualisierung weder in guter Übereinstimmung mit der Definition der Narzisstischen Persönlichkeitsstörung gemäß DSM noch mit der gemäß ICD-10 (entsprechend dem Vorschlag der Arbeitsgruppe OPD, s. S. 214) befindet. So ist eine erhöhte Extraversionsneigung nicht Teil der operationalen Definition der Narzisstischen Persönlichkeitsstörung nach DSM oder ICD-10, und auch die Annahme eines eher niedrigen Neurotizismuswertes befindet sich weder in guter Übereinstimmung mit den operationalen Störungsdefinitionen noch mit der klinischen Erfahrung.

11.7.2 Empirische Befunde

Empirische Befunde zu ätiologischen und pathogenetischen Faktoren bei Narzisstischer Persönlichkeitsstörung sind außerordentlich spärlich. Eine Studie von McCann und Biaggio (1989) konnte an 91 College-Studenten zeigen, dass es einen Zusammenhang zwischen höheren Narzissmus-Werten und gesteigertem verbalen Ausdruck von Ärger gibt. Die männlichen Probanden mit erhöhten Narzissmus-Werten offenbarten zusätzlich eine erhöhte Neigung, Wut und Ärger auch körperlich auszudrücken.

Eine Untersuchung von Hartouni (1992) an einer kleineren Stichprobe von 20 Patienten mit Narzisstischer Persönlichkeitsstörung und 20 nicht persönlichkeitsgestörten neurotisch Erkrankten erbrachte eine signifikante Korrelation von internaler Attribution von Erfolgserlebnissen sowie einen statistisch nicht signifikanten Trend in Richtung auf eine Korrelation von externaler Attribution und Erlebnissen ausbleibenden Erfolgs. Die Befunde beider Studien lassen sich in Übereinstimmung mit den klinisch begründeten Hypothesen bezüglich der Psychodynamik der Narzisstischen Persönlichkeitsstörung bringen – insbesondere hinsichtlich der Idealisierung der eigenen Person und der Entwertung der als nicht perfekt erlebten anderen.

Empirische Überprüfung der selbstpsychologischen und der objektbeziehungstheoretischen Auffassung

Der einzige Versuch, die theoretischen Differenzen der selbstpsychologischen und der objektbeziehungstheoretischen Auffassungen empirisch zu überprüfen, stammt von Glassman (1988). Dieser Autor legte in einer postalischen Befragung

166 Psychotherapie-Patienten einen zu diesem Zweck entworfenen Fragebogen vor, welcher aus selbstpsychologischer sowie aus objektbeziehungstheoretischer Sicht wesentliche entwicklungspsychologische Aspekte narzisstischer Gestörtheit erfasste. Die Ergebnisse der Befragung wurden mit der pfadanalytischen LISREL-Methode modelliert. Bei dieser Methode geht es darum, das komplexe Wirkungsgefüge mehrerer Variablen mathematisch abzubilden. Das resultierende Modell unterstützt sowohl Aspekte der objektbeziehungstheoretischen als auch Aspekte der selbstpsychologischen Auffassung. So bildet das Modell zum einen elterliche Ablehnung und elterlichen Narzissmus ab, welche zu Aggression, Ambivalenzkonflikten und primitiven Abwehrmechanismen führen, die wiederum in ein pathologisches grandioses Selbst einmünden. Zum anderen bildet das Modell auch ab, wie elterliche Ablehnung und elterlicher Narzissmus über das empathische Versagen der Eltern in eine Selbst-Pathologie einmünden, die ihrerseits von primitiven Abwehrmechanismen gefördert wird. Die pathologische Selbst-Struktur führt über persistierende unerfüllte Wünsche nach Sicherheit und Bewunderung ebenfalls zur Konfiguration eines pathologischen grandiosen Selbst. Bemerkenswert erscheint, dass in dieser Studie der Effekt von Spaltung auf die Selbst-Pathologie etwa doppelt so groß war wie der des elterlichen empathischen Versagens (Glassman 1988, S. 620f), was gemeinsam mit anderen Befunden die Ich-psychologische bzw. objektbeziehungstheoretische Konzeption des pathologischen Narzissmus eher stützt als die selbstpsychologische Auffassung.

11.8 Therapie der Narzisstischen Persönlichkeitsstörung

11.8.1 Pharmakotherapie

Empirisch begründete Behandlungsempfehlungen für die Pharmakotherapie Narzisstischer Persönlichkeitsstörungen lassen sich nicht geben. Eine Pharmakotherapie kann erforderlich sein, um im Rahmen der narzisstischen Störung gleichzeitig auftretende affektive Störungen oder andere psychiatrische Symptome zu behandeln.

11.8.2 Psychotherapie

Aus der Diagnose einer Narzisstischen Persönlichkeitsstörung leitet sich nicht ohne weiteres die Indikation zu einer spezifischen Behandlung her. Da narzisstische Charakterstörungen einen breiten Bereich umfassen und die Gründe und

Umstände, welche Patienten veranlassen, eine Therapie aufzusuchen, in großem Umfang variieren, ist es notwendig, die Behandlung dem jeweiligen Einzelfall anzupassen. Narzisstische Persönlichkeitsstörungen können den ganzen symptomatischen Bereich von gelegentlich beunruhigenden dysphorischen Verstimmungen, einschließlich psychosomatischer Symptombildungen und hypochondrischer Befürchtungen, bis hin zu schwerstgradig beeinträchtigenden Gefühlen existenzieller Leere und dem völligen Fehlen bedeutungsvoller Beziehungen umfassen, und eine Therapie muss dieser Breite unterschiedlicher Phänomene Rechnung tragen. Da vergleichende Untersuchungen zur Psychotherapie der Narzisstischen Persönlichkeitsstörung bisher fehlen, können sich diesbezügliche Empfehlungen immer nur auf klinische Erfahrungen gründen. Bei der Wahl seiner behandlungstechnischen Mittel erscheint es ratsam, dass sich der Therapeut unter Berücksichtigung seines persönlichen Stils und seiner theoretischen Orientierung von seiner durch Ausbildung und Supervision geschulten kompetenten Urteilsfähigkeit leiten lässt (vgl. Groopman u. Cooper 1995, S. 2342); die gelegentlich empfohlene „Orientierung an klaren Regeln" (Bohus et al. 1999, S. 790) – etwa im Sinne von manualisierten Therapien – erscheint angesichts des vorhandenen Wissensstandes und der weiterhin divergenten Konzeptualisierungen der Narzisstischen Persönlichkeitsstörung kaum praktikabel oder zumindest verfrüht.

Bei der Indikation einer Einzelpsychotherapie ist ein besonderes Augenmerk auf die Ich-Stärke des Patienten zu legen, welche sich an der Qualität seiner Beziehungen, seiner Fähigkeit, Schuldgefühle zu erleben, seiner Angsttoleranz und seinen Fähigkeiten zur Impulskontrolle und zur Sublimierung bemisst. Psychoanalytische Psychotherapie oder analytisch orientierte Psychotherapie mit einer Frequenz von zwei oder mehr Sitzungen pro Woche kann bei Patienten indiziert sein, die über eine adäquate Ich-Stärke und ausreichend differenzierte Objektbeziehungen verfügen, aber dennoch unter erheblichen Beeinträchtigungen leiden. Hier lassen sich im Wesentlichen zwei unterschiedliche Paradigmen in der therapeutischen Arbeit unterscheiden, die mit der selbstpsychologischen Auffassung Kohuts bzw. mit der Ich-psychologischen und objektbeziehungstheoretischen Auffassung Kernbergs verbunden sind.

In selbstpsychologischer Sicht erscheint die Forderung des Patienten nach bewundernder Spiegelung durch den Therapeuten als pathologische Konsequenz einer Entwicklungshemmung von grundsätzlich als gesund anzusehenden narzisstischen Bedürfnissen. In dieser Sicht sind die emotionale Distanzierung und die Entwertungsneigung des narzisstisch gestörten Patienten verzerrte Ausdrücke seiner Bedürfnisse, sich in der phantasierten Verschmelzung mit dem Therapeuten von diesem angenommen zu fühlen. Nach selbstpsychologischer Auffassung ermöglicht eine therapeutische Atmosphäre, in welcher der Patient bewundernde Spiegelung erfahren kann, dass Entwicklungshemmungen aufgehoben werden und sich defiziente Strukturen des Selbst neu bilden können. Eine solche therapeutische Atmosphäre entsteht vor allem aufgrund der Fähigkeit des Therapeuten zur Empathie, wobei die Deutung – etwa von pathologischen Abwehrmechanismen – ganz in den Hintergrund tritt. Als Empathie gilt in diesem Zusammenhang das Sich-Einstellen auf die innere Welt des Patienten, welches es dem Therapeuten ermöglichen soll, zu verstehen, wie jede einzelne Situation, einschließlich der therapeutischen, durch den Patienten empfunden wird. Die unausweichlichen Grenzen der empathischen Verstehensmöglichkeiten des Therapeuten (mit der Folge des Auftauchens von narzisstischer Wut, hypochondrischen Befürchtungen, heftigen Entwertungstendenzen etc. auf der Seite des Patienten) wirken sich dabei nicht zwangsläufig schädlich auf den therapeutischen Prozess aus – vorausgesetzt, es gelingt, die Abfolge der Ereignisse und Erfahrungen, welche zum Versagen des einfühlenden Verstehens und zum erneuten Aufbrechen der narzisstischen Symptome führten, interpretativ zu rekonstruieren. Tatsächlich gelten die im Zuge des therapeutischen Prozesses unausweichlichen Frustrationen narzisstischer Bedürfnisse und ihre empathische Bearbeitung als eine Voraussetzung für einen Prozess der „umwandelnden Verinnerlichung" (Kohut 1971, S. 125) jener Selbstobjekt-Funktionen, die initial vom Therapeuten bereitgestellt wurden, um später autonom ausgeführte Funktionen des Selbst des Patienten zu werden. Die selbstpsychologische therapeutische Herangehensweise stellt besondere Ansprüche an die therapeutische Fähigkeit zur sorgfältigen und selbstkritischen Betrachtung der eigenen narzisstischen Reaktionen auf den Patienten. So können Wünsche des Therapeuten nach Bewunderung oder Dankbarkeit ebenso zu einem Agieren der Gegenübertragung führen wie die Angst angesichts der grandiosen Idealisierungen durch den Patienten oder die Wut darüber, als bloße Extension des Patienten behandelt zu werden. Und dies sind Gegenübertragungen, die eine neuerliche schamerfüllte Verdrängung der kindhaften narzisstischen Sehnsüchte des Patienten nach sich ziehen.

In der Ich-psychologischen und objektbeziehungstheoretischen Auffassung Kernbergs werden die pathologische Struktur und die Abwehr des narzisstisch-grandiosen Selbst betont. Die Behandlung richtet sich darauf, eine narzisstische Übertragung zu ermöglichen, mit dem Ziel, den Neid und die Wut des Patienten aufzudecken und die Verbindung mit unerfüllten Wünschen nach liebender Fürsorge durch ein mütterliches Objekt zu verdeutlichen. Hierbei wird es als notwendig angesehen, insbesondere die negativen Übertragungskonfigurationen konsequent zu deuten, da das, was auf der Oberfläche als Distanziertheit und mangelnde innere Beteiligung erscheint, im Grunde ein aktiver Prozess der Entwertung und Herabsetzung sei (Kernberg 1970b, S. 71). Solche negativen Übertragungen können die Psychotherapie in ein falsches, bedeutungsloses „Spiel" verwandeln, in welchem sich der Therapeut in zunehmendem Maße als ineffektiv, inkompetent, frustriert und voller Selbstzweifel erlebt. Kernberg empfiehlt, der Therapeut solle solche Gegenübertragungen in den therapeutischen Prozess einbeziehen, jedoch nicht durch eine unreflektierte Mitteilung eigener Reaktionsweisen, sondern dadurch, dass die verborgenen Absichten des Patienten, welche zur Entstehung des betreffenden Gegenübertragungserlebens beitragen, demonstrierend und klärend aufgegriffen werden (ebd., S. 70). Auch die Idealisierung des Therapeuten durch den Patienten ist aus der Sicht Kernbergs als pathologischer Prozess und nicht als die Reaktivierung einer normalen entwicklungspsychologischen Stufe anzusehen. Nach dieser Auffassung kann die Idealisierung als Projektion des grandiosen Selbst des Patienten auf den Therapeuten verstanden werden – verbunden mit einer Leugnung der Getrenntheit und Eigenständigkeit des Therapeuten. Die Idealisierung dient gleichzeitig als Abwehr von Gefühlen der Wut und des heftigen Neides; der latent negative Aspekt dieser Übertragung zeigt sich darin, dass der Therapeut so behandelt wird, als sei er „nicht wirklich da", was auf der Seite des Therapeuten als Gefühl der Leere empfunden werden kann. Trotz aller Wichtigkeit, die dieser Konzeption der frühzeitigen Bearbeitung (latent) negativer Übertragungen zukommt, ist es gleichzeitig unbedingt notwendig, zu vermeiden, dass der Patient die Behandlung als „moralische Verurteilung" erlebt, d.h. es ist wichtig, dass der Therapeut auch die Fähigkeiten des Patienten zu liebevoller und mitfühlender Zuwendung ausdrücklich anerkennt.

Bei aller Unterschiedlichkeit der therapeutischen Herangehensweisen schließen sich die selbstpsychologische und die objektbeziehungstheoretische Technik nicht notwendigerweise aus. Insbesondere ist es vielfach erforderlich, in den Anfangsphasen der Behandlung narzisstisch gestörter Persönlichkeiten eine betont empathische Haltung einzunehmen, die es dem Patienten erlaubt, eine stabile hilfreiche Beziehung zu seinem Therapeuten zu etablieren. Allerdings ist es schon in den frühen Phasen der Behandlung wichtig, auch die subtileren Entwertungen therapeutisch zu bearbeiten, damit dem Patienten verdeutlicht wird, dass seine Wut vom Therapeuten wahrgenommen wird, dieser seine Impulse jedoch nicht mit rachsüchtigen Gegenangriffen zum Ausdruck bringt. Mit fortschreitender Therapie tritt dann die Konfrontation des Patienten mit den Affekten, Phantasien und pathologischen Objektrepräsentanzen, welche die Symptome der Persönlichkeitsstörung aufrechterhalten, in den Vordergrund.

Bei Patienten, bei denen antisoziale oder Borderline-Persönlichkeitszüge in stärkerem Maße zu Tage treten, sollten jedoch therapeutische Verfahren eingesetzt werden, bei welchen eine unerwünschte Regression vermieden wird.

Kurzzeitpsychotherapie bei Narzisstischen Persönlichkeitsstörungen muss sich im Regelfall darauf beschränken, eine verbesserte Anpassung des Patienten zu erzielen, ohne dass strukturelle Änderungen erreicht werden können (Oldham 1988). Diese Behandlungsform erscheint besonders geeignet für Patienten, die sich durch umgrenzte neurotische Symptome belastet fühlen, dabei aber in größeren Lebensbereichen offensichtlich eine zufriedenstellende Anpassung aufrechterhalten können.

Aus verhaltenstherapeutischer Sicht ist die Narzisstische Persönlichkeitsstörung bisher kaum bearbeitet worden, was auch daran liegt, dass es der Verhaltenstherapie bislang nicht gelungen ist, ein verhaltenstheoretisches ätiologisches Erklärungsmodell dieser Störung zu entwickeln. Entsprechend geht es bei Versuchen, aus verhaltenstherapeutischer Sicht die Behandlung einer Narzisstischen Persönlichkeitsstörung zu konzeptualisieren (Seipel 1992), auch eher darum, auf der Grundlage eines von psychodynamischen Ansätzen geprägten biografisch-genetischen Erklärungsmodells symptomzentriert mit sehr unterschiedlichen verhaltenstherapeutischen Techniken zu arbeiten. Hierbei gelte der Grundsatz, dass die Anwendung und Durchführung von verhaltenstherapeutischen Standardprogrammen nicht im Vordergrund stehe, sondern vielmehr „Therapieplanung und Therapiezielbestimmung (...) entsprechend den jeweiligen Erfordernissen flexibel gehandhabt" werden sollten, wobei der Einsatz bestimmter Techniken und deren jeweilige Funktion innerhalb der Beziehung vom Therapeuten reflektiert werden sollten, was auch „Selbsteinbringungen des Therapeuten" durch das „Ansprechen der Beziehung in dyadischen Interaktionen" einschließe (Seipel 1992, S. 104).

Einen Entwurf eines schulenübergreifenden Behandlungsansatzes der Narzisstischen Persönlichkeitsstörung hat in jüngster Zeit Menges (1999) vorgelegt, die vorschlägt, dass ein solches Therapiekonzept auf Suizidalität und den Mangel an Empathiefähigkeit fokussieren sollte. Am Anfang sollte der Aufbau einer tragfähigen Grundlage für die psychotherapeutische Behandlung stehen, wozu auch gehöre, bei Fehlen einer akuten Eigen- oder Fremdgefährdung einer längerfristigen, niederfrequenten ambulanten Psychotherapie den Vorzug vor einer stationären Therapie zu geben (Menges 1999, S. 137). Ebenfalls am Anfang solle die Aufklärung des Patienten über die Art des Therapiekonzepts und die notwendigen Voraussetzungen für das Gelingen einer Therapie stehen, wie etwa die Fragen von Suizidalität, körperlicher Gewalt oder Alkohol- und Medikamentenmissbrauch. Insbesondere solle dem regelmäßig vorgebrachten Anspruch auf eine besondere Behandlung (etwa durch das Verlangen nach Einzelzimmer im stationären Setting oder nach Abweichung von der vereinbarten Gesprächsdauer oder -frequenz im ambulanten Setting; ebd., S. 138) nicht gefolgt werden. Hinsichtlich des Aufbaus und der kontinuierlichen Gestaltung der therapeutischen Beziehung seien die wichtigsten Voraussetzungen aufseiten des Therapeuten die verstehende und gleichzeitig respektvolle Grundhaltung. Die heftigen, gelegentlich wütenden oder auch hilflosen Gegenübertragungsgefühle dürften dabei nicht mit moralisch-wertenden Vorhaltungen dem Patienten gegenüber beantwortet werden, sie sollten stattdessen gegebenenfalls Anlass für eine Überprüfung der Behandlungsziele und des Behandlungstempos sein. Suizidalität im Verlauf einer Psychotherapie sollte als akute Notsituation aufgefasst werden; sie stellt, so Menges, gegebenenfalls eine Indikation für eine stationäre Behandlung in einer entsprechend eingerichteten psychiatrischen oder psychotherapeutischen Krankenhausabteilung dar. Allerdings sei es oftmals möglich, suizidale Krisen zu entschärfen, wenn es gelingt, die hinter den Suizidimpulsen stehenden Motive therapeutisch zu erhellen und dem Patienten die von ihm häufig verleugnete Endgültigkeit einer Selbsttötung (Henseler 1974, S. 90) vor Augen zu führen. Im weiteren Verlauf der Therapie solle dann zunächst auf die narzisstische Selbstwertproblematik fokussiert werden, wobei ein Augenmerk auch den typischen, oftmals verzerrten Kognitionen der Patienten gelten sollte, mit denen sie beispielsweise die eigene anspruchliche Haltung begründeten. Gleichzeitig seien hier im Sinne der Übertragungs- und Gegenübertragungsanalyse die zentralen Beziehungskonflikte herauszuarbeiten, deren biografische Verankerung in einem weiteren therapeutischen Schritt zu bearbeiten sei (Menges 1999, S. 140). Teil einer Psychotherapie Narzisstischer Persönlichkeitsstörungen müsse es auch sein, frühzeitig die Beendigung der Therapie ins Auge zu fassen und die in diesem Zusammenhang relevanten Affekte und Phantasien zu bearbeiten.

Paar- und Familientherapie können insbesondere im Zusammenhang mit einer erfolgten oder drohenden narzisstischen Dekompensation angezeigt sein; gelegentlich wird in diesem Zusammenhang in der Literatur der Typus des „collapsible man of prominence" erwähnt, der so lange erfolgreich sein kann, wie die Partnerinnen und die Familie im Sinne primitiver Selbstobjekte funktionieren (Bird et al. 1983).

Gruppenpsychotherapie bei Narzisstischen Persönlichkeitsstörungen wird vielfach als problematisch angesehen. Die mangelnde Einfühlungsfähigkeit narzisstisch gestörter Personen, ihr Anspruchsdenken und ihre Sucht nach Anerkennung können dazu führen, dass sie innerhalb einer Gruppe in die Rolle des Außenseiters geraten und aus der Gruppe ausgestoßen werden. Hinzu kommt, dass sich ihre Entwertungsneigung der Gruppe und dem Therapeuten gegenüber destruktiv auf die Gruppenkohäsion und den therapeutischen Prozess der anderen Gruppenteilnehmer auswirken kann. Wenn es jedoch einem narzisstisch gestörten Patienten gelingt, sich in eine Gruppe zu integrieren, dann kann er in besonderem Maße eine solche Gruppe als „Halt", als „bewahrende Umwelt" erfahren. Innerhalb einer solchen Umwelt ist es möglich, das pathologische Verhalten einer narzisstisch gestörten Persönlichkeit nachdrücklich und dabei doch unterstützend zu verdeutlichen, sodass in zunehmendem Maße die bis dahin verleugneten Bedürfnisse und Affekte in ihrer Bedeutung durch den Patienten anerkannt werden können. Insgesamt gilt aufgrund klinischer Erfahrungen, dass die gruppenpsychotherapeutische Behandlung narzisstisch gestörter Persönlichkeiten ohne eine begleitende Einzelpsychotherapie nur in den wenigsten Fällen ausreichend ist (Leszcz 1989).

Literatur

Abraham K (1921). Äußerungsformen des weiblichen Kastrationskomplexes. In: Abraham K (Hrsg). Psychoanalytische Studien. Bd. 2. Frankfurt a. M.: Fischer 1971; 69–99.
Abraham K (1923). Ergänzungen zur Lehre vom Analcharakter. Int Z Psychoanal; 9: 27–47 (erneut abgedruckt in: Gesammelte Schriften. Bd. 2. Frankfurt a. M.: Fischer Taschenbuch 1982; 103–24).
Abraham K (1924). Beiträge der Oralerotik zur Charakterbildung. In: Abraham K (Hrsg). Psychoanalytische Studien zur Charakterbildung und andere Schriften. Frankfurt a. M.: Fischer 1969; 205–17.
Abraham K (1925a). Beiträge der Oralerotik zur Charakterbildung. In: Abraham K. Gesammelte Schriften. Bd. 2. Frankfurt a. M.: Fischer Taschenbuch 1982; 124–36.
Abraham K (1925b). Zur Charakterbildung auf der „genitalen" Entwicklungsstufe. In: Abraham K (Hrsg). Psychoanalytische Studien zur Charakterbildung und andere Schriften. Frankfurt a. M.: Fischer 1969; 217–26.
Abrams R (2000). Borderline-Störungen im höheren Lebensalter: Zusammenhänge zwischen Cluster-B-Störungen und Depression. In: Kernberg OF, Dulz B, Sachsse U (Hrsg). Handbuch der Borderline-Störungen. Stuttgart, New York: Schattauer; 803–10.
Abse DW (1974). Hysterical conversion and dissociative syndromes and the hysterical character. In: Arieti S (ed). American Handbook of Psychiatry. Vol. 3. New York: Basic Books; 155–94.
Adler A (1931). Die kriminelle Persönlichkeit und ihre Heilung. Int Z Individualpsychologie; 9: 321–9.
Adler DA (1990). Personality disorders: theory and psychotherapy. In: Adler DA (ed). Treating Personality Disorders. San Francisco: Jossey-Bass Inc Publ.
Adler DA, Drake RE, Teague GB (1990). Clinicians' practices in personality assessment: does gender influence the use of DSM-III axis II? Compr Psychiatry; 31: 125–33.
Adler G (1988). How useful is the borderline concept? Psychoanal Inquiry; 8: 353–72.
Adler G (1989). Uses and limitations of Kohut's self psychology in the treatment of borderline patients. J Am Psychoanal Assoc; 37: 761–85.
Adler G, Buie DH (1979). Aloneness and borderline psychopathology: the possible relevance of child development issues. Int J Psychoanal; 60: 83–6.
Aichhorn A (1925). Verwahrloste Jugend. Die Psychoanalyse in der Fürsorgeerziehung. Bern, Stuttgart: Hans Huber.
Akhtar S (1987). Schizoid personality disorder: a synthesis of developmental, dynamic, and descriptive features. Am J Psychother; 41: 499–518.
Akhtar S (1989). Narcissistic personality disorder: descriptive features and differential diagnosis. Psychiatr Clin North Am; 12: 505–29.
Akhtar S (1990). Paranoid personality disorder: synthesis of developmental, dynamic, and descriptive features. Am J Psychother; 44: 5–25.
Akhtar S, Byrne JP, Doghramji K (1986). The demographic profile of borderline personality disorder. J Clin Psychiatry; 47: 196–8.

Literatur

Akiskal HS (1981). Subaffective disorders: dysthymic, cyclothymic, and bipolar II disorders in the "borderline" realm. Psychiatr Clin North Am; 4: 25–46.
Akiskal HS, Djenderedjian AH, Rosenthal RH, Munir KK (1977). Cyclothymic disorder: validating criteria for inclusion in the bipolar affective group. Am J Psychiatry; 134: 1227–33.
Akiskal HS, Chen SE, Davis GC, Puzantian VR, Kashgarian M, Bolinger JM (1985). Borderline: an adjective in search of a noun. Am J Clin Psychiatry; 46: 41–8.
Alarcon RD (1973). Hysteria and hysterical personality: how come one without the other? J Psychiatr Q; 47: 258–75.
Alden LE (1989). Short-term structured treatment for avoidant personality. J Consult Clin Psychol; 56: 756–64.
Alden LE, Capreol MJ (1993). Avoidant personality disorder: interpersonal problems as predictors of treatment response. Behav Ther; 24: 357–76.
Alexander F (1957). Der Aufbau des Ichs. In: Federn P, Meng H (Hrsg). Das psychoanalytische Volksbuch. Stuttgart: Thieme; 164–71.
Alexander F, French T (1946). Psychoanalytic therapy. New York: Ronald.
Allen DW (1991). Basic treatment issues. In: Horowitz MJ (ed). Hysterical Personality Style and the Histrionic Personality Disorders. London: Aronson; 147–78.
Allodi F (1982). Acute paranoid reaction (Buffée délirante) in Canada. Can J Psychiatry; 27: 366–73.
Allport G (1937). Personality: a psychological interpretation. New York: Holt, Rinehart & Winston.
Alnaes R, Torgersen S (1988a). DSM-III symptom disorders (Axis I) and personality disorders (Axis II) in an outpatient population. Acta Psychiatr Scand; 78: 348–55.
Alnaes R, Torgersen S (1988). The relationship between DSM-III symptom disorders (Axis I) and personality disorders (Axis II) in an outpatient population. Acta Psychiatr Scand; 78: 485–92.
American Psychiatric Association (1952). Diagnostic and Statistical Manual of Mental Disorders. 1st ed. Washington, DC: American Psychiatric Press.
American Psychiatric Association (1968). Diagnostic and Statistical Manual of Mental Disorders. 2nd ed. Washington, DC: American Psychiatric Press.
American Psychiatric Association (1980). Diagnostic and Statistical Manual of Mental Disorders. 3rd ed. Washington, DC: American Psychiatric Press.
American Psychiatric Association (1987). Diagnostic and Statistical Manual of Mental Disorders. 3rd ed. rev. Washington, DC: American Psychiatric Press.
American Psychiatric Association (1994). Diagnostic and Statistical Manual of Mental Disorders. 4th ed. Washington, DC: American Psychiatric Press.
Andrulonis E, Vogel N (1984). Comparison of borderline personality subcategories to schizophrenic and affective disorders. Brit J Psychiatry; 144: 358–63.
Andrulonis P, Glueck G, Stroebel C, Vogel N, Shapiro A, Aldridge D (1981). Organic brain dysfunction and the borderline syndrome. Psychiatr Clin North Am; 4: 47–65.
Angus L, Marziali E (1988). A comparison of three measures for the diagnosis of borderline personality disorder. Am J Psychiatry; 145: 1453–4.
Appel G (1974). An approach to the treatment of schizoid phenomena. Psychoanal Rev; 61: 99–113.
Arbeitskreis OPD (Hrsg) (1996). Operationalisierte Psychodynamische Diagnostik. Grundlagen und Manual. Bern, Göttingen, Toronto: Huber.
Arboleda-Florez J, Holley HL (1991). Antisocial burnout: an exploratory study. Bull Am Acad Psychiatry Law; 19: 173–83.
Arfsten AJ, Hoffmann SO (1978). Stationäre psychoanalytische Psychotherapie als eigenständige Behandlungsform. Prax Psychother Psychosom; 23: 233–45.

Argyle M, Bryant BM, Trower P (1974). Social skills training and psychotherapy: a comparative study. Psychol Med; 4: 435–43.
Auchincloss EL, Weiss WR (1991). Paranoid character and the intolerance of indifference. J Am Psychoanal Assoc; 40: 1013–37.
Auerbach J (1984). Validation of two scales for narcissistic personality disorder. J Personal Assess; 48: 649–53.
Baer L, Jenike MA, Ricciardi JN, Holland AD (1990). Standardized assessment of personality disorders in obsessive-compulsive disorder. Arch Gen Psychiatry; 47: 826–30.
Baillarger M (1954). De la folie à double forme. Ann Med Psychol; 6: 369.
Bak R (1946). Masochism in paranoia. Psychoanal Q; 15: 285–301.
Baker HS, Baker MN (1987). Heinz Kohut's psychology of the self: an overview. Am J Psychiatry; 144: 1–9.
Balint M (1979). The Basic Fault: therapeutic aspects of regression. New York: Brunner & Mazel.
Barasch A, Frances A, Hurt S, Clarkin J, Cohen S (1985). Stability and distrinctness of borderline personality disorder. Am J Psychiatry; 142: 1484–6.
Bardenstein KK, McGlashan TH, McGlashan TH (1988). The natural history of a residentially treated borderline sample: gender differences. J Personal Disord; 2: 69–83.
Baron M, Gruen R, Asnis L, Lord S (1985). Familial transmission of schizotypal and borderline personality disorders. Am J Psychiatry; 142: 927–34.
Barrash J, Kroll J, Carey K (1983). Discriminating borderline disorder from other personality disorders. Arch Gen Psychiatry; 40: 1297–302.
Bateman A, Fonagy P (1999). Effectiveness of partial hospitalization in the treatment of borderline personality disorder: a randomized controlled trial. Am J Psychiatry; 156: 1563–9.
Bateman A, Fonagy P (2000). Effectiveness of psychotherapeutic treatment of personality disorder. Br J Psychiatry; 177: 138–43.
Baumbacher G, Amini F (1980). The hysterical personality disorder: a proposed clarification of a diagnostic dilemma. Int J Psychoanal Psychother; 8: 501–32.
Baxter L, Edell W, Gerner W, Fairbanks L, Gwirtsman H (1984). Dexamethasone suppression test and Axis I diagnoses of inpatients with DSM-III personality disorder. J Clin Psychiatry; 45: 150–3.
Beck AT (1964). Thinking and depression. II. Theory and therapy. Arch Gen Psychiatry; 10: 561–71.
Beck AT (1976). Cognitive Therapy and the Emotional Disorders. New York: International University Press.
Beck AT, Freeman A (1995). Kognitive Therapie der Persönlichkeitsstörungen. 3. Aufl. Weinheim: Psychologie Verlags Union.
Beck AT, Freeman A, Pretzer J, Davis DD, Fleming B, Ottaviano R, Beck J, Simon KM, Padesky C, Meyer J, Trexler L (1993). Kognitive Therapie der Persönlichkeitsstörungen. Weinheim: Psychologie Verlags Union.
Beck JS (1998). Complex cognitive therapy treatment for personality disorder patients. Bull Menn Clin; 62: 170-94.
Becker D, Lamb S (1994). Sex bias in the diagnosis of borderline personality disorder and post-traumatic stress disorder. Profess Psychol Res Pract; 25: 55–61.
Becker H, Senf W (Hrsg) (1988). Praxis der stationären Psychotherapie. Stuttgart: Thieme.
Bender D, Farber BA, Geller JD (1998). Representational and attachment styles associated with Cluster B personality traits. Paper presented at the 29th Annual Meeting, Society for Psychotherapy Research. Snowbird, Utah.
Benjamin LS (1974). Structural analysis of social behavior. Psychol Rev; 81: 392–425.
Benjamin LS (1987a). An interpersonal approach. J Personal Disord; 1: 334–9.

Benjamin LS (1987b). Use of the SASB dimensional model to develop treatment plans for personality disorders: I. Narcissism. J Personal Disord; 1: 43–70.

Benjamin LS (1993). Interpersonal Diagnosis and Treatment of Personality Disorders. New York, London: Guilford.

Benjamin LS (1995). Good defenses make good neighbors. In: Conte H, Plutchik R (eds). Ego Defenses: theory and measurement. New York: Wiley; 53–78.

Benjamin LS (1996). Ein interpersoneller Behandlungsansatz für Persönlichkeitsstörungen. In: Schmitz B, Fydrich T, Limbacher K (Hrsg). Persönlichkeitsstörungen: Diagnostik und Psychotherapie. Weinheim: Psychologie Verlags Union; 136–48.

Benjamin LS (1997). Personality disorders: models for treatment and strategies for treatment development. J Personal Disord; 11: 307–24.

Bernstein DP, Useda D, Siever LJ (1993). Paranoid personality disorder: review of the literature and recommendations for DSM-IV. J Personality Disord; 7: 53–62.

Berrios GE (1993). Personality disorders: a conceptual history. In: Tyrer P, Stein G (eds). Personality Disorders Reviewed. London: Gaskell; 17–41.

Binder JL (1979). Treatment of narcisstistic problems in time-limited psychotherapy. Psychiatr Q; 51: 257–80.

Bird HW, Martin PA, Schuman A (1983). The marriage of the "collapsible" man of prominence. Am J Psychiatry; 140: 290–5.

Bird J (1979). The behavioral treatment of hysteria. Brit J Psychiatry; 134: 129–37.

Birnbaum K (1909). Über psychopathische Persönlichkeiten. Eine psychopathologische Studie. In: Loewenfeld L (Hrsg). Grenzfragen des Nerven- und Seelenlebens. Heft 64. Wiesbaden: C. F. Bergmann; 1–88.

Birnbaum K (1919). Die psychopathischen Verbrecher. 2. Aufl. Leipzig: Thieme.

Black DW, Warrack G, Winkor G (1985). The Iowa Record-Linkeage Study. Arch Gen Psychiatry; 42: 71–5.

Black DW, Baumgard CH, Bell SE (1995). A 16- to 45-year follow-up of 71 men with antisocial personality disorder. Compr Psychiatry; 36: 130–40.

Blackburn R (1988). On moral judgments and personality disorders: the myth of psychopathic personality revisited. Brit J Psychiatry; 153: 505–12.

Blacker KH, Tupin JP (1991). Hysteria and hysterical structures: developmental and social theories. In: Horowitz MJ (ed). Hysterical Personality. New York: Jason Aronson; 15–66.

Blackwood D, St. Clair D, Kutcher S (1986). P300 event related potential abnormalities in borderline personality disorder. Biol Psychiatry; 21: 560–4.

Blanck G, Blanck R (1974). Ego Psychology. Theory and practice. New York: Columbia University Press.

Blanck G, Blanck R (1979). Ego psychology II: Psychoanalytic developmental psychology. New York: Columbia University Press.

Blashfield RK (1990). An American view of the ICD-10 personality disorders. Acta Psychiatr Scand; 82: 250–6.

Blashfield RK, McElroy T (1987). The 1985 journal literature on the personality disorders. Compr Psychiatry; 28: 536–46.

Blashfield RK, Breen MJ (1989). Face validity of the DSM-III-R personality disorders. Am J Psychiatry; 146: 1575–9.

Blashfield RK, Davis RT (1993). Dependent and histrionic personality disorders. In: Sutker PB, Adams HE (eds). Comprehensive Handbook of Psychopathology. 2nd ed. New York: Plenum; 395–409.

Blazer D, George LK, Landerman R, Pennybacker M, Melville ML, Woodbury M, Manton KG, Jordan K, Locke B (1985). Psychiatric disorders: a rural/urban comparison. Arch Gen Psychiatry; 42: 651–6.

Bleuler E (1911). Dementia praecox oder Gruppe der Schizophrenien. Leipzig, Wien: Deuticke.
Bleuler E (1923). Lehrbuch der Psychiatrie. 4. Aufl. Berlin: Springer.
Bleuler E (1983). Lehrbuch der Psychiatrie. 15. Aufl. Berlin, Heidelberg, New York: Springer.
Blinder M (1966). The hysterical personality. Psychiatry; 29: 227–35.
Blum H (1980). Paranoia and beating phantasy: psychoanalytic theory of paranoia. J Am Psychoanal Assoc; 28: 331–60.
Blum H (1981). Object inconstancy and paranoid conspiracy. J Am Psychoanal Assoc; 29: 789–813.
Blum HP (1994). Paranoid betrayal and jealousy: the loss and restitution of object constancy. In: Oldham JM, Bone S (eds). Paranoia: new psychoanalytic perspectives. Madison, CT: International Universities Press; 97–114.
Bohman M, Cloninger CR, Sigvardsson S, von Knorring A (1982). Predisposition to petty criminality in Swedish adoptees: I. Genetic and environmental heterogeneity. Arch Gen Psychiatry; 39: 1233–41.
Bohman M, Cloninger CR, von Knorring AL, Sigvardsson S (1984). An adoption study of somatoform disorders: III. Cross-fostering analysis and genetic relationship to alcoholism and criminality. Arch Gen Psychiatry; 41: 872–8.
Bohus M, Stieglitz RD, Fiedler P, Berger M (1999). Persönlichkeitsstörungen. In: Berger M, Stieglitz RD (Hrsg). Psychiatrie und Psychotherapie. München, Wien, Baltimore: Urban & Schwarzenberg; 771–845.
Bone S, Oldham M (1994). Paranoia: historical considerations. In: Oldham JM, Bone S (eds). Paranoia: new psychoanalytic perspectives. Madison, CT: International Universities Press; 3–15.
Book HE (1997). Countertransference and the difficult personality-disordered patient. In: Rosenbluth M, Yalom ID (eds). Treating Difficult Personality Disorders. San Francisco, CA: Jossey-Bass Inc; 173–203.
Boothe B (1996). Appell und Kontrolle. Beziehungsmuster in der männlichen Hysterie. In: Seidler GH (Hrsg). Hysterie heute. Metamorphosen eines Paradiesvogels. Stuttgart: Enke; 166–93.
Bornstein RF (1995). Comorbidity of dependent personality disorder and other psychological disorders: an integrative review. J Personal Disord; 9: 286–303.
Bowlby J (1977). The making and breaking of affectional bonds. Br J Psychiatry; 130: 201–10, 421–31.
Bowlby J (1980). Attachment and Loss. Vol. 3: Loss: Sadness and Depression. New York: Basic Books (dt.: Verlust, Trauer und Depression. Frankfurt: Fischer 1983).
Boyer LB (1985). Psychoanalytische Arbeit mit einer Borderline-Patientin. Psyche; 39: 1067–101.
Boyer LB (1987). Psychoanalytic treatment of the borderline disorders today. Contemp Psychoanal; 23: 314–28.
Brenman E (1985). Hysteria. Int J Psychoanal; 66: 423–32.
Bretherton I (1995). Attachment theory and developmental psychopathology (unpublished).
Breuer E (1977). Die Probleme der Schizoidie und der Syntonie. Z ges Neurol Psychiatrie; 78: 375.
Brockmann J (1990). Übertragung und Gegenübertragung in einer therapeutischen Wohngruppe für psychisch kranke junge Menschen. Psychother med Psychol; 40: 22–6.
Brodsky BS, Cloitre M, Dulit RA (1995). Relationship of dissociation to self-mutilation and childhood abuse in borderline personality disorder. Am J Psychiatry; 152: 1788–92.
Bronisch T (1992). Diagnostik von Persönlichkeitsstörungen nach den Kriterien internationaler Klassifikationssysteme. Verhaltenstherapie; 2: 140–50.
Bronisch T (1999). Diagnostik von Persönlichkeitsstörungen. Persönlichkeitsstörungen; 3: 5–15.

Literatur

Bronisch T (2000). Grundsätzliches zur psychotherapeutischen Krisenintervention. In: Bronisch T, Bohus M, Dose M, Reddemann L, Unckel C (Hrsg). Krisenintervention bei Persönlichkeitsstörungen. Stuttgart: Pfeiffer; 26–36.

Bronisch T, Mombour W (1994). Comparison of a diagnostic checklist with a structured interview for the assessment of DSM-III-R and ICD-10 personality disorders. Psychopathology; 27: 312–20.

Bronisch T, Garcia-Borreguero D, Flett S, Wolf R, Hiller W (1992). The Munich Diagnostic Checklist for the assessment of DSM-III-R personality disorders for use in routine clinical care and research. Eur Arch Psychiatry Clin Neurosci; 242: 77–81.

Bronisch T, Bohus M, Dose M, Reddemann L, Unckel C (Hrsg) (2000). Krisenintervention bei Persönlichkeitsstörungen. Stuttgart: Pfeiffer.

Brunswick RM (1928). Die Analyse eines Eifersuchtswahnes. Int Z Psychoanal; 14: 458–507.

Bryer JB, Nelson BA, Miller JB, Krol PA (1987). Childhood sexual and physical abuse as factors in adult psychiatric illness. Am J Psychiatry; 144: 1426–30.

Buchheim P, Dammann G, Clarkin JF, Kernberg OF (1999a). Psychodynamische Psychotherapie von Patienten mit Borderline-Persönlichkeitsstörungen. Persönlichkeitsstörungen; 3: 25–34.

Buchheim P, Dammann G, Martius P, Clarkin JF, Kernberg OF (1999b). Psychodynamische Therapie der Borderline-Persönlichkeit: ein Manual. Persönlichkeitsstörungen; 2: 66–78.

Budman SH, Gurman AS (1988). Theory and Practice of Brief Therapy. New York: Guilford.

Budman SH, Demby A, Soldz S, Merry J (1996). Time-limited group therapy for patients with personality disorders: outcomes and dropouts. Int J Group Psychother; 46: 357–77.

Buie D, Adler G (1982). The definitive treatment of the borderline patient. Int J Psychoanal Psychother; 9: 51–87.

Burnham DL, Gladstone AI, Gibson RW (1969). Schizophrenia and the Need-Fear Dilemma. New York: International Universities Press.

Burns DD, Nolen-Hoeksema S (1992). Therapeutic empathy and recovery from depression in cognitive-behavioral therapy: a structural equation model. J Consult Clin Psychol; 60: 441–9.

Bursten B (1973). Some narcisstistic personality types. Int J Psychoanal; 54: 287–90.

Bursten B (1989). The relationship between narcissistic and antisocial personalities. Psychiatr Clin North Am; 12: 571–84.

Byrne CP, Velamoor VR, Cernovsky ZZ, Cortese L, Losztyn S (1990). A comparison of borderline and schizophrenic patients for childhood life events and parent-child relationships. Can J Psychiatry; 35: 590–5.

Cadoret RJ (1978). Psychopathology in the adopted-away offspring of biologic parents with antisocial behavior. Arch Gen Psychiatry; 35: 176–84.

Cadoret RJ, Cain C (1980). Sex differences in predictions of antisocial behavior. Arch Gen Psychiatry; 37: 1171–5.

Cadoret RJ, Cain C (1981). Environmental and genetic factors in predicting adolescent antisocial behaviors in adoptees. Psychiatr J Univers Ottawa; 6: 220–5.

Cadoret RJ, Stewart MA (1991). An adoption study of attention deficit/hyperactivity/aggression and their relationship to adult antisocial personality. Compr Psychiatry; 32: 73–82.

Cadoret RJ, Cunningham L, Loftus R, Edwards J (1976). Studies of adoptees from psychiatrically disturbed biological parents: III. Medical symptoms and illness in childhood and adolescence. Am J Psychiatry; 133: 1316–8.

Cadoret RJ, Troughton E, O'Gorman TW, Heywood E (1986). An adoption study of genetic and environmental factors in drug abuse. Arch Gen Psychiatry; 43: 1131–6.

Cadoret RJ, Troughton E, O'Gorman TW (1987). Genetic and environmental factors in alcohol abuse and antisocial personality. J Studies Alcohol; 48: 1–8.

Cadoret RJ, Troughton E, Bagford J, Woodworth G (1990). Genetic and environmental factors in adoptee antisocial personality. Eur Arch Psychiatry Neurol Sci; 239: 231–40.
Cameron N (1963). Personality Development and Psychopathology. Boston: Houghton Mifflin Company.
Cappe RF, Alden LE (1986). A comparison of treatment strategies for clients functionally impaired by extreme shyness and social avoidance. J Cons Clin Psychol; 54: 796–801.
Carr AC (1987). Borderline defenses and Rorschach responses: a critique of Lerner, Albert, and Walsh. J Personal Assess; 51: 349–54.
Carroll B, Greden J, Feinberg M, Lobt N, Jaines N, Streiner M, Haskett R, Albala A, DeVigne J, Tarika J (1981). Neuroendocrine evaluation of depression in borderline patients. Psychiatr Clini North Am; 4: 89–99.
Cattell RB (ed) (1966). Handbook of Multi-variate Experimental Psychology. Chicago: McNally.
Chambless DL, Renneberg B, Goldstein A, Gracely EJ (1992). MCMI-diagnosed personality disorders among agoraphobic outpatients: prevalence and relationship to severity and treatment outcome. J Anxiety Disord; 6: 193–211.
Chessick RD (1972). Externalization and existential anguish in the borderline patient. Arch Gen Psychiatry; 27: 764–70.
Chodoff P (1974). The diagnosis of hysteria: an overview. Am Psychoanal Assoc; 21: 61–70.
Chodoff P (1978). Psychotherapy of the hysterical personality disorder. J Am Aca Psychoanal; 6: 497–510.
Chodoff P (1982). Hystera and women. Am J Psychiatry; 139: 545–51.
Chodoff P (1989). Histrionic personality. In: American Psychiatric Association (ed). Treatment of Psychiatric Disorders. Vol. 3. Washington, DC: American Psychiatric Association; 2727–36.
Chodoff P, Lyons H (1958). Hysteria, the hysterical personality and "hysterical" conversion. Am J Psychiatry; 114: 734–40.
Clark KR (1996a). The beginning phases of treatment of the schizoid disorder of the self: a developmental, self, and object relations perspective. In: Edward J, Sanville JB (eds). Fostering Healing and Growth: a psychoanalytic social work approach. Northvale, NJ: Aronson Inc; 125–51.
Clark KR (1996b). The nowhere (wo)man: an example of the defensive use of emptiness in a patient with a schizoid disorder of the self. Clin Soc Work J; 24: 153–66.
Clark LP (1933). Treatment of narcissistic neuroses and psychoses. Psychoanal Rev; 20: 3.
Clarkin JF, Hull JW, Yeomans F, Kakuma T, Cantor J (1994). Antisocial traits as modifiers of treatment response in borderline inpatients. J Psychother Practice Res; 3: 307–12.
Clarkin JF, Yeomans F, Kernberg OF (2001). Psychotherapie der Borderline-Persönlichkeit. Manual zur psychodynamischen Therapie. Stuttgart, New York: Schattauer.
Cleckley H (1941). The Mask of Sanity: an attempt to clarify some issues about the so called psychopathic personality. 5th ed. St. Louis: Mosby 1976.
Clifford CA, Murray RM, Fulker DW (1980). Genetic and environmental influences of obsessional traits and symptoms. Psychol Med; 14: 791–800.
Cloninger CR (1987). A systematic method for clinical description and classification of personality variants. Arch Gen Psychiatry; 44: 573–88.
Cloninger CR, Guze SB (1970). Psychiatric illness and female criminality: the role of sociopathic and hysteria in antisocial women. Am J Psychiatry; 127: 303–11.
Cloninger CR, Guze SB (1975). Hysteria and parental psychiatric illness. Psychol Med; 5: 27–31.
Cloninger CR, Reich T, Guze SB (1975). The multifactorial model of disease transmission: III. Familial relationship between sociopathy and hysteria (Briquets syndrome). Brit J Psychiatry; 127: 23–32.

Literatur

Cloninger CR, Reich T, Guze SB (1978). Genetic-environmental interactions and antisocial behavior. In: Hare RD, Schalling D (eds). Psychopathic Behaviour: approaches to research. New York: Wiley; 225–37.

Cloninger CR, Sigvardsson S, Bohman M, von Knorring AL (1982). Predisposition to petty criminality in Swedish adoptees: II. Cross-fostering analysis of gene-environment interaction. Arch Gen Psychiatry; 39: 1242–7.

Coccaro EF, Kavoussi RJ (1997). Fluoxetine and impulsive aggressive behavior in personality-disordered subjects. Arch Gen Psychiatry; 54: 1081–8.

Cole J, Salomon M, Gunderson J, Sunderland R, Simmonds P (1984). Drug therapy in borderline patients. Compr Psychiatry; 25: 249–54.

Comtois KA, Chochran BN, Linehan M (2000). Die verhaltenstherapeutische Behandlung der Borderline-Persönlichkeitsstörung. In: Kernberg OF, Dulz B, Sachsse U (Hrsg). Handbuch der Borderline-Störungen. Stuttgart, New York: Schattauer; 573–94.

Cornelius J, Soloff PH, Perel JM, Ulrich RF (1993). Continuation pharmacotherapy of borderline personality disorder with haloperidol and phenelzine. Am J Psychiatry; 150: 1843–8.

Costa PT, Widiger TA (eds) (1990). Personality Disorder and the Five-factor Model of Personality. Washington, DC: American Psychiatric Association.

Cowdry RW, Gardner DL (1988). Pharmacotherapy of borderline personality disorder. Alprazolam, carbamazepine, trifluoperazine, and tranylcypromine. Arch Gen Psychiatry; 45: 111–9.

Cowen PJ (1990). Personality disorders: are drugs useful? In: Hawton K, Cowen PJ (eds). Dilemmas and Difficulties in the Management of Psychiatric Disorders. Oxford, New York, Tokyo: Oxford University Press (Oxford Medical Publications); 105–16.

Craft M, Ismail IA, Krishnamurti D, Mathews D, Regan A, Seth RV, North PM (1987). Lithium in the treatment of aggression in mentally handicapped patients: a double-blind trial. Br J Psychiatry; 150: 685–9.

Csef H (1993). Neuere Entwicklungen in der psychoanalytischen Behandlungstechnik der Zwangsstörung. Prax Klin Verh Med Rehab; 26: 70–6.

Dahl AA (1986). Some aspects of the DSM-III personality disorders illustrated by a consecutive sample of hospitalized patients. Acta Psychiatr Scand; 73, Suppl 328: 61–7.

Daltito JA, Perugi G (1988). A case of social phobia with avoidant personality disorder treated with MAOI. Compr Psychiatry; 27: 255–8.

Dammann G, Clarkin JF, Kächele H (2000). Psychotherapieforschung und Borderline-Störung. In: Kernberg OF, Dulz B, Sachsse U (Hrsg). Handbuch der Borderline-Störungen. Stuttgart, New York: Schattauer; 701–30.

Davanloo H (1980). Short-Term Psychotherapy. New York: Jason Aronson.

Davis G, Akiskal H (1986). Descriptive, biological, and theoretical aspects of borderline personality disorder. Hosp Community. Psychiatry; 37: 685–92.

Davis JM, Janicak PG, Ayd FJ (1995). Psychopharmacotherapy of the personality-disordered patient. Psychiatr Ann; 25: 614–20.

Dawson D (1988). Treatment of the borderline patient: relationship management. Can J Psychiatry; 33: 370–4.

Dawson D (1996a). The script is already written: system responses to patients with personality disorders. In: Links PS (ed). Clinical Assessment and Management of Severe Personality Disorders. Washington, DC: American Psychiatric Press; 147–60.

Dawson D (1996b). The therapeutic relationship. In: Links PS (ed). Clinical Assessment and Management of Severe Personality Disorders. Washington, DC: American Psychiatric Press; 161–74.

DeBerry ST (1989). Schizoid phenomena, psychobiology, and psychiatric paradigms: a proposed integrative model. J Contemp Psychother; 19: 81–107.

Degkwitz R, Helmchen H (Hrsg) (1980). Diagnosenschlüssel und Glossar psychischer Krankheiten. 5. Aufl. Berlin, Heidelberg, New York: Springer.
Deneke FW, Hilgenstock B (1989). Das Narzissmusinventar. Bern: Huber.
Deutsch H (1942). Some forms of emotional disturbance and their relationship to schizophrenia. Psychoanal Q; 11: 301–21.
Deutsch H (1965). Neuroses and character types. New York: International Universities Press.
Diguer L, Barber JP, Luborsky L (1993). Three concomitants: personality disorders, psychiatry severity, and outcome of dynamic psychotherapy of major depression. Am J Psychiatry; 150: 1246–8.
Dilling H, Mombour W, Schmidt MH, Schulte-Markwort E (Hrsg) (1994). Internationale Klassifikation psychischer Störungen. ICD-10. Bern, Göttingen, Toronto: Huber.
Dilling H, Mombour W, Schmidt MH (Hrsg) (2000a). Internationale Klassifikation psychischer Störungen. ICD-10. Klinisch-diagnostische Leitlinien. 4. Aufl. Bern, Göttingen, Toronto: Huber.
Dilling H, Mombour W, Schmidt MH, Schulte-Markwort E (Hrsg) (2000b). Internationale Klassifikation psychischer Störungen: ICD-10. 2., korrig. und ergänzte Aufl. Bern, Göttingen, Toronto: Huber.
DIMDI (Hrsg) (1994). ICD-10. Internationale statistische Klassifikation der Krankheiten und verwandter Gesundheitsprobleme. 10., rev. Bd. 1: Systematisches Verzeichnis. München, Wien, Baltimore: Urban & Schwarzenberg.
Dolan B, Evans C, Norton K (1995). Multiple axis II diagnoses of personality disorder. Br J Psychiatry; 166: 107–12.
Drake RE, Vaillant GE (1985). A validity study of axis II of DSM-III. Am J Psychiatry; 142: 553–8.
Dubo ED, Zanarini MC, Lewis RE, Williams AA (1996). Childhood antecedents of self-destructiveness in borderline personality disorder. Can J Psychiatry; 42: 63–9.
Dubro A, Wetzler S, Kahn M (1988). A comparison of three self-report questionnaires for the diagnosis of DSM-III personality disorders. J Personal Disord; 2: 256–66.
Duke MP, Nowicki S (1982). A social learning theory analysis of interactional theory concepts and a multidimensional model of human interaction constellations. In: Anchin JC, Kiesler DJ (eds). Handbook of Interpersonal Psychotherapy. New York: Pergamon; 78–94.
Dulz B (1994). Pharmakotherapie bei Borderlinestörungen. Eine Literaturübersicht. Nervenarzt; 65: 755–61.
Dulz B (1997). Zur medikamentösen Behandlung von Borderline-Störungen. In: Buchheim PC (Hrsg). Psychotherapie und Psychopharmaka. Stuttgart, New York: Schattauer; 169–85.
Dulz B (2000). Der Formenkreis der Borderline-Störungen: Versuch einer deskriptiven Systematik. In: Kernberg OF, Dulz B, Sachsse U (Hrsg). Handbuch der Borderline-Störungen. Stuttgart, New York: Schattauer; 57–74.
Dulz B, Schneider A (1995). Borderline-Störungen. Theorie und Therapie. Stuttgart, New York: Schattauer.
Dulz B, Jensen M (1997). Vom Trauma zur Aggression – von der Aggression zur Delinquenz. Einige Überlegungen zu Borderline-Störungen. Persönlichkeitsstörungen; 1: 189–98.
Dulz B, Schreyer D (1997). Probleme bei der Bearbeitung von Inzesterlebnissen von Borderline-Patienten. Psychiatr Prax; 24: 265–9.
Dulz B, Nadolny A (1998). Opfer als Täter – ein Dilemma des Therapeuten. Persönlichkeitsstörungen; 2: 36–42.
Dulz B, Jensen M (2000). Aspekte einer Traumaätiologie: psychodynamische Überlegungen und empirische Daten. In: Kernberg OF, Dulz B, Sachsse U (Hrsg). Handbuch der Borderline-Störungen. Stuttgart, New York: Schattauer; 167–93.

Literatur

Dulz B, Schreyer D, Nadolny A (2000). Stationäre Psychotherapie: von haltender Funktion, technischer Neutralität und persönlicher Sympathie. In: Kernberg OF, Dulz B, Sachsse U (Hrsg). Handbuch der Borderline-Störungen. Stuttgart, New York: Schattauer; 483–504.

Dumas JE, Wahler RG (1985). Indiscriminate mothering as a contextual factor in aggressive-oppositional child behavior: "Damned if you do, damned if you don't." J Abnorm Child Psychol; 13: 1–17.

Eagly AH, Steffen VJ (1985). Gender and aggressive behavior: a meta-analytic review of the social psychological literature. Psychol Bull; 100: 309–30.

Easser BR, Lesser SR (1965). Hysterical personality: a re-evaluation. Psychoanal Q; 34: 390–405.

Eckert J, Biermann-Ratjen EM (2000). Gesprächspsychotherapie nach Rogers – Prinzipien einer klientenzentrierten Behandlung von Patienten mit Borderline-Persönlichkeitsstörung. In: Kernberg OF, Dulz B, Sachsse U (Hrsg). Handbuch der Borderline-Störungen. Stuttgart, New York: Schattauer; 595–611.

Eckert J, Brodbeck D, Jürgens R, Landerschier N, Reinhardt F (1997). Borderline-Persönlichkeitsstörung und Straffälligkeit – Warum sind Borderline-Patienten meistens weiblich? Persönlichkeitsstörungen; 1: 181–8.

Eckert J, Biermann-Ratjen EM, Wuchner M (2000). Die langfristigen Veränderungen der Borderline-Symptomatik bei Patienten nach klientenzentrierter Gruppenpsychotherapie. Psychother Psychosom Med Psychol; 50: 140–6.

Eckhardt-Henn A, Hoffmann SO (2000). Zur psychodynamischen/psychoanalytischen Therapie der Histrionischen Persönlichkeitsstörung. Persönlichkeitsstörungen; 4: 160–7.

Edgecumbe R, Bugner M (1975). The phallic-narcissistic phase. A differentiation between pre-oedipal and oedipal aspects of phallic development. Psychoanal Study Child; 30: 161–79.

Egle UT, Hoffmann SO, Joraschky P (Hrsg) (1997). Sexueller Mißbrauch, Mißhandlung, Vernachlässigung. Stuttgart, New York: Schattauer.

Eichelman B (1988). Toward a rational pharmacotherapy for aggressive and violent behavior. Hosp Comm Psychiatry; 39: 31–9.

Eichelman B (1992). Aggressive behavior: from laboratory to clinic. Arch Gen Psychiatry; 49: 488–92.

Eichelman B, Hartwig A (1993). The clinical psychopharmacology of violence. Psychopharmacol Bull; 29: 57–63.

Elhardt S (1990). Tiefenpsychologie. Eine Einführung. 12. Aufl. Stuttgart, Berlin, Köln: Kohlhammer.

Ellis H (1898). Auto-Erotism: a psychological study. Alienist & Neurologist; 19: 260–99.

Ellis H (1900). Geschlechtstrieb und Schamgefühl. Leipzig: Verlag Georg H. Wiegand.

Erikson EH (1950). Childhood and Society. New York: Norton.

Erikson EH (1956). Das Problem der Identität. Psyche; 10: 114–76.

Esman AH (1986). Dependent and passive-aggressive personality disorders. In: Cooper AM, Frances AJ, Sacks MH (eds). The Personality Disorders and Neuroses. New York: Basic Books; 283–90.

Eysenck HJ (1967). The Biological Basis of Personality. Springfield: Thomas.

Fahy TA, Eissler I, Russel GFM (1993). Personality disorder and treatment response in bulimia nervosa. Br J Psychiatry; 162: 765–70.

Fairbairn WRD (1940). Schizoid factors in the personality. In: Fairbairn WRD (ed). Psychoanalytic Studies of the Personality. London: Tavistock.

Falret J (1890). Etudes Cliniques sur les Maladies Mentales. Paris: Baillière.

Farrington DP, West DJ (1990). The Cambridge study in delinquent development: a long-term follow-up of 411 London males. In: Kerner HJ, Kaiser G (Hrsg). Kriminalität, Lebensgeschichte und Verhalten. Berlin, Heidelberg, New York: Springer; 115–38.

Farrington DP, Lambert S, West DJ (1998). Criminal careers of two generations of family members in the Cambridge Study in Delinquent development. Studies on Crime and Crime Prevention; 7: 85–106.
Federn P (1952). Ego Psychology and the Psychoses. New York: Basic Books.
Felber W (1989). Wurzeln des Narzissmus in Geschichte und Literatur. Der Sensationssuizid des Peregrinus Proteus zu den Spielen der 236. Olympiade. Suizidprophylaxe; 16: 167–72.
Fenichel O (1931a). Hysterien und Zwangsneurosen. Bd. 3. Darmstadt: Wissenschaftliche Buchgesellschaft 1974; 153–74.
Fenichel O (1931b). Perversionen, Psychosen, Charakterstörungen. Psychoanalytische spezielle Neurosenlehre. Wien: Internationaler Psychoanalytischer Verlag (Nachdruck Darmstadt: Wissenschaftliche Buchgesellschaft 1992).
Fenichel O (1945). Psychoanalytische Neurosenlehre. Olten: Walter.
Ferenczi S (1919). Hysterische Materialisationsphänomene. In: Schriften zur Psychoanalyse. Bd. 2. Frankfurt a. M.: Fischer 1972: 11–24.
Fernbach BE, Winstead BA, Derlega VJ (1989). Sex differences in diagnosis and treatment recommendations for antisocial personality and somatization disorders. J Soc Clin Psychol; 8: 238–55.
Fiedler P (1994). Persönlichkeitsstörungen. Weinheim: Psychologie Verlags Union.
Fiedler P (1995). Persönlichkeitsstörungen. 2. Aufl. Weinheim: Psychologie Verlags Union.
Fiedler P (1997). Persönlichkeitsstörungen. 3., aktualisierte Aufl. Weinheim: Beltz.
Fiedler P (1999). Differentielle Indikation und differentielle Psychotherapie bei Persönlichkeitsstörungen. In: Saß H, Herpertz S (Hrsg). Psychotherapie von Persönlichkeitsstörungen. Beiträge zu einem schulenübergreifenden Vorgehen. Stuttgart: Thieme: 63–73.
Fiedler P (2000). Integrative Psychotherapie bei Persönlichkeitsstörungen. Göttingen, Bern, Berlin, Toronto, Seattle: Hogrefe.
Fiorot M, Boswell P, Murray EJ (1990). Personality and response to psychotherapy in depressed women. Behavior Health Ageing; 1: 51–63.
Flatten G, Hofmann A, Liebermann P, Siol T, Wöller W, Petzold E (Hrsg) (2001). Posttraumatische Belastungsstörung. Leitlinie der AWMF und Quellentext. Stuttgart: Schattauer.
Flegenheimer W (1989). Brief psychotherapy. In: Howells JG (ed). Modern Perspectives in Psychiatry of the neuroses. New York: Brunner & Mazel; 286–94.
Fleming B (1996). Kognitiv-verhaltenstherapeutische Behandlung der histrionischen Persönlichkeitsstörung. In: Schmitz B, Fydrich T, Limbacher K (Hrsg). Persönlichkeitsstörungen: Diagnostik und Psychotherapie. Weinheim: Beltz; 2119–243.
Fonagy P, Steele M, Steele H, Leigh T, Kennedy R, Mattoon G, Target M (1995). Attachment, the reflective self, and borderline states: the predictive specificity of the Adult Attachment Interview and pathological emotional development. In: Goldberg S, Muir R, Kerr J (eds). Attachment Theory: Social, Developmental, and Clinical Perspectives. Hillsdale: Analytic Press; 233–78.
Fonagy P, Leigh T, Steele M, Steele H, Kennedy R, Mattoon G, Target M, Gerber A (1996). The relation of attachment status, psychiatric classification, and response to psychotherapy. J Cons Clin Psychol; 64: 22–31.
Ford MR, Widiger TA (1989). Sex bias in the diagnosis of histrionic and antisocial personality disorders. J Consult Clin Psychol; 57: 301–5.
Frances AJ (1980). The DSM-III personality disorders section: a commentary. Am J Psychiatry; 137: 1050–4.
Frances AJ (1988). Dependency and attachment. J Personal Disord; 2: 125.
Frances AJ, Nemiah JC (1983). Treatment planning: which psychodynamic therapy for a painfully shy patient? Hosp Comm Psychiatry; 34: 1111–7.

Literatur

Frances AJ, Katz SE (1986). Treating a young woman with a mix of affective and personality disorders. Hospit Comm Psychiatry; 37: 331–3.

Frances AJ, Widinger T (1986). The classification of personality disorders: an overview of problems and solutions. In: Frances AJ, Hales RE (eds). Psychiatry Update: The American Psychiatric Association Annal Review. Vol. 5. Washington, DC: The American Psychiatric Press; 240–57.

Frances AJ, Clarkin J, Gilmore M, Hurt S, Brown R (1984). Reliability of criteria for borderline disorder: a comparison of DSM-III and the Diagnostic Interview for Borderlines. Am J Psychiatry; 141: 1080–4.

Frances AJ, Widiger TA, Sabshin M (1991). Psychiatric diagnosis and normality. In: Offer D, Sabshin M (eds). The Diversity of Normal Behavior. New York: Basic Books; 3–38.

Freeman A (1994). Kognitive Verhaltenstherapie bei Persönlichkeitsstörungen. In: Hautzinger M (Hrsg). Kognitive Verhaltenstherapie bei psychischen Erkrankungen. München: Quintessenz; 219–42.

Freud S (1894). Die Abwehr-Neuropsychosen – Versuch einer psychologischen Theorie der akquirierten Hysterie, vieler Phobien und Zwangsvorstellungen und gewisser halluzinatorischer Psychosen. GW I. Frankfurt a. M.: Fischer.

Freud S (1895). Studien über Hysterie (zusammen mit Josef Breuer). GW I. Frankfurt a. M.: Fischer.

Freud S (1905a). Bruchstück einer Hysterie-Analyse. GW V. Frankfurt a. M.: Fischer.

Freud S (1905b). Drei Abhandlungen zur Sexualtheorie. GW V. Frankfurt a. M.: Fischer.

Freud S (1908). Charakter und Analerotik. GW VII. Frankfurt a. M.: Fischer.

Freud S (1908). Hysterische Phantasien und ihre Beziehung zur Bisexualität. GW VII. Frankfurt a. M.: Fischer.

Freud S (1911). Psychoanalytische Bemerkungen über einen autobiographisch beschriebenen Fall von Paranoia (Dementia paranoides). GW VIII. Frankfurt a. M.: Fischer.

Freud S (1913). Zur Einleitung der Behandlung. GW VIII. Frankfurt a. M.: Fischer.

Freud S (1914). Zur Einführung des Narzißmus. GW X. Frankfurt a. M.: Fischer.

Freud S (1915). Die Verbrecher aus Schuldbewußtsein. GW X. Frankfurt a. M.: Fischer.

Freud S (1916). Einige Charaktertypen aus der psychoanalytischen Arbeit. GW X. Frankfurt a. M.: Fischer.

Freud S (1916/17). Vorlesungen zur Einführung in die Psychoanalyse. GW XI. Frankfurt a. M.: Fischer.

Freud S (1919). Ein Kind wird geschlagen. GW XII. Frankfurt a. M.: Fischer.

Freud S (1922). Über einige neurotische Mechanismen bei Eifersucht, Paranoia und Homosexualität. GW XIII. Frankfurt a. M.: Fischer.

Freud S (1923). Das Ich und das Es. GW XIII. Frankfurt a. M.: Fischer.

Freud S (1924). Der Realitätsverlust bei Neurose und Psychose. GW XIII. Frankfurt a. M.: Fischer.

Freud S (1926). Hemmung, Symptom und Angst. GW XIII. Frankfurt a. M.: Fischer.

Freud S (1931). Über libidinöse Typen. GW XIV. Frankfurt a. M.: Fischer.

Frick PJ, Kuper K, Silverthorn P, Cotter M (1995). Antisocial behavior, somatization, and sensation-seeking behavior in mothers of clinic-referred children. J Am Acad Child Adolesc Psychiatry; 34: 805–12.

Friedlander K (1945). The formation of antisocial character. Psychoanal Study Child; 1: 189–204.

Friedman RC, Aronoff MS, Clarkin JF, Corn R (1983). History of suicidal behaviour in depressed borderline inpatients. Am J Psychiatry; 1023–6.

Friedman S, Jones JC, Chernen L, Barlow DH (1992). Suicidal ideation and suicide attempts among patients with panic disorder: a survey of two outpatient clinics. Am J Psychiatry; 149: 680–5.

Fries JF (1820). Handbuch der psychischen Anthropologie. Aalen: Scientia.
Frommer J (1994). Qualitative Diagnostikforschung in Psychopathologie und Psychotherapie. In: Hoefert HW, Klotter C (Hrsg). Neue Wege der Psychologie. Eine Wissenschaft in der Veränderung. Heidelberg: Asanger: 131–58.
Frosch J (1964). The psychotic character: clinical psychiatric considerations. Psychiatr Q; 38: 1–16.
Frosch J (1988a). Psychotic character versus borderline (I). Int J Psychoanal; 69: 347–57.
Frosch J (1988b). Psychotic character versus borderline (II). Int J Psychoanal; 69: 445–56.
Fuller AK, Blashfield RK (1989). Masochistic personality disorder: a prototype analysis of diagnosis and sex bias. J Nerv Ment Dis; 177: 168–72.
Fulton M, Winokur G (1993). A comparative study of paranoid and schizoid personality disorders. Am J Psychiatry; 150: 1363–7.
Funtowicz MN, Widiger TA (1999). Sex bias in the diagnosis of personality disorders: an evaluation of the DSM-IV criteria. J Abnorm Psychology; 108: 195–201.
Fydrich T, Schmitz B (1994). Persönlichkeitsstörungen: Beiträge zur Diagnostik, Prävalenz und Validität. Heidelberg: Psychologisches Institut der Universität (zur Veröffentlichung eingereichtes Manuskript).
Fydrich T, Schmitz B, Dietrich G, Heinicke S, König J (1996). Prävalenz und Komorbidität von Persönlichkeitsstörungen. In: Schmitz B, Fydrich T, Limbacher K (Hrsg). Persönlichkeitsstörungen: Diagnostik und Psychotherapie. Weinheim: Beltz Psychologie Verlags Union; 56–90.
Fyer M, Frances A, Sullivan T, Hurt S, Clarkin J (1988). Comorbidity of borderline personality disorder. Arch Gen Psychiatry; 45: 348–52.
Gabbard GO (1985). The role of compulsiveness in the normal physician. JAMA; 254: 2926–9.
Gabbard GO (1989). Two subtypes of narcissistic personality disorder. Bull Menn Clinic; 53: 527–32.
Gabbard GO (1990). Psychodynamic Psychiatry in Clinical Practice. Washington, DC, London: American Psychiatric Press.
Gabbard GO (1994). Psychodynamic Psychiatry in Clinical Practice. The DSM-IV Edition. 2nd ed. Washington, DC, London: American Psychiatric Press.
Gabbard GO, Coyne L (1987). Predictors of response of antisocial patients to hospital treatment. Hosp Comm Psychiatry; 38, 1181–5.
Gacono CB, Meloy JR (1991). A Rorschach investigation of attachment and anxiety in antisocial personality disorder. J Nerv Ment Dis; 179: 546–52.
Gacono CB, Meloy JR (1992). The Rorschach and the DSM-III-R antisocial personality: a tribute to Robert Lindner. J Clin Psychol; 48: 393–406.
Garb HN (1995). Sex bias and the diagnosis of borderline personality disorder. Profess Psychol; 26: 526.
Garbutt J, Loosen R, Tipermas A, Prange A (1983). The TRH test in patients with borderline personality disorder. Psychiatry Res; 9: 107–13.
Garbutt J, Loosen R, Glenn M (1987). Lack of effect of dopamine receptor blockade on the TRH response to TRH in borderline personality disorder. Psychiatry Res; 21: 307–11.
Gardner D, Cowdry R (1985). Suicidal and parasuicidal behavior in borderline personality disorder. Psychiatr Clin North Am; 8: 389–403.
Gardner D, Cowdry R (1986). Positive effects of carbamazepine on behavioral dyscontrol in borderline personality disorder. Am J Psychiatry; 143: 519–22.
Gerstley LJ, Alterman AI, McLellan AT, Woody GE (1990). Antisocial personality disorder in patients with substance abuse disorders: a problematic diagnosis? Am J Psychiatry; 147: 173–8.
Giovacchini PL (1978). Discussion. In: Masterson JF (ed). New Perspectives on Psychotherapy of the Borderline Adult. New York: Brunner & Mazel; 107–9.

Literatur

Gitlin MJ (1993). Pharmacotherapy of personality disorders: conceptual framework and clinical strategies. J Clin Psychopharmacol; 13: 343–53.

Glassman M (1988). Kernberg and Kohut: a test of competing psychoanalytic models of narcissism. J Am Psychoanal Assoc; 36: 597–625.

Glover E (1925). Notes on oral character formation. Int J Psa; 6: 131–54.

Glover E (1960). The Roots of Crime. London: Imago Publ.

Goldman SJ, D'Angelo EJ, DeMaso DR, Mezzacappa E (1992). Physical and sexual abuse histories among children with borderline personality disorder. Am J Psychiatry; 149: 1723–6.

Golomb M, Fava M, Abraham M, Rosenbaum JF (1995). Gender differences in personality disorders. Am J Psychiatry; 152: 579–82.

Göppinger H (1980). Kriminologie. 4. Aufl. München: Beck.

Göppinger H (1983). Der Täter in seinen sozialen Bezügen. Berlin, Heidelberg, New York: Springer.

Gorenstein EE (1982). Frontal lobe functions in psychopaths. J Abnorm Psychol; 91: 368–79.

Gorenstein EE, Newman JP (1980). Disinhibitory psychopathology: a new perspective and a model for research. Psychol Rev; 87: 301–15.

Gove WR (1984). Gender differences in mental and physical illness: the effects of fixed roles and nurturant roles. Soc Sci Med; 19: 77–91.

Grande TR, Wolf AW, Schubert DSR, Patterson MB, Brocco K (1984). Associations among alcoholism, drug abuse, and antisocial personality: a review of the literature. Psychol Rep; 55: 455–74.

Gray JA (1982). The neuropsychology of anxiety: an enquiry into the functions of the septo-hippocampal system. Oxford: Clarendon.

Gray JA (1983). Anxiety, personality, and the brain. In: Gale A, Edwards JA (eds). Physiological Correlates of Human Behavior: individual differences and psychopathology. New York: Academic; 31–43.

Green A (1976). Die Hysterie. In: Eicke D (Hrsg). Die Psychologie des 20. Jahrhunderts. München: Kindler; 623–51.

Greenberg RP, Bornstein RF (1988). The dependent personality: risk for psychological disorders. J Personal Disord; 2: 136–43.

Greene LR (1990). Relationships among semantic differential change measures of splitting, self-fragmentation, and object relations in borderline psychopathology. Br J Med Psychol; 63: 21–32.

Greene LR (1993). Primitive defenses and the borderline patient's perceptions of the psychiatric treatment team. Psychoanal Psychol; 10: 533–49.

Grinker RR, Werble B, Drye RC (1968). The Borderline Syndrome: a behavioral study of ego functions. New York: Basic Books.

Groopman LC, Cooper AM (1995). Narcissistic Personality Disorder. In: Gabbard GO (ed). Treatment of Psychiatric Disorders. Washington, DC, London: American Psychiatric Press; 2327–43.

Grotstein JS (1977). The psychoanalytic concept of schizophrenia I: the dilemma. Int J Psychoanal; 58: 403–25.

Group for Advancement of Psychiatry (1987). Interactive Fit: a guide to nonpsychotic chronic patients. New York: Brunner & Mazel.

Grunhaus L, King D, Greden J, Flegel P (1985). Depression and panic in patients with borderline personality disorder. Biol Psychiatry; 20: 688–92.

Guilford JP (1959). Personality. New York: McGraw-Hill.

Gunderson JG (1983). DSM-III diagnoses of personality disorders. In: Frosch JP (ed). Current Perspectives on Personality Disorders. Washington, DC: American Psychiatric Press; 20–39.

Gunderson JG (1984). Borderline Personality Disorder. Washington, DC: American Psychiatric Press.
Gunderson JG (1987). Interfaces between psychoanalytic and empirical studies of borderline personality. In: Grotstein J, Solomon M, Lang J (eds). The Borderline Patient. Vol. 1. Hillsdale, NJ: Analytic Press; 37–59.
Gunderson JG (1988). Personality disorders. In: Nicholi AM (ed). The New Harvard Guide to Psychiatry. Cambridge, MA: Belknap Press of Harvard University Press; 337–67.
Gunderson JG (1996). Personality disorders. In: Widiger T, Frances AJ. DSM-IV-Sourcebook. Vol. II. Washington, DC: American Psychiatric Association; 647–64.
Gunderson JG, Singer MT (1975). Defining borderline patients: an overview. Am J Psychiatry; 132: 1–10.
Gunderson JG, Zanarini M (1989). Pathogenesis of borderline personality. In: Tasman A, Hales R, Frances AJ (eds). Review of Psychiatry. Vol. 8. Washington, DC: American Psychiatric Press; 25–48.
Gunderson JG, Chu JA (1993). Treatment implications of past trauma in borderline personality disorder and depression. Harvard Rev Psychiatry; 1: 75–81.
Gunderson JG, Links P (1995). Borderline Personality Disorder. In: Gabbard GO (ed). Treatment of Psychiatric Disorders. Washington, DC, London: American Psychiatric Press; 2291–309.
Gunderson JG, Carpenter WT, Strauss JS (1975). Borderline and schizophrenic patients: a comparative study. Am J Psychiatry; 132: 1257–64.
Gunderson JG, Kolb JE, Austin O (1981). The Diagnostic Interview for Borderline Patients. Am J Psychiatry; 138: 896–903.
Gunderson JG, Frank AF, Ronningstam EF, Wachter S, Lynch VJ, Wolf PJ (1989). Early discontinuance of borderline patients from psychotherapy. J Nerv Ment Dis; 177: 38–42.
Gunderson JG, Ronningstam E, Bodkin A (1990). The diagnostic interview for narcissistic patients. Arch Gen Psychiatry; 47: 676–80.
Gunderson JG, Ronningstam E, Smith LE (1991). Narcissistic Personality Disorder: a review of data on DSM-III-R descriptions. J Personal Disord; 5: 167–77.
Gunderson JG, Ronningstam E, Smith LE (1996). Narcissistic Personality Disorder. In: Widiger T, Frances AJ. DSM-IV-Sourcebook. Vol. II. A. Washington, DC: American Psychiatric Association; 745–56.
Guntrip H (1969). Schizoid Phenomena, Object Relations, and the Self. New York: International University Press.
Haas S (1997). Pharmakotherapie bei Persönlichkeitsstörungen. In: Hartwich P, Haas S, Maurer K, Pflug B (Hrsg). Persönlichkeitsstörungen: Psychotherapie und Pharmakotherapie. Berlin: Verlag Wissenschaft & Praxis; 67–88.
Häfner H (1991). Sind psychogene Erkrankungen seltener geworden? In: Häfner H (Hrsg). Psychiatrie: Ein Lesebuch für Fortgeschrittene. Jena: Gustav Fischer; 24–44.
Hamilton S, Rothbart M, Dawes RM (1986). Sex bias, diagnosis, and DSM-III. Sex Roles; 15: 269–74.
Hardy GE, Barkham M, Shapiro DA, Stiles WB, Rees A, Reynolds S (1995). Impact of cluster C personality disorders on outcome of contrasting brief psychotherapies for depression. J Clin Consult Psychol; 63: 997–1004.
Hare RD (1980). The assessment of psychopathy in criminal populations. Personal Indiv Diff; 1: 111–9.
Hare RD (1984). Performance of psychopaths on cognitive tasks related to frontal lobe function. J Abnorm Psychol; 93: 133–40.
Hare RD (1985). Comparison of procedures for the assessment of psychopathy. J Consult Clin Psychol; 53: 7–16.

Literatur

Hare RD (1991). The Hare Psychopathy Checklist-Revised. Toronto: Multi-Health Systems.

Hare RD, Hart SD, Harpur TJ (1991). Psychopathy and the DSM-IV criteria for antisocial personality disorder. Special issue. Diagnoses, dimensions, and DSM-IV: the science of classification. J Abnorm Psychol; 100: 391–8.

Hart SD, Hare RD (1989). Discriminant validity of the Psychopathy Checklist in a forensic psychiatric population. Psychological Assessment. Am J Consult Clin Psychol; 1: 211–8.

Hartkamp N (1997). Psychoanalytische Therapie: Ergebnisse und Prozesse – Was wissen wir, wonach müssen wir fragen? In: Tschuschke V, Heckrath C, Tress W (Hrsg). Zwischen Konfusion und Makulatur. Zum Wert der Berner Psychotherapie-Studie von Grawe, Donati und Bernauer. Göttingen: Vandenhoeck & Ruprecht; 106–24.

Hartkamp N, Heigl-Evers A (1988). Übergangsobjekt und Selbstobjekt. Versuch einer begrifflichen Klärung. Forum Psychoanal; 4: 103–15.

Hartmann H (1950). Bemerkungen zur psychoanalytischen Theorie des Ichs. In: Hartmann H (1972). Ich-Psychologie. Studien zur psychoanalytischen Theorie. Stuttgart: Ernst Klett-Verlag; 119–44.

Hartouni ZS (1992). Effects of narcissistic personality organization on causal attributions. Psychol Rep; 71: 1339–46.

Hecker E (1871). Die Hebephrenie. Virchows Arch Path Anat; 52: 394–429.

Heigl-Evers A (1967). Zur Frage der hysterischen Abwehrmechanismen. Z Psychosom Med; 13: 116–30.

Heigl-Evers A, Henneberg-Mönch U (1985). Psychoanalytisch-interaktionelle Psychotherapie bei präödipal gestörten Patienten mit Borderline-Strukturen. Prax Psychother Psychosom; 30: 227–35.

Heigl-Evers A, Heigl F (1987). Die psychoanalytisch-interaktionelle Psychotherapie. Eine Methode zur Behandlung präödipaler Störungen. In: Rudolf G, Rüger U, Studt HH (Hrsg). Psychoanalyse der Gegenwart. Göttingen: Vandenhoeck & Ruprecht; 181–97.

Heigl-Evers A, Nitzschke B (1991). Das Prinzip „Deutung" und das Prinzip „Antwort" in der psychoanalytischen Therapie. Anmerkungen zur theoretischen Begründung zweier therapeutischer Angebote. Z Psychosom Med Psychoanal; 37: 115–27.

Heigl-Evers A, Ott J (Hrsg) (1998). Die psychoanalytisch-interaktionelle Methode. Theorie und Praxis. 3., überarbeitete Aufl. Göttingen: Vandenhoeck & Ruprecht.

Heigl-Evers A, Henneberg-Mönch U, Odag C (1986). Die 40-Stunden-Woche für Patienten. Konzept und Praxis einer teilstationären Psychotherapie. Göttingen: Vandenhoeck & Ruprecht.

Helzer JE, Pryzbeck TR (1988). The co-occurrence of alcoholism with other psychiatric disorders in the general population and its impact on treatment. J Studies Alcohol; 49: 219–24.

Henry WP (1994) Differentiating normal and abnormal personality: an interpersonal approach based on the structural analysis of social behavior. In: Strack S, Lorr M (eds). Differentiating Normal and Abnormal Personality. New York: Springer; 316–40.

Henry WP, Schacht TE, Strupp H (1990). Patient and therapist introject, interpersonal process and differential outcome. J Consult Clin Psychol; 63: 997–1004.

Henseler H (1974). Narzisstische Krisen. Zur Psychodynamik des Selbstmords. Reinbek: Rowohlt.

Henseler H, Wegner P (Hrsg) (1993). Psychoanalysen, die ihre Zeit brauchen. Zwölf klinische Darstellungen. Opladen: Westdeutscher Verlag.

Henseler H, von Goldacker U, Holm-Hadulla R, König H, Leuzinger-Bohleber M, Trimborn W (o. J.). Dokumentationen von Behandlungsverläufen zur Unverzichtbarkeit hochfrequenter analytischer Psychotherapie bei spezifischen Indikationen. Der Kassenärztlichen Bundesvereinigung vorgelegt von Mitgliedern einer Forschungsgruppe der Deutschen Psychoanalytischen Vereinigung (unveröffentlichtes Manuskript).

Herbert JD, Hope DA, Bellack AS (1992). Validity of the distinction between generalized social phobia and avoidant personality disorder. J Abnorm Psychol; 101: 332–9.
Herbert ME, Jacobson S (1967). Late paraphrenia. Brt J Psychiatry; 113: 461–9.
Herman JL, Perry JC, van der Kolk BA (1989). Childhood trauma in borderline personality disorder. Am J Psychiatry; 146: 490–5.
Hermesh H, Shahar A, Munitz H (1987). Obsessive-compulsive disorder and borderline personality disorder. Am J Psychiatry; 144: 120–1.
Herpertz SC, Saß H (2000). „Die Hysterie" – ein Frauenleiden? Zur Geschlechsverteilung bei der Histrionischen Persönlichkeitsstörung. Persönlichkeitsstörungen; 4: 154–9.
Hesselbrock MN, Meyer RE, Keener JJ (1985). Psychopathology in hospitalized alcoholics. Arch Gen Psychiatry; 42: 1050–5.
Hill AB (1976). Methodological problems in the use of factor analysis: a critical review of the experimental evidence for the anal character. Br J Med Psychol; 49: 145–59.
Hiller W, von Bose M, Dichtl G, Agerer D (1990a). Reliability of checklist-guided diagnoses for DSM-IIIR affective and anxiety disorders. J Aff Disord; 22: 235–47.
Hiller W, Zaudig M, Mombour W (1990b). Development of diagnostic checklists for use in routine clinical care. Arch Gen Psychiatry; 47: 782–4.
Hiller W, Zaudig M, Mombour W, Bronisch T (1993). Routine psychiatric examinations guided by ICD-10 diagnostic checklists (International Diagnostic Checklists). Eur Arch Psychiatry Clin Neurosci; 242: 218–23.
Hirsch M (1998). Opfer als Täter – Über die Perpetuierung der Traumatisierung. Persönlichkeitsstörungen; 2: 32–5.
Hirschfeld RMA, Shea MT, Weise R (1991). Dependent personality disorder: perspectives for DSM-IV. J Personal Disord; 5: 135–49.
Hirschfeld RMA, Shea MT, Talbot KM (1996). Dependent personality disorder. In: Widiger TA, Frances AJ, Pincus HA, Ross R, First MB, Davis WW (eds). DSM-IV Sourcebook. Vol. II. Washington, DC: American Psychiatric Association; 767–75.
Hoch P, Polatin P (1949). Pseudoneurotic forms of schizophrenia. J Psychiatr Q; 43: 248–76.
Hoek HW, Susser E, Buck KA, Lumey LH (1996). Schizoid personality disorder after prenatal exposure to famine. Am J Psychiatry; 153: 1637–9.
Hoffman JJ, Hall RW, Bartsch TW (1987). On the relative importance of "psychopathic" personality and alcoholism on neuropsychological measures of frontal lobe dysfunction. J Abnorm Psychol; 96, 158–60.
Hoffmann SO (1984). Charakter und Neurose. 2. Aufl. Frankfurt a. M.: Suhrkamp.
Hofmann SO (1996). Die alte Hysterie in den neuen diagnostischen Glossaren. In: Seidler GH (Hrsg). Hysterie heute. Metamorphosen eines Paradiesvogels. Stuttgart: Enke; 1–9.
Hoffmann SO (1998). Die Angst des Borderline-Patienten und seine Beziehungen. Persönlichkeitsstörungen; 2: 4–9.
Hoffmann SO (2000a). Angst – ein zentrales Phänomen in der Psychodynamik und Symptomatologie des Borderline-Patienten. In: Kernberg OF, Dulz B, Sachsse U (Hrsg). Handbuch der Borderline-Störungen. Stuttgart, New York: Schattauer; 227–36.
Hoffmann SO (2000b). Von der Hysterie zur Histrionischen Persönlichkeitsstörung: ein historischer und konzeptueller Überblick. Persönlichkeitsstörungen; 4: 128–37.
Hogland P (1993). Personality disorders and long-term outcome after brief dynamic psychotherapy. J Personal Disord; 7: 168–81.
Hogland P (1996). Analysis of transference in patients with personality disorders. J Personal Disord; 10: 122–31.
Hogland P, Sorbye O, Sorlie T, Fossum A, Englestad V (1992). Selection for brief dynamic psychotherapy: Reliability, factor structure and long-term predictive validity. Psychother Psychosom; 57: 67–74.

Literatur

Hojer-Pedersen W (1965). The hysterical personality type. Acta Psychiatr Scand; 41: 122–8.

Hollander E, Stein DJ, DeCaria CM, Cohen L, Saoud JB, Skodol AE, Kellman D, Rosnick L, Oldham JM (1994). Serotonergic sensitivity in borderline personality disorder: preliminary findings. Am J Psychiatry; 151: 277–80.

Holt CS, Heinberg RG, Hope DA (1992). Avoidant personality disorder and the generalized subtype in social phobia. J Abnorm Psychol; 101: 318–25.

Horeis R (2000). Die Hysteriediskussion im 18. Jahrhundert – ein Beitrag zur Geschichte des Hysteriekonzepts. Persönlichkeitsstörungen; 4: 168–73.

Horlacher M, Battegay R, Rauchfleisch U (1991). Untersuchung von Patienten mit narzisstischen Neurosen mittels des Denekeschen Narzissmusinventars. Schweiz Arch Neurol Psychiatrie; 142: 43–51.

Horney K (1945). Our Inner Conflicts. New York: Norton.

Horowitz MJ (1977a). Structure and the process of change. In: Horowitz MJ (ed). Hysterical Personality. New York: Jason Aronson; 329–99.

Horowitz MJ (1977b). The core characteristics of hysterical personality. In: Horowitz MJ (ed). Hysterical Personality. New York: Jason Aronson; 3–6.

Horowitz MJ (1988). Introduction to Psychodynamics. A new synthesis. New York: Basic Books.

Horowitz MJ (1989). Clinical phenomenology of narcissistic pathology. Psychiatric Clin North Am; 12: 531–9.

Horowitz MJ (1991a). Core traits of hysterical or histrionic personality disorders. In: Horowitz MJ (ed). Hysterical Personality Styles and the Histrionic Personality Disorder. New York: Jason Aronson; 3–13.

Horowitz MJ (1991b). Hysterical Personality Styles and the Histrionic Personality Disorder. New York: Jason Aronson.

Horowitz MJ (1995). Histrionic personality disorder. In: Gabbard GO (ed). Treatments of Psychiatric Disorders. 2nd ed. Vol. 1 & 2. Washington, DC: American Psychiatric Press; 2311–26.

Horowitz MJ (1997). Psychotherapy for histrionic personality disorder. Psychother Pract Res; 6: 93–104.

Horowitz MJ, Zilberg N (1983). Regressive alterations in the self-concept. Am J Psychiatry; 140: 284–9.

Horowitz MJ, Marmar C, Krupnick J, Wilner N, Kaltreider N, Wallerstein R (1984). Personality styles and brief psychotherapy. New York: Basic Books.

Howard KL, Kopta AM, Krause MS, Orlinsky DE (1986). The dose-effect relationship to psychotherapy. Am Psychologist; 41: 159–64.

Hughes CH (1884a). Borderland psychiatric records – pro-dromal symptoms of psychichal impairment. Alienist Neurologist; 5: 85–91.

Hughes CH (1884b). Moral (affective) insanity – psychosensory insanity. Alienist Neurologist; 5: 296–315.

Hull JW, Clarkin JF, Kakuma T (1993). Treatment response of borderline inpatients. A growth curve analysis. J Nerv Mental Dis; 181: 503–8.

Hurt S, Hyler S, Frances A, Clarkin J, Brent R (1984). Assessing borderline personality disorder with self-report, clinical interview, or semistructured interview. Am J Psychiatry; 141: 1228–31.

Hurt S, Clarkin J, Koenigsberg H, Frances A, Nurnberg HG (1986). Diagnostic Interview for Borderlines: psychometric properties and validity. J Consult Clin Psychol; 54: 256–60.

Hwu HG, Yeh EK, Chang LY (1989). Prevalence of psychiatric disorders in Taiwan defined by the Chinese Diagnostic Interview Schedule. Acta Psychiatr Scand; 79: 136–47.

Hyler S, Lyons M (1988). Factor analysis of the DSM-III personality disorder clusters: a replication. Compr Psychiatry; 29: 304–8.

Hyler S, Reider R, Spitzer R (1983). Personality Diagnostic Questionnaire PDQ. New York: New York State Psychiatric Institute.
Hyler S, Reider R, Williams J, Spitzer R, Hendler J, Lyons M (1988). The Personality Diagnostic Questionnaire: development and preliminary results. J Personal Disord; 2: 229–37.
Hyler S, Reider R, Williams J, Spitzer R, Lyons M, Hendler J (1989). A comparison of clinical and self-report diagnoses of DSM-III personality disorders in 552 patients. Compr Psychiatry; 30: 170–8.
Hyler S, Lyons M, Reider R, Young L, Williams J, Spitzer R (1990a). The factor structure of self-report DSM-III Axis II symptoms and their relationship to clinician's ratings. Am J Psychiatry; 147: 751–7.
Hyler S, Skodol A, Kellman D, Oldham J, Rosnick L (1990b). Validity of the Personality Diagnostic Questionnaire-Revised: comparison with two structured interviews. Am J Psychiatry; 147: 1043–8.
Iezzi A, Adams HE (1993) Somatoform and factious disorders. In: Sutker PB, Adams HE (ed). Comprehensive handbook of psychopathology. 2nd ed. New York: Plenum Press; 167–201.
Israel L (1983). Die unerhörte Botschaft der Hysterie. München, Basel: Reinhardt.
Jacobsberg L, Hymowitz P, Barasch A, Frances A (1986). Symptoms of schizotypal personality. Am J Psychiatry; 143: 1222–7.
Jacobson E (1953). Contribution to the metapsychology of cyclothymic depression. In: Greenacre P (ed). Affective disorders. New York: International University Press; 49–83.
Jacobson E (1964). Das Selbst und die Welt der Objekte. Frankfurt a. M.: Suhrkamp 1978.
Jacobson E (1977). Depression. Frankfurt a. M.: Suhrkamp.
Janet P (1894). Etat mental des hysteriques. Paris: Rueff.
Janssen PL (1985). Integrative analytisch-psychotherapeutische Krankenhausbehandlung. Forum Psychoanal; 1: 293–307.
Janssen PL (1987). Psychoanalytische Therapie in der Klinik. Stuttgart: Klett-Cotta.
Janssen PL (1990a). Theorien der Borderlinestruktur. In: Janssen PL (Hrsg). Psychoanalytische Therapie der Borderlinestörungen. Berlin, Heidelberg, New York: Springer; 26–37.
Janssen PL (1990b). Inszenierungen der Borderlinestörung. Prax Psychother Psychosom; 35: 1–12.
Janssen PL (1994). Zur psychoanalytischen Behandlung der Borderline-Störungen. In: Streeck U, Bell K (Hrsg). Die Psychoanalyse schwerer psychischer Erkrankungen. München: Pfeiffer; 124–40.
Janssen PL (2000). Inszenierung der Borderline-Pathologie im stationären Rahmen. In: Kernberg OF, Dulz B, Sachsse U (Hrsg). Handbuch der Borderline-Störungen. Stuttgart, New York: Schattauer; 505–13.
Jaspers K (1913). Allgemeine Psychopathologie. Heidelberg: Springer.
Jenike MA (1990). Predictors of treatment failure. In: Jenike MA, Baer L, Minichiello WE (eds). Obsessive-compulsive Disorders: theory and management. Chicago: Year Book Medical; 306–11.
Jerschke S, Meixner K, Richter H, Bohus M (1998). Zur Behandlungsgeschichte und Versorgungssituation von Patientinnen mit Borderline-Persönlichkeitsstörung in der Bundesrepublik Deutschland. Fortschr Neurol Psychiatr; 66: 545–52.
Joffe RT, Swinson RP, Regan JJ (1988). Personality features of obsessive-compulsive disorder. Am J Psychiatry; 145: 1127–9.
Jones E (1948). Anal-erotic character traits. In: Papers on Psycho-Analysis. 5th ed. Baltimore: Williams & Wilkins; 413–37.
Joseph B (1961). Über einige Persönlichkeitsmerkmale des Psychopathen. Psyche; 15: 132–41.
Joseph S (1997). Personality Disorders: new symptom-focused drug therapy. New York, NY: Haworth Medical Press/The Haworth Press.

Literatur

Kahlbaum KL (1874). Die Katatonie oder das Spannungsirresein. Berlin: Hirschwald.

Kalus O, Bernstein DP, Siever LJ (1995). Schizoid personality disorder. In: Livesley J (ed). The DSM-IV Personality Disorders. Diagnosis and treatment of mental disorders. New York: Guilford; 58–70.

Kapfhammer HP (1999). Integrative Therapieansätze bei Borderline-Persönlichkeitsstörungen. In: Saß H, Herpertz S (Hrsg). Psychotherapie von Persönlichkeitsstörungen. Beiträge zu einem schulenübergreifenden Vorgehen. Stuttgart: Thieme; 98–115.

Kapfhammer HP (2001). Psychodynamische Aspekte der Paranoia. Ein psychoanalytischer Beitrag zum Verständnis paranoider Persönlichkeiten. Psyche; 55: 435–503.

Kapfhammer HP, Hippius H (1998). Special feature: pharmacotherapy in personality disorders. J Personal Disord; 12: 277–88.

Kaplan M (1983). A woman's view on DSM-III. Am Psychologist; 38: 786–92.

Karterud S, Vaglum S, Frils S, Irion T, Johns S, Vaglum P (1992). Day hospital therapeutic community treatment for patients with personality disorders. J Nerv Ment Dis; 180: 238–43.

Kass DJ, Silvers FM, Abrams GM (1982). Behavioral group treatment of hysteria. Arch Gen Psychiatry; 26: 42–50.

Kass DJ, Spitzer RL, Williams JBW (1983). An empirical study of the issue of sex bias in the diagnostic criteria of DSM-III axis II personality disorders. Am Psychologist; 38: 799–801.

Kass F, Skodol AE, Charles E, Spitzer RL, Williams JBW (1985). Scaled ratings of DSM-III personality disorders. Am J Psychiatry; 142: 627–30.

Kendler KS, Gruenberg AM, Strauss JS (1981). An independent analysis of the Copenhagen sample of the Danish adoption study of schizophrenia, II: the relationship between schizotypal personality disorder and schizophrenia. Arch Gen Psychiatry; 38: 982–4.

Kennett GA, Pittaway K, Blackburn TP (1994). Evidence that 5-HT$_{2C}$ receptor antagonists are anxiolytic in the rat Geller-Seifter model of anxiety. Psychopharmacology; 114: 90–6.

Kernberg OF (1967). Borderline personality organization. J Am Psychoanal Assoc; 15: 641–85.

Kernberg OF (1970a). A psychoanalytic classification of character pathology. J Am Psychoanal Assoc; 18: 800–22.

Kernberg OF (1970b). Factors in the psychoanalytic treatment of narcissistic personalities. J Am Psychoanal Assoc; 18: 51–85.

Kernberg OF (1975). Borderline Conditions and Pathological Narcissism. New York: Jason Aronson (dt.: Borderline-Störungen und pathologischer Narzissmus. Frankfurt a. M.: Suhrkamp 1978).

Kernberg OF (1976). Zur Behandlungstechnik bei Borderline-Persönlichkeitsstörungen. Psyche; 35: 497–526.

Kernberg OF (1984). Problems in the classification of personality disorders. In: Severe Personality Disorders. New Haven, CT: Yale University Press; 77–94.

Kernberg OF (1985). Narcissistic personality disorder. In: Michels R, Cavenar JO (eds). Psychiatry. Vol. 1. Philadelphia, PA: Lippincott; 219–30.

Kernberg OF (1989). Die narzißtische Persönlichkeitsstörung und ihre differentialdiagnostische Abgrenzung zum antisozialen Verhalten. In: Kernberg OF (1996). Narzißtische Persönlichkeitsstörungen. 1. korr. Nachdruck der dt. Ausgabe. Stuttgart, New York: Schattauer; 52–70.

Kernberg OF (1992). Aggression in Personality Disorders and Perversions. New Haven, London: Yale University Press.

Kernberg OF (1993). Psychodynamische Therapie bei Borderline-Patienten. Bern, Göttingen, Toronto, Seattle: Huber.

Kernberg OF (1995). Die psychotherapeutische Behandlung von Borderline-Patienten. Psychother Psychosom med Psychol; 45: 73–82.

Kernberg OF (1996a). Ein psychoanalytisches Modell der Klassifikation von Persönlichkeitsstörungen. Psychotherapeut; 41: 288–96.

Kernberg OF (1996b). Schwere Persönlichkeitsstörungen: Theorie, Diagnose, Behandlungsstrategien. 5. Aufl. Stuttgart: Klett-Cotta.

Kernberg OF (1997). Wut und Hass. Stuttgart: Klett-Cotta.

Kernberg OF, Goldstein E, Carr A, Hunt H, Bauer S, Blumenthal R (1981). Diagnosing borderline personality: a pilot study using multiple diagnostic methods. J Nerv Ment Dis; 169: 225–31.

Kernberg OF, Dulz B, Sachsse U (2000). Handbuch der Borderline-Störungen. Stuttgart, New York: Schattauer.

Kety SS, Rosendahl D, Wender PH, Schulsinger F (1971). Mental illness in the biological and adoptive families of adopted schizophrenics. Am J Psychiatry; 128: 302–6.

Khan MM (1975/1990). Der Missmut des Hysterikers. In: Khan MM (Hrsg). Erfahrungen im Möglichkeitsraum. Frankfurt a. M.: Suhrkamp; 77–90.

Khan MR (1960). Clinical aspects of schizoid personality: affects and technique. Int J Psychoanal; 41: 430–7.

Khan MR (1983). Hidden Selves: between theory and practice in psychoanalysis. New York: International Universities Press.

Kiesler DJ (1986). The 1982 interpersonal cycle: an analysis of DSM-III personality disorders. In: Millon T, Klerman GL (eds). Contemporary Directions in Psychopathology. New York: Guilford; 571–97.

Kind J (1997). Suizidale Interaktionen: traumatisierende Bedrohung für den Therapeuten – Chance für die Therapie. Persönlichkeitsstörungen; 1: 39–48.

Kjelsberg E, Eikeseth PH, Dahl AA (1991). Suicide in borderline patients – predictive factors. Acta Psychiatr Scand; 84: 283–7.

Klein M (1935). A contribution to the psychogenesis of manic-depressive states. Int J Psychoanal; 16: 145–274.

Klein M, Benjamin L, Greist J, Rosenfeld R, Treece C (1989). The Wisconsin Personality Inventory (WISPI) validation studies. Madison: University of Wisconsin (unpublished manuscript).

Klein R (1995). Establishing a therapeutic alliance. In: Masterson JF, Klein R (eds). Disorders of the Self: New Therapeutic Horizons. New York: Brunner & Mazel; 69–94.

Koch ILA (1889). Kurzgefasster Leitfaden der Psychiatrie. 2. Aufl. Ravensburg: Verlag der Dorn'schen Buchhandlung.

Koch ILA (1891–3). Die psychopathischen Minderwertigkeiten. Ravensburg: Otto Maier.

Koenigsberg H, Kernberg O, Schomer J (1983). Diagnosing borderline conditions in an outpatient setting. Arch Gen Psychiatry; 40: 49–53.

Koenigsberg HW, Kaplan RD, Gilmore MM, Cooper AM (1985). The relationship between syndrome and personality disorder in DSM-III: experience with 2,462 patients. Am J Psychiatry; 142: 207–12.

Kohut H (1971). The Analysis of the Self. New York: International University Press.

Kohut H, Wolf ES (1978). The disorders of the self and their treatment: an outline. Int J Psychoanal; 59: 413–26.

Kolden GG, Klein MH (1996). Therapeutic process in dynamic therapy for personality disorders: the joint influence of acute distress and dysfunction and severity of personality pathology. J Personal; 10: 107–21.

Kopta SM, Howard KI, Lowry JL, Beutler LE (1994). Patterns of symptomatic recovery in psychotherapy. Washington, DC: American Psychiatric Press.

Kosten TR, Rounsaville BJ, Kleber HD (1982). DSM-III personality disorders in opiate addicts. Compr Psychiatry; 23: 572–81.

Kraepelin E (1903). Psychiatrie. Ein Lehrbuch für Studierende und Ärzte. 7. Aufl. Leipzig: Barth.

Literatur

Kraepelin E (1915). Lehrbuch der Psychiatrie. 8. Aufl. Leipzig: Barth.
Kraus A (1991). Methodological problems with the classification of personality disorders: the significance of existential types. J Personal Disord; 5: 82–92.
Krause R (1988). Eine Taxonomie der Affekte und ihre Anwendung auf das Verständnis der „frühen" Störungen. Psychother med Psychol; 35: 77–86.
Krawitz R (1997). A prospective psychotherapy outcome study. Aust N Z J Psychiatry; 31: 465–73.
Kretschmer E (1921). Körperbau und Charakter. Berlin: Springer.
Krishnan K, Davidson J, Rayasani K, Shope E (1984). The dexamethasone suppression test in borderline personality disorder. Biol Psychiatry; 19: 1149–53.
Kroessler D (1990). Personality disorder in the elderly. Hosp Comm Psychiatry; 41: 1325–9.
Kroll J, Sines L, Martin K, Lari S, Pyle R, Zander J (1981). Borderline personality disorder: construct validity of the concept. Arch Gen Psychiatry; 38: 1021–6.
Kroll J, Carey K, Sines L, Roth M (1982). Are there borderlines in Britain? Arch Gen Psychiatry; 39: 60–3.
Küchenhoff J (1996). Hysterie. In: Rudolf G (Hrsg). Psychotherapeutische Medizin. Stuttgart: Enke; 196–202.
Küchenhoff J (1998). Teilstationäre Psychotherapie. Stuttgart, New York: Schattauer.
Kuiper PC (1966). Die seelischen Krankheiten des Menschen. Stuttgart: Klett-Cotta.
Kullgren G (1987). An empirical comparison of three different borderline concepts. Acta Psychiatr Scand; 76: 246–55.
Kullgren G (1988). Factors associated with completed suicide in borderline personality disorder. J Nerv Ment Dis; 176: 40–4.
Kullgren G, Armelius BA (1990). The concept of personality organization: a long-term comparative follow-up study with special reference to borderine personality organization. J Personal Disord; 1: 328–33.
Kutcher S, Blackwood D, St. Clair D, Gaskell D, Muir W (1987). Auditory P300 in borderline personality disorder and schizophrenia. Arch Gen Psychiatry; 44: 645–50.
La Bruyère J (1962). Les caractères ou les meurs de ce siècle (ed Garapon 1688). Paris: Garnier.
Lahmeyer H, Val E, Gaviria E, Prasad R, Pandey G, Rodgers R, Weiler M, Altman E (1988). EEG sleep, lithium transport, dexamethasone suppression, and monoamine oxidase activity in borderline personality disorder. Psychiatry Res; 25: 19–30.
Lang H (1986). Zur Struktur und Therapie der Zwangsneurose. Psyche; 40: 952–70.
Langenbach M (1993). Conceptual analyses of psychiatric languages: reductionism and integration of different discourses. Curr Opin Psychiatry; 6: 698–703.
Langenbach M, Hartkamp N, Tress W (1999). Das Modell des „Zyklisch-Maladaptiven Musters" und der „Strukturalen Analyse Sozialen Verhaltens". Ein interpersoneller Ansatz zur Entstehung, Diagnostik und Therapie von Persönlichkeitsstörungen. In: Saß H, Herpertz S (Hrsg). Psychotherapie bei Persönlichkeitsstörungen. Beiträge zu einem schulenübergreifenden Vorgehen. Stuttgart: Thieme; 48–62.
Laplanche J (1974). Panel on "hysteria today". Int J Psychoanal; 55: 459–69.
Laporte L, Guttman H (1996). Traumatic childhood experiences as risk factors for borderline and other personality disorders. J Personal Disord; 10: 247–59.
Larzelere RE (1996). A review of the outcomes of parental use of nonabusive or customary physical punishment. Pediatrics; 98, Suppl 4: 824–8.
Lawner P (1985). Character rigidity and resistance to awareness of the transference. Issues in Ego Psychology; 8: 36–41.
Lazare A (1971). The hysterical character in psychoanalytic theory: evolution and confusion. Arch Gen Psychiatry; 25: 131–7.
Lazare A, Klerman GL (1968). Hysteria and depression: the frequency and significanc of hysterical features in hospitalized depressed women. Am J Psychiatry; 124: 8–56.

Lazare A, Klerman G, Armor DJ (1966). Oral, obsessive and hysterical personality patterns. Arch Gen Psychiatry; 14: 624–30.
Lazare A, Klerman G, Armor DJ (1970). Oral, obsessive and hysterical personality patterns: replication of factor analysis in an independent sample. J Psychiatr Res; 7: 275–9.
Leary T (1957). Interpersonal Diagnosis of Personality: a functional theory and methodology for personality evaluation. New York: Ronald.
Leibovich MA (1974). Short-term insight psychotherapy for hysterical personalities. Psychother Psychosom; 24: 67–78.
Leichsenring F (1991). Auffälligkeiten des Denkens und der Affekte bei Borderline- und neurotischen Patienten. Z Diff Diagnost Psychol; 12: 107–23.
Leichsenring F (1994). Zur empirischen Erfassung der Borderline-Persönlichkeitsorganisation: Entwicklung und erste Überprüfung des „Borderline-Persönlichkeits-Inventars" (BPI). Z Klein Psychol; 23: 276–92.
Leichsenring F, Roth T, Meyer HA (1992). Kognitiver Stil bei Borderline – im Vergleich zu neurotischen Patienten: Ambiguitäts-Vermeidung und verminderte Abstraktheit. Diagnostica; 38: 52–65.
Leighton A (1959). My Name is Legion: the Stirling County Study of Psychiatric Disorder and Sociocultural Environment. New York: Basic Books.
Lenzenweger MF, Loranger AW, Korfine L, Neff C (1997). Detecting personality disorders in a nonclinical population. Application of a 2-stage procedure for case identification. Arch Gen Psychiatry; 54: 345–51.
Lerner HE (1974). The hysterical personality: a "woman's disease". Compr Psychiatry; 15: 157–64.
Lerner HE, Albert C, Walsh M (1987). The Rorschach assessment of borderline defenses: a concurrent validity study. J Personal Assess; 51: 334–48.
Leszcz M (1989). Group psychotherapy of the characterologically difficult patient. Int J Group Psychother; 39: 311–35.
Levy D (1966). Maternal Overprotection. New York: Norton.
Lewis CE (1991). Neurochemical mechanisms of chronic antisocial behavior (psychopathy). J Nerv Ment Dis; 179: 720–7.
Lewis CE, Bucholz KK (1991). Alcoholism, antisocial behavior, and family history. Br J Addiction; 86: 177–94.
Lewis CE, Rice J, Helzer JE (1983). Diagnostic interactions: alcoholism and antisocial personality. J Nerv Ment Dis; 171: 105–13.
Lewis CE, Robins LN, Rice J (1985). Association of alcoholism with antisocial personality in urban men. J Nerv Ment Dis; 173: 166–74.
Liberman RP, Ekman T (1981). Behavior therapy vs. insight-oriented therapy for repeated suicide attempters. Arch Gen Psychiatry; 38: 1126–30.
Lidz T (1975). Review of "The Schreber Case: Psychoanalytic profile of a paranoid personality". Psychoanal Q; 44: 653–6.
Lieberz K (1983). Geschwisterlicher Altersstand und neurotische Störung im Erwachsenenalter. Psychother Psychosom med Psychol; 33: 217–23.
Lieberz K (1984). Geringer geschwisterlicher Altersabstand – ein Risikofaktor in der Genese schizoider Störungen? Nervenarzt; 55: 596–601.
Lieberz K (1989). Children at risk for schizoid disorders. J Personal Dis; 3: 329–37.
Lieberz K (1991). Ergebnisse zur Genese und Diagnostik schizoider Storungen. Z Psychosom Med Psychoanal; 37: 60–76.
Lieberz K (1992). Frühkindliche Risikobelastung bei Schizoiden, Neurotikern und Gesunden. Psychoth Psychosom med Psychol; 42: 279–84.

Literatur

Liebowitz MR, Gorman JM, Fyer AJ, Klein DF (1985). Social phobia. Review of a neglected anxiety disorder. Arch Gen Psychiatry; 42: 729–36.

Liebowitz MR, Quitkin FM, Stewart JW, McGrath PJ, Harrison WM, Markowitz JS, Rabkin JG, Tricamo E, Goetz DM, Klein DF (1988). Antidepressant specificity in atypical depression. Arch Gen Psychiatry; 45: 129–37.

Lilienfeld SO, van Valkenburg C, Larntz K, Akiskal HS (1986). The relationship of histrionic personality disorder to antisocial personality and somatization disorder. Am J Psychiatry; 143: 718–22.

Linehan MM (1987). Dialectical Behavior Therapy for borderline personality disorder: theory and method. Bull Menn Clin; 51: 261–76.

Linehan MM (1989). Dialektische Verhaltenstherapie bei Borderline-Persönlichkeitsstörungen. Prax Klin Verhaltensmed Rehab; 2: 220–7.

Linehan MM, Armstrong HE, Suarez A, Allmon D, Heard HL (1991). Cognitive-behavioral treatment of chronically parasuicidal borderline patients. Arch Gen Psychiatry; 48: 1060–4.

Linehan MM, Heard HL, Armstrong HE (1993). Naturalistic follow-up of a behavioral treatment for chronically parasuicidal borderline patients. Arch Gen Psychiatry; 50: 971–4.

Linehan MM, Tutek DA, Heard HL, Armstrong HE (1994). Interpersonal outcome of cognitive behavioral treatment for chronically suicidal borderline patients. Am J Psychiatry; 151: 1771–6.

Links PS (1990). Predicting outcome of borderline personality disorder. Compr Psychiatry; 31: 490–8.

Links PS (1993). Psychiatric rehabilitation model for borderline personality disorder. Can J Psychiatry; 38, Suppl 1: 35–8.

Links PS, van Reekum R (1993). Childhood sexual abuse, parental impairment and the development of borderline personality disorder. Can J Psychiatry; 38: 472–4.

Links PS, Heslegrave R, van Reekum R (1998a). Prospective follow-up of Borderline Personality Disorder: prognosis, prediction of outcome, and Axis II comorbidity. Can J Psychiatry; 43: 265–70.

Links PS, Heslegrave R, Villella J (1998b). Psychopharmacological management of personality disorders: an outcome-focused model. In: Silk KR (ed). Biology of Personality Disorders. Review of psychiatry series. Washington, DC: American Psychiatric Press; 93–127.

Links R, Steiner M, Huxley G (1988). The occurrence of borderline personality disorder in the families of borderline patients. J Personal Disord; 2: 14–20.

Liskow B, Penick EC, Powel BJ, Haefele WF, Campbell JL (1986). Inpatients with Briquet's syndrome: presence of additional psychiatric syndromes and MMPI results. Compr Psychiatry; 27: 461–70.

Livesley WJ (1995). The DSM-IV Personality Disorders. New York: Guilford.

Livesley WJ, West M (1986). The DSM-III distinction between schizoid and avoidant personality disorders. Can J Psychiatry; 31: 59–62.

Livesley WJ, Reiffer LI, Sheldon AE, West M (1987). Prototypicality ratings of DSM-III criteria for personality disorders. J Nerv Mental Dis; 175: 395–401.

Livesley WJ, Schroeder ML, Jackson DN (1990). Dependent personality disorder and attachment problems. J Personal Disord; 4: 131–40.

Livesley WJ, West M, Tanney A (1985). Historical comment on the DSM-III schizoid and avoidant personality disorders. Am J Psychiatry; 143: 1344–7.

Lobel CM (1992). Relationship between childhood sexual abuse and borderline personality disorder in women psychiatric inpatients. J Child Sex Abuse; 1: 63–80.

Loch W (1985). Anmerkungen zur Pathogenese und Psychodynamik der Hysterie. Jahrbuch der Psychoanalyse; 17: 135–4.

Lombroso C (1876). L'uomo delinquente. Mailand: Hoepli.

Lombroso C (1884). L'Uomo Delinquente in Rapporto all'Antropologia, Giurisprudenza. Terza Edizione. Roma, Torino, Firenze: Fratelli Bocca (dt.: Der Verbrecher in anthropologischer, ärztlicher und juristischer Beziehung. Hamburg: J. F. Richter Verlag 1887).

London N (1976). Review of "The Schreber Case: Psychoanalytic profile of a paranoid personality". J Am Psychoanal Assoc; 24: 697–706.

Loranger AW (1990). The impact of DSM-III on diagnostic practice in a university hospital. A comparison of DSM-II and DSM-III in 10914 patients. Arch Gen Psychiatry; 47: 672–5.

Loranger AW, Tulis E (1985). Family history of alcoholism in borderline personality disorder. Arch Gen Psychiatry; 42: 153–7.

Loranger AW, Oldham JM, Tulis E (1982). Familial transmission of DSM-III borderline personality disorder. Arch Gen Psychiatry; 39: 795–9.

Loranger AW, Susman VL, Oldham JM, Russakoff LM (1987). The Personality Disorder Examination: a preliminary report. J Personal Disord; 1: 1–13.

Loranger AW, Sartorius N, Andreoli A, Berger P, Buchheim P, Channabasavanna SM, Coid B, Dahl AA, Diekstra RFW, Ferguson B, Jacobsberg LB, Mombour W, Pull C, Ono Y, Regier DA (1994). The International Personality Disorder Examination: The World Health Organization/Alcohol, Drug Abuse, and Mental Health Administration international pilot study of personality disorders. Arch Gen Psychiatry; 51: 215–24.

Ludolph PS, Westen D, Misle B, Jackson A, Wixom J, Wiss FC (1990). The borderline diagnosis in adolescents: symptoms and developmental history. Am J Psychiatry; 147: 470–6.

Luntz BK, Widom CS (1994). Antisocial personality disorder in abused and neglected children grown up. Am J Psychiatry; 151: 670–4.

Lykken DT, Tellegen A (1974). On the validity of the perception hypothesis. Psychophysiology; 11: 125–32.

Maddocks PD (1970). A five year follow-up of untreated psychopaths. Br J Psychiatry; 116: 511–5.

Magnan V (1893). Leçons cliniques sur les maladies mentales. 2me ed. Paris: Bataille.

Magnavita JJ (1997). Restructuring personality disorders: a short-term dynamic approach. New York: Guilford.

Mahler MS (1975). Die Bedeutung des Loslösungs- und Individuationsprozesses für die Beurteilung von Borderline-Phänomenen. Psyche; 29: 1078–95.

Maier W, Lichtermann D, Klingler T, Heun R (1992). Prevalences of personality disorders (DSM-III-R) in the community. J Personal Disord; 6: 187–96.

Malow RM, West JA, Williams JL, Sutker PB (1989). Personality disorders classification and symptoms in cocaine and opioid addicts. J Consult Clin Psychol; 57: 765–7.

Manos N, Vasilopoulou E, Sotiriou M (1987). DSM-III diagnosed borderline personality disorder and depression. J Personal Disord; 1: 263–8.

Marcus E, Bradley S (1987). Concurrence of Axis I and Axis II illness in treatment-resistant hospitalized patients. Psychiatr Clin North Am; 10: 177–84.

Markovitz PJ, Wagner SC (1995). Venlafaxine in the treatment of borderline personality disorder. Psychopharmacol Bull; 31: 773–7.

Marmor J (1953). Orality in the hysterical personality. J Am Psychoanal Assoc; 1: 656–71.

Martin RL, Cloninger CR, Guze SB, Clayton PJ (1985). Mortality in a follow-up of 500 psychiatric outpatients. Arch Gen Psychiatry; 42: 58–66.

Marzillier JS, Lambert C, Kellett J (1976). A controlled evaluation of systematic desensitization and social skills training for socially inadequate psychiatric patients. Behav Res Ther; 14: 225–38.

Masterson JF (1976). Psychotherapy of the Borderline Adult. New York: Brunner & Mazel.

Masterson JF (1978). New Perspectives on Psychotherapy of the Borderline Adult. New York: Brunner & Mazel.

Literatur

Masterson JF (1981). Narcissistic and Borderline Disorders: an integrated developmental approach. New York: Brunner & Mazel.

Masterson JF (1987). Borderline and narcissistic disorders: an integrated developmental object-relations approach. In: Grotstein J, Solomon M, Lang J (eds). The Borderline Patient. Vol. 1. Hillsdale, NJ: Analytic Press; 205–17.

Masterson JF, Rinsley DB (1975). The borderline syndrome: the role of the mother in the genesis and psychic structure of the borderline personality. Int J Psychoanal; 56: 163–78.

Mavissakalian M, Hamann MS (1987). DSM-III personality disorder in agoraphobia. II. Changes with treatment. Compr Psychiatry; 28: 356–61.

Mavissakalian M, Hamann MS (1988). Correlates of DSM-III personality disorder and agoraphobia. Compr Psychiatry; 29: 535–44.

May-Tolzmann U (1991). Zu den Anfängen des Narzissmus: Ellis – Näcke – Sadger – Freud. Luzifer-Amor; 4: 50–88.

McCann JT (1989). MMPI personality disorder scales and the MCMI: concurrent validity. J Clin Psychol; 45: 365–9.

McCann JT, Biaggio MK (1989). Narcissistic personality features and self-reported anger. Psychol Rep; 64: 55–8.

McDavid JD, Pilkonis PA (1996). The stability of personality disorder diagnoses. J Personal Disord; 10: 1–15.

McGlashan TH (1983). The borderline syndrome: II. Is it a variant of schizophrenia or affective disorder? Arch Gen Psychiatry; 40: 1319–23.

McGlashan TH (1986). The Chestnut Lodge follow-up study: III. Long-term outcome of borderline personalities. Arch Gen Psychiatry; 43: 2–30.

McGlashan TH (1993). Implications of outcome research for the treatment of borderline personality disorder. In: Paris J (ed). Borderline Personality Disorder: etiology and treatment. Washington, DC: American Psychiatric Press; 253–9.

McGlashan TH, Heinssen RK (1996). Langzeitverlauf bei narzisstischen, antisozialen und nichtkomorbiden Subgruppen der Borderline-Störung. In: Kernberg OF (Hrsg). Narzisstische Persönlichkeitsstörungen. Stuttgart, New York: Schattauer; 165–88.

Meissner WW (1978). The Paranoid Process. New York: Jason Aronson.

Meloy JR (1988). Violent and homicidal behavior in primitive mental states. J Am Acad Psychoanal; 16: 381–94.

Meloy JR (1992). Violent Attachments. Northvale: Jason Aronson.

Meloy JR (1995). Antisocial Personality Disorder. In: Gabbard GO (ed). Treatment of Psychiatric Disorders. Washington, DC, London: American Psychiatric Press; 2274–90.

Menges C (1999). Psychotherapeutische Behandlungsansätze bei der narzisstischen Persönlichkeitsstörung. In: Saß H, Herpertz S (Hrsg). Psychotherapie von Persönlichkeitsstörungen. Beiträge zu einem schulenübergreifenden Vorgehen. Stuttgart: Thieme; 132–43.

Menninger WC (1943). Characterologic and symptomatic expressions related to the anal phase of psychosexual development. Psychoanal Q; 12: 161–93.

Mentzos S (1980). Hysterie. Zur Psychodynamik unbewusster Inszenierungen. München: Kindler.

Mentzos S (1982). Neurotische Konfliktverarbeitung. Einführung in die psychoanalytische Neurosenlehre unter Berücksichtigung neuer Perspektiven. München: Kindler.

Mentzos S (1996). Affektualisierung innerhalb der hysterischen Inszenierung. In: Seidler GH (Hrsg). Hysterie heute. Metamorphosen eines Paradiesvogels. Stuttgart: Enke; 90–102.

Mentzos S (2000). Die psychotischen Symptome bei Borderline-Störungen. In: Kernberg OF, Dulz B, Sachsse U (Hrsg). Handbuch der Borderline-Störungen. Stuttgart, New York: Schattauer; 413–26.

Merikangas KR, Weissman MM (1986). Epidemiology of DSM-III-R Axis II pesonality disorders. In: Frances AJ, Hales RE (eds). Psychiatry Update: the American Psychiatric Association annual review. Vol. 5. Washington, DC: The American Psychiatric Press; 258–78.
Meyer JE (1972). Psychopathie – Neurose. In: Kisker KP, Meyer JE, Müller M, Strömgren E (Hrsg). Psychiatrie der Gegenwart. Bd II/1: Klinische Psychiatrie I. 2. Aufl. Berlin, Heidelberg, New York: Springer; 343–50.
Millon T (1969). Modern Psychopathology. A biosocial approach to maladaptive learning and functioning. Philadelphia, PA: Saunders.
Millon T (1981). Disorders of Personality, DSM-III: Axis II. New York: Wiley.
Millon T (1982). Millon Clinical Multiaxial Inventory Manual. Minneapolis, MN: National Computer Systems.
Millon T (1983). Millon Clinical Multiaxial Inventory Manual. 3rd ed. Minneapolis, MN: National Computer Systems.
Millon T (1987a). Manual for the MCMI-II. Minneapolis, MN: National Computer Systems.
Millon T (1987b). On the genesis and prevalence of the borderline personality disorder: a social learning thesis. J Personal Disord; 1: 354–72.
Millon T (1996). Avoidant personality disorder. In: Widiger TA, Frances AJ, Pincus HA, Ross R, First MB, Davis WW (eds). DSM-IV Sourcebook. Vol. II. Washington, DC: American Psychiatric Association; 757–65.
Millon T, Everly GS (1985). Personality and its disorders. A biosocial learning approach. New York: Wiley.
Millon T, Davis RD (1996). Disorders of Personality DSM-IV and beyond. 2nd ed. New York: Wiley.
Millon T, Bockian N, Tringone R, Antoni M (1989). New diagnostic efficiency statistics: comparative sensitivity and predictive/prevalence ratio. J Personal Disord; 3: 163–73.
Minichiello W (1987). Schizotypal personality disorder: a poor prognostic indicator for behavior therapy in the treatment of obsessive-compulsive disorder. J Anxiety Disord; 1: 273–6.
Modell AH (1976). The "holding environment" and the therapeutic action of psychoanalysis. J Am Psychoanal Assoc; 24: 285–307.
Monroe-Blum H, Marziali E (1995). A controlled trial of short-term group treatment for borderline personality disorder. J Personal Disord; 9: 190–8.
Monsen J, Odegard P, Melgard T (1989). Major psychological disorders and changes after psychotherapy: findings from the Toyen project, Oslo. Psychoanal Psychother; 7: 171–80.
Morel BA (1857). Traité des dégénérescences physiques, intellectuelles, et morales de l'espèce humaine et des causes qui produisent ces variétés maladives. Paris: Baillière.
Morey LC (1985). An empirical comparison of interpersonal and DSM-II approaches to classification of personality disorders. Psychiatry; 48: 358–64.
Morey LC (1988a). Personality disorders in DSM-III and DSM-III-R: convergence, coverage, and internal consistency. Am J Psychiatry; 145: 573–7.
Morey LC (1988b). A psychometric analysis of the DSM-III-R personality disorder criteria. J Personal Disord; 2: 109–24.
Morey LC (1988c). The categorical representation of personality disorder: a cluster analysis of DSM-III-R personality features. J Abnorm Psychol; 97: 314–21.
Morey LC, Ochoa ES (1989). An investigation of adherence to diagnostic criteria: clinical diagnosis of the DSM-III personality disorders. J Personal Disord; 3: 180–92.
Morgenstern J, Langenbucher J, Labouvie E, Miller KJ (1997). The comorbidity of alcoholism and personality disorders in a clinical population: prevalence and relation to alcohol typology variables. J Abnorm Psychol; 106: 74–84.
Mueller WJ, Aniskiewicz AS (1986). Psychotherapeutic intervention in hysterical disorders. New York: Jason Aronson.

Literatur

Müller RM (1984). Die Entwicklung eines Testinstruments zur Erfassung des Narzisstischen Persönlichkeitssystems. Hamburg (unveröffentlichte Diss.).

Munich RL (1986). Transitory symptom formation in the analysis of an obsessional character. Psychoanal Study Child; 41: 515–35.

Murray HA (1938). Explorations in Personality. New York: Oxford University Press.

Myers JK, Weissman MM, Tischler GL Holzer CE, Leaf PJ, Orvaschel H, Anthony JC, Boyd JH, Burke JD, Kram M, Stoltzman R (1984). Six-Month Prevalence of Psychiatric Disorders in Three Communalities. Arch Gen Psychiatry; 41: 959–67.

Näcke P (1899). Kritisches zum Kapitel der normalen und pathologischen Sexualität. Archiv für Psychiatrie und Nervenkrankheiten; 32: 356–86.

Nelson H, Tennen H, Tasman A, Borton M, Kubeck M, Stone M (1985). Comparison of three systems for diagnosing borderline personality disorder. Am J Psychiatry; 142: 855–8.

Nestadt G, Romanovski AT, Merchant A, Folstein MF, Gruenberg EM, McHugh PR (1990). An epidemiological study of histrionic personality disorder. Psychol Med; 20: 413–22.

Newman JP, Widom CS, Nathan S (1985). Passive-avoidance in syndromes of disinhibition: psychopathy and extraversion. J Personal Soc Psychol; 50: 624–30.

Newman JP, Patterson CM, Kosson DS (1987). Response perseveration in psychopaths. J Abnorm Psychol; 96: 145–8.

Niederland W (1974). The Schreber Case: psychoanalytic profile of a paranoid personality. New York: Quadrangle.

Nigg JT, Silk KR, Westen D, Lohr NE, Gold LJ, Goodrich S, Ogata S (1991). Object representations in the early memories of sexually abused borderline patients. Am J Psychiatry; 148, 864–9.

Nordahl HM, Stiles TC (1997). Conceptualization and identification of cognitive schemas in personality disorders. Nordic J Psychiatry; 51: 243–50.

Nuckolls CW (1992). Toward a cultural history of the personality disorders. Soc Sci Med; 35: 37–47.

Nunberg N, Federn E (1976). Protokolle der Wiener Psychoanalytischen Vereinigung. Bd. I. Frankfurt a. M.: Fischer.

Ogata SN, Silk KR, Goodrich S, Lohr NE, Westen D, Hill EM (1990). Childhood sexual and physical abuse in adult patients with borderline personality disorder. Am J Psychiatry; 147: 1008–13.

O'Keane V, Moloney E, O'Neill H, O'Connor A, Smith C, Dinan TG (1992). Blunted prolactin responses to d-fenfluramine in sociopathy: evidence for subsensitivity of central serotonergic function. Br J Psychiatry; 160: 643–6.

Oldham JM (1988). Brief treatment of narcissistic personality disorder. J Personal Disord; 2: 88–90.

Oldham JM, Bone S (eds) (1994). Paranoia: new psychoanalytic perspectives. Madison, CT: International Universities Press.

Oldham JM, Skodol AE (1994). Do patients with paranoid personality disorder seek psychoanalysis? In: Oldham JM, Bone S (eds). Paranoia: new psychoanalytic perspectives. Madison, CT: International Universities Press; 151–66.

Ostendorf F (1990). Sprache und Persönlichkeitsstruktur. Zur Validität des Fünf-Faktoren-Modells der Persönlichkeit. Regensburg: Roderer.

Overholser JC (1989). Differentiation between schizoid and avoidant personalities: an empirical test. Can J Psychiatry; 34: 785–90.

Ovessy L (1955). Pseudohomosexuality, the paranoid mechanism and paranoia. Psychiatry; 18: 163–73.

Parens H (1993). Toward preventing experience-derived emotional disorders: education for parenting. In: Parens H, Kram S (eds). Prevention In Mental Health. Northvale: Jason Aronson; 121–48.

Paris J (1988a). Follow-up studies of borderline personality disorder: a critical review. J Personal Disord; 2: 189–93.
Paris J (1988b). Treating personality disorders. Bull Menn Clin; 62: 287–97.
Paris J (1990). Completed suicide in borderline personality disorder. Psychiatr Ann; 20: 19–21.
Paris J (1994). Borderline personality disorder: a multidimensional approach. Washington, DC: American Psychiatric Press.
Paris J (2000). Kindheitstrauma und Borderline-Persönlichkeitsstörung. In: Kernberg OF, Dulz B, Sachsse U (Hrsg). Handbuch der Borderline-Störungen. Stuttgart, New York: Schattauer; 159–66.
Paris J, Zweig-Frank H (1992). A critical review of the role of childhood sexual abuse in the etiology of borderline personality disorder. Can J Psychiatry; 37: 125–8.
Paris J, Brown R, Nowlis D (1987). Long-term follow-up of borderline patients in a general hospital. Compr Psychiatry; 28: 530–5.
Paris J, Nowlis D, Brown R (1989). Predictors of suicide in borderline personality disorder. Can J Psychiatry; 34: 8–9.
Paris J, Zweig-Frank H, Guzder J (1994a). Risk factors for borderline personality in male outpatients. J Nerv Ment Dis; 182: 375–80.
Paris J, Zweig-Frank H, Guzder J (1994b). Psychological risk factors for borderline personality disorder in female patients. Compr Psychiatry; 35: 301–5.
Parnas J, Schulsinger F, Schulsinger H, Mednick SA, Teasdale TW (1982). Behavioral precursers of schizophrenia spectrum. A prospective study. Arch Gen Psychiatry; 39: 658–64.
Parson ER (1997). Traumatic stress personality disorder (TrSPD): intertheoretical therapy for the PTSD/PD dissociogenic organization. J Contemp Psychother; 27: 323–67.
Parson ER (1998). Traumatic stress personality disorder (TrSPD), Part II: trauma assessment using the Rorschach and self-report tests. J Contemp Psychother; 28: 45–68.
Parsons B, Quitkin FM, McGrath PJ, Stewart JW, Tricamo E, Ocepek-Welikson K, Harrison W, Rabkin JG, Wager SG, Nunes E (1989). Phenelzine, imipramine, and placebo in borderline patients meeting criteria for atypical depression. Psychopharmacol Bull; 25: 524–34.
Partridge GE (1930). Current conceptions of psychopathic personality. Am J Psychiatry; 10: 53–99.
Perry J (1985). Depression in borderline personality disorder: lifetime prevalence at interview and longitudinal course of symptoms. Am J Psychiatry; 142: 15–21.
Perry JC (1990). Challenges in validating personality disorders: beyond description. J Personal Disord; 4: 273–49.
Perry JC (1992). Problems and considerations in the valid assessment of personality disorders. Am J Psychiatry; 149: 1645–53.
Perry JC, Herman JL, van der Kolk BA, Hoke LA (1990). Psychotherapy and psychological trauma in borderline personality disorder. Psychiatr Ann; 20: 33–43.
Perry JC (1993). Longitudinal studies of personality disorders. J Personal Disord; 7, Suppl: 63–85.
Perry JC, Banon E, Ianni F (1999). Effectiveness of psychotherapy for personality disorders. Am J Psychiatry; 156: 1312–21.
Persons JB, Burns BD, Perloff JM (1988). Predictors of drop-out and outcome in cognitive therapy for depression in a private practice settings. Cogn Ther Res; 12: 557–75.
Petrilowitsch N (1972). Psychopathien. In: Kisker KP, Meyer JE, Müller M, Strömgren E (Hrsg). Psychiatrie der Gegenwart. Bd II/1: Klinische Psychiatrie I. 2. Aufl. Berlin, Heidelberg, New York: Springer: 477–97.
Pfohl B (1991). Histrionic personality disorder: a review of available data and recommendation for DSM-IV. J Personal Disord; 5: 150–66.
Pfohl B, Stangl D, Zimmerman M (1984). The implications of DSM-III personality disorders for patients with major depression. J Affective Disord; 7: 309–18.

Pfohl B, Coryell W, Zimmerman M, Stangl D (1986). DSM-III personality disorders: diagnostic overlap and internal consistency of individual DSM-III criteria. Compr Psychiatry; 27: 21–34.

Pfohl B, Coryell W, Zimmerman M, Stangl D (1987). Prognostic validity of self-report and interview measures of personality disorder in depressed inpatients. J Clin Psychiatry; 48: 468–72.

Pilkonis P (1988). Personality prototypes among depressives: themes of dependency and autonomy. J Personal Disord; 2: 144–52.

Pinel P (1809). Traité médico-philosophique sur l'aliénation mentale. 2me ed. Paris: Brosson.

Piper WE, Joyce AS, Azin HFA (1987). Five year follow-up of patients treated within patient psychotherapy at the Cassel Hospital for Nervous Diseases. J Royal Soc Med; 80: 549–55.

Piper WE, Joyce AS, McCallum M, Azim HFA (1993). Concentration and correspondence of transference interpretations in short-term psychotherapy. J Consult Clin Psychol; 61: 586–95.

Piper WE, Rosie JS, Joyce AS, Azim HFA (1996). Time-limited Day Treatment for Personality Disorders. Integration of Research and Practice in a Group Program. Washington, DC: American Psychological Association.

Piper WE, Ogrodniczuk JS, Joyce AS, McCallum M, Rosie JS, O'Kelly JG, Steinberg PF (1999). Prediction of dropping out in time-limited, interpretative individual psychotherapy. Psychotherapy; 36: 114–22.

Pitts W, Gustin Q, Mitchell C, Snyder S (1985). MMPI critical item characteristics of the DSM-III borderline personality disorder. J Nerv Ment Dis; 173: 628–31.

Plakun E, Burkhardt P, Muller J (1985). 14-year follow-up of borderline and schizotypal personality disorders. Compr Psychiatry; 26: 448–55.

Pollack J, Horner A (1985). Brief adaptation-oriented psychotherapy. In: Winston A (ed). Clinical and Research Issues in Short-term Dynamic Psychotherapy. Washington, DC: American Psychiatric Press; 41–60.

Pollack J, Flegenheimer W, Winston A (1991). Brief adaptive psychotherapy. In: Crits-Christoph P, Barber J (eds). Handbook of Short-term Dynamic Psychotherapy. New York: Basic Books; 199–219.

Pope HG, Hudson JI (1989). Are eating disorders associated with borderline personality disorder? A critical review. Int J Eating Disord; 8: 1–9.

Pope HG, Jonas JM, Hudson JI, Cohen BM, Gunderson JG (1983). The validity of DSM-III borderline personality disorder: a phenomenologic, family history, treatment response and long-term follow-up study. Arch Gen Psychiatry; 40: 23–30.

Pretzer JL (1996). Kognitive Therapie der Persönlichkeitsstörungen. In: Schmitz B, Fydrich T, Limbacher K (Hrsg). Persönlichkeitsstörungen: Diagnostik und Psychotherapie. Weinheim: Psychologie Verlags Union; 149–78.

Pretzer JL, Beck AT (1996). A cognitive therapy of personality disorders. In: Clarkin JF, Lenzenweger MF (eds). Major Theories of Personality Disorder. New York: Guilford; 36–105.

Prichard JC (1835). A Treatise on Insanity and other Disorders Affecting the Mind. London, Sherwood: Gilbert & Piper.

Quality Assurance Project (1990). Treatment outlines for paranoid, schizotypal, and schizoid personality disorders. Austr New Zealand J Psychiatry; 24: 339–50.

Quint H (1993). Psychoanalytische Therapie von zwangsneurotischen Patienten. In: Möller HJ (Hrsg). Therapie psychiatrischer Erkrankungen. Stuttgart: Enke; 528–33.

Radó S (1953). Dynamics and classification of disordered behavior. Am J Psychother; 110: 406–16.

Rank O (1911). Ein Beitrag zum Narcissmus. Jahrbuch für psychoanalytische und psychopathologische Forschungen; 3: 401–26.

Rank O (1914). Der Doppelgänger. Imago. Zeitschrift für Anwendung der Psychoanalyse auf die Geisteswissenschaften; 3: 97–164.
Raskin R, Terry H (1988). A principal-components analysis of the Narcissistic Personality Inventory and further evidence of its construct validity. J Personal Soc Psychol; 54: 890–902.
Rasmussen SA, Tsuang MT (1986). Clinical characteristics and family history in DSM-III obsessive-compulsive disorder. Am J Psychiatry; 143: 317–22.
Rauchfleisch U (1981). Dissozial. Entwicklung, Struktur und Psychodynamik dissozialer Persönlichkeiten. Göttingen: Vandenhoeck & Ruprecht.
Rauchfleisch U (1984). Die Bedeutung der Angst in der ambulanten Psychotherapie von Patienten mit chronischen dissozialen Fehlentwicklungen. In: Rüger U (Hrsg). Neurotische und reale Angst. Göttingen: Vandenhoeck & Ruprecht; 195–204.
Rauchfleisch U (1990). Die Bedeutung des sozialen Umfeldes für die Psychotherapie von Borderlinepatienten auf „niederem Strukturniveau". Forum Psychoanal; 6: 175–86.
Rauchfleisch U (1997). Die antisoziale Persönlichkeitsstörung – diagnostische Überlegungen bei Verwendung psychoanalytischer Modellvorstellungen. Persönlichkeitsstörungen; 2: 85–92.
Rauchfleisch U, Nil R, Perini C (1995). Zur Validität des Narzissmusinventars (Deneke u. Hilgenstock). Z Psychosom Med Psychoanalyse; 41: 268–78.
Reddemann L, Sachsse U (1997). Traumazentrierte Psychotherapie. Teil 1: Stabilisierung. Persönlichkeitsstörungen; 3: 113–47.
Reddemann L, Sachsse U (1998). Traumazentrierte Psychotherapie. Teil 2: Traumaexposition. Persönlichkeitsstörungen; 3: 77–87.
Reddemann L, Sachsse U (2000). Traumazentrierte Psychotherapie der chronifizierten komplexen Posttraumatischen Belastungsstörung vom Phänotyp der Borderline-Persönlichkeitsstörungen. In: Kernberg OF, Dulz B, Sachsse U (Hrsg). Handbuch der Borderline-Störungen. Stuttgart, New York: Schattauer; 555–71.
Reddemann L, Wöller W, Kruse J (2001). Opfer traumatischer Gewalt. In: Wöller W, Kruse J (Hrsg). Tiefenpsychologisch fundierte Psychotherapie. Basisbuch und Praxisleitfaden. Stuttgart, New York: Schattauer; 295–307.
Reich J (1987). Sex distribution of DSM-III personality disorders in psychiatric outpatients. Am J Psychiatry; 144: 485–8.
Reich J (1989). Familiality of DSM-III dramatic and anxious personality clusters. J Nerv Ment Dis; 177: 96–100.
Reich J, Noyes R (1986). Differentiating schizoid and avoidant personality disorders. Am J Psychiatry; 143: 1062.
Reich J, Green AI (1991). Effect of personality disorders on outcome of treatment. J Nerv Ment Dis; 179: 74–82.
Reich J, Braginsky Y (1994). Paranoid personality traits in a panic disorder population: a pilot study. Compr Psychiatry; 35: 260–4.
Reich J, Nduaguba M, Yates W (1988). Age and sex distribution of DSM-III personality cluster traits in a community population. Compr Psychiatry; 29: 298–303.
Reich J, Yates W, Nduaguba M (1989). Prevalence of DSM-III personality disorders in community. Social Psychiatry and Psychiatric Enidemioloav; 24: 12–6.
Reich T, Cloninger CR, Guze SB (1975). The multifactorial model of disease transmission: I. Description of the model and its use in psychiatry. Br J Psychiatry; 127: 1–10.
Reich W (1933). Charakteranalyse. Technik und Grundlagen. Berlin: Selbstverlag.
Reich W (1945). Character Analysis. 3rd enlarged ed. New York: Simon & Schuster.
Reicher JW (1976). Die Entwicklungspsychopathie und die analytische Psychotherapie von Delinquenten. Psyche; 30: 604–12.
Reid WH (1981). The Treatment of Antisocial Syndromes. New York: Van Nostrand Reinhold.

Reis D (1974). Central neurotransmitters in aggression. Res Publ Assoc Res Nerv Ment Dis; 52: 119–48.

Renneberg B, Chambless DL, Dowdall DJ, Fauerbach JA, Gracely EJ (1992). The Structured Clinical Interview for DSM-III-R Axis II and the Millon Clinical Multiaxial Inventory: a concurrent study of personality disorders among agoraphobic outpatients. J Personality Dis; 6: 117–24.

Reynolds C, Soloff R, Kupfer D, Taska L, Restifo K, Coble R, McNamara M (1985). Depression in borderline patients: a prospective EEG sleep study. Psychiatry Res; 14: 1–15.

Richman JA, Flaherty JA (1988). "Tragic man" and "tragic woman": gender differences in narcissistic styles. Psychiatry; 51: 368–77.

Riemann F (1975). Grundformen der Angst. München: Reinhardt.

Rienzi BM, Scrams DJ (1991). Gender stereotypes for paranoid, antisocial, compulsive, dependent, and histrionic personality disorders. Psychol Rep; 69: 976–8.

Rienzi BM, Forquera J, Hitchcock DL (1995). Gender stereotypes for proposed DSM-IV negativistic, depressive, narcissistic, and dependent personality disorders. J Personal Disord; 9: 49–55.

Robbins A (1988). The interface of the real and transference relationships in the treatment of schizoid phenomena. Psychoanal Rev; 75: 393–417.

Robins LN (1966). Deviant Children Grown Up: a sociological and psychiatric study of sociopathic personality. Baltimore: Williams & Wilkins.

Robins LN (1978). Study of childhood predictors of adult antisocial behaviour: replication from longitudinal studies. Psychol Med; 8: 811–6.

Robins LN, Price RK (1991). Adult disorders predicted by childhood conduct problems: results from the NIMH Epidemiologic Catchment Area project. Psychiatry; 54: 116–32.

Robins LN, Helzer JE, Croughan J, Ratcliff KS (1981). National Institute of Mental Health Diagnostic Interview Schedule: its history, characteristics, and validity. Arch Gen Psychiatry; 38: 381–9.

Robins LN, Helzer JE, Weissman MM, Orvaschel H, Gruenberg E, Borke JD, Regier DA (1984). Lifetime prevalence of specific psychiatric disorders in three sites. Arch Gen Psychiatry; 41: 949–58.

Robins LN, Wing J, Wittchen H, Helzer JE, Babor TF, Burke J, Former A, Jablenski A, Pickens R, Regier DA (1988). The Composite International Diagnostic Interview. Arch Gen Psychiatry; 45: 1069–77.

Robins LN, Tipp J, Przybeck T (1991). Antisocial personality. In: Robins LN, Regier DA (eds). Psychiatr Disorders in America. New York: Free Press; 258–90.

Rockland L (1992). Supportive Therapy for Borderline Patients. A psychodynamic approach. New York: Guilford.

Rogers CR (1951). Client-centered Therapy. Boston: Houghton Mifflin.

Ronningstam E, Gunderson J (1989). Descriptive studies on narcissistic personality disorder. Psychiatri Clin North Am; 12: 585–601.

Ronningstam E, Gunderson J (1990). Identifying criteria for narcissistic personality disorder. Am J Psychiatry; 147: 918–22.

Ronningstam E, Gunderson J (1991). Differentiating borderline personality disorder from narcissistic personality disorder. 142nd Annual Meeting of the American Psychiatric Association (San Francisco, CA 1989). J Personal Disord; 5: 225–32.

Rosenfeld H (1981). Zur Psychopathologie und psychoanalytischen Behandlung einiger Borderline-Patienten. Psyche; 35: 338–52.

Rosenfeld H (1983). Primitive object relations and mechanisms. Int J Psychoanal; 64: 261–8.

Rosenstein DS, Horowitz HA (1996). Adolescent attachment and psychopathology. J Cons Clin Psychol; 64: 244–53.

Rosenthal RN, Muran JC, Pinsker H, Hellerstein D, Winston A (1999). Interpersonal change in brief supportive psychotherapy. J Psychother Pract Res; 8: 55–63.

Rosse IC (1890). Clinical evidences of Borderland Insanity. J Nerv Ment Dis; 17: 669–83.

Roszinsky-Köcher G, Dulz B (1996). Zotepin – ein atypisches Neuroleptikum. Fundamenta Psychiatr; 10: 40–6.

Roth A, Fonagy P (1996). What Works for Whom? A critical review of psychotherapy research. New York, London: Guilford.

Rothstein MM, Vallis TM (1992). Application of cognitive therapy to patients with personality disorders. In: Vallis TM, Howes JL, Miller PC (eds). The Challenge of Cognitive Therapy: applications to nontraditional populations. New York: Plenum; 59–84.

Rounsaville B, Kosten TR, Kleber HD (1986). Long-term changes in current psychiatric diagnoses of treated opiate addicts. Compr Psychiatry; 27: 480–98.

Rudolf G (1996). Der psychoanalytische Ansatz in der Behandlung von Patienten mit Persönlichkeitsstörung. In: Schmitz B, Fydrich T, Limbacher K (Hrsg). Persönlichkeitsstörungen: Diagnostik und Psychotherapie. Weinheim: Psychologie Verlags Union; 117–35.

Rudolf G, Eich W (1999). Die Entwicklung wissenschaftlich begründeter Leitlinien. Psychotherapeut; 2: 124–6.

Rüger U (1986). Stationär-ambulante Gruppenpsychotherapie bei Patienten mit Frühstörungen. Gruppenpsychother Gruppendyn; 21: 324–336.

Rupprecht-Schampera U (1995). The concept of "early triangulation" as a key to a unified model of hysteria. Int J Psychoanal; 76: 457–73.

Rupprecht-Schampera U (1996). Hysterie – eine klassische psychoanalytische Theorie? In: Seidler GH (Hrsg). Hysterie heute. Metamorphosen eines Paradiesvogels. Stuttgart: Enke; 56–74.

Rupprecht-Schampera U (1997). Das Konzept der „frühen Triangulierung" als Schlüssel zu einem einheitlichen Modell der Hysterie. Psyche; 7: 637–64.

Rush B (1812). Medical Inquiries and Observations Upon the Diseases of the Mind. Philadelphia, PA: Kimber & Richardson.

Rycroft C (1991). The analysis of a paranoid personality. In: Kets de Vries MFR, Perzow SM (eds). Handbook of Character Studies: psychoanalytic explorations. Madison, CT: International Universities Press; 557–83.

Sachsse R (1997). Persönlichkeitsstörungen. Psychotherapie dysfunktionaler Interaktionsstile. Göttingen: Hogrefe.

Sadger I (1908). Psychiatrisch-Neurologisches in psychoanalitischer Beleuchtung. Zentralblatt für das Gesamtgebiet der Medizin und ihrer Hilfswissenschaften; 4: 45–7/53–7.

Salzman C (1996). Sexual abuse and borderline personality disorder. Am J Psychiatry; 153: 848.

Salzman JP, Salzman C, Wolfson AN, Albanese M (1993). Association between borderline personality structure and history of childhood abuse in adult volunteers. Compr Psychiatry; 34: 254–7.

Salzman L (1968). The Obsessive Personality: origins, dynamics, and therapy. New York: Science House.

Salzman L (1974). Other character personality syndromes: schizoid, inadequate, passive-aggressive, paranoide, dependent. In: Arieti S, Brody EB (eds). American Handbook of Psychiatry. 2nd ed. Vol. 3. New York: Basic Books; 224–34.

Salzman L (1980). Treatment of the Obsessive Personality. New York: Jason Aronson.

Salzman L (1983). Psychoanalytic treatment of the obsessional patient. Curr Psychiatric Ther; 22: 53–9.

Sampson H, Weiss J (1986). Testing hypotheses: the approach of the Mount Zion Psychotherapy Research Group. In: Greenberg LS, Pinsof WM (eds). The Psychotherapeutic Process. New York: Guilford; 591–613.

Literatur

Sareen J, Enns MW, Guertin JE (2000). The impact of clinically diagnosed personality disorders on acute and one-year outcomes of electroconvulsive therapy. J ECT; 16: 43–51.

Saß H (1987). Psychopathie – Soziopathie – Dissozialität. Zur Differentialtypologie der Persönlichkeitsstörungen. Berlin, Heidelberg, New York: Springer.

Saß H (1992). Persönlichkeitsstörungen und Soziopathie. In: Payk TR (Hrsg). Dissozialität. Psychiatrische und forensische Aspekte. Stuttgart, New York: Schattauer; 1–10.

Saß H, Koehler K (1983). Borderline-Syndrome: Grenzgebiet oder Niemandsland? Nervenarzt; 54: 221–30.

Saß H, Mende M (1990). Zur Erfassung von Persönlichkeitsstörungen mit einer integrierten Merkmalsliste gem. DSM-III-R und ICD-10 bei stationär behandelten psychiatrischen Patienten. In: Baumann K, Fähndrich E, Stieglitz RD, Woggon B (Hrsg). Veränderungsmessung in Psychiatrie und klinischer Psychologie. München: Profil; 195–206.

Saß H, Houben I, Herpertz S (1999). Zur Diagnostik von Persönlichkeitsstörungen. In: Saß H, Herpertz S (Hrsg). Psychotherapie von Persönlichkeitsstörungen. Beiträge zu einem schulenübergreifenden Vorgehen. Stuttgart: Thieme; 1–15.

Satow R (1991). Carl: The analysis of a schizoid personality. In: Thorne E, Herscovitch Schaye S (eds). Psychoanalysis Today: a case book. Springfield, IL: Thomas; 205–22.

Schaefer ES (1965). Configurational analysis of children's reports of parent behavior. J Cons Psychol; 29: 552–7.

Schaye TI (1991). "Widening the scope" to permit the analysis of conflicts in a schizoid patient. In: Thorne E, Herscovitch Schaye S (eds). Psychoanalysis Today: a case book. Springfield, IL: Thomas; 273–321.

Schepank H, Tress W (Hrsg) (1988). Die stationäre Psychotherapie und ihr Rahmen. Berlin: Springer.

Schepank H, Hilpert H, Hönmann H, Janta B, Parekh H, Riedel P, Schiessl N, Stark H, Tress W, Weinhold-Metzner M (1984). Das Mannheimer Kohortenprojekt – Die Prävalenz psychogener Erkrankungen in der Stadt. Z Psychosom Med; 30: 43–61.

Schmiedeberg M (1947). The treatment of psychopaths and borderline-patients. Am J Psychother; 1: 45–70.

Schneider K (1923). Die psychopathischen Persönlichkeiten. Leipzig: Thieme.

Schneider K (1950). Die psychopathischen Persönlichkeiten. 9. Aufl. Wien: Deuticke.

Schoeneich F, Rose M, Klapp BF (1997). Narzissmusinventar 90-R – Itemreduktion und empirisch fundierte Identifikation veränderungssensitiver Items zur Messung selbstregulativer Parameter. Poster auf der 10. Mainzer Werkstatt zu empirischen Forschung über stationäre Psychotherapie am 21.–22.11.97.

Schotte C, Doncker D, Maes M, Cluydts R, Cosyns P (1993). MMPI Assessment of the DSM-III-R histrionic personality disorder. J Personal Assess; 60: 500–10.

Schultz-Hencke H (1940). Der gehemmte Mensch. 4. Aufl. Stuttgart: Thieme 1978.

Schultz-Hencke H (1951). Lehrbuch der analytischen Psychotherapie. 4. unveränd. Aufl. Stuttgart: Thieme 1985.

Schulz P, Schulz S, Goldberg S, Ettigi R, Resnick R, Friedel R (1986). Diagnoses of the relatives of schizotypal outpatients. J Nerv Ment Dis; 174: 457–63.

Seidler GH (1996). Hysterie heute. Metamorphosen eines Paradiesvogels. Stuttgart: Enke.

Seipel KH (1992). Fallkonzeption einer ambulanten Verhaltenstherapie bei narzisstischer Persönlichkeitsstörung. Prax klin Verhaltensther Rehab; 18: 98–105.

Shapiro D (1965). Neurotic Styles. New York: Basic Books.

Shapiro D (1981). Autonomy and Rigid Character. New York: Basic Books.

Shapiro F (1995). Eye Movement Desensitization and Reprocessing. New York, London: Guilford.

Shea MT (1993). Psychosocial treatment of personality disorders. J Personal Disord; 7, Suppl: 167–80.

Shea MT, Pilkonis PA, Beckham E, Collins JF, Elkin I, Sotsky SM, Docherty J (1992). Personality disorders and treatment outcome in the NIMH treatment of depression collaborative research program. Am J Psychiatry; 147: 711–8.

Shea T (1996). Wirksamkeit von Psychotherapie bei Persönlichkeitsstörungen. In: Schmitz B, Fydrich T, Limbacher K (Hrsg). Persönlichkeitsstörungen. Diagnostik und Psychotherapie. Weinheim: Psychologie Verlags Union; 359–75.

Sheard MH, Marini JL, Bridges CI, Wagner E (1976). The effect of lithium on impulsive aggressive behaviour in man. Am J Psychiatry; 133: 1409–13.

Shulman DG, McCarthy EC, Ferguson GR (1988). The projective assessment of narcissism: development, reliability, and validity of the N-P. Psychoanal Psychol; 5: 285–97.

Siever LJ, Davis K (1991). A psychobiological perspective on the personality disroders. Am J Psychiatry; 148: 1647–58.

Sigmund D (1994). Die Phänomenologie der hysterischen Persönlichkeitsstörung. Nervenarzt; 65: 18–25.

Sigvardsson S, Cloninger CR, Bohman M, von Knorring AL (1982). Predisposition to petty criminality in Swedish adoptees: III. Sex differences and validation of the male typology. Arch Gen Psychiatry; 39: 1248–53.

Silberstein S (1995). Safety first: approaching treatment of the schizoid disorder of the self. In: Masterson JF, Klein R (eds). Disorders of the Self: new therapeutic horizons. The Masterson Approach. New York: Brunner & Mazel; 143–60.

Silk KR (1996). Rational pharmacotherapy for patients with personality disorders. In: Links PS (ed). Clinical Assessment and Management of Severe Personality Disorders. Washington, DC: American Psychiatric Press; 109–42.

Silk KR, Lee S, Hill EM, Lohr NE (1995). Borderline personality disorder symptoms and severity of sexual abuse. Am J Psychiatry; 152: 1059–64.

Simons AD, Murphy GE, Levine JE, Wetzel RD (1986). Cognitive therapy and pharmacotherapy for depression: sustained improvement over one year. Arch Gen Psychiatry; 43: 43–8.

Simonson E, Mellergard M (1988). Trends in the use of the borderline diagnosis in Denmark from 1975 to 1985. J Personal Disord; 2: 102–8.

Skodol A, Buckley P, Charles E (1983). Is there a characteristic pattern to treatment history of clinical outpatients with borderline personality? J Nerv Ment Dis; 171: 405–10.

Skodol A, Rosnick L, Kellman D, Oldham J, Hyler S (1988). Validating structured DSM-III-R personality disorder assessments with longitudinal data. Am J Psychiatry; 145: 1297–9.

Slater E, Roth M (1977). Clinical Psychiatry. London, Bailliere: Tindal.

Slavney PR (1978). The diagnosis of hysterical personality disorder: a study of attitudes. Compr Psychiatry; 19: 501–7.

Slavney PR (1984). Histrionic personality and antisocial personality: caricatures of stereotypes? Compr Psychiatry; 25: 129–41.

Slavney PR, Chase GA (1985). Clinical judgements of self-dramatization: a test of the sexist hypothesis. Br J Psychiatry; 146: 614–7.

Slavney PR, McHugh PR (1974). The hysterical personality. Arch Gen Psychiatry; 30: 325–32.

Smith GR, Golding JM, Kashner TM, Rost K (1991). Antisocial personality disorder in primary care patients with somatization disorder. Compr Psychiatry; 32: 367–72.

Smith TE, Koenigsberg HW, Yeomans FE, Clarkin JF, Selzer MA (1995). Predictors of dropout in psychodynamic psychotherapy of borderline personality disorder. J Psychother Practice Res; 4: 205–13.

Snyder S, Pitts WM, Gustin G (1983). Absence of borderline personality disorder in later years. Am J Psychiatry; 140: 271–2.

Soloff P (1997). Psychobiologic perspectives on treatment of personality disorders. J Personal Disord; 11: 336–44.

Soloff P, George A, Nathan R, Schulz P (1987). Characterizing depression in borderline patients. J Clin Psychiatry; 48: 155–7.
Soloff PH (1990). What's new in personality disorders? An update on pharmacologic treatment. J Personal Disord; 4: 233–43.
Soloff PH (1993). Pharmacological therapies in borderline personality disorder. In: Paris J (ed). Borderline Personality Disorder: etiology and treatment. Washington, DC: American Psychiatric Press; 319–48.
Soloff PH (1998). Treatment of personality disorders: symptom-specific treatments for cognitive-perceptual, affective, and impulse-behavioral dysregulation. Bull Menn Clin; 62: 195–214.
Soloff PH, Millward J (1983). Psychiatric disorders in the families of borderline patients. Arch Gen Psychiatry; 40: 37–44.
Soloff PH, Cornelius J, George A, Nathan S, Perel JM, Ulrich RF (1993). Efficacy of phenelzine and haloperidol in borderline personality disorder. Arch Gen Psychiatry; 50: 377–85.
Soloff PH, George A, Nathan RS Schulz PM, Ulrich RF, Perel JM (1986a). Progress in pharmacotherapy of borderline disorders. A double-blind study of amitriptyline, haloperidol, and placebo. Arch Gen Psychiatry; 43: 691–7.
Soloff PH, George A, Nathan RS, Schulz PM, Perel JM (1986b). Paradoxical effects of amitriptyline on borderline patients. Am J Psychiatry; 143: 1603–5.
Soubrie P (1986). Reconciling the role of central serotonin neurons in human and animal behavior. Behav Brain Sci; 9: 319–64.
Spalt L (1980). Hysteria and antisocial personality: a single disorder? J Nerv Ment Dis; 168: 456–64.
Spitzer AL, Williams JBW (1986). Structured Clinical Interview for DSM-III-R Personality Disorders (SCID-II). New York: State Psychiatric Institute.
Spitzer RL, Endicott J, Gibbon M (1979). Crossing the Border into Borderline Personality and Borderline Schizophrenia. Arch Gen Psychiatry; 36: 17–24.
Stadter M (1996). Object Relations Brief Therapy. Northvale, New Jersey, London: Jason Aronson.
Stanton AH (1978). Personality disorders. In: Nicoli AM (ed). The Harvard Guide to Modern Psychiatry. Cambridge, MA: Belknap Press of Harvard University Press; 283–96.
Staub H (1957). Psychoanalyse und Strafrecht. In: Federn P, Meng H (Hrsg). Das psychoanalytische Volksbuch. Stuttgart: Thieme; 354–62.
Steiner J (1993/1998). Orte seelischen Rückzugs. Pathologische Organisationen bei psychotischen, neurotischen und Borderline-Patienten. Stuttgart: Klett-Cotta.
Stern A (1938). Psychoanalytic investigation of and therapy in the Border Line Group of neuroses. Psychoanal Q; 7: 467–89.
Sternbach H, Fleming J, Extein I, Pottash A, Gold M (1983). The dexamethasone suppression and thyrotropinreleasing hormone tests in depressed borderline patients. Psychoneuroendocrinology; 8: 459–62.
Stevens GF (1993). Applying the diagnosis antisocial personality to imprisoned offenders: looking for hay in a haystack. J Offender Rehab; 19: 1–26.
Stevenson J, Meares R (1992). An outcome study of psychotherapy for patients with borderline personality disorder. Am J Psychiatry; 149: 358–62.
Stevenson J, Meares R (1999). Psychotherapy with borderline patients: II. A preliminary cost benefit study. Aust-N Z J Psychiatry; 33: 473–7.
Stone L (1954). The widening scope of indications for psychoanalysis. J Am Psychoanal Assoc; 2: 567–94.
Stone MH (1986). Essential papers on Borderline Disorders. One hundred years at the Border. New York: New York University Press.

Stone MH (1987). Psychotherapy of borderline patients in light of long-term follow-up. Bull Menn Clin; 51: 231–47.
Stone MH (1988). Toward a psychobiological theory of borderline personality disorder: is irritability the red thread that runs through borderline conditions? Dissociation. Progress Diss Disord; 1: 2–15.
Stone MH (1989a). Langzeitkatamnese von narzißtischen und Borderline-Patienten. In: Kernberg OF (1996). Narzißtische Persönlichkeitsstörungen. 1. korr. Nachdruck der dt. Ausgabe. Stuttgart, New York: Schattauer; 131–54.
Stone MH (1989b). The course of borderline personality disorder. In: Tasman A, Hales R, Frances A (eds). Review of Psychiatry. Washington, DC: American Psychiatric Press; 103–22.
Stone MH (1989c). Schizoid personality disorder. In: American Psychiatric Association (ed). Treatments of Psychiatric Disorders. Vol. 3. Washington, DC: American Psychiatric Association; 2712–18.
Stone MH (1990). The Fate of Borderline Patients: successful outcome and psychiatric practice. New York: Guilford.
Stone MH (1993). Long-term outcome in personality disorders. Br J Psychiatry; 162: 299–313.
Stone MH (1994). Characterologic subtypes of the borderline personality disorder. Psychiatr Clin North Am; 17: 773–84.
Stone MH, Stone DK, Hurt SW (1987a). Natural history of borderline patients treated by intensive hospitalization. Psychiatr Clin North Am; 10: 185–206.
Stone MH, Hurt S, Stone M (1987b). The P.I. 500: Long-term follow-up of borderline inpatients meeting DSM-III criteria. I: Global outcome. J Personal Disord; 1: 291–8.
Strack S, Lorr M (1997). Invited essay: the challenge of differentiating normal and disordered personality. J Personal Disord; 11: 105–22.
Straus MA, Sugarman DB, Giles-Sims J (1997). Spanking by parents and subsequent antisocial behavior of children. Arch Pediatr Adolesc Med; 151: 761–7.
Stravynski A, Belisle M, Marcouiller M, Lavallée YJ, Elie R (1994). The treatment of avoidant personality disorder by social skills training in the clinic or in real-life settings. Can J Psychiatry; 39: 377–83.
Stravynski A, Marks I, Yule W (1982). Social skills problems in neurotic outpatients: social skills training with and without cognitive modification. Arch Gen Psychiatry; 39: 1378–85.
Strupp HH, Binder JL (1984). Psychotherapy in a New Key: a guide to time-limited dynamic psychotherapy. New York: Basic Books (dt.: Kurzpsychotherapie. Stuttgart: Klett-Cotta 1991).
Stuart S, Pfohl B, Battaglia M, Bellodi K. Grove W, Cadoret R (1998). The cooccurrence of DSM-III-R personality disorders. J Personal Disord; 12: 302–15.
Sullivan HS (1953). The Interpersonal Theory in Psychiatry. New York: Norton.
Sullivan HS (1956). Clinical Studies in Psychiatry. New York: Norton.
Sullivan PF, Joyce PR, Mulder RT (1994). Borderline personality disorder in major depression. J Nerv Ment Dis; 182: 508–16.
Süllwold F (1990). Zur Struktur der hypochondrischen und der hysteroiden Persönlichkeit. Z experim angew Psychol; 37: 642–59.
Süllwold F (1994). Das Hypochondrie-Hysterie-Inventar (HHI). Konzept, Theorie, Konstruktion, messtheoretische Qualitätskriterien, Normen und Anwendungsmöglichkeiten. Frankfurt a. M.: Psychologisches Institut.
Sutker PB, Allain AN (1983). Behavior and personality assessment in men labeled adaptive sociopaths. J Behav Assess; 5: 65–79.
Sutker PB, Allain AN (1987). Cognitive abstraction, shifting, and control: clinical comparisons of psychopaths and nonpsychopaths. J Aborm Psychol; 96: 73–5.
Sutker PB, Moan CE, Allain AN (1983). Assessment of cognitive control in psychopathic and normal prisoners. J Behav Assess; 5: 275–87.

Literatur

Swanson MC, Bland RC, Newman SC (1994). Antisocial personality disorders. Acta Psychiatr Scand; 89, Suppl: 63–70.

Swartz M, Blazer D, George L, Winfield I (1990). Estimating the prevalence of borderline personality disorder in the community. J Personal Disord; 4: 257–72.

Swartz MS, Blazer DG, George LK, Winfield I, Zakris J, Dye E (1989). Identification of borderline personality disorder with the NIMH Diagnostic Interview Schedule. Am J Psychiatry; 146: 200–5.

Symington N (1980). The response aroused by the psychopath. Int Rev Psychoanal; 7: 291–8.

Target M (1998). Outcome research on the psychosocial treatment of personality disorders. Bull Menn Clin; 62: 15–230.

Templeton E (1991). Working towards an integration and synthesis of many selves: the treatment of a schizoid character. In: Thorne E, Herscovitch Schaye S (eds). Psychoanalysis Today: a case book. Springfield, IL; Thomas; 183–204.

Thompson LW, Gallagher D, Czirr R (1988). Personality disorder and outcome in the treatment of late-life depression. J Geriat Psychiatry 21: 133–46.

Thompson-Pope K, Turkat ID (1993). Schizotypal, schizoid, paranoid, and avoidant personality disorders. In: Sutker PB, Adams HE (eds). Comprehensive Handbook of Psychopathology. New York: Plenum Press; 411–34.

Tölle R (1986). Persönlichkeitsstörungen. In: Kisker KP, Lauter H, Meyer JE, Müller C, Strömgren E (Hrsg). Psychiatrie der Gegenwart 1: Neurosen. Psychosomatische Erkrankungen. Psychotherapie. Berlin, Heidelberg, New York, Tokio: Springer; 151–88.

Tölle R (1994). Psychiatrie. 10. Aufl. Berlin, Heidelberg, New York: Springer.

Tomkins SS (1968). Affects – primary motives of man. Humanitas; 3: 321–46.

Torgersen S (1980). The oral, obsessive and hysterical personality syndromes: a study of hereditary and environmental factors by means of the twin method. Arch Gen Psychiatry; 37: 1272–7.

Tress W (Hrsg) (1993). Die Strukturale Analyse Sozialen Verhaltens – SASB. Ein Arbeitsbuch für Forschung, Praxis und Weiterbildung. Heidelberg: Asanger.

Tress W, Langenbach M, Henry WP (1997). Persönlichkeitsstörungen. In: Ahrens S (Hrsg). Lehrbuch der psychotherapeutischen Medizin. Stuttgart, New York: Schattauer; 196–226.

Tress W, Wöller W, Horn E (Hrsg) (2000). Psychotherapeutische Medizin im Krankenhaus – State of the Art. Frankfurt a. M.: VAS.

Trimborn W (1983). Die Zerstörung des therapeutischen Raumes. Das Dilemma stationärer Psychotherapie bei Borderline-Patienten. Psyche; 37: 204–36.

Trower P, Yardley L, Bryant BM, Shaw P (1978). The treatment of social failure: a comparison of anxiety-reduction and skills-acquisition procedures on two social problems. Beh Med; 2: 41–60.

Trull TJ, McCrae RR (1994). A five-factor perspective on personality disorder research. In: Costa PT, Widiger TA. Personality Disorders and the Five-Factor Model of Personality. Washington, DC: American Psychological Association Press; 59–71.

Trull TJ, Widiger TA, Frances A (1987). Covariation of criteria sets for avoidant, schizoid and dependent personality disorder. Am J Psychiatry; 144: 767–72.

Tucker L, Bauer SF, Wagner S, Harlam D, Sher I (1987). Long-term hospital treatment of borderline patients: a descriptive outcome study. Am J Psychiatry; 144: 1443–8.

Turkat ID (1990). The Personality Disorders: a psychological approach to clinical management. New York: Pergamon.

Turkat ID (1996). Die Persönlichkeitsstörungen. Ein Leitfaden für die klinische Praxis. Bern: Huber.

Turkat ID, Maisto SA (1985). Personality disorders: application of the experimental method to the formulation and modification of personality disorders. In: Barlow DH (ed). Clinical Handbook of Psychological Disorders. New York: Guilford Press; 502–70.

Turner SM, Beidel DC, Dancu CV, Keys DJ (1986). Psychopathology of social phobia and comparison to avoidant personality disorder. J Abnorm Psychol; 95: 389–94.
Turner SM, Beidel DC, Townsley RM (1992). Social phobia: a comparison of specific and generalized subtypes and avoidant personality disorder. J Abnorm Psychol; 101: 326–31.
Tyrer P, Johnson T (1996). Establishing the severity of personality disorders. Am J Psychiatry; 153: 1593–7.
Tyrer P, Seivewright N, Ferguson B, Murphy S, Johnson AL (1993). The Nottingham study of neurotic disorder: effect of personality status on response to drug treatment, cognitive therapy and self-help over two years. Br J Psychiatry; 162: 219–26.
Tyrer P, Merson S, Onyett S, Johnson T (1994). The effect of personality disorder on clinical outcome, social networks and adjustment: a controlled clinical trial of psychiatric emergencies. Psychol Med; 24: 731–40.
Vaglum S, Vaglum P (1985). Borderline and other mental disorders in alcoholic female psychiatric patients: a case control study. Psychopathology; 18: 50–60.
Vaillant GE, Perry JC (1985). Personality disorders. In: Kaplan HL, Sadock BJ (eds). Comprehensive Textbook of Psychiatry. 4th ed. Baltimore: Williams & Wilkins; 1352–395.
Val E, Nasr S, Gaviria F, Prasad R (1983). Depression, borderline personality disorder, and the DST. Am J Psychiatry; 140: 819.
van der Kolk BA, Hostetler A, Herron N, Fisler RE (1994). Trauma and the development of borderline personality disorder. Psychiatr Clin North Am; 17: 715–30.
van der Kolk BA, Perry JC, Herman JL (1991). Childhood origins of self-destructive behavior. Am J Psychiatry; 148: 1665–71.
Varma SL, Sharma I (1993). Psychiatric morbidity in the first-degree relatives of schizophrenic patients. Br J Psychiatry; 162: 672–8.
Virkkunen M (1988). Cerebrospinal fluid: monoamines among habitually violent and impulsive offenders. In: Moffit TE, Mednick SA (eds). Biological Contributions to Crime Causation. Boston: Martinus Nijhoff; 147–57.
Volkart R (1993). Fiebriges Drängen, erstarrender Rückzug. Emotionen, Fantasien und Beziehungen bei Borderline-Persönlichkeitsstörung und Depression. Bern: Lang.
Waldinger R, Gunderson JG (1984). Effective Psychotherapy with Borderline Patients. New York: Macmillan.
Wallerstein RS (1980). Diagnosis revisited (and revisited): the case of hysteria and the hysterical personality. Int J Psychoanal Psychother; 8: 533–47.
Wallerstein RS (1986). Forty-two lives in treatment. A study of psychoanalysis and psychotherapy. New York: Guilford.
Wallerstein RS (1989). The Psychotherapy Research Project of the Menninger Foundation: an overview. J Consult Clin Psychol; 57: 195–205.
Walters (1955). A metapsychological critique of Freud's Schreber analysis. Psychoanal Rev; 43: 321–42.
Warner R (1978). The diagnosis of antisocial and hysterical personality disorders: an example of sex bias. J Nerv Ment Dis; 166: 839–45.
Watzlawick P, Beavin J, Jackson DD (1967). Pragmatics of Human Communication. New York: Norton.
Weaver TL, Clum GA (1993). Early family environments and traumatic experiences associated with borderline personality disorder. J Consult Clin Psychol; 61: 1068–75.
Webb C, Levinson DF (1993). Schizotypal and paranoid personality disorder in the relatives of patients with schizophrenia and affective disorders: a review. Schizophrenia Res; 11: 81–92.
Weiß H (2000). Borderline-Position und pathologische Persönlichkeitsorgansation – der kleinianische Ansatz in Großbritannien. In: Kernberg OF, Dulz B, Sachsse U (Hrsg). Handbuch der Borderline-Störungen. Stuttgart, New York: Schattauer; 641–53.

Weiss JMA, Davis D, Hedlund JL, Cho DW (1983). The dysphoric psychopath: a comparison of 524 cases of antisocial personality disorder with matched controls. Compr Psychiatry; 24: 355–69.

Weissman M (1993). The epidemiology of personality disorders: a 1990 update. J Personal Disord; 7, Suppl: 44–62.

Weissman M, Myers J (1980). Psychiatric disorders in a US community. Acta Psychiatr Scand; 63: 99–111.

West M, Sheldon AER (1988). Classification of pathological attachment patterns in adults. J Personal Disord; 2: 153–9.

West M, Rose MS (1995). Interpersonal disorder in schizoid and avoidant personality disorders: an attachment perspective. Can J Psychiatry; 40: 411–4.

West M, Sheldon AE, Reiffer L (1987). An approach to the delineation of adult attachment: scale development and reliability. J Nerv Ment Dis; 175: 738–41.

West M, Rose MS, Sheldon-Keller A (1994). Assessment of patterns of insecure attachment in adults and application to dependent and schizoid personality disorders. J Personal Disord; 8: 249–56.

Widiger TA (1991). DSM-IV reviews of the personality disorders: introduction to special series. Special Series: DSM-IV and personality disorders. J Personal Disord; 5: 122–34.

Widiger TA (1992). Generalized social phobia versus avoidant personality disorder: a commentary on three studies. J Abnorm Psychol; 101: 340–3.

Widiger TA, Rogers JH (1989). Prevalence and comorbidity of personality disorders. Psychiatr Ann; 19: 132–6.

Widiger TA, Spitzer RL (1991). Sex bias in the diagnosis of personality disorders: conceptual and methodological issues. Clin Psychol Rev; 11: 1–22.

Widiger TA, Corbitt EM (1993). Antisocial Personality Disorder: proposals for DSM-IV. J Personal Disord; 7: 63–77.

Widiger TA, Trull TJ (1993). Borderline and Narcissistic Personality Disorders. In: Sutker PB, Adams HE (eds). Comprehensive Handbook of Psychopathology. 2nd ed. New York, London: Plenum Press; 371–94.

Widiger TA, Corbitt EM (1996). Antisocial Personality Disorder. In: Widiger TA, Frances A (eds). DSM-IV-Sourcebook. Vol. II. Washington, DC: American Psychiatric Association; 703–16.

Widiger TA, Frances A, Warner L, Bluhm C (1986). Diagnostic criteria for the borderline and schizotypal personality disorders. J Abnorm Psychol; 95: 43–51.

Widiger TA, Trull T, Hurt SW, Clarkin J, Frances A (1987). A multi-dimensional scaling of the DSM-III personality disorders. Arch Gen Psychiatry; 44: 557–63.

Widiger TA, Frances A, Spitzer RL, Williams JBW (1988). The DSM-III-R personality disorders: an overview. Am J Psychiatry; 145: 786–95.

Widiger TA, Freiman K, Bailey B (1990). Convergent and discriminant validity of personality disorder prototypic acts. Psychol Assess; 2: 107–13.

Widom CS (1977). A methodology for studying noninstitutionalized psychopaths. J Consult Clin Psychol; 45: 674–83.

Widom CS (1984). Sex roles, criminality, and psychopathology. In: Widom CS (ed). Sex Roles and Psychopathology. New York: Plenum; 183–217.

Wilkinson-Ryan T, Westen D (2000). Identity disturbance in borderline personality disorder: an empirical investigation. Am J Psychiatry; 157: 528–41.

Willenberg H, Eckhardt A, Freyberger H, Sachsse U, Gast U (1997). Selbstschädigende Handlungen. Klassifikation und Basisdokumentation. Psychotherapeut; 42: 211–7.

Wilson CP, Mintz IL (eds) (1989). Psychosomatic Symptoms: psychodynamic treatment of the underlying personality disorder. Northvale, NJ, London: Jason Aronson.

Wing J, Nixon JM, Mann SA, Leff JP (1977). Reliability of the PSE (9th ed) used in a population study. Psychol Med; 7: 505–16.
Winnicott DW (1952). Psychoses and child care. In: Winnicott DW (ed). Collected Papers. London: Tavistock; 219–28.
Winnicott DW (1965). The Maturational Processes and the Facilitating Environment. New York: International Universities Press.
Winnicott DW (1973). Vom Spiel zur Kreativität. Stuttgart: Klett-Cotta.
Winnicott DW (1974). Reifungsprozesse und fördernde Umwelt. Frankfurt a. M.: Fischer.
Winston A, Pollack J, McCullough L, Flegenheimer W, Kestenbaum R, Trujillo M (1991). Brief psychotherapy of personality disorders. J Nerv Ment Dis; 179: 188–93.
Winston A, Laikin M, Pollack J, Samstag LW, McCullough L, Muran JC (1994). Short-term psychotherapy of personality disorders. Am J Psychiatry; 151: 190–4.
Winter H (1964). Pre-oedipal factors in the genesis of hysterical character neurosis. Int J Psychoanal; 45: 338–42.
Wisdom JO (1957). Ein methodologischer Versuch zum Hysterieproblem. Psyche; 1961/62, 15: 561–87.
Wittchen HU, Schramm E, Zaudig M, Unland H (1993). SKID-II. Strukturiertes Klinisches Interview für DSM-III-R, Achse II. Göttingen: Beltz-Test.
Wittchen HU, Zaudig M, Fydrich T (1997). SKID-I/II. Strukturiertes klinisches Interview für DSM-IV. Göttingen: Hogrefe.
Wittels F (1930). The hysterical character. Medical Review of reviews; 36: 186–90.
Wittels F (1931). Der hysterische Charakter. Psychoanalytische Bewegung; 3: 138–65.
Wittels F (1937). The criminal psychopath in the psychoanalytic system. Psychoanal Review; 24: 276–91.
Woerner PI, Guze SB (1968). A family and marital study of hysteria. Br J Psychiatry; 114: 161–8.
Wolff S, Barlow A (1979). Schizoid personality in childhood: a comparative study of schizoid, autistic, and normal children. J Child Psychol Psychiatry; 20: 29–46.
Wöller W, Kruse J, Alberti L (1996). Was ist supportive Psychotherapie? Nervenarzt; 67: 249–52.
Wöller W, Bernard J, Kruse J, Albus C (2001a). Supportive und interaktionelle Techniken bei Patienten mit defizitären Ich-Funktionen. In: Wöller W, Kruse J (Hrsg). Tiefenpsychologisch fundierte Psychotherapie. Basisbuch und Praxisleitfaden. Stuttgart, New York: Schattauer; 205–35.
Wöller W, Siol T, Liebermann P (2001b). Traumaassoziierte Störungsbilder neben der PTSD. In: Flatten G, Hofmann A, Liebermann P, Siol T, Wöller W, Petzold E (Hrsg). Posttraumatische Belastungsstörung. Leitlinie der AWMF und Quellentext. Stuttgart, New York: Schattauer; 25–39.
Woody GE, McLellan T, Luborsky LL, O'Brien CP (1985). Sociopathy and psychotherapy outcome. Arch Gen Psychiatry; 42: 1081–6.
Woolson AM, Swanson MG (1972). The second time around: psychotherapy with the "hysterical woman". Psychotherapy: Theory Res Practice; 9: 168–75.
Woo-Ming AM, Siever LJ (1998). Psychopharmacological treatment of personality disorders. In: Nathan PE, Gorman JM (eds). A Guide to Treatments that Work. New York, Oxford: University Press; 554–67.
World Health Organization (1992). The ICD-10 Classification of Mental and Behavioural Disorders. Clinical Descriptions and Diagnostic Guidelines. Geneva: World Health Organization.
Wulach JS (1983). Diagnosis of the DSM-III antisocial personality disorder. Professional Psychology. Res Practice; 14: 330–40.

Literatur

Wurmser L (1981). The Mask of Shame. Baltimore, MD: Johns Hopkins University Press.

Wurmser L (1987). Flucht vor dem Gewissen. Analyse von Über-Ich und Abwehr bei schweren Neurosen. New York, Tokio, Berlin, Heidelberg: Springer.

Yeomans FE, Gutfreund J, Selzer MA, Clarkin JF, Hull JW, Smith TE (1994). Factors related to drop-outs by borderline patients: treatment contract and therapeutic alliance. J Psychother Pract Res 3: 16–24.

Zahn-Waxler C (1993). Warriors and worriers: gender and psychopathology. Dev Psychopathol; 5: 79–90.

Zanarini MC, Frankenburg FR, Chauncey D, Gunderson JG (1987). The Diagnostic Interview for Personality Disorders: interrater and test-retest reliability. Compr Psychiatry; 28: 467–80.

Zanarini MC, Gunderson JG, Marino M, Schwartz E, Frankenburg FR (1988). DSM-III disorders in the families of borderline outpatients. J Personal Disord; 2: 292–302.

Zanarini MC, Gunderson JG, Marino MF, Schwartz EO, Frankenburg FR (1989a). Childhood experiences of borderline patients. Compr Psychiatry; 30: 18–25.

Zanarini MC, Gunderson JG, Frankenburg FR, Chauncey D (1989b). The revised Diagnostic Interview for Borderlines: discriminating BPD from other Axis II disorders. J Personal Disord; 3: 10–8.

Zanarini MC, Gunderson JG, Frankenburg FR (1990). Cognitive features of borderline personality disorder. Am J Psychiatry; 147: 57–63.

Zanarini MC, Frankenburg FR, Dubo ED, Sickel AE, Trikha A, Levin A, Reynolds V (1998a). Axis II comorbidity of Borderline Personality Disorder. Compr Psychiatry; 39: 290–302.

Zanarini MC, Frankenburg FR, Dubo ED, Sickel AE, Trikha A, Levin A, Reynolds V (1998b). Axis I comorbidity of Borderline Personality Disorder. Am J Psychiatry; 155: 1733–9.

Zavitzianos G (1971). Fetishism and exhibitionism in the female and their relationship to psychopathy and kleptomania. Int J Psychoanal; 52: 297–306.

Zetzel ER (1968). The so-called good hysteric. Int J Psychoanal; 49: 256–60.

Zielke M, Anhäuser K (1992). Empirische Validierung eines Narzissmusfragebogens und seine Verwendung bei der Evaluation stationärer Verhaltenstherapie. Prax Klein Verhaltensmed Rehab; 5: 123–45.

Zimmerman M, Coryell WH (1989). DSM-III personality disorder diagnoses in a nonpatient sample: demographic correlates and comorbidity. Arch Gen Psychiatry; 46: 682–9.

Zimmerman M, Coryell WH (1990). Diagnosing personality disorders in the community: a comparison of self-report and interview measures. Arch Gen Psychiatry; 47: 527–31.

Zisook S, Goff A, Sledge P, Shuchter SR (1994). Reported suicidal behavior and current suicidal ideation in a psychiatric outpatient clinic. Ann Clin Psychiatry; 6: 27–31.

Zweig-Frank H, Paris J, Guzder J (1994a). Psychological risk factors for dissociation and self-mutilation in female patients with borderline personality disorder. Can J Psychiatry; 39: 259–64.

Zweig-Frank H, Paris J, Guzder J (1994b). Psychological risk factors and self-mutilation in male patients with BPD. Can J Psychiatry; 39: 266–8.

Zweig-Frank H, Paris J, Guzder J (1994c). Dissociation in male patients with borderline and non-borderline personality disorders. J Personal Disord; 8: 210–8.

Standardwerke zum Thema Persönlichkeitsstörungen

Dulz/Schneider
Borderline-Störungen
Theorie und Therapie

Mit einem Geleitwort von
Otto F. Kernberg

Limitierte Jubiläums-Edition 1999 der 2. Auflage 1996.
198 Seiten, 25 teilweise farbige Abbildungen, 12 Tabellen, kart.
€ 22,95/CHF 34,70   ISBN 3-7945-2013-0

„Die Autoren haben viele Jahre in der stationär-psychiatrischen Versorgung von Borderline-Patienten gearbeitet und dabei den Spagat zwischen Psychiatrie und Psychoanalyse versucht – offenbar erfolgreich, sogar ohne Berührungsängste Medikamenten gegenüber ... Ein einleuchtendes Plädoyer für Borderline-Spezialstationen und ein umfassendes, lehrreiches und verstehbares Buch über die Borderline-Störung aus der Sicht der modernen Psychoanalyse."
Psychologie heute

Kernberg/Dulz/Sachsse (Hrsg.)
Handbuch der Borderline-Störungen

Übersetzungen von
Hans-Otto Thomashoff

Mit **DSM-IV-Merkmalskatalog** der Borderline-Persönlichkeitsstörung (301.83) und **ICD-10-Kriterien** der Borderline-Persönlichkeitsstörung (F60.31)

2000. 976 Seiten, 16 Abbildungen, 52 Tabellen, geb.
€ 159,00/CHF 240,00   ISBN 3-7945-1850-0

Das Handbuch der Borderline-Störungen eröffnet erstmalig einen umfassenden Überblick über das gesamte Spektrum und den aktuellen Stand der Borderline-Forschung. 58 Beiträge auf herausragendem fachlichem Niveau und mit hoher klinischer Relevanz spiegeln die kompetente gegenwärtige Auseinandersetzung mit folgenden Themenbereichen wider: ▶ Grundlagen der Borderline-Störung ▶ Symptomatologie der Borderline-Störung ▶ Therapie der Borderline-Störung ▶ Bedeutung von Familie und Gesellschaft

Das Standard- und Referenzwerk für alle Psychiater und Psychotherapeuten, Nervenärzte, klinische Psychologen, psychologische Psychotherapeuten.

Clarkin/Yeomans/Kernberg
Unter Mitarbeit von
Peter Buchheim und
Gerhard Dammann
Psychotherapie der Borderline-Persönlichkeit
Manual zur psychodynamischen Therapie
Übersetzung und Bearbeitung von
Helga Drews, Natalia Erazo,
Hans-Otto Thomashoff und
Marianne Buchheim

2001. 360 Seiten, 11 Abbildungen, 17 Tabellen, kart.
€ 45,95/CHF 69,40   ISBN 3-7945-1956-6

Das aktuelle Handbuch fokussiert die Persönlichkeit eines Borderline-Patienten und die Behandlungsmöglichkeiten dieser Störung aus psychodynamischer Perspektive. Die Autoren stellen dabei mit der übertragungsfokussierten Psychotherapie (Transference-Focused Psychotherapy, TFP) einen neuartigen psychotherapeutischen Ansatz vor.
„Psychotherapie für Borderline-Persönlichkeiten ist ein exzellenter Leitfaden für die Behandlung dieser schwierigen und häufig nicht lenkbaren Patienten ... Die Autoren haben ein praxisnahes, klares, anschauliches und gleichermaßen anspruchsvolles Handbuch präsentiert." Hans H. Strupp, Department of Psychology, Vanderbilt University

Kernberg
Narzisstische Persönlichkeitsstörungen

Deutsche Übersetzung und
Bearbeitung: Bernhard Strauß
Mit einem Geleitwort von
A.-E. Meyer und Beiträgen von
18 Autorinnen und Autoren

1996. 316 Seiten, 6 Abbildungen, 33 Tabellen, kart.
€ 35,95/CHF 54,30   ISBN 3-7945-1692-3

Waren es zu Beginn des Jahrhunderts die Konversionsstörungen wie „Hysterie", so bilden heute die narzisstischen Störungen eine Leitfigur im psychopathologischen Spektrum. Otto F. Kernberg gilt als derzeit prominentester Wissenschaftler bei der Erforschung, Beschreibung und Behandlung dieses Syndroms. Unter seiner Regie geben führende Fachleute, darunter Chasseguet-Smirgel, Cooper, Goldberg, Stone, einen umfassenden Überblick.
In der deutschen Übersetzung und Bearbeitung durch Prof. Dr. Bernhard Strauß und mit einem eindrucksvollen Geleitwort von Prof. Dr. A.-E. Meyer versehen, ist das Buch zu einem Standardwerk der Psychiatrie, Psychotherapie und klinischen Psychologie geworden.

http://www.schattauer.de

Irrtum und Preisänderungen vorbehalten

Aus der Leitlinien-Reihe bei Schattauer

Flatten/Hofmann/Liebermann/
Wöller/Siol/Petzold
**Posttraumatische
Belastungsstörung**
Leitlinie und Quellentext

2001. 175 Seiten,
2 Abbildungen,
14 Tabellen, kart.
€ 25,95/CHF 39,20
ISBN 3-7945-2009-2
Sonderpreis für Abonnenten der
Zeitschrift „Persönlichkeitsstörungen –
Theorie und Therapie"
€ 19,95/CHF 30,10

Die Psychotraumatologie hat sich in den letzten Jahren zu einem aktuellen Forschungsschwerpunkt mit eigenständigem Versorgungsgebiet entwickelt.

Die Posttraumatische Belastungsstörung steht dabei seit ihrer Ersteinführung im DSM-III 1980 im Mittelpunkt des Interesses. Inzwischen liegen umfangreiche und aktuelle Daten zur Epidemiologie, zur Ätiopathogenese sowie zu den diagnostischen und therapeutischen Strategien vor.

Im **Quellentext** zur Posttraumatischen Belastungsstörung fassen die Autoren den aktuellen Wissensstand zum Störungsbild ausführlich und übersichtlich zusammen.

Die **Leitlinie** zur Posttraumatischen Belastungsstörung übersetzt dieses Wissen in Handlungsempfehlungen. Sie entstand im Auftrag der Arbeitsgemeinschaft wissenschaftlich-medizinischer Fachgesellschaften AWMF.

Das vorliegende Buch wendet sich an Kliniker, Praktiker und Forscher, die ihr Wissen in der Psychotraumatologie vertiefen wollen. Die gut strukturierte und informative Darstellung von Grundlagen, Forschungsergebnissen und Handlungsleitlinien verleiht dem Manual eine unmittelbare Praxisrelevanz und wird gleichzeitig dem Anspruch an eine fundierte wissenschaftliche Dokumentation gerecht.

http://www.schattauer.de